KB041357

플라톤 철학과 그 영향

플라톤 철학과 그 영향

한국서양고전철학회지

제4집

— 편집위원 —

박종현, 이태수, 양문흠, 김남두, 기종석

서광사

플라톤 철학과 그 영향

엮은이―한국서양고전철학회
펴낸이―김신혁
펴낸곳―서광사
출판등록일―1977. 6. 30.
출판등록번호―제 5-34호

(130-820) 서울시 동대문구 용두 2동 119-46
대표전화 · 924-6161/팩시밀리 · 922-4993/E-Mail · phil6161@chol.com
http://www.seokwangsa.co.kr

제1판 제 1쇄 펴낸날 · 2001년 11월 30일
제1판 제 2쇄 펴낸날 · 2003년 10월 10일

ISBN 89-306-0618-0 93160

머리말

이 책의 발간 사업은 난석(蘭石) 박종현 선생의 정년 퇴임을 기념하며 선생의 학덕을 기리고자 하는 취지로 시작되었다. 난석 선생은 성균관대학교에서 30여 년을 봉직하시면서 서양 고대철학 연구에 큰 연구 업적들을 남기시고 지금도 연구에 전념하고 계신다. 선생께서 특히 심혈을 기울여 연구해 온 플라톤 철학이 지닌 의미를 되새겨 보고자 '플라톤 철학과 그 영향'이란 제목 아래 책을 구성하게 되었다. 제1부에서는 서양고대 철학 전공자들의 글로 플라톤 철학의 주요 면모들을 드러내 보이고자 했고, 제2부에서는 플라톤의 영향을 엿볼 수 있는 몇몇 주요 철학자들의 사상을 해당 분야 전공자들의 글을 통해 살펴보았다.

플라톤 철학이 서양 철학에 미친 영향을 생각해 볼 때, 플라톤 철학과 그 이후에 전개된 철학의 연관성을 살펴보는 것은 어려운 연구 과제이기는 하지만 매우 의미있는 작업이다. 이런 점에서 플라톤 철학에 대한 심도 있는 연구와 함께 그 영향사적 측면을 부분적으로나마 짚어

본 이 책의 발간은 학회로서도 매우 기쁜 일이다. 이 책의 출간은 선생의 제자들을 중심으로 진행되었다. 박종현 선생 자신이 진작부터 기념 논문집 발간을 단호하게 마다하셨기 때문에 발간 사업은 기획 단계에서부터 어려움이 있었다. 그러나 이 책의 발간 사업이 단순히 의례적인 행사가 아니라 국내의 플라톤 철학 연구에 기여할 수 있는 의미있는 시도라는 생각에 논문집 발간에 동의하셨다. 1976년 12월 한국서양고전철학회를 창립하고 1987년 8월까지 10년 넘게 회장 일을 하시면서 학회의 기초를 닦으신 선생의 기념논문집은 아무래도 서양고전철학회 차원에서 출간하는 것이 격에 맞다는 의견들이 있어 금년 1월 논문집을 학회지 형식으로 발간하기로 하였다. 선생의 기념논문집을 낸다는 소식을 접한 박희영 교수와 이경직 교수가 논문을 보내와서 이 두 분의 글과 선생의 제자 열 두 분의 글로 이 책이 구성되었다.

이 논문집의 발간 시점에 난석 선생께서는 《헬라스 사상의 심층》이란 또 한 권의 귀중한 연구서를 내시며 후학들에게 모범을 보여주셨다. 지금까지 연구와 후학 양성에 진력하시며 큰 연구 업적들을 남겨오신 난석 선생께서 앞으로도 건강을 누리시며 계속 풍성한 연구의 결실을 거두시기를 빈다. 그리고 어려운 상황에서도 출판을 맡아 주신 서광사 김신혁 사장께 깊은 감사를 드리며, 아울러 출판 일정을 맞추느라 큰 어려움을 겪었을 편집부 이은주 님께도 감사의 뜻을 전한다.

2001년 11월

한국서양고전철학회 편집위원회

차 례

제1부

제4부

플라톤 철학에서 지성(nous)과 인식

김영균

1. 머리말

플라톤 철학에서 지성(nous)[1] 개념이 차지하는 의미에 대해서는 아무리 강조해도 지나치지 않을 것이다. 그는 《국가》편에서 진리를 추구하는 철학자가 되기 위해서는 무엇보다도 지성을 지녀야만 하고, 이걸 얻기 위해서는 노예처럼 수고해야만 한다고 말하고 있다(494d). 그리고 지성을 갖추지 못한 상태에서 무엇인가를 아는 것은 참된 인식이 아니라 단순히 의견(doxa)을 갖는 것에 불과하다고 한다(506c). 그가 《국가》편에서 언급하고 있는 철인 치자는 바로 지성을 최대한 지니고 있는 사람이라고 말할 수 있을 것이다.

플라톤은 지성(nous)을 감각적 지각(aisthēsis)과 엄밀히 구별할 뿐만

---

1) 플라톤에 있어서 nous(누스)(이는 단축형이고, 헬라스어 원형은 noos인데, 플라톤이나 아리스토텔레스의 경우에는 이 단축형을 쓴다)는 일반적으로 '이성'으로 번역하는 logos와 구분되는 개념이기 때문에 이를 '지성'으로 옮겼다. nous와 logos의 차이에 대해서는 《티마이오스》(박종현 · 김영균 공동 역주, 서광사, 2000), 30면 각주 21을 참조할 것.

아니라, 감각의 대상들과는 근본적으로 다른 존재를 그 고유의 대상으로 상정하고 있다. 그에게 있어서 지성은 대상과 관련 없는 순수한 사유가 아니라, 언제나 실재하는 대상인 형상에 대한 것이다. 그는 감각적 지각에 상응하는 대상들을 '감각에 의해 지각할 수 있는 것들'(ta aisthēta)로 그리고 지성에 상응하는 대상들을 '지성에 의해서[라야] 알 수 있는 것들'(ta noēta)로 말하고 있는데, 지성에 의해서 인식되는 이런 사유 대상이 이른바 이데아 또는 형상이다. 플라톤이 《국가》편에서 인식의 단계를 구별하면서 '지성'을 형상을 인식할 수 있는 혼의 상태(hexis)로 말하고 있는 데서 알 수 있듯이(511d), 그에게 있어서 '지성'은 무엇보다도 형상 인식과 관련해서 제시된 개념이다. 그러나 그는 이른바 후기 대화편으로 분류되는 《티마이오스》, 《필레보스》, 《법률》편 등에서 '지성'을 우주 질서의 원인이며, 좋음(to agathon)과 아름다움을 실현하는 원인으로 제시하기도 한다. 이처럼 플라톤은 지성 개념을 형상 인식과 관련해서만 사용하고 있는 것은 아니다. 그렇지만, 필자가 이 글에서 관심을 갖는 것은 인식의 측면에서 지성의 성격과 그 역할에 관한 문제이다.

우리가 '지성'의 성격을 파악하기 위해서는 형상 인식과 관련된 지성의 활동 방식을 정확히 이해할 필요가 있는데, 플라톤은 형상에 대한 인식을 자주 '시각적 비유'나 '본다'는 표현을 사용해서 말하고 있기 때문에, 지성이 형상을 인식하는 방식은 일반적으로 '직관' 혹은 '통찰'로 일컬어져 왔다. 그러나 '직관' 혹은 '통찰'로 이야기되는 지성적 인식의 성격은 그의 지성 개념을 이해하는 데 있어서 가장 기본적인 것임에도 불구하고 이에 대한 학자들의 견해는 일치하지 않는다. 일부 학자들은 형상 인식에 있어서 logos(이성 또는 합리적 설명)의 측면을 강조하면서 직관적 계기를 무시하거나 경시하는 해석을 취하고 있다. 그러나 이런 해석은 받아들이기 곤란하다. 왜냐하면 이런 견해는 형상 인식에 대한 플라톤의 설명과 일치하지 않을 뿐만 아니라 nous와 logos의 구별을 불분명하게 하는 난점이 있기 때문이다. 필자는 플라톤이 형상 인식에 있어서 logos의 측면을 강조하지만, 그의 대화편 어느 곳에서도 '직관'의 계기를 부정하지 않고 있다고 생각한다.

다른 한편, 전통적으로 대부분의 학자들은 형상 인식에 있어서 직관적 측면을 중시해 왔지만, 이들 가운데서도 직관 개념을 이해하는 방식에 대해서는 이견이 있다. 형상에 대한 직관은 그 대상이 존재론적으로 다를지라도 결국은 시각에 의해 어떤 대상을 직접적으로 지각하는 것과 같은 방식으로 이루어지는 것으로 파악한 학자들은 플라톤의 '직관' 개념이 잘못된 것이라고 주장한다. 그러나 필자는 형상에 대한 직관을 지각과 유사한 것으로 볼 수 없다고 생각한다. 지성에 의한 형상 인식과 '지각적인 봄'은 분명히 다른 것이다. 형상에 대한 인식은 언제나 합리적 설명(logos)을 동반하는 것(《티마이오스》편 28a)이기에, 이를 토대로 한 직관은 오랜 기간의 정신적 활동 뒤에 생기는 '이해' 혹은 '통찰'로 파악되어야 할 것이다. 우리가 지성에 의한 형상 인식을 이런 식으로 파악할 때, 형상 인식에 있어서 logos의 측면과 '직관'의 측면이 모순 없이 이해될 수 있고, 지성 개념이 플라톤의 인식론에서 갖는 의미가 분명해질 수 있다. 필자는 형상 인식과 관련된 이러한 문제들에 대한 논의를 바탕으로 '지성'은 인식 대상 상호간의 관계성을 배제한 채 단일한 형상을 고립시켜서 직관적으로 파악하는 것이 아니라 형상들 상호간의 관계에 대해 같고 다른 점을 인식해서 최종적으로 그 대상을 통일적으로 이해힐 수 있는 혼의 상태임을 구명하고자 한다.

지성 개념의 이런 특징을 밝히기 위해서, 필자는 우선 지성과 그 대상인 형상의 기본 성격을 살펴볼 것이다. 그 다음으로는 형상 인식과 관련해서 제기된 문제들을 검토해 봄으로써, 플라톤의 직관 개념에 대해 어떤 난점이 제기되고 있는지를 고찰해 볼 것이다. 그리고 형상 인

식과 관련된 정신적 활동들인 이성적 헤아림(logismos) 또는 추론적 사
고(dianoia)와 지적 직관(noēsis)이 어떻게 구분될 수 있는지를 살펴봄
으로써 '직관' 혹은 '통찰'로 일컬어지는 지성적 인식의 특징과 철학
자가 추구하는 앎에 있어서 지성이 지니는 의미를 알아보고자 한다.

2. 지성과 형상

플라톤은 대체로 볼 때 초기 대화편에서는 nous란 표현에 전문적 의
미를 부여해서 사용하지 않고 그것을 일상적인 숙어적 용법으로 쓰고
있다.[2] 그러나 그는 중기 대화편들, 특히 《국가》편에서 지성 개념을 인
식론적 논의와 연관해 전문적인 의미를 부여해서 사용하고 있다. 그는
이 대화편에서 지성 개념에 대해 다음과 같이 언급하고 있다.

"각각인 것 자체(auto ho estin hekaston)의 본성을 포착(hapsasthai)

---

2) nous 개념을 포함하여 헬라스 철학에서 사용되고 있는 대부분의 철학 용어들은 헬
   라스인들이 철학적 사유를 본격적으로 하기 이전에 이미 사용하고 있었던 그들의
   일상 언어에서 유래했다. von Fritz의 견해에 따르면, 호메로스의 서사시에서 나타
   나는 noos와 그 동사 형태인 noein은 근본적으로는 '어떤 상황을 깨닫거나 이해하
   는 것'을 뜻하는 말이었지만, 순수하게 인식적 의미만을 지니는 것은 아니었다. 이
   표현은 지적인 요소만이 아니라, 감정적 혹은 의지적 측면을 동시에 지니는 말이었
   다. 그리고 noos는 '특정한 태도', '계획', '통찰', '상상력', '추론과 구분되는 직관'
   등 아주 다양한 의미를 갖고 있었던 표현이다[(Kurt von Fritz, *NOOΣ* and *NOEIN* in
   the Homeric Poems, *Classical Philology*(1943), 82, 86, 91면 및 Nous, noein,
   and their Derivatives in Pre-Socratic Philosophy(excluding Anaxagoras) : Part
   1. From the Beginnings to Parmenides, *Classical Philology*(1945), 223면 참조].
   플라톤은 초기 대화편에서는 noos를 독립적인 용법으로 사용하기보다는 숙어적으
   로 사용하고 있는데, 이 점에 대해서는 G. Jäger, "Nus" in *Platons Dialogen*,
   Hypomnemata, Vol. 17(Göttingen, 1967), 13~14면을 참조할 것.

하기에 적합한 혼의 부분으로써 … 혼이 그 부분에 의해서 '참으로 있는 것'(to on ontōs)에 접근하여 그것과 교합하여 지성(nous)과 진리를 낳아, 앎에 이르게 되어 진실되게 살며 양육되는데, … "(490b).[3]

우선 위의 언급에서 "각각인 것 자체"는 실재하는 형상을 그리고 이를 인식하는 혼의 부분은 혼의 이성적 부분을 가리킨다. 플라톤은 혼의 이성적 부분, 즉 이성적 능력이 인간 누구에게나 주어져 있는 것으로 보지만, 이를 어떤 것을 위해서 사용하느냐에 따라 그것은 유용하고 유익하게 되기도 하고 무용하고 해롭게도 된다고 말하고 있다(519a~b). 따라서 그는 우리의 혼을 생성 소멸하는 것이 아니라 실재인 형상에로 향할 것을 강조하고 있다. 혼을 실재의 영역에로 전환시키는 방책이 바로 《국가》편에서 자세히 언급되고 있는 변증술(dialektikē)을 위한 예비 교육과정이다. 그가 혼을 전환시키는 방책에 대해, "그것[혼]에다 보는 능력을 생기게 해 주는 것이 아니라, 이미 그 능력을 지니고는 있되, 바르게 방향이 잡히지도 않았지만, 보아야 할 곳을 보지도 않는 자에게 그러도록 해 주게 되는 방책"(518d)으로 말하는 데서 알 수 있듯이, 혼의 능력은 지성을 지닐 수도 있고 그렇지 못할 수도 있는 가능적인 상태로만 주어진다. 플라톤은 우리가 혼의 이성적 부분을 형상 인식을 위해 적극적으로 활용할 때에만 지성이 생길 수 있다고 보기 때문에 혼의 이성적 부분이 곧 지성은 아니다. 그리고 지성은 혼과 떨어져서는 어떤 것에도 있을 수 없기 때문에,[4] 지성 개념은 혼의 상태 혹은 활동과 연관해서만 이해될 수 있다. 그가 《국가》편 508d에서 언급하고 있듯이, 혼이 진리와 실재에 고착할 때는 지성을 지니게 되는 반면에, 혼이

---

3) 이 글에서 《국가》편 원문 인용은 박종현 역주, 《국가(政體)》(서광사, 1997)에서 옮겨 온 것임을 밝혀 둔다.
4) 《티마이오스》 30b, 37c, 46d 참조.

생성되고 소멸되는 것에 고착할 때는 의견(판단: doxa)만을 갖게 되고, 지성을 지니지 못하게 된다.

플라톤은 《국가》편에서 지성을 혼의 '상태'(hexis)로 말하고 있는데 (511d4), hexis란 말이 원래 몸가짐이나 마음가짐을 반복해서 함으로써 갖게 되는 '습성' 또는 '굳어진 상태'를 뜻하는 말임을 유의할 때,[5] nous는 혼이 부단한 노력을 통해서만 지닐 수 있는 지적 상태로 말할 수 있을 것이다. 그런데 그는 이 대화편에서 nous 이외에도 '지적 직관'으로 옮길 수 있는 노에시스(noēsis)란 표현을 처음으로 사용하면서, 이를 혼의 '활동상태'(pathēmata)로 말하고 있다(511d). Jäger는 hexis와 pathēmata란 표현의 차이점에 주목하면서, nous를 '완성된 통찰'로, noēsis를 '통찰을 수행하는 과정'으로 구분하고, noēsis를 "이미 완성된 통찰로서가 아니라 수행되고 있는 것으로서 형상에 대한 통찰의 경험"으로 규정하고 있다.[6] pathēmata란 표현이 기본적으로 무엇인가를 '겪는 상태'란 뜻을 지니고 있고, noēsis가 지성의 작용의 측면을 나타내고 있는 표현임을 고려할 때, 이러한 구분은 적절하다고 여겨진다. 그러면 일반적으로 '통찰' 혹은 '직관'의 측면에서 이해되는 nous 또는 noēsis의 작용을 좀더 구체적으로 이해하기 위해서 그 대상인 형상의 기본적 성격을 살펴보도록 하자.

우리가 플라톤의 형상 개념을 이해하기 위해서는 그의 형상 이론이 무엇보다도 '정의(定義)의 문제'와 연관해서 제시되었다는 것을 유념할 필요가 있다. 이른바 소크라테스적 대화편들로 불리는 초기 대화편에서 소크라테스는 우정, 절제, 분별, 용기, 경건함 등 윤리적 개념들의 의미에 대한 정의 작업을 시도하고 있다. 소크라테스의 물음은 "그것은 무엇인가?"(ti esti;)란 형태로 제시된다. 그런데 그는 "용기란 무엇인

---

5) 박종현 역주, 《국가(政體)》(서광사, 1997), 220면 각주 59 참조.
6) G. Jäger, 앞의 책, 74 및 79면 참조.

가?" 또는 "경건함이란 무엇인가?"란 물음에 올바로 대답하기 위해서
는 개별적인 사례들을 나열해서는 안 되고, 여러 다양한 사례들에 공통
적으로 적용될 수 있는 것을 제시해야 함을 강조하고 있다. 그는 《에우
티프론》편에서 자신이 에우티프론에게 말해 달라고 하는 것이 경건
한 한두 가지 사례들에 대한 것이 아니라, "바로 그 '에이도스'(eidos)
자체, 즉 그것에 의해서 모든 경건한 것이 경건한 것이게 되는 그것"
혹은 '이데아'(idea)라고 한다(6d~e). 이처럼 플라톤은 초기 대화편에
서부터 이미 '에이도스' 또는 '이데아'란 표현을 사용하고 있는데, 이
경우에 '이데아'나 '에이도스'는 형이상학적 실재로서의 의미보다는
여러 구체적 사례들에서 찾아볼 수 있는 '본질적 특성'이나 '특징', 따
라서 그런 사태들을 판별할 수 있는 '표준'을 의미하는 것이다.[7] 왜냐
하면 플라톤은 초기 대화편들에서는 정의 대상의 '실재성'(ousia)의 측
면보다도 그것이 '무엇이냐?'에 더 초점을 맞추고 있고, 정의 대상이
되는 '에이도스' 또는 '이데아'가 실재하는지 여부의 문제에 대해서는
어떤 언급도 하지 않고 있기 때문이다.[8]

플라톤은 《파이돈》편 이후 중기 대화편에서 형상의 실재성(ousia)에
대한 주장을 적극적으로 개진하고 있는데,[9] 여기서도 정의 대상과 형상
의 밀접한 연관성이 강조된다. Kahn은 플라톤이 《파이돈》편이나 《국
가》편 등에서 형상을 가리키기 위한 공식적인 표현으로 eidos나 idea를

---

7) 박종현, 《플라톤》(서울대학교출판부, 1987), 58면 참조.
8) 플라톤은 《에우티프론》편 11a에서 정의의 대상이 되고 있는 것을 '우시아'(ousia)
   로 말하고 있는데(11a), 이때 ousia를 형이상학적인 의미에 있어서 '실재'를 뜻하는
   것으로 볼 필요는 없다. Kahn이 지적하고 있듯이, ousia는 'ti esti'(what-is-it?)란
   물음의 대상이 되고 있는 것의 명사화된 형태(what-it-is-ness)에 불과하기 때문이
   다. C. Kahn, *Plato and the Socratic Dialogue*(Cambridge Univ. Press, 1996),
   336면 참조.
9) 플라톤은 《파이돈》편 65d에서 올바름, 아름다움, 좋음 자체가 단연코 있다고 언급
   하면서, 형상의 실재성을 적극적으로 주장하고 있다.

사용하지 않고 "to ho esti"(what-it-is)란 표현을 쓰고 있다는 점을 주목하고 있다.[10] 여기서 "to ho esti"(what-it-is)는 소크라테스가 정의의 작업을 하면서 묻고 있는 '그것은 무엇인가?'(ti esti : : what-is-it?)란 질문의 답으로 제시되는 정의의 본질에 대한 언어적 표현이다. 사실상 플라톤은 《파이돈》편의 거의 끝 부분에서(102b1, 103e3, 104b9 이하) eidos 또는 idea를 형상을 지칭하는 표현으로 사용하고 있지, 처음에는 'to ho esti'란 표현을 공식적으로 사용하고 있다. Kahn은 플라톤 자신이 분명히 만들어낸 것으로 보이는 'to ho esti'란 표현을 공식적 표현으로 사용하고 있는 까닭은 초기 대화편들에서 정의의 대상이 되었던 본질과 형이상학적 실재로서의 형상이 동일한 것임을 독자들에게 알리기 위한 것이라고 본다.[11] 결국 플라톤은 《파이돈》편에서 정의의 작업과 형이상학의 밀접한 연관성을 확보(75d, 76d8, 78d)한 다음에야 eidos나 idea란 표현을 이 대화편 뒷부분에서 사용하고 있고, 그 이후 《국가》편에서는 표준적인 표현으로 사용했다고 말할 수 있을 것이다.[12]

이러한 정의의 본질인 형상은 무엇보다도 "언제나 똑같은 방식으로 한결같은 상태로 있는 것"(aei kata tauta kai hosautōs echei)으로 규정된다.[13] 이에 반해서 감각에 의해 지각될 수 있는 것들은 "때에 따라서 다르고 결코 한결같지 못한 것"(《파이돈》78c6)으로서 생성 변화하는

---

10) 《파이돈》74d6, 75b1, 75d2, 78d4, 92d9 및 《국가》480a, 490b, 507b 등(C. Kahn, 앞의 책, 338 및 343면 참조). Kahn은 이런 형상에 대한 공식적 표현에서 'auto'를 생략해서 말하고 있는데, 이를 좀더 구체적으로 표현하면 'auto to ho esti hekaston'이 된다. 플라톤은 이 이외에도 'auto hekaston to on'이란 표현도 사용하고 있는데, 이를 우리말로 옮기면, '-ㄴ 것 자체'이다. 이를 용례를 써서 표현하면 '아름다운 것 자체', '좋은 것 자체', '올바른 것 자체' 등이 된다. 박종현 역주, 《국가(政體)》397면 주석 14 참조.

11) C. Kahn, 앞의 책, 354면.

12) 같은 책, 354면 참조.

13) 《파이돈》78c6, d6; 《국가》479a2, e7; 《티마이오스》28a2 등.

것으로 제시된다. 즉 형상은 언제나 불변성과 자기동일성을 유지하는데 반해서, 감각적인 것들은 때에 따라서 또는 관점에 따라서 다르게 나타나는 것으로 대비된다. 이런 대비는 《향연》편(211a)에서 가장 분명히 제시된다. 즉 아름다움 자체에 비해 아름다운 것들은 어떤 점에서는 아름다우며 어떤 점에서는 추하며, 어떤 때는 아름답지만 어떤 때는 추하고, 어떤 것에 비해서는 아름답지만 어떤 것에 비해서는 추하고, 어떤 이에게는 아름답지만 어떤 이에게는 추한 것으로 나타난다. 반면에 아름다움 자체는 '그 자체만으로 그 자체와 함께 언제나 한 가지 보임새로 있는 것(monoeides aei on)'으로 규정된다.[14]

그런데 형상 개념이 정의의 문제와 밀접하게 연관되었다는 점과 관련해서 우리가 유의해야 할 것은, "그것은 무엇인가?"란 물음이 단순히 언어적인 의미규정의 차원에서 제기된 것이 아니라는 점이다. 예를 들어, 우리가 '건강은 무엇인가?'라는 물음을 제기할 때, 이에 대해 '건강은 육체적으로 좋은 상태'라고 대답하는 것은 단순히 그 언어적 의미를 규정하고 있는 것이다. 그러나 플라톤이 관심을 갖는 것은 이런 것이 아니다. 위의 물음은 인간이나 다른 동물들에 있어서 육체적 훌륭함을 무엇에 근거해서 판단할 수 있는지를 묻는 것이다. 이런 판단의 기준 역할을 하는 것이 건강의 본질(ousia)이며, 이것은 때에 따라서 또는 관점에 따라서 바뀌는 게 아니고 감각에 의해 지각될 수 있는 것도 아니며, 오직 사유의 힘에 의해 파악될 수 있는 것이다.[15] 이런 방식의 접근은 도덕적 용어들에도 마찬가지로 적용될 수 있다. 플라톤이 《국가》편에서 '올바름은 무엇인가?'라는 물음에 대해 "각자가 자신의 일

---

14) 유사한 대비를 《파이돈》편 74b~c와 《국가》편 479a에서도 찾아볼 수 있다.

15) 플라톤은 《파이돈》편 65d~66a에서 크기, 건강, 힘 등 모든 것과 관련해서 '존재하는 각각의 것들의 본질(ousia)'은 감각이 아니라 사고(dianoia) 또는 이성적 헤아림(logismos)에 의해서만 포착된다고 말하고 있다.

을 하는 것"이라고 규정하고 있는 것은, 단순히 언어적 차원에서 이루
어진 것이 아니다. 이 규정은 국가 또는 혼의 부분들이 어떤 방식으로
그 기능을 수행할 때 훌륭함에 이를 수 있는지를 설명하기 위한 것이
다.[16] 이 대화편에서 올바름은 나라나 혼에 있어서 훌륭함을 생기게 하
는 힘(dynamis)[17]으로 제시되기 때문에 '올바름은 무엇인가?' 란 물음
은 단순히 개념적인 차원에서의 의미 규정을 문제삼고 있는 것이 아니
다. 그리고 더 나아가 플라톤이 '올바름'을 '건강'에 비유하고 '올바르
지 못함'을 '질병'에 비유하고 있다는 것은, 나라나 혼에 있어서 올바
른 상태를 가능하게 하는 '올바름' 자체가 '건강'의 경우처럼 객관적
으로 존재하며, 그것에 대한 학적 인식이 가능함을 함축한다. 따라서 우
리는 형상을 '보편 개념'과 같은 것으로 보아서는 안 된다. 플라톤의
존재론적 입장에 따르면, 감각적인 것들은 형상과 관련해서만 이해되고
설명될 수 있기 때문에, 형상은 우리가 이 세계를 지적으로 이해할 수
있는 근거라고 말할 수 있다. 형상 이론과 관련해서 많은 논란이 있지
만, 불변성과 자기동일성을 유지하는 형상이 없다면, 객관적 인식이 불
가능하다는 것은 플라톤의 기본 생각이다.[18]

이처럼 플라톤은 무엇보다도 객관적 인식을 확보하기 위해서 형상을
상정하고 있지만, 그의 대화편들에서 형상의 실재성을 직접적으로 논증
하고 있는 구절들은 많지 않다. 형상의 실재성을 가장 분명하게 논증하
고 있는 구절은 《티마이오스》편에서 찾아볼 수 있다. 여기서 그는 지성
개념과 관련해서 형상의 실재성을 적극적으로 논증하고 있는데, 각각의

---

16) 《국가》편 433b에서 나라의 경우에 올바름은 '제 일을 하는 것'으로 규정된 뒤, 올
   바름은 절제, 용기, 지혜가 "나라 안에 생기도록 하는 그런 힘을 주고, 일단 이것들이
   이 나라 안에 생긴 다음에는, 그것이 이 나라 안에 있는 한은, 그것들의 보전을 가능
   케 해 주는 그런 것"으로 언급된다.
17) 《국가》 358b, 366e, 433b, 444d 참조.
18) 《크라틸로스》 440a~b, 《파르메니데스》 135b~c 참조.

형상들이 있는지 아니면 그건 말일 뿐 아무 것도 아닌지 하는 문제를
제기하고(51c), 다음과 같이 언급하고 있다. "만약에 지성(nous)과 참된
판단(의견)(doxa alēthēs)이 [별개인] 두 가지 종류라면, 이것들은, 즉
우리에 의해서 지각될 수 없고 단지 지성에[나] 알려지는(사유되는:
nooumena) 형상들(eidē)은 전적으로 그 자체로(kath' hauta) 존재한
다"(51d). 이어서 그는 지성과 참된 판단을 다른 것으로 보아야 한다고
말하면서 양자의 차이점을 다음과 같이 세 가지 측면에서 지적한다. 즉
지성은 가르침을 통해서 생기고, 언제나 참된 설명(alēthēs logos)을 동
반하고, 설득에 의해 바뀌지 않는 데 반해서, 참된 의견은 설득에 의해
생기고, 그 스스로를 설명할 수 없으며(alogon), 설득에 의해 바뀐다는
것이다(52a). 여기서 '지성'에 언제나 동반하는 것으로 제시된 '참된
설명'의 의미는 밝혀지고 있지 않지만, 이 말은 단순한 의견이나 판단
이 '아무런 논거(logos)도 없는'(alogos) 것인 데 비해, 형상에 대한 앎
은 그 원인 내지 근거를 제공한다는 것을 의미한다고 볼 수 있다. 그런
데 플라톤은 이 논증을 마무리하면서 형상에 대해 "noēsis가 그 대상으
로 바라보게(episkopein) 되어 있는 것"(52a)으로 말하고 있다. 필자는
플라톤이 이 구절에서 '본다'는 뜻을 함축하고 있는 episkopein이란 표
현을 사용한 것은 그가 다른 대화편들에서 형상 인식과 관련해서 '시
각적 비유'나 '본다'는 의미를 지니는 표현을 자주 사용하고 있는 것
과 같은 차원에서 이해할 수 있다고 생각한다.[19] 그러면 nous 또는
noēsis에 의한 형상 인식은 언제나 참된 설명을 동반하나, 직관적 계기
를 포함하고 있다는 점에 대해서 좀더 알아보기로 하자.

---

19) 플라톤은 형상에 대한 인식을 표현하기 위해서 katidein, idein, kathoran,
theasasthai, gignōskein 등의 표현을 사용하고 있는데, 이것들은 모두 '본다'는 말
뜻과 관련된 표현들이다.

3. 형상 인식과 관련된 문제

형상은 무엇보다도 객관적 인식의 근거를 확보하기 위해 제시된 것이라는 점에 대해서는 이론의 여지가 별로 없지만, 형상 인식과 관련해서는 학자들간에 많은 논란이 있어 왔다. 이와 관련해서 제기된 문제는 크게 두 가지로 나누어 볼 수 있다. 하나는 형상의 성격과 관련된 것이고, 다른 하나는 형상 인식에 있어서 '직관'의 성격과 관련된 것이다. 이 두 문제는 서로 연관되어 있지만, 논의상 따로 구분해서 살펴보도록 하자.

우선 형상의 성격과 관련해서 제기된 난점은 형상의 단일성과 비복합성의 문제와 관계된다. 플라톤은 중기 대화편에서 형상에 대해 '언제나 한 가지 보임새로 있는'(monoeides aei on)[20] 것 그리고 비복합적인 것(asyntheton)[21]으로 말하고 있는데, 이런 규정이 형상 인식을 불가능하게 한다는 주장이 제기되어 왔다. 이런 주장의 근거로서 제시되는 것은 《테아이테토스》편에서 "지식은 설명(logos)을 동반한 참된 판단이다"라는 견해를 비판하면서 나오는 이른바 '소크라테스의 꿈 이야기'(201c 이하)의 내용이다. 이 이야기는 logos를 주고받을 수 없는 것은 알 수 있는 것이 아니라는 주장에 근거해서, 복합체를 구성하는 일차적 요소는 이름 붙일 수 있고 지각할 수 있지만 알려질 수(gignōskein) 없는 반면, 복합체는 그것에 대해 참된 판단이 가능하며 logos를 부여할 수 있기 때문에 알려질 수 있다고 주장하고 있다. 이 이야기의 내용은 간단하게 다룰 수 있는 문제는 아니나, 현재 우리의 문제와 관련된 것은 요소는 '단순한 것'이기 때문에 logos를 부여할 수 없고 알려질 수 없다는 주장의 성격이다. Ryle은 '소크라테스의 꿈 이야기'에서 제시되

---

20) 형상에 대한 이런 규정은 《파이돈》 78d, 《향연》 211b, e 등에서 제시되고 있다.
21) 《파이돈》 78c.

고 있는, 요소가 단순한 것이기 때문에 알려질 수 없다는 견해는, 지각
의 대상만이 아니라 형상에도 똑같이 적용된다고 해석하였다.[22] 즉 형
상은 '소크라테스의 꿈 이야기'에서 언급된 일차적 요소처럼 절대적으
로 고립된 단순한 것으로 볼 수 있기 때문에, 일차적 요소들의 인식 불
가능성과 똑같은 이유에서 형상도 인식될 수 없다는 것이다. Cross는
형상이 만일 요소처럼 단순한 것이라면, 그것은 이름만 붙여질 수 있고,
인식될 수 없을 것이라는 Ryle의 견해를 수용한다.[23] 그러나 그는 형상
은 요소처럼 단순한 것이라는 가정을 폐기함으로써 형상 인식을 구제
하고자 했다. 즉 그는 형상은 단일한 것이고 이것은 직관에 의해 알려
진다는 견해를 잘못된 것으로 간주하고,[24] 다음과 같이 언급한다. "형상
은 논리적 술어(logical predicate)이지 직접적 인식에 의해서 알려질 수
있는 이름 붙여질 수 있는 단순자(simple nameable)가 아니다."[25] 이처
럼 그는 형상 인식의 가능성을 확보하기 위해서 형상을 '단순한 것'이
아니라 복합적인 것으로서 '진술 속에 전개된 논리적 술어'로 파악하
고자 한다. 필자는 형상을 일차적 요소처럼 절대적으로 단일한 것으로
볼 수 없다는 점에 대해서는 동의한다. 왜냐하면 플라톤은 중기 대화편
에서는 감각적인 것들과 대비해서 형상의 단일성을 확보하는 데 중점
을 두고 형상의 단일성을 강조하지만, 이때의 단일성을 다른 형상들과
의 관계성을 전면적으로 배제하는 절대적인 단일성으로 제시하고 있지
않기 때문이다.[26] 플라톤의 형상은 엘레아 학파가 상정한 존재처럼 고

---

22) G. Ryle, Plato's Parmenides, *Studies in Plato's Metaphysics*(ed., R. E. Allen),
    107~108면 참조.
23) R. C. Cross, Logos and Forms in Plato, *Studies in Plato's Metaphysics*(ed., R.
    E. Allen), 15 및 17면 참조.
24) 같은 책, 22면.
25) 같은 책, 29면.
26) L. Robin은 《파이돈》편(103c~104c)에서 제시되고 있는 열, 불, 냉, 눈 사이의 관계

립된 실재로서 그리고 그 자신 속에 폐쇄되어 있는 것으로 파악할 수 없다. 사실상 형상이 정의의 대상으로서 상정되었다는 것은 형상들의 상호연관성을 함축한다. 그러나 Cross의 해결 방식은 텍스트에 근거한 것이 아니다. Bluck이 지적하듯이,[27] 플라톤은 형상을 우리가 그것에 대해 logos를 부여할 수 있는 실재(ousia)로서 언급하고 있기 때문에(《파이돈》편 78d), 형상을 논리적 술어와 동일시할 수는 없다. 우리는 Cross처럼 형상을 논리적 술어로 볼 수는 없지만, 형상의 단일성을 다른 것들과의 관계를 배제하지 않는 단일성으로 이해할 때, 형상에 대한 인식 불가능성의 문제는 발생하지 않는다.

둘째로, 형상에 대한 직관적 인식의 성격과 관련해서 제기된 문제를 알아보자. 잘 알려져 있듯이, 플라톤은 형상에 대한 인식을 '본다'는 표현을 사용해서 자주 언급하고 있을 뿐만 아니라, eidos 또는 idea란 말이 원래 어원적으로 '본다'(idein)는 말에서 유래한다는 점을 고려할 때, 형상에 대한 인식은 기본적으로 정신적 '직관'에 의해 이루어지는 것으로 이야기되어 왔다. 그러나 일부 학자들은 이런 견해를 부정하고 있다. 예를 들어, Khan은 이런 견해에 반대하면서 다음과 같이 말하고 있다. "idea나 eidos란 용어들이 idein 동사와 맺고 있는 어원적인 연관성이 어떤 방식으로든 플라톤의 형상 개념에 있어서 본질적이거나 결정적이라고 상정하는 것은 오류이다. 형상에 대한 지성적 접근에 대한 시각의 비유는 유용하지만 전적으로 없어도 되는 것이다."[28] 그리고 Cross도 플라톤이 형상 인식과 관련해서 사용하고 있는 시각과 접촉의

와 수들 사이의 관계에 대한 논의가 형상들의 상호 결합의 가능성을 전제한 분석으로 파악하고 있다. L. Robin, *Platon*(Presses Universitaires de France, 1968), 80~81면 참조.

27) R. S. Bluck, Logos and Forms in Plato: A Reply to Professor Cross, *Studies in Plato's Metaphysics*(ed., R. E. Allen), 39면 참조.

28) C. Khan, 앞의 책, 354~355면.

용어는 비유일 뿐이며, 앎의 직접적 성격을 나타내는 것은 아니라고 주장한다.[29] 사실상 플라톤이 형상 인식과 관련해서 '시각적 비유'나 '본다'는 동사를 자주 사용하고 있다는 것만을 근거로는 어떤 주장도 확정적으로 말할 수는 없다. 왜냐하면, Gosling이 지적하듯이, 헬라스어를 포함해서 많은 다른 언어들은 지각동사를 '철저한 이해와 완전한 설명'을 기술하기 위해 사용하고 있기 때문이다.[30]

그런데 형상 인식에 있어서 직관적 계기를 부정하거나 경시하는 학자들은 무엇보다도 형상 인식에 있어서 logos의 측면을 강조하기 때문에 이런 견해를 취하고 있는 것으로 보인다.[31] 그러나 플라톤은 형상 인식에 있어서 logos의 측면을 강조하고 있지만, 그의 대화편 어느 곳에서도 직관의 측면을 부정하고 있지 않다. 사실상 형상은 정의의 대상이고, 이 대상에 설명(logos)을 제공할 수 있으나, 그것의 실재성(ousia)이 직관적으로 파악된다는 견해는 얼마든지 가능하다. 그는 《티마이오스》편에서 형상을 '합리적 설명(logos)과 함께하는 노에시스(noēsis meta logou)에 의해 포착되는 것'(28a)으로서 분명히 이야기하고 있는데, 만약에 형상 인식에 있어서 '직관'의 측면을 배제한다면, 여기서 noēsis를 어떤 식으로 해석해야 할지 의문이다. 형상 인식이 직관적 측면을 갖는다는 점은 noēsis와 상관적인 표현인 noein 동사가 형상 인식과 관련해서 사용되고 있음을 보면 더욱 분명해진다. noein이란 표현은 일상적 어법으로는 단순히 '생각한다'는 뜻이지만, 또한 이미 초기 철학자들에게서부터 '직관'의 뜻으로도 사용되고 있었던 말이다. 플라톤

---

29) R. C. Cross, 앞의 책, 23~24면 참조.

30) J. C. B. Gosling, *Plato*(Routledge & Kegan Paul, 1973), 122~123면 참조.

31) 앞서 언급한 Cross는 분명하게 이런 입장을 취하고 있고(앞의 책, 23~25면 참조), Kahn도 명시적으로는 아니지만 비슷한 입장을 취하고 있다. 왜냐하면 그는 형상 개념은 처음부터 시각적인 것이 아니라 언어적 측면에서 성립된 것으로 보기 때문이다. 앞의 책, 355면 참조.

은 noein이란 표현을 중기 대화편에서부터는 형상 인식과 관련해서 자주 사용하고 있다. 예를 들어, 《파이돈》편에서 그는 "혼 스스로가 존재하는 것들을 그 자체로 사유(noein)한 것"만을 참된 것으로 간주하고, "혼이 보는 것(horaō)은 noēton한 것이요 눈에는 안 보이는 것(aides)"으로 말하고 있는데(83b), 그가 noein을 '본다'(horaō)는 말과 연관시키고 있는데서 분명히 드러나듯이, noein이란 표현에서는 형상에 대한 직접적 파악이 강조된다. 그리고 그는 noein 동사를 후기 대화편에 이르기까지 형상에 대한 직관적 인식을 나타내기 위해 일관되게 사용하고 있다.[32]

그러나 형상 인식에 있어서 직관적 계기를 인정한다 할지라도, 플라톤의 직관 개념은 잘못된 것이라는 문제 제기가 있을 수 있다. 예를 들어, Runciman은 형상 인식에 있어서 '직관'의 계기가 중기 대화편에서부터 후기에 이르기까지 계속 유지되고 있다고 본다. 그러나 그는 플라톤에 있어서 '직관'을 "일종의 정신적 봄이나 접촉"으로서 이해하고, 플라톤이 이런 방식으로 앎의 성격을 파악한 것은 잘못이었다고 주장한다.[33] 즉 그는 형상에 대한 직관을 통해서 성립하는 앎을 '직접지'(knowledge by aquaintance)로 규정하고, 플라톤이 '직접지'와 '명제적 지식'을 구별하지 못했기 때문에 오류의 문제 등 지식의 문제를 성공적으로 해결하지 못했다고 본다.[34] 여기서 우리가 플라톤에 있어서 앎

---

32) G. Jäger는 이런 관점에서 noein 동사의 뜻을 이해하고, 그 전거로서 다음과 같은 것들을 제시하고 있다. 《국가》 508d4, 509d1 ; 《파이드로스》 245c4, 246c7 ; 《테아이테토스》 197e3 ; 《필레보스》 24a8, 29b9 ; 《티마이오스》 37c6, 50d4 ; 《법률》 895d2 ; 《일곱번째 편지》 342b4 ; G. Jäger, 앞의 책, 30면 참조.
33) W. C. Runciman, *Plato's Later Epistemology*(Cambridge, 1962), 10, 52면 참조. Runciman은 플라톤이 앎을 '일종의 육감' 즉 '일종의 정신적 접촉'과 같은 것으로 본 것은 불행이라고 말하고 있는데(같은 책, 10면), 이런 견해는 그가 직관을 일종의 지각과 같은 것으로 파악하고 있음을 보여 준다.
34) 같은 책, 15, 34, 45면 참조.

의 성격에 관한 문제를 자세히 다룰 수는 없으나, 우선 그의 직관 개념
을 '직접지'와 같은 현대의 특수한 인식론에 토대를 둔 개념을 사용해
서 이해하고자 하는 시도는 적절치 않은 것으로 생각된다. 왜냐하면
'직접지'는 앎의 확실성을 추구하는 인식론적 논의와 연관해서 제시된
개념인데, 플라톤이 이런 방식으로 앎의 문제를 접근하고 있다고 볼 수
없기 때문이다. Annas가 적절히 지적하고 있듯이, 플라톤에서 '앎'
(epistēmē)은 데카르트가 추구했던 더 이상 의심할 수 없는 확실성이
아니라 이해(Understanding)를 그 기본적 특징으로 하고 있다.[35] 그리
고 우리는 Runciman처럼 형상 인식과 관련된 '본다'는 표현들을 글자
그대로 받아들여, 플라톤의 직관을 일종의 지각과 같은 것으로 볼 수도
없다. 왜냐하면 '지각적인 봄'의 경우에는, 우리가 어떤 대상을 다른 대
상들에서 명확히 구분해서 고립적으로 볼 수 있을 때, 그 대상을 한층
더 명확히 볼 수 있을 것이라고 생각하는 것이 자연스러운데,[36] 플라톤
은 형상 인식이 이런 식으로 성립한다고 보고 있지 않기 때문이다. 예
를 들어 그는 《향연》편에서 '아름다움 자체'(auto ho esti kalon 또는
auto to kalon)에 대한 인식을 '본다'(theaomai)는 말을 사용해서 표현
하고 있는데(211c~d), 이 때의 봄은 모든 아름다운 것이 왜 아름다운
것인지에 대한 포괄적인 이해를 나타내고 있다고 해석하는 것이 합당
하다. 왜냐하면, 플라톤은 온갖 종류의 '아름다움의 광대한 바다'에 대
한 포괄적 조망을 한 뒤에야 아름다움 자체에 대한 인식에 이를 수 있
는 것으로 말하고 있기 때문이다(210d). 이런 견해는 우리가 다음 장에
서 살펴볼 《국가》편에서 '좋음의 형상'에 대한 인식에 대해서도 똑같
이 적용될 수 있다. 우리가 플라톤의 직관 개념을 앎의 대상에 대한 이

---

35) J. Annas, *An Introduction to Plato's Republic*(Oxford, 1981), 192~193 및 212
면 참조.
36) J. C. B. Gosling, 앞의 책, 120면 참조.

해와 관련된 통찰의 뜻으로 파악할 때, 형상 인식과 관련된 문제는 발생하지 않는다. 형상 인식에 있어서 noēsis 작용에 대한 플라톤의 설명은 이 점을 분명하게 해 줄 것이다.

4. 지적 직관(noēsis)과 지성의 성격

플라톤은 《국가》편 7권에서 변증술의 예비교과목과 관련된 논의를 하면서 noēsis 작용이 어떤 것인지를 다음과 같이 밝히고 있다. 그는 우선 만일 어떤 것들이 감각만으로도 판단하기에 충분하다면, 이 경우에는 noēsis를 불러일으키지 않는다고 한다(523a~b). 그러나 감각이 동일한 것에 대해 대립적인 성질들을 동시에 알려준다면, 이런 경우에는 계산(logismos) 또는 사고(dianoia)를 불러일으키고, 결국은 noēsis로 향하게 한다는 것이다. 예를 들어, 어떤 것이 동시에 부드러운 것으로도 지각되고 단단한 것으로도 지각될 경우에, 또는 가벼운 것으로도 그리고 무거운 것으로도 지각될 경우에, 혼은 난감해 하면서 "가벼움과 무거움이 무엇인지"를 묻게 되고, "혼은 먼저 계산(logismos)[의 힘]과 지성에 의한 이해(앎: noēsis)를 불러일으켜서는 자신에게 전달된 것들의 각각이 하나인지 아니면 둘인지를 고찰"(524b)하게 된다. 또한 수의 경우에도 같은 방식의 문제가 생기게 되는데, 볼 수 있고 만질 수 있는 물체들은 동시에 하나이면서도 무수한 것으로도 보이기 때문에, 혼은 당혹해 하면서, "하나 자체가 도대체 무엇인지"를 묻게 된다는 것이다 (524e). 우리가 이런 언급에서 주목할 수 있는 것은 noēsis는 어떤 것의 본질 또는 존재(ousia)에 대한 물음인 "그것은 무엇인가?"에 대한 대답을 추구하는 것으로 제시된다는 점이다. 이러한 본질을 파악하기 위해서는 사물들을 비교하고 이에 근거해서 추론하기 위해 이성적 헤아림

(logismos)이나 추론적 사고(dianoia)의 도움이 필요하나, 이런 인식과
정이 곧 noēsis는 아니다.

일반적으로 '추론적 사고'로 번역할 수 있는 dianoia와 그 동사형태
인 dianoeisthai는 사고 과정과 관련해서 쓰이는 표현이다. 어원적으로
볼 때, 'dia'는 한 요소로부터 다른 요소로의 이행을 암시하는 표현이
다.[37] 즉 dianoia는 기본적으로 시간 속에서 진행되는 사고 과정을 특징
짓는 말이다. 사고 과정의 측면에서 볼 때 logismos는 dianoia와 유사한
의미를 지닌다. 그러나 엄밀히 볼 때, 이 두 표현은 차이점이 분명히 있
다. logismos는 추론 또는 추리를 의미하기도 하지만, 어원적으로는 셈
또는 계산이라는 의미가 포함되어 있다. 즉 logismos와 dianoia는 모두
사고 과정을 나타내는 말이지만, logismos는 계산의 측면이 강조된다.[38]
반면에 dianoia에는 사고 과정에 있어서 요소들을 서로 연결하고 판단
하는 사고가 두드러지고, 계산에 대한 강조가 크지 않다.[39] 플라톤은 감
각적 지각에 의존하지 않고 혼이 자신의 힘만으로 사고하는 과정을 강
조할 때 dianoia 또는 logismos를 자주 사용하지만, 이런 사고 과정과
noēsis는 분명히 다른 것이다. noēsis 또는 noein은 시간 속에 진행되는
사고 과정이나 전제로부터 결론에 이르는 추론적 사고가 아니라 실재
하는 그 고유의 대상을 직접적으로 파악하는 인식 작용이다.

이처럼 우리는 dianoia와 noēsis를 기본적으로 구별해 볼 수 있지만,
이 둘의 차이점은 《국가》편 7권에서 제시되고 있는 이른바 선분의 비
유에서 가장 분명히 제시된다. 여기서 그는 dianoia와 noēsis의 차이점

---

37) G. Jäger, 앞의 책, 34면 주 121 참조.
38) 박종현 교수는 logismos에 '계산', '추론·추리'의 의미가 다 들어가 있기 때문에,
   이 둘을 한꺼번에 나타내는 말로 '헤아림'이란 번역어를 택하는 것이 좋을 경우가
   있다는 제안을 하고 있다. 《국가(政體)》 470면 각주 27 참조.
39) G. Jäger, 앞의 책, 41면 참조.

을 다음과 같이 밝히고 있다. 추론적 사고는, 첫째로, 가시적인 실물들 (동·식물 및 일체의 인공물들)을 모상(eikōn)으로 취급하며, 둘째로, '가정(전제: hypothesis)들에서 원리(근원: archē)로 나아가는 식이 아니라 결론(종결: teleutē)으로 나아가는 식으로 탐구'(510b)한다는 특징을 갖고 있다. 그리고 그는 기하학자들이 바로 이런 방식으로 사고하고 있음을 지적하면서, 이들은 "이 가정들에서 출발하여 곧 나머지 것들을 거쳐서는, 애초에 고찰을 시작하게 된 대상에 이르러 일관성 있게 (모순되지 않게) 결론을 내리게 된다"(511d)고 말하고 있다. 반면에 철학자들은 '변증술적 논변'을 사용하여 가정들을 원리들로서가 아니라 문자 그대로 '밑에(hypo) 놓은 것(thesis)'들로서 간주하고, 가정의 근거에 대해 따져 묻고, 궁극적으로는 '무가정의 원리'(archē anypothetos)에 대한 포착에까지 이르는 것으로 제시되며, 이 과정에서 그 어떤 감각적인 것도 이용하지 않고, 형상들 자체만을 이용한다고 언급된다(511b~c). 그리고 궁극적 원리에 대한 통찰을 하는 인식의 단계가 noēsis로 일컬어진다.

이러한 선분의 비유에서 수학자들이 놓고 나가는 가정의 성격이 어떤 것이든 수학자들이 철학자들보다 열등한 까닭은 그들의 주장이 거짓일 수 있기 때문이 아니다. 수학자들에 있어서 부족한 것은 그들이 자신들의 주장의 확실한 근거를 제시하지 못하고 있다는 점이다. 즉 그들은 가정들을 이용만 하고 있지, 이것들에 대한 '설명을 해주지'(logon didonai) 못한다는 것이다(533c). 반면에 철학자들은 가정의 궁극적 근거인 '좋음의 형상'에 대한 인식에까지 이르고자 하는데, 플라톤은 이 점을 다음과 같이 밝히고 있다. 즉 "변증술적 논변에 의해서 일체의 감각을 쓰지 않고서 '이성적 논의'(이성: logos)를 통해서 '각각인 것 자체'로 향해서 출발하려 하고, 그래서 '좋은 것 자체'를 '지성에 의한 이해(앎) 자체'(autē noēsis)에 의해서 파악하게 되기 전에는 물러서지 않을 때, 그는 '지성에 의해서[라야] 알 수 있는 것'(to noēton)의 바로 그 끝에 이르네."(532a~b) 결국 변증술적 탐구 방법은 "가정들을 [하나하나] 폐기하고서, 확실성을 확보하기 위해 원리 자체로 나아가는"(533c~d) 것이며, "각각의 것의 본질(ousia)에 대한 설명을 해낼 수 있는(logon didonai) 자가 변증술에 능하다"고 언급된다 (534b). 플라톤의 형이상학적 입장에 따를 때, '좋음의 형상'은 진리와 인식의 근거인데, 그는 이에 대한 인식을 '본다' 혹은 '접촉'을 뜻하는 동사를 사용해서 표현하고 있다.[40] 따라서 noēsis는 무엇보다도 사물의 궁극적 근거를 통찰하는 작용으로 말할 수 있을 것이다. 그리고 사물의 궁극적 근거에 대한 통찰은 사물 전체에 대한 포괄적 이해를 가능케 할 수 있는데, 플라톤이 변증술에 능한 자를 또한 '포괄적으로 보는 사람'(ho synoptikos: 537c)으로 언급하는 이유는 바로 이런 관점에서 이해해 볼 수 있다.

《국가》편에 제시된 내용에 따를 때 '변증술에 능한'(dialektikos) 사람은 지성을 지닌 사람이고(534b), '지성'은 사물의 궁극적 근거에 대한 통찰을 통해서 사물 전체에 대해 포괄적 이해를 할 수 있는 혼의 상태이다. 그러나 우리가 플라톤의 지성 개념을 좀더 명확히 이해하기 위해서는 후기 대화편에서 이 개념이 어떤 식으로 설명되고 있는지를 살펴볼 필요가 있다. 플라톤은 《티마이오스》편에서 다음과 같이 지성 개념에 대해 분명히 언급하고 있다.

"그런데 혼은 동일성, 타자성 및 존재, 이들 세 부분으로 혼화되어 있으며, [적절한] 비율로 나뉘고 결합되어 있고, 또한 스스로 자신으로 회전하여 돌아오는 운동을 하므로, 그것이 분해되는 존재(ousia)를 갖는 어떤 것

40) 《국가》 511b7, 532c6, 540a8 등.

에 접하게 될 때에도, 그리고 또는 비가분적인 존재를 갖는 어떤 것에 접하게 될 때에도, 자신의 전체를 통해서 운동을 하여 알려 줍니다. 그게 무엇이든, 그것과 어떤 것이 같은지 아니면 다른지를, 즉 생성되는 것들과 관련되건 또는 언제나 같은 상태로 있는 것들과 관련되건 간에, 특히 무엇과 관련해서, 어떤 점에서, 어떻게 그리고 어느 때에, 어떤 것이 같은 것이거나 다른 것인지 또는 그런 것들로 되는지를 말씀입니다. 한데, 이 알림 (logos)은, 다른 것인 것과 관련해서 이루어지건 또는 같은 것인 것과 관련해서 이루어지건 간에, 마찬가지로 참된 것으로서, 자신에 의해서 운동하게 되는 것 안에서 아무런 소리나 소음도 없이 전달되되, 이것이 감각에 의해 지각될 수 있는 것과 관련해서 일어나고, 타자성의 회전이 똑바로 진행해서 자신의 혼 전체에 이를 전달할 경우에는, 확실하고 참된 판단 (doxa)들과 믿음(pistis)들이 생기게 됩니다. 반면에 이 알림이 이성적인 것(to logistikon)과 관련된 것이고 동일성의 회전이 원활히 진행해서 이를 전할 경우에는, 필연적으로 지성에 의한 이해(nous)와 인식(epistēmē)이 이루어집니다. 한데, 이 양쪽 것들이 생기게 되는 것이 혹시나 누군가가 혼 이외의 다른 것 안에서라고 말한다면, 그는 전혀 진실이 아닌 것을 말하게 될 것입니다."(37a~c)

이 구절은 우주 혼의 인식 기능과 관련해서 언급된 내용이지만, 《티마이오스》편에서 우주 혼과 인간의 혼은 동일한 구조를 지니고 있고, 동일한 기능을 하는 것으로 제시되기 때문에(42b, 47b~c), 위의 언급은 인간 지성의 성격을 이해하는 데 동일하게 적용될 수 있다. 이 구절에서 우선 혼은 동일성, 타자성, 존재로 구성된 것으로 언급되고 있는데, 이를 이해하기 위해서는 그의 인식 이론이 기본적으로 "닮은 것에 닮은 것이"라는 원리에 따라 제시되고 있음을 염두에 두어야 한다. 즉 인식 주관과 그 대상은 서로 상응해야 한다. 인식은 기본적으로 그 대상

의 같고 다른 점을 파악하는 것인데, 이를 위해서는 혼 자신 스스로도
이에 상응하는 요소들로 구성되어 있어야 한다는 것이다. 그리고 혼은
'생성되는 것들'과 '언제나 같은 상태로 있는 것들'인 형상 모두를 인
식할 수 있는 것으로 상정되기 때문에, 이런 조건을 만족시키기 위해서
플라톤은 데미우르고스가 혼을 불가분적인 존재, 동일성, 타자성과 가
분적인 존재, 동일성, 타자성의 '중간적인 것들'로 구성한 것으로 말하
고 있다.[41] 그리고 플라톤은 판단 또는 의견과 관련되는 혼의 운동을
타자성의 운동으로 그리고 지성과 지식을 낳는 혼의 운동은 동일성의
운동으로 말하고 있는데, 이 점은 다음과 같은 방식으로 이해해 볼 수
있다. 즉 생성되는 것들인 감각에 의해 지각되는 것들은 동일성을 유지
하지 못하고 언제나 차이성을 보여주고 있기 때문에, 이를 인식하는 혼
의 조건은 타자성, 즉 차이성의 운동으로 말할 수 있다. 반면에 지성은
이성적인 것, 즉 형상과 관련해서 동일성의 운동이 원활히 진행할 때
생긴다. 왜냐하면 형상의 특징은 불변성과 자기동일성을 갖고 있기 때
문에 이를 인식하는 혼의 운동은 그와 닮은 것이어야 하기 때문이다.
동일성의 운동이 혼 전체를 지배할 때 혼은 지성을 지닐 수 있다.

　그런데 위의 인용문에서 우리가 주목하고자 하는 것은 지성적 인식
은 형상들에 대한 단순한 직관을 통해 생기는 것이 아니라, 형상들 상
호간의 관계에 대해 같고 다른 점을 인식할 때 혼에 생기는 것으로 언
급되고 있다는 점이다. 이런 언급은《국가》편에서 제시된 내용만으로는

---

41) 데미우르고스는 우주혼을 구성함에 있어서 먼저 불가분적이고 언제나 같은 방식
　으로 있는 '실재'(ousia)와 물체에서 성립하는 '가분적인 존재'의 중간에 제3의 종
　류의 존재를 양자를 혼합하여 만든다. 그리고 동일성과 타자성과 관련해서도 같은
　방식으로 그것들 중 불가분적인 것과 물체에서 성립하는 가분적인 것의 중간에 제
　3의 것을 구성한다. 그리고 그는 이 세 종류의 중간적인 것들을 하나로 결합해서 혼
　을 구성한 뒤에, 3단계의 수학적 조작을 통해 이것을 나눈다(《티마이오스》35a~36b
　참조).

분명하게 파악할 수 없었던 지성적 인식의 특징을 잘 보여준다. 인식이
란 기본적으로 사실들간의 관계에 대한 앎이기에, 인식 작용에 있어서
는 동일성과 차이성을 파악하는 것이 가장 근본적인 것이다. 이것은 지
성적 인식의 경우에도 마찬가지이다. 플라톤은 이 세계에 대한 지적인
이해가 불변성과 자기동일성을 유지하는 형상들간의 관계에 대한 인식
을 통해서만 가능하다고 보기 때문에, 지성적 인식을 형상들간의 같고
다른 점을 파악하는 데서 성립하는 것으로 말하고 있는 것이다. 그리고
이런 인식의 방법이 《파이드로스》편에서 명시적으로 언급되고 있고,
《소피스테스》, 《정치가》, 《필레보스》편 등에서 발전적으로 사용되고 있
는 모음과 나눔을 통한 변증술의 방법이다. 《파이드로스》편에 따르면,
'모음'은 "여러 군데로 흐트러져 있는 것들을 총괄하여 봄으로써 하나
의 이데아로 모으는 것"(265d)을 의미하는데, 이는 논의의 대상을 명확
히 한정하기 위한 것이다. 그리고 이러한 총괄적 직관을 통하여 정의될
대상의 유적 형상을 한정한 뒤, 이를 "더 이상 나눌 수 없는 최후의 종
적 형상에 이르기까지 나누는 것"이 나눔의 방법인데, 이 나눔은 "형상
들에 따라서 나누되 자연스런 마디에 따라 할 수 있어야 한다."[42] 이처
럼 형상들의 영역에서 하나와 여럿의 관계를 제대로 식별할 수 있는
사람이 변증술에 능한 사람들(dialektikoi)로 일컬어진다(266b).

그런데 플라톤은 모음과 나눔을 통한 변증술의 방법에서 모음보다는
나눔의 측면을 강조하고 있다. 그는 《소피스테스》편에서 변증술을 "유
에 따라서 나누고 동일한 형상을 다른 형상으로, 그리고 다른 형상을
동일한 형상으로 간주하지 않는 것"(253d)으로 규정하고 있다. 이런 규
정은 《국가》편에서 제시되고 있는 변증술의 성격과 다른 것으로 보인
다. 왜냐하면 《국가》편에서 변증술은 가정의 근거를 거슬러올라가서 궁

---

42) 《파이드로스》편에 대한 분석은 박종현, 대화편 《파이드로스》의 특이성, 《서양고대
철학의 세계》(서광사, 1995), 220면을 참조.

극적 원리에까지 이르러 '포괄적 이해'를 하는 방법으로서 제시된 데 반해서, 후기 대화편에서는 변증술에서 나눔의 방법이 강조되고 있기 때문이다. 그러나 이런 두 방법이 별개의 시기에 제시된 것이라거나 혹 은 변증술의 방법에 대한 플라톤의 생각이 바뀐 것으로 볼 필요는 없 다. 왜냐하면 《국가》편에서도 변증술에 대한 본격적인 언급이 나오는 6, 7권에서는 아니지만 이미 "종에 따른 나눔"의 방법이 언급되고 있기 때문이다. 플라톤은 5권 454a~b에서 여성도 남성과 동일한 교육을 받 아야 하고 통치자가 될 수 있다는 주장을 옹호하면서 '변증술적 논변' (dialegesthai)과 '쟁론을 하는 것'(erizein)을 구분하고, 변증술적 논변 을 하기 위해서는 종들에 따라 나누는 것이 중요함을 지적하고 있다. 따라서 우리는 '나눔의 방법'이 후기에야 비로소 제시된 변증술의 새 로운 방법이라고 볼 수 없다.[43] 그리고 플라톤은 후기 대화편에서 '나 눔의 방법'을 강조하고 있지만, 나눔의 결과는 다시 하나로 모아서 통 일적으로 이해하는 과정을 필요로 한다. 이 점은 이미 《파이드로스》편 의 다음과 같은 구절, 즉 "존재하는 것들을 종에 따라서 나누고 각각의 것들을 하나의 이데아에 의해 포괄(perilambanein)할 수 있어야 한다" (273e)는 언급에 분명히 제시되어 있다. 이처럼 플라톤은 변증술을 설 명하면서 논의 성격에 따라 '포괄적 이해'를 강조하기도 하고 '나눔' 의 측면을 부각시키기도 하지만, 어느 한 쪽을 배제하고 있는 것이 아 니다. 우리는 변증술에 대한 이런 이해를 바탕으로 지성적 인식은 형상 들의 관계를 올바로 식별해서 통일적인 이해를 하는 작용으로 볼 수 있을 것이다.

---

43) C. Kahn, 앞의 책, 298~300면 참조.

5. 맺음말

이상의 논의를 통해서, 플라톤에서 지성 개념의 성격과 지성적 인식
의 특징에 대해 살펴보았다. 그에게 있어서 '지성'은 인간 누구에게나
처음부터 주어진 것이 아니라 힘든 정신적 노력을 통해서라야 비로소
우리의 혼이 지닐 수 있는 상태이다. 그는 우리가 혼의 능력을 실재하
는 형상에로 향할 때에만 지성이 생길 수 있음을 강조한다. 그에게 있
어서 형상은 무엇보다도 이 세계를 지적으로 이해할 수 있는 근거로
상정된 것이다. 불변성과 자기동일성을 갖는 대상이 없다면 이 세계에
대한 이성적 인식이 불가능하다는 것은 플라톤의 기본 입장이다. 지성
은 바로 이러한 형상을 인식할 수 있는 혼의 상태로 제시된 것이기 때
문에, 지성은 이 세계에 대한 이성적 인식의 궁극적 원천이라 말할 수
있다.

지성에 의해 형상을 인식하기 위해서는 이성적 헤아림(logismos)이
나 추론적 사고(dianoia)가 요구되기는 하지만, 이것만으로 형상 인식
이 성립하는 것은 아니다. 플라톤은 지성에 의한 형상 인식에 있어서
logos의 측면을 강조하면서도, 그의 대화편 어느 곳에서도 직관의 측면
을 부정하고 있지 않다. 그리고 '직관' 혹은 '통찰'로 일컬어지기도 하
는 지성에 의한 형상 인식과 관련해서 제기된 문제들은 형상 개념과
'직관' 개념에 대한 오해에서 비롯된 것이다. 형상의 성격과 관련해서
제기된 인식 불가능성의 문제는 형상의 단일성을 다른 것들과의 관계
를 배제하지 않는 단일성으로 이해할 때 해소될 수 있다. 또한 형상 인
식의 성격을 표현하기 위해서 사용된 '본다'는 동사나 '시각적 비유'
를 글자 그대로 해석하여, 그의 '직관' 개념을 '지각적 봄'과 같은 것
으로 보아서도 안 된다. '본다'는 표현은 오랜 기간의 정신적 활동 뒤
에 생기는 '이해' 혹은 '통찰'에 대한 비유적 표현으로 파악할 수 있

다. 그에게 있어서 형상에 대한 직관은 단일한 형상에 대한 단순한 '바라봄'이 아니라 형상들 상호간의 관계에 대해 같고 다른 점을 인식해서 최종적으로 그 대상을 통일적으로 이해하거나 통찰하는 것을 의미한다. 후기 대화편에서 본격적으로 전개되고 있는 모음과 나눔 그리고 형상들의 결합을 통한 변증술에 대한 설명은 이러한 지성적 인식의 성격을 잘 보여준다. 지성적 인식은 탐구 대상의 본질적 특성들을 나눔의 방법을 통하여 분석해 본 뒤, 그 대상의 전체성을 '직관' 혹은 '통찰'하는 것이다. 우리가 이런 관점에서 지성적 인식의 성격을 파악할 때 형상 인식에 있어서 logos의 측면과 '직관'의 측면이 모순 없이 이해될 수 있다.

　그런데 우리가 플라톤의 지성 개념을 이해할 때, 반드시 염두에 두어야 할 것은 지성적 인식은 언제나 좋음에 대한 인식과 연관된다는 점이다. 이 점은 그가 《국가》편에서 지성을 지닌 참된 철학자들이 추구하게 되는 궁극적 앎인 '좋음(善)의 이데아'에 대한 인식에서 성립한다고 말하는 데서 가장 분명히 드러난다. 그는 이미 《파이돈》편(97b~98b)에서 지성과 좋음의 연관성을 강조하고 있고, 《티마이오스》편에서는 이런 관점에서 그의 우주론을 전개하고 있다. 지성은 그의 우주론에 있어서 우주 질서의 원인이며, 좋음(to agathon)과 아름다움을 실현하는 원인으로 제시된다. 이처럼 '지성' 개념은 단순히 이론적 인식에만 한정된 것이 아니고 언제나 실천적 측면과 밀접히 연관되어 있다. 그러나 실천적 측면과 연관된 지성 개념의 특성은 별도로 탐구해야 할 문제이겠다.

플라톤 철학의 아폴론적 계기와 디오니소스적 계기

이강서

1. 니체의 문제 제기

'아폴론적/디오니소스적'이라는 개념쌍은 니체를 통해서 널리 알려졌다. 니체는 《비극의 탄생》을 비롯한 일련의 저술들에서 세계 근거의 두 원초적 충동이 아폴론과 디오니소스에게서 드러난다고 보았다. 아폴론적 충동은 '개별화의 원리'(principium individuationis)로서 척도 및 시간과 공간의 한정을 통해서 형상들을 창조해 내고 영구화하려 든다. 이에 반해 디오니소스적 충동은 경계를 깨부수고 형상화된 모든 것을 소멸시킴으로써 통일적인 세계 근거에로 되돌려 놓으려 한다.

이 개념쌍은 니체 이전의 장구한 역사를 갖고 있다.[1] 특히 니체의 스승이자 24세의 니체를 바젤대학의 고전학 교수로 강력히 추천했던 리츨(Fr. Ritschl)은 음악과 운율학에 대한 연구를 통해서 '아폴론적/디오

---

[1] *Historisches Wörterbuch der Philosophie* I(Basel/Stuttgart, 1971), 'apollinisch/dionysisch' 항목을 참조. Fr. Schlegel, G.Fr. Creuzer, F.Chr. Baur, F.W.J. Schelling, J.J. Bachoffen의 견해가 일목요연하게 소개되어 있다.

니소스적' 이라는 개념쌍을 확정하고 구체화하는 데에 결정적으로 기여
했다. 그는 시가(詩歌), 제의(祭儀) 및 부족 관계에 고루 드러나는 키타
라 음악과 아울로스 음악 사이의 대립에 주목한다. 그에 따르면 키타라
음악은 도리아 부족에서 유래한 것으로 엄격한 단순성과 고상한 정숙
을 통해서 열광을 잠재우고 정신의 조화로운 균형을 이루도록 하는 데
에 적합한 반면, 아울로스 음악은 프리기아에서 유래한 것으로 인간의
마음을 때로는 거칠고 불타오르는 듯한 접신의 경지에 이르도록 자극
하는가 하면 때로는 무기력한 상태로 끌어내린다고 한다. 그는 그리스
적 · 아폴론적 키타라 음악과 아시아적 · 디오니소스적 아울로스 음악이
나중에는 화해했다고 설명한다. 니체는 '아폴론적/디오니소스적' 이라는
개념쌍에 대한 선행 연구들을 상당 부분 알고 있었다고 한다.[2] 그는 이
개념쌍을 대비시키고 최고도로 전개된 예술인 아티카의 비극에서 아폴
론적인 것과 디오니소스적인 것이 통일된다고 본다. 그에 의하면 비극
은 소크라테스를 거치면서 파괴되었다. 즉 세계를 인식할 수 있으며 이
인식의 힘이 세계를 변화시킬 수 있다는 소크라테스의 확신이 삶의 신
비한 연관을 깨부쉈다는 것이다. '아폴론적/디오니소스적' 이라는 개념
쌍은 《인간적인 너무나 인간적인》부터는 등장하지 않으며, '디오니소스
적' 이라는 표현만 《짜라투스트라는 이렇게 말하였다》 이래로 새로운
의미를 획득하고 니체 철학의 성격을 특징짓는 역할을 수행한다. 따라
서 니체가 디오니소스적인 것을 재발견했다고 할 수 있다. 그에게 있어
서는 기독교의 세계 부정이나 낭만주의의 현실 저주에 맞서 이 세계를
중심에 놓고 삶을 긍정하는 것이 곧 디오니소스적이다.

　니체는 '망치로 하는 철학'[3]을 표방하고 기존의 진리를 전복시킴으

---

2) A. Lévy, *Nietzsche et Stirner*(Paris, 1904)에 수록된 바젤대학 도서관 대출 기록을
　참조하라. 이 대출 기록은 M. Oehler, *Nietzsches Bibliothek*(Weimar, 1942)에도
　재수록되었다.

로써 진리를 인식하려고 한다. '최고 가치의 무가치화'를 목표로 삼는 그의 철학은 '아폴론적/디오니소스적'이라는 개념쌍에 대한 독특한 해석으로부터 출발되었다. 이러한 니체의 해석은 《비극의 탄생》이 출판되자마자 빌라모비츠-묄렌도르프(U. von Wilamowitz-Moellendorf)를 위시한 허다한 고전학자들로부터 비판을 받았다. 이 글은 니체의 문제 제기를 출발점으로 삼아 플라톤 철학이 어떤 점에서 아폴론 및 디오니소스와 연관되는지를 드러내 보이고, 니체의 생각과는 달리 플라톤 철학에서 아폴론적인 것과 디오니소스적인 것이 결합된다는 것을 《파이돈》과 《심포시온》을 검토함으로써 밝히려고 한다.[4]

2. 플라톤 철학과 아폴론

아폴론은 그리스 사람들에게 가장 중요한 신이자 가장 그리스적인 신이다. 철학이 하필 아폴론과 각별한 관계 속에 있다는 것은 아폴론이 태양의 신이자 빛의 신으로 이해되었다는 점과 연관되어 있을 것이다. 아폴론의 여러 별칭 가운데 하나가 Phoibos인데, 이 말은 대체로 '빛을 발하는 자', '빛나는 자' 정도를 뜻한다. 아폴론과 아르테미스는 레토를 어머니로 하는 쌍둥이 남매이다. 그런데 레토의 어머니는 티탄족인 포이베이다. 따라서 아폴론과 아르테미스는 포이베의 손자요 손녀이며, 둘 다 빛의 자녀인 셈이다. 아폴론을 가리키는 포이보스는 포이베의 남

---

3) 이 표현은 《우상의 황혼》의 원래 제목인 *Götzen-Dämmerung oder wie man mit dem Hammer philosophiert*에서 나왔다.

4) 비슷한 문제 의식을 드러내 보이는 선행 연구 가운데 대표적인 것으로 K. Albert, *Griechische Religion und platonische Philosophie*(Hamburg, 1980)를 들 수 있다.

성형이다. 헬레니즘 시대에 오면 아예 아폴론이 태양신 헬리오스의 자리를, 아르테미스는 달의 여신 셀레네의 자리를 꿰찬다. 그리스 철학은 그 시초부터 철학적 인식을 빛과 연관해서 묘사했다. 이런 까닭에 그리스 철학을 '빛의 형이상학'(Lichtmetaphysik)이라 부르기도 한다.[5] 이 점은 특히 플라톤에 있어서 두드러진다. 플라톤은 '동굴의 비유'에서 철학적 인식을 동굴 안의 어두움으로부터 태양이 찬란히 빛나는 동굴 바깥의 밝음에로의 상승으로 해석한다.

탁월한 신화학자 오토(W.F. Otto)는 아폴론을 '먼 곳의 신'(Gott der Ferne), 즉 멀리에서 그리고 멀리 있다는 점을 통해서 자신의 고귀함을 발현하는 신으로 특징짓는다.[6] 이 신의 특별한 권위는 바로 이 거리에 기인한다. 우리가 무엇인가를 볼 수 있기 위해서는 우리의 눈과 보여지는 것 사이의 중간 틈새, 곧 빛이 퍼져나가는 공간이 필요하다. 만일 시각 기관과 대상 사이의 간격이 너무 가까우면 우리는 아무 것도 볼 수 없다. 따라서 무엇인가가 나타난다는 것, 나타나서 아름답다는 것에는 거리가 전제되어 있다. 거리는 우리를 사물로부터 떼어내고, 사물들 서로를 떼어놓는다. 거리는 모든 것이 하나로 되는 가까움을 없애버린다. 아폴론의 이런 특성을 한 조각가가 올림피아의 거대한 제우스 신전 서쪽 박공(博栱) 중앙에 당당하게 서 있는 아폴론 상에 완벽하게 형상화했다. "이 예술가는 압도하는 듯한 웅대한 순간을 포착했다. 걷잡을 수

---

5) 여기에 대해서는 다음 박사 학위 논문을 참조. W. Beierwaltes, *Lux intelligibilis, Untersuchungen zur Lichtmetaphysik der Griechen*(München, 1957).

6) W.F. Otto, *Die Götter Griechenlands, Das Bild des Göttlichen im Spiegel des griechischen Geistes*(Bonn 1929)(Frankfurt ⁴1956), 77면. W. Burkert의 다음 책도 아울러 참조. *Griechische Religion der archaischen und klassischen Epoche* (Stuttgart, 1977). 여기에서는 J. Raffan의 영역본 *Greek Religion, Archaic and Classical*(Oxford, 1985), 143~149면을 참조했다. 특히 148~149면의 'God of Afar' 부분을 참조.

없는 소동의 한 복판에 이 신이 갑자기 나타나서는 팔을 뻗어 조용히 하라고 명령한다. 그의 얼굴에서는 권위가 빛을 발한다. 그저 바라만 보기에도 위압을 느끼게 하는 부릅뜬 눈이 무언가를 준엄하게 요구한다."[7] 아폴론은 서로 뒤엉켜 육박전을 벌이는 라피테스들과 켄타우로스들에게 팔을 뻗어 거리를 유지할 것을 촉구하고 그럼으로써 평화를 명령하고 있다. 디오니소스 역시 평화를 가져온다. 그러나 그 평화는 가까움과 따뜻함을 통해서 하나가 되는 평화이다. 그에 반해 아폴론적 평화는 거리를 두는 데에서 생겨난다.

거리 두기가 인간으로 하여금 성찰하게 한다. 그러길래 거리를 요구하는 신 아폴론은 다른 어떤 신보다도 훨씬 지적인 신이요, 델피의 아폴론 신전 입구에 새겨진 γνῶθι σαυτόν 이라는 경구가 철학자들에게 그렇게도 매력을 발한 것도 아마 이런 연유에서일 것이다. 이 경구가 신전에 들어서는 이에게 촉구하는 것은 자신이 사멸하는 존재인 인간일 뿐이지 불사의 존재인 신이 아니라는 것을 깨달으라는 것이다. 철학자들은 이 델피의 경구를 여러 가지로 해석해 왔다. 헤라클레이토스의 "나는 나 자신을 물었다"[8]는 고백이나 아우구스티누스의 "밖으로 나가지 말라. 네 자신 안으로 들어가라. 진리는 인간의 내면에 있다."[9]는 말도 이 델피의 경구에 대한 해석에서 기인한다. 헤겔도 이 경구를 자기 철학의 구도 아래 해석한다.[10] 이러한 다양한 해석들은 거리를 요구하는 신 아폴론에게 귀착되는 이 경구에서 우리가 얼마나 깊은 진리를 읽어내려고 시도해왔는가를 보여주는 셈이다.

---

7) W.F. Otto, *Die Götter Griechenlands*, 62면.
8) Herakleitos, 토막글 B101: ἐδιζησάμην ἐμεωυτόν.
9) Augustinus, *De vera religione*, c.39, n.72: Noli foras ire. In te ipsum redi. In interiore homine habitat veritas.
10) Hegel, WW 10, 10(Glockner).

플라톤만 그런 것이 아니라 피타고라스나 소크라테스도 아폴론과 연
관되어 기술된다. 피타고라스의 제자들은 자신들의 스승을 히페르보레
이오스들의 나라로부터 나타나는 아폴론으로 경배했다고 한다.[11] 그런
가 하면 《파이돈》에서 소크라테스는 스스로를 아폴론의 성스러운 새인
백조들과 마찬가지로 아폴론을 섬기는 자라고 칭한다.[12] 이 대화편의
끝 부분에서 소크라테스의 마지막 소원은 아스클레피오스에게 닭 한
마리를 제물로 바치는 것이었는데,[13] 그것은 그가 이제 혼이 육체에 매
여있다는 병으로부터 해방된다는 것을 뜻한다. 아스클레피오스는 아폴
론의 아들이다. 여기에서도 우리는 소크라테스의 죽음과 함께 다시 한
번 아폴론에게로 되돌아가는 셈이다. 또 아카데미아가 처음에 아폴론을
기린 것도 소크라테스에 대한 추념에서 비롯되었다고 알려져 있다.

이제 플라톤 및 그의 철학이 어떤 점에서 아폴론과 연관되는지를 살
펴보기로 하자. 고대의 플라톤 전기들을 보면 플라톤의 탄생과 죽음이
모두 아폴론과 연관하여 기술된다.[14] 아카데미아에서는 타르겔리온 달

---

11) 피타고라스와 아폴론의 관계에 대해서는 다음을 참조. P. Gorman, *Pythagoras, A Life*(London, 1979).
12) 《파이돈》 85b.
13) 《파이돈》 118a.
14) 전해지는 바에 따르면 플라톤은 태어나기 이전부터 이미 아폴론과 연관되었다고 한다. 아풀레이우스는 플라톤의 아버지가 아리스톤이 아니라 아폴론이라고 기록한 보고들이 있었음을 전한다. 이 보고들에 의하면 아폴론이 인간의 모습을 하고 플라톤의 어머니인 페릭티오네와 결합했다는 것이다(Diogenes Laertios, *Leben und Meinungen über hmter Philosophen*, Otto Apelt 번역 및 해설(Leipzig, 1921), III, 2. 이 책은 이하 'Diogenes Laertios'로 표기; Apuleius, *De Platone et eius dogmate*, I, c.1; P. Gorman, Pythagoras, 195면). 대체로 이 보고들은 전승되지 못한 스페우시포스의 [플라톤 찬가]로 거슬러올라간다고 추측된다. 이 찬가는 플라톤의 조카이자 아카데미아의 학통을 잇는 스페우시포스가 장례식에서 했거나 아니면 외삼촌이 사망한 뒤 첫번째로 돌아온 플라톤의 생일에 아카데미아에서 한 연설로 추정된다. 이 찬가에서 스페우시포스는 마치 아폴론이 플라톤의 아버지라고 생

의 일곱째 날을 플라톤의 생일로 기렸다. 이 날은 아테네에서 바로 아폴론의 생일로 축제를 지냈던 날이다.[15] 플라톤의 죽음 역시 아테네 사람들로 하여금 아폴론을 연상하게 했다. 플라톤을 아폴론이 보낸 인물로 묘사하는 묘비명들 가운데 하나를 소개하면 다음과 같다. "포이보스가 인간에게 아스클레피오스와 플라톤을 보내 주었나니/ 그 하나는 혼을 치유하기 위해서요, 다른 하나는 육체를 치유하기 위해서라."[16] 플라톤은 여기에서 육체를 치유하는 신 아스클레피오스와 나란히 언급되고, 그렇게 해서 정신과 혼을 치유하는 신의 역할을 부여받는다.

플라톤이 철학의 길로 들어서는 데에 있어서 결정적인 계기가 된 것은 소크라테스와의 만남인데, 이 역시 아폴론의 영향 아래에서 이루어진 것으로 묘사된다. "어느 날 소크라테스가 꿈을 꾸었는데, 그 꿈에서 그는 새끼 백조를 무릎 위에 놓고 있었다고 한다. 그런데 곧 이 새끼 백조에게 날개가 돋더니 기쁜 듯 소리를 질러대며 창공으로 날아가 버리더라는 것이다. 그 다음날에 플라톤이 소크라테스에게 소개되자, 소크라테스는 '이 친구가 바로 그 백조로군'이라고 말했다고 한다."[17] 앞에서도 보았지만 백조는 아폴론의 새이다. 몇몇 기록들에 의하면 이 만남은 아크로폴리스 기슭에 있는 디오니소스 극장 앞에서 이루어졌다고 하는데, 이 일을 계기로 플라톤은 디오니소스에게 등을 돌리기로 결심한 것으로 보인다. 왜냐하면 이 만남이 있고 나서 그는 시인이 되겠다는 생각을 포기하고 그때까지 만들어진 비극들과 디티람보스들을 불길

각하는 듯 아폴론이 아리스톤에게 임신한 페릭티오네를 건드리지 말라고 했노라고 말한다. 이처럼 플라톤은 아폴론의 아들로도 등장한다.
15) Apollodoros, *Vita Platonis*, c.1 참조: K. Kerényi, *Die Mythologie der Griechen*, Bd. I: *Die Götter- und Menschheitsgeschichten*(München, 1966), 106면.
16) *Diogenes Laertios*, III, 45.
17) *Diogenes Laertios*, III, 5.

속에 던져버렸다고 하니 말이다. 디티람보스란 디오니소스를 숭배하는
노래이다. "플라톤이 비극 경연 대회에 막 참가하려던 차에 디오니소스
극장 앞에서 소크라테스의 말을 듣고는 '헤파이스토스여 어서 오라, 플
라톤이 그대를 필요로 하노라' 라는 말과 함께 자기의 작품을 불태웠
다."[18] 플라톤이 했다는 이 말은《일리아스》에 나오는 표현 "헤파이스토
스여 어서 오라, 테티스가 그대를 필요로 하노라"를 고친 것이다.[19] 테
티스가 그랬던 것처럼 이번에는 플라톤이 새로운 무기를 요구하는 셈
이다. 그는 이 무기를 소크라테스를 통해서 얻게 되는데, 그것은 철학이
다.

에우리피데스의《메데이아》에서 합창단은 플라톤이 성장했으며, 아
카데미아를 세웠고, 또 바로 거기에서 죽고 묻힌 케피소스 계곡을 노래
하면서 "아홉 무사 여신들이 그 옛날 하르모니아를 품었던 곳"이라고
한다.[20] 빌라모비츠-묄렌도르프는 플라톤을 다루는 자신의 저서 첫째
권 첫머리에 이 노래를 싣고 있다.[21] 마틴(G. Martin)은 에우리피데스가
케피소스 계곡을 예술과 학문의 요람으로 노래한 것은 우연이 아니라
예언자적 통찰이라면서 빌라모비츠-묄렌도르프가 이 노래를 실은 것을
두고 플라톤에 관한 저술을 이보다 더 근사하게 시작할 수는 없을 것
같다고 말한다.[22] 2세기에 아테네를 방문하고 기록을 남긴 파우사니아
스도 아카데미아에 무사 여신들의 제단이 있는 것을 보았다고 적었다.

18) *Diogenes Laertios*, III, 5.
19)《일리아스》 XVIII 392. 파트로클로스가 헥토르에게 져서 아킬레우스의 옛 장비를
   잃어버리자 테티스가 신들의 대장장이인 헤파이스토스를 불러내 아들인 아킬레우스
   에게 새 무기를 만들어 주도록 부탁한다.
20) Euripides, *Medeia*, Vers 824 f., J.J. Donner 역(Stuttgart, 1958).
21) U.v. Wilamowitz-Moellendorff, *Platon*, 2 Bde.(Berlin 1919; Bd. I:
   Berlin/Frankfurt a.M., ⁵1959).
22) G. Martin, *Platon mit Selbstzeugnissen und Bilddokumenten*(Hamburg,
   1969), 8~9면.

이 무사 여신들의 제단도 다시금 아폴론과의 연관성을 나타낸다. 잘 알려져 있는 대로 플라톤과 그의 제자들은 사적인 숭배 단체라고 할 티아소스를 조직했으며, 그 핵심에 있는 것이 무사 여신들에 대한 경배였다.[23] 아카데미아에서의 하루 일과는 여러 대화편들에서 볼 수 있듯이 무사 여신들을 부르는 것으로 시작되었다. 예를 들어서 《크리티아스》의 서두에서 헤르모크라테스는 이렇게 말한다. "그러므로 … 아폴론과 무사 여신들을 불러내 우리의 옛 시민들의 훌륭함을 드러내 보이고 찬양하는 것은 당연합니다."[24] 아침마다 무사 여신들에게 제물을 바치는 것이 아카데미아의 확고한 관행이었다. 우리는 이 행사가 오로지 한 차례 생략되었다는 보고를 갖고 있다. 스페우시포스의 뒤를 이어 크세노크라테스가 아카데미아의 수장으로 있었을 때, 그는 스파르타 사람들이 아테네에 진격해 들어오던 날에 이 행사를 생략하도록 했다고 한다.[25] 플라톤의 생각으로는 무사 여신들에 대한 사랑이 인간을 인간답게 만든다. 무사 여신들과 사귀지 않는 사람은 마치 짐승과도 같아서 모든 것을 폭력으로 이루려 들며 무지와 졸렬함 속에서 상스럽고 무례하게 살아간다.[26] 플라톤은 교육도 아폴론과 무사 여신들을 통해 주어진다고 생각한다.[27] 아폴론은 '무사 여신들을 이끄는 자'(μουσαγέτης)로도 불린다. 그러므로 《파이돈》에서 철학이 '무사 여신들이 관장하는 것 가운데 최고의 것'(μεγίστη μουσική)이라고 일컬어지는 것도 플라톤과 아폴론과의 관계에 기인한다.[28]

이렇듯 플라톤 철학은 아폴론에 대한 헌신이다. 플라톤은 죽음을 두

23) H. Herter, *Platons Akademie*, 2.Aufl.(Bonn, 1952) 참조.
24) 《크리티아스》 108c.
25) H. Herter, *Platons Akademie*, 11면 이하.
26) 《국가》 411c~e.
27) 《법률》 654a~b.
28) 《파이돈》 61a.

려움 없이 직시하는 소크라테스로 하여금 그의 주위에 모인 친구들에게 다음과 같이 말하게 한다. "자네들은 내가 죽음이 가까이 옴을 안 백조만 못한 예언자라고 생각하는 것 같군 그래. … 백조들은 자기들의 주인인 신에게로 되돌아가는 것을 기쁘게 여겨 가장 아름답게 노래하니 말일세. … 백조들도 아폴론 신의 사자(使者)이기 때문에 예언하는 능력이 있다네. 백조들은 저 세상에 있을 좋은 일을 미리 알고 있는 터라 그 어느 때보다 즐겁고 특히 아름답게 노래하는 걸세. 나도 백조들과 마찬가지로 같은 아폴론을 섬기는 자로서 나의 주인으로부터 백조들 못지 않은 예언 능력을 받았다고 생각하며, 따라서 백조들 못지 않게 기쁜 마음으로 이 세상을 떠나는 것일세."[29] 플라톤이 철학을 아폴론에 대한 헌신으로 묘사하는 까닭이 보다 분명해질 수 있기 위해서는 《파이돈》에서 철학한다는 것이 죽음의 한 방식으로 특징지어진다는 사실을 주목해야 한다. "자신의 삶을 참으로 철학하는 것으로 보낸 사람은 죽음이 임박했을 때 기쁜 마음을 가질 만한 이유가 있고, 죽어서 저 세상에서 최대의 좋음을 얻을 희망을 가질 수 있다네."[30] 플라톤에 따르면 이것이 철학의 본질이다. 왜냐하면 "사실 세상 사람들은 눈치채지 못하지만, 제대로 철학에 몸바친 사람들은 다름이 아니라 오직 죽음을 추구하기"[31] 때문이다. 그런데 죽음은 "혼이 육체로부터 해방되는 것"[32]이요, 따라서 철학자의 일이란 "육체에 관해서 마음 쓰는 것이 아니라 될 수 있는 대로 육체에 대해서는 생각을 멀리 하고 혼으로 생각을 돌리는"[33] 일에 있다. 그 까닭은 육체에 근거를 두는 감각적 인식의 영향력이 배제되고 사유만이 작동될 수 있을 때에만 철학적 사유가 흐려지

29) 《파이돈》 84e~85b.
30) 《파이돈》 63e~64a.
31) 《파이돈》 64a.
32) 《파이돈》 64c, 67d.
33) 《파이돈》 64e.

지 않기 때문이다. 우리는 혼 자체로 사유해야 한다. 혼은 "육체를 떠나 될 수 있는 대로 그 자체로만 있을 때, 혼이 육체와 관계 맺거나 소통 함이 없이 참으로 존재하는 것을 추구할 때"[34] 가장 잘 사유한다.

플라톤의 생각으로는 혼은 육체로부터 해방되어야 하며, 순수하게 되어야 한다. 정화(淨化, καθαρσις)를 촉구하는 것으로 플라톤은 피타 고라스적인 것을 계승하는 셈이다. 《파이돈》에서 피타고라스 학파에 속 하는 두 젊은이가 소크라테스의 대화 상대자로 설정된 것은 우연이 아 니다. 그런데 혼의 육체로부터의 해방은 이 세상의 삶에서는 결코 완전 히 이루어지지 않는다. "이렇게 될 때 비로소 우리는 우리가 구하여 마 지않는 지혜에 도달할 수 있을 걸세. 그런데 우리가 이 지혜에 도달하 게되는 것은 우리가 죽은 뒤의 일일 것이네."[35] 그렇기 때문에 참된 철 학자는 죽음을 동경하는 것이다.

혼이 순수한 상태로 있는 경우라야 철학하는 자는 분명하고 흐려지 지 않은 참된 존재자를 인식한다. 이 혼의 인식 대상을 플라톤은 다음 과 같이 특징짓는다. "혼이 자신을 통해서 자기 자신을 생각하는 때에 는, 순수하고 영원하며 불멸하고 불변하는 것에로 향하게 되네. 혼은 이 것과 동질적인 것이어서, 만일 혼이 제 자신에로 돌아가기만 하면 언제 나 이것과 함께 있게 되지. 이렇게 되면 혼은 방황하는 것을 그치게 되 고 영원하고 불변하는 것과 사귐으로써 그 자신 이것과 같이 되는 게 야. 혼의 이런 상태를 지혜라고 하네."[36] 이것이 말하는 것은 자기 자신 을 인식하는 혼은 감각적 경험들에로 향하는 것이 아니라 한결같은 상 태로 있는 것에로 향한다는 것이다. 또 혼은 자기 자신을 인식함으로써 변화를 겪지 않는 존재자를 발견하기 때문에 한결같은 상태로 있을 수

---

34) 《파이돈》 65c.
35) 《파이돈》 66e.
36) 《파이돈》 79d.

있다. 따라서 철학은 혼을 육체로부터 해방시키는 일이요, 이 일을 통해
서 통상 종교가 최후의 약속으로 알고 있는 것에 이른다. 즉 혼은 "신
적이요 불멸하며 예지적인 것에 다다르게 되어 … 거기에서 행복을 누
리며 … 영원토록 신들과 함께 지내게 되네."[37]

   이렇게 해서 종교적인 정화가 철학적인 것으로 되었다. 《파이돈》에
따르면 궁극적으로 순수한 상태는 이 세상의 삶에서 도달되지 못한다.
죽으면 사망한 사람들의 모든 혼은 일단 지하 세계로 간다. 그러나 모
든 혼이 거기에 머무르지는 않는다. 플라톤은 지하 세계를 다음과 같이
묘사한다. "경건하게 산 사람들은 지상의 여러 곳들로부터 해방되고 감
옥에서 풀려나 청정한 곳으로 올라가 그 땅에서 살게 되네. 이 사람들
가운데 특히 철학을 통해서 자신을 순수하게 한 사람들은 그 이후로는
전적으로 육체 없이 살 것이며, 방금 말한 거처보다 더 아름다운 거처
에 이르게 될 걸세."[38] 이렇게 철학은 종교보다 더 높은 목표에 이른다.
즉 철학을 통해서 순수하게 된 혼은 죽고 나서 더 아름다운 거처를 얻
는다. 이런 의미로 철학은 '죽음의 훈련'(μελέτη θανάτου)[39]이다. 그런
데 정화의 신 역시 다름 아닌 아폴론이다.[40]

3. 플라톤 철학과 디오니소스

   제우스의 허벅다리로부터 태어났고 니사에서 성장해서 '니사의 제우
스'란 의미로 디오니소스라 불리는 이 신은 원래 동방의 신이요 나중

---

37) 《파이돈》 81a.
38) 《파이돈》 114b~c.
39) 《파이돈》 81a.
40) 예컨대 다음을 참조. W.F. Otto, *Die Götter Griechenlands*, 68면 이하.

에야 그리스 신들의 계열에로 편입되어 올림포스를 고향으로 삼게 되었다. 디오니소스는 땅을 관장하는 신들에 속한다. 땅은 하늘의 열린 밝음과는 대조적으로 닫힌 어두움이다. 그런 까닭에 이 신은 우리가 죽어야 하는 존재라는 사실이 고조되는 경우에 나타난다. 헤라클레이토스는 토막글 가운데 하나에서 디오니소스가 죽음의 신이자 지하 세계의 신인 하데스와 같다고 말한다.[41]

철학이 무사 여신들에 봉사하는 것이라고 할 때, 철학은 우선적으로 아폴론과 관계를 맺는다. 그러나 디오니소스도 드물지 않게 무사 여신들과 연관된다. 아닌게 아니라 플라톤은 《법률》에서 인간의 축제 동료로서 무사 여신들 및 아폴론과 나란히 디오니소스도 들고 있다.[42] 음악과 관련해서도 아폴론 및 무사 여신들과 함께 디오니소스가 거론된다.[43] 아폴론과 마찬가지로 디오니소스도 간혹 '무사 여신들을 이끄는 자'로 불린다. 또한 아폴론에게 키타라가 그런 것처럼 디오니소스에게 아울로스가 특징적인 악기라고 할 때, 무사 여신들이 피리를 부는 것으로 묘사되는 고대 문헌들은 이 여신들과 디오니소스가 결합되어 있다는 것을 보여주는 증거가 된다. 따라서 무사 여신들에 대한 봉사로서의 철학은 통상 알려져 있는 것처럼 아폴론과만 관계를 맺는 것이 아니라 사실은 디오니소스와도 관계를 맺는다.

플라톤 철학의 디오니소스적 계기가 특히 강하게 나타나는 대화편으로는 단연 《심포시온》을 들 수 있다.[44] '심포시온'(symposion, 라틴어로 convivium)은 그리스적 문화 현상의 하나로서 글자 그대로 '함께 마시

---

41) Herakleitos, 토막글 B15.
42) 《법률》 653d.
43) 《법률》 665a~b.
44) 다음 책의 제목이 이 점을 잘 드러낸다. D.E. Anderson, *The Masks of Dionysos, A Commentary on Plato's Symposion*(Albany, 1993):

기', '술자리' 정도를 뜻한다. 《심포시온》이라는 제목을 보통 독일어로 'Gastmahl'로 번역하는데 이는 적절하지 않고 'Gelage' 혹은 'Trink-gelage'로 해야 한다. 아닌게 아니라 독일에서 소수이기는 하지만 'Trinkgelage'라고 부르기도 한다. 'Gastmahl'은 '손님과 함께 하는 식사' 혹은 '향응'(饗應)을 뜻하고 'Trinkgelage'는 '술자리' 혹은 '주연'(酒宴)이다. '심포시온'이 '함께 마신다'는 뜻이므로 사실 'Trinkgelage'가 더 가깝다. 요컨대 밥이 아니라 술이 위주가 되는 자리인 것이다.[45] 일반적으로 심포시온이 진행되는 동안 손님들에게 음식은 제공되지 않으며, 제공된다면 포도주에 곁들인 안주 정도이다. 심포시온에 앞서 식사를 하지만, 엄밀히 말해서 식사는 심포시온의 일부가 아니요 특정한 정화 행위를 통해서 심포시온과 분명히 나누어진다. 포도주를 마시는 일은 심포시온에서만 이루어진다. 그런데 포도주를 마시는 일은 명백히 종교적인 성격의 것으로서 포도주의 신 디오니소스와 연관되어 있다. 심포시온과 그에 앞선 식사의 분리는 바닥이 치워지고, 손과 그릇을 깨끗이 씻고, 화환을 머리에 두르며, 향유를 바르고, 신에게 술을 바치고 찬미의 노래를 부르는 행위를 통해 이루어진다.[46] 이 모든 행위가 종교적인 일이 벌어지는 것을 암시한다. "이런 말이 있은 후 … 소크라테스는 자리에 기대어 식사를 끝마쳤고 다른 사람들도 마찬가지였네. 그들은 술 한 방울을 땅에 떨어뜨려 신께 드리고, 신을 찬미하는 노래를 부르고 그 밖에 이런 경우에 하는 여러 일을 하고는 술을 마시기 시작했네."[47] 여기에서도 식사와 술자리 사이의 분리가 아주 분명하

---

45) 아쉽게도 우리말 번역 '饗宴'이나 '잔치'는 'Gastmahl'에 가깝다.

46) 이런 절차들은 크세노파네스의 것으로 알려져 있는 심포시온에 대한 노래에 잘 나와 있다. 이 노래는 다음 책에 실려 있다. *Das Gastmahl*, hrsg. von G.P. Landmann(Hamburg, 1957), 84면 이하.

47) 《심포시온》 175e~176a.

게 드러난다. 이 의식을 볼 때 우리는 《심포시온》에 설정된 대화의 배경이 이미 종교 의식과의 연관성을 보여준다고 말해도 좋을 것이다.

 이러한 연관성은 더 나아가 심포시온에 참가한 사람들의 면모에서 분명해진다. 소크라테스 이외의 중심 인물로 한 쪽에는 희극 작가 아리스토파네스가 있고, 다른 쪽에는 주인장이자 비극 작가인 아가톤이 있다. 그리스 사람들에 있어서 희극과 비극은 단순하게 예술의 일종이 아니라 일차적으로 그리고 궁극적으로 종교 의식에 속한다는 것을 지적해야 할 것이다. 심포시온의 말미에 아가톤, 아리스토파네스 그리고 소크라테스만이 여전히 깨어 있어서는 "동일한 사람이 희극도 지을 수 있고 비극도 지을 수 있으며, 비극 시인의 재주를 가진 사람은 희극 시인이기도 하다"는 소크라테스의 주장을 논의하는 것으로 되어 있다.[48] 참된 극작가에게서는 진지함과 유희가 결합되어야 한다. 그런데 플라톤에 따르면 이런 결합이 종교 의식에서 특히 잘 일어난다. 《법률》에서 아테네 사람이 다음과 같이 주장한다. "우리는 진지한 것을 진지하게 다루어야 하고 진지하지 않은 것을 진지하게 다루어서는 안 된다. 그런데 신은 그 본성상 모든 것에 축복을 가져오는 진지한 것인 반면에 인간은 … 신의 장난감으로 창조되었다. 이것이 인간에게 최상의 것이다."[49] 그에 앞서 인간은 신의 손 안에 있는 인형과 같으며, 자신이 장난감인지 진지한 것인지를 모른다고도 했다.[50] 따라서 인간이 최고로 진지한 존재인 신들을 바라보면서 행하는 유희는 동시에 인간에게는 본래적으로 진지한 것이다. 그런데 플라톤이 보기에 진지한 것과 유희적인 것을 결합시키는 의식에는 철학도 끼어 있다. 희극과 비극이라는 두 예술을 넘어서서 보다 높은 사유에 이름으로써 희극 작가와 비극

48) 《심포시온》 223c~d.
49) 《법률》 803c.
50) 《법률》 644d.

작가를 하나로 통일시킨 이는 다름 아닌 소크라테스이다. 플라톤의 대
화편들이 연극을 연상시키는 형식을 취하는 것은 한편으로 디오니소스
적인 것에의 복귀라는 의미를 갖는다. 이렇게 볼 때 플라톤 철학은 디
오니소스 종교 가까이에 서 있는 셈이다.

《심포시온》은 에로스를 다룬다. 사랑의 신은 디오니소스와 밀접하게
연관된다. 그래서 아리스토파네스에 대하여 말하기를, 그는 항상 디오
니소스와 아프로디테를 다루기 때문에 에로스를 찬미하는 데에 반대하
지 않을 것이라고 한다.[51] 심포시온에 참석한 사람들 가운데 한 명이
시인들이 소홀히 한 신 에로스에 대한 찬미를 각자 돌아가면서 하자고
제안했었다. 이 연설 시합의 끄트머리에 소크라테스의 철학적 연설이
신화에 초점을 맞춘 아리스토파네스의 연설이나 찬미 일색의 아가톤의
장광설보다 우월하다는 것이 입증된다.

《심포시온》에서 에로스를 두고 행해진 연설들은 일종의 연설 경연,
연설 시합의 형태로 이루어진다. 경합(ἀγών, Wettstreit, Wettkampf,
competition, contest)은 고전 시기 그리스 사람들의 생활의 여러 영역
에 걸쳐서 중요한 역할을 한다. 부르크하르트(J. Burckhardt)는 그리스
사람들을 '경쟁하는 사람들'(agonale Menschen)로 특징짓고, 베르베(H.
Berve)는 '그리스인의 경쟁심'(agonaler Geist der Griechen)이라는 표
현을 쓴다. 니체도 그리스 문화의 원동력을 '경쟁심'(agonaler Geist)에
서 찾는다.[52] 육상이나 레슬링과 같은 운동 시합, 비극이나 희극 경연,
축제에서 합창단들의 경합, 법정에서의 공방, 더 많은 박수 갈채를 얻어
내려는 연설 경연, 심지어 가장 빠르고 좋은 말을 소유하려는 경쟁에

---

51) 《심포시온》 177d~e.
52) 다음 두 책은 'ἀγών' 개념을 별도의 절로 다룬다. W. Burkert, *Greek Religion*,
105~107('agon'); 차하순, 정동호, 《부르크하르트와 니체》(서강대 출판부, 1986),
213~218('그리스인의 삶 속에 있던 경쟁자적 성향').

이르기까지 다양한데, 흔히 세 가지로 분류된다. 벌거벗은 몸으로 육체
의 뛰어남과 용기를 겨루는 ἀγών γυμνικός, 음악, 시, 춤, 말솜씨 등을
겨루는 ἀγών μουσικός, 승마 솜씨를 겨루는 ἀγών ἱππικός가 그것이다.
플라톤도 《법률》 658a에서 이 세 가지 경합을 말한다.[53] 이 점은 신들
사이에서도 마찬가지이다. 트로이아 전쟁은 헤라, 아테나 그리고 아프
로디테 사이의 미녀 경합으로 촉발되었다. 시합들에서 중요한 것은 특
히 삶을 최고도로 충족시키는 순간들, 곧 최고의 순간들이었다. 따라서
시합에 관객으로 참여한다는 것은 그리스 사람들에게는 신적인 행위이
다. 다시 말해서 시합을 바라봄으로써 인간이 신들의 삶에로 끌어올려
지며, 그렇게 해서 종교 의식이 이루려는 것으로 채워진다.

《심포시온》의 연설 시합은 또 한 가지 점에서 디오니소스와 관계를
맺고 있다. 함께 술 마시기 전에 아가톤은 다음과 같이 말한다. "저를
놀리시는군요, 소크라테스. 선생님하고 저하고의 지혜의 우열에 대해서
는 얼마 안 있다가 디오니소스를 심판관으로 하고 결판을 짓겠지요."[54]
이윽고 연설 시합이 시작되어서는 소크라테스가 연설하기 직전에 끝난
아가톤의 연설이 참석자 모두로부터 박수 갈채를 받는다. 이렇게 해서
모든 것이 소크라테스와 아가톤 사이의 우열의 판정으로 쏠리게 되었
다. 소크라테스의 연설은 만티네이아의 제사녀 디오티마와의 만남을 보
고하는 것으로 되어 있다. 소크라테스의 연설이 있고 나서 플라톤은 매
우 특별한 사건으로 심포시온을 중단시킨다. "소크라테스가 이렇게 말
을 마치고 나자 … 갑자기 문 두드리는 소리가 들려왔고, 피리 부는 여
자와 함께 이리저리 어울려 다니는 자들의 떠들썩한 소리가 났다네. …

---

53) 세 가지에 대한 자세한 설명은 다음을 참조. *Der Kleine Pauly, Lexikon der
　　Antike*, hrsg. von K. Ziegler u. W. Sontheimer, Bd. 1(München, 1979), 135~139
　　면.
54) 《심포시온》 175e.

얼마 있지 않아 알키비아데스의 목소리가 마당에서 나더군. 그는 아주
취해 가지고 큰 소리를 지르며, 아가톤이 어디 있느냐고 하면서 아가톤
이 있는 데로 데려가 달라고 하더군. 그래서 일행들과 함께 그를 부축
하고 있던 피리 부는 여인이 그를 잔치 자리에 인도해 왔어. 그는 담쟁
이와 오랑캐꽃으로 엮은 두툼한 화환을 머리에 쓰고, 많은 리본을 머리
에 달고 문지방에 서서 '여러분, 안녕하십니까?' 라고 말했네."[55]

  그런데 여기에서 알키비아데스는 흡사 디오니소스로 묘사된다.[56] 일
련의 고대 문헌들에서 디오니소스는 "한 떼의 술 취한 무리들과 피리
부는 여인을 대동하고, 담쟁이와 오랑캐꽃으로 엮은 화환을 쓰고 머리
에 많은 전나무 가지를 꽂고"[57] 등장한다. 쾰른의 디오니소스 모자이크
에서는 디오니소스는 술자리에서 취하여 포도 잎사귀와 담쟁이로 엮은
화환을 쓰고 젊은 사티로스의 부축을 받으며 걸어온다.[58] 디오니소스는
미친 듯이 날뛰고 소란스러운 소리를 내며 인간을 덮치는 신이다. "디
오니소스와 그의 거친 떼거리가 들이닥치면, 원초적 세계가 다시 등장
한다. 원초적 세계는 모든 장벽과 규정을 비웃는데, 그 까닭은 원초적
세계가 이것들보다 더 오래되었기 때문이다. 원초적 세계는 신분상의
차이나 성차를 인정하지 않는데, 그 까닭은 원초적 세계가 얼키설키 죽
음에로 향해 꼬여 있는 삶으로서 모든 존재를 공평하게 껴안고 통일시
키기 때문이다."[59] 디오니소스 숭배는 모든 살아있는 것들 사이의 화해
를 추구한다. 사람들은 행복하게 서로 껴안고, 사나운 짐승들은 유순해

---

55) 《심포시온》 212c~e.
56) J. Wippern의 다음 논문도 이 점에 주목한다. "Eros und Unsterblichkeit in der
   Diotima-Rede des Symposions", in: *Synousia*, Festschrift für J. Hirschberger,
   hrsg. von K. Flasch(Pfullingen, 1965), 123~159면.
57) 같은 책, 142면.
58) O. Doppelfeld, *Das Dionysosmosaik am Dom zu Köln*(Köln, 1962), 22면.
59) W.F. Otto, *Theophania*(Hamburg, 1956), 125면.

지며, 전체 자연이 자연 그대로의 평화로운 낙원으로 드러난다.

알키비아데스는 소크라테스를 에로스 및 아름다움의 참된 친구로 칭송한다. 그는 연설하기 전에 처음에는 아가톤의 머리에 그리고 나중에는 소크라테스의 머리에 전나무 가지들을 꽂아주는데, 더욱이 소크라테스에게는 앞서 아가톤에게 꽂아주었던 전나무 가지들 가운데 몇을 뽑아서 그렇게 한다.[60] "모든 사람을 언변으로 때려눕히는 사람"[61]인 소크라테스가 이 화환을 받아 마땅하다는 것이다. 이렇게 해서 알키비아데스는 어느 면에서 디오니소스로서 술자리의 연설 시합의 심판관 노릇을 한 셈이다.

여기에다 덧붙여 《심포시온》의 소크라테스도 디오니소스와 결부된다. 즉 알키비아데스가 연설 초두에 소크라테스를 실레노스와 비교하는 것이 바로 그것이다. "조각가들은 실레노스의 흉상을 만들 때 그 손에 시링크스와 피리를 들려서 묘사하고, 이 흉상들을 열어 제치면 그 안에 신들의 상이 드러나 보이게 하지요."[62] 그런데 소크라테스는 특히 사티로스 가운데 하나인 마르시아스와 닮았다고 한다. 이 유사성은 마치 마르시아스가 피리를 불어 그렇게 하듯이 소크라테스는 연설로 듣는 사람들을 도취시킨다는 점에 있다. 그런데 소크라테스의 마력이 마르시아스의 것보다 훨씬 능가한다는 것이다. "이 분의 말을 들을 때 내 심장은 미친 듯이 춤추는 코리바스들에 사로잡힌 이의 심장보다 더 격렬하게 뛰며, 눈물이 마구 쏟아집니다. 나는 많은 사람들이 이런 상태에 빠지는 것을 봅니다. … 그런데 여기에 있는 이 마르시아스는 번번이 나를 그런 상태에 빠지게 만드니, 내가 지금의 상태로 남아 있다면 살 가치가 없다고 생각했습니다."[63]

---

60) 《심포시온》 213e.
61) 《심포시온》 213e.
62) 《심포시온》 215b.

알키비아데스는 아무 것도 모른다는 사실만을 안다는 유명한 소크라 테스의 말로 소크라테스와 실레노스 사이의 또 하나의 연관성을 지적 한다. "여러분도 아시는 바와 같이, 소크라테스는 아름다운 사람들에 빠 져서 늘 그들을 쫓아다니고 그들에게 정신이 팔려 있는가 하면, 또 모 든 것에 있어서 알지 못하며 자신이 행하는 것을 하나도 모른다는 거 예요. 이거야말로 바로 실레노스와 같은 점이 아닌가요?"[64] 사티로스와 실레노스는 디오니소스를 따라다니는 것으로 생각되고 묘사되었다. 고 대의 꽃병 그림들이나 모자이크들에는 사티로스와 실레노스가 디오니 소스 떼거리의 여성격인 님프들과 마이나스들의 꽁무니를 좌충우돌 끈 덕지게 성적으로 추근대며 따라다니는 반인반수의 존재로 나타난다. 따 라서 소크라테스는 에로스에 사로잡혀 있다는 점에서 실레노스와 같다 는 것인데, 물론 여기에서의 에로스란 알키비아데스가 나중에 설명한 데서 분명해지듯이 감각적인 종류의 것이 아니다. 그러나 에로스에 사 로잡혀 있다는 점이나 아무 것도 알지 못한다는 점은 소크라테스의 겉 모습에 지나지 않는다. 이 겉모습은 나무나 점토로 만들어진 실레노스 상의 겉모습에 해당한다. 실레노스 상을 열어 제치면 그 안에 신들의 상이 들어 있는 것이 보인다. 겉으로 보기에 소크라테스는 실레노스를 닮아 추하다. 그러나 내면적으로 소크라테스는 사려 분별(σωφροσύνη) 로 가득 차 있다.[65]

소크라테스의 제자들도 마찬가지로 디오니소스적 · 사티로스적 면모 를 지닌다. 알키비아데스는 소크라테스의 제자들은 "철학하는 자의 광 기(μανία)와 열정(βακχεία)"[66]을 통해서 규정된다고 한다. 그런데 '광

---

63) 《심포시온》 215e~216a.
64) 《심포시온》 216d.
65) 《심포시온》 216d.
66) 《심포시온》 218b.

기'와 '열정'이라는 두 개념은 흔히 이렇게 붙어 쓰여서 디오니소스 종교를 가리킨다. 니체는 소크라테스를 디오니소스적인 것의 반대자이자 파괴자로 보았다. 그러나 플라톤은 이와는 다른 소크라테스 상을 갖고 있는 셈이다. 즉 철학자의 모범으로서의 소크라테스는 디오니소스와 결합될 수 있는 방식으로 사유한다.

플라톤이 보기에 소크라테스처럼 철학하는 자는 거리를 두는 추상화의 방식을 취하는 것이 아니라 오히려 디오니소스적 열광을 통해 이끌린다. 다시 말해서 그에게 문제가 되는 것은 개별성을 지양하고 모든 존재자의 통일성 안으로 들어가는 것이다. 플라톤 철학의 이러한 디오니소스적 계기는 왜 이 철학이 일자(一者, das Eine)의 철학이며, 왜 이 철학이 결국 일(一)과 다(多)의 결합을 다시 이루어내려 애쓰는지를 우리에게 설명해 준다. 철학적 앎이란 개별 학문의 앎과는 다른, 전적으로 독특한 종류의 앎이다. 철학적 앎에 이르는 길도 마찬가지로 전적으로 독특한 종류의 것이다. 이 길은 플라톤이 《심포시온》에서 '광기'와 '열정'으로 나타낸 길이다.

4. 아폴론적인 것과 디오니소스적인 것의 결합으로서의 플라톤 철학

우리는 플라톤 철학의 아폴론적 계기와 디오니소스적 계기를 살펴보았다. 그런데 적어도 그리스 문화의 고전 시기에는 아폴론과 디오니소스에 대한 종교적 숭배 사이에 《비극의 탄생》 이래로 많은 사람들이 받아들이는 것과 같은 현저한 대립이 있었던 것이 아니다. 그래서 델피의 아폴론 신전의 박공에 한쪽에는 레토, 아폴론, 아르테미스 등 아폴론 일가와 무사 여신들이, 다른 한쪽에는 태양신의 몰락을 배경으로 한 디오니소스가 묘사된 것은 전혀 이상한 일이 아니다. 기원전 4세기에 세

워진 이 신전 안의 성스러운 구역(adyton)에는 배꼽자리(omphalos)와
신탁소, 아폴론의 황금상뿐만 아니라 디오니소스의 무덤도 들어 있다.[67]
따라서 그리스 사람들에게 종교적 중심지였던 델피는 아폴론 신과만
연관되는 것이 아니다. 신탁의 주인인 아폴론은 물론이요, 디오니소스
도 주기적으로 나타난다. 겨울이 되면 아폴론은 델피를 떠나 있어 신탁
을 내리지 않으며, 디오니소스가 델피의 주인 노릇을 한다. 그러길래 이
기간에는 아폴론 찬가가 아니라 디오니소스를 기리는 디티람보스가 울
려퍼진다.[68] 플루타르코스도 델피는 아폴론 못지 않게 디오니소스를 기
리는 곳이요, 이곳에서 2년마다 디오니소스 제전이 열렸다고 보고한
다.[69] 심지어 기원전 425년경의 작품으로 추정되는 아티카 풍 꽃병에는
아폴론과 디오니소스가 악수하는 장면이 묘사되어 있다.[70] 이 그림에서
티르소스를 한 손에 든 디오니소스는 히페르보레이오스들과 겨울을 보
내고 돌아온 아폴론을 정겹게 맞이하는데, 그들 좌우에는 사티로스들과
마이나스가, 중앙에는 옴팔로스가 배열되어 있다. 손을 맞잡은 아폴론
과 디오니소스는 두 신격 사이의 거리를 짐작케 한다. 요컨대 델피에서
는 니체가 근본적으로 대립된 본성의 두 신으로 본 아폴론과 디오니소
스가 화해하는 모습으로 나타난다.

사실 모든 그리스 신들은 그 신격과 형상의 차이에도 불구하고 하나
의 전체를 이룬다. 이 점을 신화는 신들을 하나의 가족 관계로 결합시
킴으로써 표현한다. 최고의 신에 대한 명칭인 '제우스'(Zeus)란 단어는
언어사적으로 보았을 때 '삶'을 뜻하는 그리스 단어 '젠'(zen)과 연관

---

67) *Greek Religion and Society*, ed. by P.E. Easterling, J.V. Muir(New York, 1985).
    이 책 135면에 아폴론 신전 내부 설계도가 실려 있다.
68) *Greek Oracles*, R. Flacelière, trans. by D. Garman(New York, 1965), 36~37면.
69) Plutarchos, *Moralia*, 388E: 위에서 인용한 *Greek Religion and Society*, 135면:
    Greek Oracles, 37면.
70) *Greek Religion and Society*, 136면: *Greek Oracles*, 37면.

된다. 제우스가 신들 전체의 가족을 통괄하는 최고신인 까닭은 모든 신들이 똑같은 정도로 지니고 있는 가장 승화된 삶, 가장 무제약적인 삶, 가장 완전한 삶을 구현하기 때문이다. 그렇기 때문에 그리스 사람들은 신들의 모든 출현에서 기본적으로는 항상 단 하나의 신, 곧 제우스가 출현할 따름이라고까지 말할 수 있었던 것이다. 헤라클레이토스도 "오로지 일자(一者)만이 지혜로운 것이고, 이 일자는 무엇이라고 불리기를 원치 않지만, 구태여 불린다면 제우스라고 불리길 원한다"고 말한다.[71]

그러나 니체의 아폴론적인 것과 디오니소스적인 것의 대비는 이런 측면을 의도적으로 도외시한다. 니체에 따르면 아폴론적인 것은 우리 눈앞에 꿈의 세계, 다시 말해서 우리에게 그럴 듯한 그림의 세계로 나타나는 세계를 펼쳐 보인다. 이 그림의 세계는 우리 눈에 개별적 형상들이 보이게 만든다. 아폴론적인 그림의 세계 배후에는 '개별화의 원리'가 서 있다. 그에 반해서 디오니소스적인 것은 도취에 비견된다. 개체는 도취에서 자기 자신을, 자기의 개별성을 잊어버리고 보다 높은 통찰에로 솟아오른다. 디오니소스적인 경험에서 개별화 원리는 그 효력을 상실한다. 우리는 "우리의 이웃과 일치하고, 화해하고, 함께 섞여 녹아내릴 뿐만 아니라 하나라고"[72] 느끼게 된다. 우리는 "다시금 개별적인 것에 신경 쓰지 않고, 심지어 개체를 없애고자 하며 신비로운 일체감을 통해서 자유로와지려는"[73] 현실과 만나게 된다. 그래서 건축이나 조각과 같은 아폴론적 예술은 조형적이요, 디오니소스적 예술인 음악은 비조형적이라는 것이다.

아폴론적인 것을 본질적인 점들에 있어서는 니체와 동일하게 해석하는 오토는 바로 이 아폴론적인 것이 개별적인 것에 대해 갖는 관계를

71) Herakleitos, 토막글 B32.
72) Nietzsche, WW I 25.
73) 같은 책, 같은 곳.

달리 해석한다. 오토도 아폴론적인 것에 디오니소스적인 것을 대립시키
기는 마찬가지이다. 그는 아폴론이 모든 신들 가운데 가장 그리스적인
신으로 간주되는 데에 대해 다음과 같이 설명한다. "디오니소스적 열광
이 한편으로는 중요한 힘이었지만, 이러한 일을 포함해서 모든 적도를
벗어나는 일을 극복하는 것이 그리스적 전통의 특징이었으며 그리스적
전통의 중요한 대표자들이 매우 단호하게 아폴론적 본성을 신봉했다는
것은 의심의 여지가 있을 수 없다. 디오니소스적 본성은 도취, 곧 가까
움을 지향하고, 아폴론적 본성은 명석함과 조형(造形), 곧 거리를 지향
한다. 거리라는 단어는 직접적으로는 어떤 부정적인 것을 표현하지만,
그 배후에는 가장 긍정적인 것, 즉 인식하는 자의 태도가 들어 있다."[74]
여기까지는 오토도 본질적인 면에서 니체와 다르지 않다. 그러나 오토
에게 있어서 거리라는 개념은 아폴론적인 것과 개별성의 관계에 대한
다른 견해에로 이끈다. 니체에 있어서 아폴론은 개별적인 존재의 신이
었다. 오토는 아폴론을 다르게 본다. "아폴론은 개별적 인간과 개별적인
혼의 영원한 가치에 관하여 관심이 없다. 그가 내리는 계시의 의미는
인간의 고유한 본성의 존엄함과 인간 각자의 혼의 깊은 내면성에로 향
하라는 것이라기보다는 각자의 인격을 넘어서는 것, 변화하지 않는 것,
영원한 형식들에로 향하라는 것이다. … 영원한 것과 지상의 현상들 사
이에는 심연이 가로 놓여 있다. 개별적인 것은 무한성의 왕국에 미치지
못한다."[75] 아폴론은 γνῶθι σαυτόν이라는 경고에 나타나 있는 것처럼
되풀이하여 인간적인 것과 신적인 것을 구별할 것을 환기시키고 있는
것이다. 다시 말해서 인간은 자신이 인간이지 신이 아니라는 것을 알아
야 한다는 것이다. 이에 상응해서 인간에게는 개별적인 불멸성이란 없
다. 즉 인간은 본질적으로 βροτοί, 즉 죽어야 하는 존재이다.

---

74) W.F. Otto, *Die Götter Griechenlands*, 78면 이하.
75) 같은 책, 79면.

아폴론적인 것의 본질은 개별적인 존재자, 개별적인 혼이 아니라 개별적인 것이 변화하지 않고 영원한 것에 대해 맺는 관계이다. 아폴론은 그 어떤 다른 신들에게서보다도 더 영속적인 존재라는 생각이 드러나는 신이다. 존재는 개별을 넘어선다. 존재는 초감각적이요 초시간적이다. 아폴론적인 것도 개별을 넘어서는 측면을 갖고 있다. 따라서 아폴론적인 것과 디오니소스적인 것 사이의 대립은 니체가 생각한 것보다 훨씬 덜 날카롭다.

아폴론과 디오니소스를 연결시키는 특성을 얼마든지 댈 수 있다. 아폴론은 신탁의 신이요, 아폴론의 여사제들은 일종의 신적인 광기로 미래의 일을 예언한다. 플라톤은 《파이드로스》에서 예언녀들이 신적인 광기의 상태에서 행하는 것을 그녀들이 이성적 사유로 행한 것보다 우위에 둔다.[76] 예언녀들의 신적인 광기는 신으로 충만된 상태, ἐνθουσιασ-μός의 상태이다. 그리스 사람들은 여사제들의 이런 상태를 처음에는 신과 성적으로 합일되는 것으로 생각했다. 그래서 많은 예언녀들이 스스로를 아폴론의 신부(新婦) 혹은 애인이라 불렀다.[77] 이런 관점에서 보자면 아폴론은 결코 니체의 의미에서의 '아폴론적'이지 않다. 아폴론의 광휘가 결코 환하게 빛나는 쾌활함만을 의미하지는 않는다. 아폴론도 다른 모든 신들과 마찬가지로 어둡고 헤아리기 어려운 이면(裏面)을 갖고 있다. 모든 그리스 신들은 쾌활한 얼굴과 진지한 얼굴, 밝은 얼굴과 어두운 얼굴이라는 두 얼굴을 우리에게 드러낸다고 보아야 하며, 아폴론과 디오니소스도 예외가 아니다. 아폴론에게 진지하고 어두운 얼굴도 있듯이 디오니소스에게도 쾌활하고 밝은 얼굴이 있다.

교부 클레멘스는 《프로트렙티코스》에서 자그레우스-디오니소스의 이야기를 전한다. "디오니소스와 연관된 신비들은 매우 비인간적이다. 그

---

76) 《파이드로스》 244a~b.
77) E. Norden, *Vergils Aeneis* VI, 2.Aufl. 1916, 144~147면 참조.

가 아직 어린아이였을 때 거인족들이 몰래 들어와 그를 장난감으로 유
혹하여 찢어 죽였다. … 이때 제우스가 나타나 번개로써 거인족들을 물
리쳤다. 그리고 제우스는 자신의 아들 아폴론에게 디오니소스의 사지를
주며 묻으라고 하였다. 아폴론은 제우스의 말을 듣고, 토막난 시체를 파
르나소스로 가지고 가서 묻었다."[78] 갈갈이 찢긴 디오니소스를 모으고
맞춘 것은 다름 아닌 아폴론이다. 이런 점에서 크로이쳐(F. Creuzer)는
'아폴론적 디오니소스', '디오니소스적 아폴론'을 말한다.[79] 이 역시 디
오니소스적 요소와 아폴론적 요소의 결합을 시사한다고 하겠다.

지금까지 살펴본 바에 의하면 소크라테스 이래로 아폴론적인 것이
디오니소스적인 것에 대해 갈수록 우위를 점하게 되고, 환상적인 낙관
주의, 다시 말해서 삶의 비극적 심연을 보지 못하는 낙관주의가 서양
문화에서 점점 퍼져나갔다는 니체의 진단은 과도하다고 할 것이다. 플
라톤의 사유가 먼 곳의 신 아폴론뿐만 아니라 가까움의 신 디오니소스
와도 연관될 수 있는 것은 그 처음과 끝이 존재에 대한 물음인 철학
자체의 본성이 갖는 이중적 계기, 곧 다양성과 통일성, 개별과 보편, 여
럿(多)과 하나(一)에 기인한다고 할 것이다.

---

78) *Protrepticus* II, 17.2~18.2. 귄터 볼파르트, 정해창 옮김, 《놀이하는 아이, 예술의 신
   -니체》(담론사, 1997), 29면. 프리드리히 니체, 이진우 옮김, 《비극적 사유의 탄생》
   (문예출판사, 1997), 218면

79) F. Creuzer, *Symbolik und Mythologie der alten Völker besonders der
   Griechen*(Leipzig/Darmstadt, 1836~1843).

플라톤에서 사람됨과 훌륭한 삶

김태경

1. 머리말

이 글은 플라톤에서 훌륭한 삶의 문제를 그 삶의 조건을 분석함으로써 밝히려 한다. 이때 중요시되는 개념이 사람됨(사람의 훌륭함, 덕, aretē)[1]이다. 따라서 훌륭한 삶을 파악하려면 먼저 사람됨에 대한 이해가 있어야만 한다. 왜냐하면 훌륭한 삶은 그 원천을 사람됨에 두고 있기 때문이다. 그러므로 이 사람됨이야말로 훌륭한 삶의 조건으로, 이 또한 마음(혼, psychē)의 분석에서 밝혀진다.

훌륭한 삶은 사람됨에서 이해되고 사람됨은 사람의 마음(혼)을 분석함으로써 밝혀진다면, 도대체 사람의 마음에서 어떤 기능이 훌륭한 삶

---

1) 이 말을 가리키는 헬라스어는 aretē로, 흔히 '덕'으로 옮겨져 왔다. 이 말은 본래 모든 사물이 이를 수 있는 그 종류 나름의 '훌륭한 상태'(훌륭함), 즉 '좋은(agathos) 상태'를 의미하는 것으로, 그 종류 나름의 '기능'(ergon) 또는 '구실', 즉 특유의 기능과 관련되어 있는 말이다. 사람의 경우에 있어서 이 말은 사람 특유의 기능 내지 구실과 관련된 '사람의 훌륭한 상태'(훌륭함), 즉 '사람됨'을 뜻한다.

의 조건을 마련하는 원천일까? 만일 내적 완성으로서의 사람됨이 훌륭한 삶의 조건이라면, 내적 완성을 가능하게 하는 마음의 기능은 무엇인가? 만일 인간의 마음에 훌륭한 삶을 가능하게 하는 기능이 있다면, 그 기능을 찾는 일은 훌륭한 삶의 조건을 밝히는 데 있어서 무엇보다도 중요하다.

　따라서 이 글은 크게 두 문제를 분석한다. 하나는 사람됨과 훌륭한 삶의 관계를 밝히는 일이다. 대체 사람됨은 훌륭한 삶을 수반하는 필요충분조건이 될 수 있는가? 만일 그렇다면, 사람됨을 실현시켜주는 기능은 무엇인가? 우리는 그 기능을 플라톤 윤리론의 형식에서 찾는다. 하지만 그것의 구체적인 기능은 마음의 분석에서 드러난다. 그렇기 때문에 다른 하나는 플라톤 윤리론을 근거지우기 위한 마음의 분석이다. 우리는 마음의 분석을 통해 사람됨을 실현시켜주는 사람 특유의 마음의 기능이 삶의 본이 되는 좋음의 파악만이 아니라 구체적으로 훌륭한 삶을 살게 해주는 기능이라는 것도 밝힐 것이다. 그 기능은 무엇인가? 결국 플라톤에서 훌륭한 삶에 관한 논의는 사람됨을 실현시켜주는 사람 특유의 기능에 관한 논의로 귀결된다.

　그러나 이 글은 플라톤 윤리론의 한 측면인 '좋음'(선, to agathon)에 대한 분석은 유보하고 있다. 다만 우리는 플라톤에서 '좋음'은 '그것 자체로도 그리고 결과 때문에도 좋은 것'임을 밝힐 것이다. 이런 좋음에 대한 이해에서 플라톤 윤리론은 현대의 윤리이론의 틀로는 쉽게 파악될 수 없다는 것을 알 수 있다. 왜냐하면 플라톤 윤리론은 행위에만 관심을 두는 결과주의도 규칙주의도 아니고 오히려 행위자 자체에 관심을 두는 '덕 이론'이라고 할 수 있기 때문이다. 물론 이때의 덕은 다름 아닌 사람됨이다.

2. 사람됨과 훌륭한 삶의 관계

1) 플라톤 윤리론의 형식

플라톤의 다음의 언급들을 인용하면서 시작하자.

" … 분별(phronēsis)을 갖고 … , 그리하여 … 우리는 잘 지내게 될 걸세(eu prattōmen)."[2]

" … 좋음의 이데아(hē tou agathou idea)가 이 모든 것에 있어서 모든 옳고 아름다운(훌륭한) 것의 원인(aitia)이라고, … 그리고 또 장차 사적으로나 공적으로나 슬기롭게 행하고자(prattein) 하는 자는 이 이데아를 보아야만 한다고 결론을 내려야만 하네."[3]

이 구절들은 플라톤 윤리론의 기본생각을 잘 보여준다. 즉 플라톤에서 훌륭한 삶(행위)은 그 근거를 사람의 내적인 상태에 두고 있으며, 이 내적인 훌륭한 상태는 훌륭한 삶의 본이 되는 좋음의 이데아를 파악할 수 있는 능력(dynamis)인 지혜(phronēsis), 즉 지성(nous)에 의해 실현된다. 이는 지혜를 가짐(meta phronēseōs, meta nou)으로써 실현되는 내적인 훌륭한 상태가 사람됨(aretē)이며, 이 사람됨이 훌륭한 삶(eu prattein) 또는 행복(eudaimonia)을 수반한다는 것이다.

이런 생각은 기본적으로 "훌륭함(덕, aretē)은 지식(epistēmē)이다"라는 소크라테스의 명제에서 유래한 것이다. 소크라테스에서 지식은 사람

---

2) 《국가》 621c~d. 'eu prattein'은 '잘 함', '잘 삶'을 뜻하는 말이며, 일상적으로는 '안녕'(安寧)이라는 인사말을 가리킨다. 따라서 이 말은 인생에서 '행복'이라는 의미도 갖고 있다. 이하에서 인용한 《국가》의 구절들은 박종현 역주, 《국가·정체》(서광사, 1997)의 번역임을 밝혀둔다.
3) 같은 책, 517c.

의 고유한 기능(ergon)에 대한 것만이 아니라 그 기능에 의해 성립한 지식이기도 하다. 그래서 사람됨은 사람으로서 사람 특유의 기능에 대한 앎을 갖고, 그 기능을 훌륭하게 수행함으로써 실현을 보게 된다. 따라서 무엇보다도 플라톤에서 훌륭한 삶의 조건인 사람됨은 사람 특유의 기능과 관련해서 이해되어야만 한다.

그러면 "그것만이 뭔가를 해낼 수 있거나 또는 다른 어떤 것들보다도 그것이 가장 훌륭하게 해낼 수 있는"[4] 그런 사람의 기능은 무엇인가? 소크라테스는 혼(마음, psychē)에 대한 보살핌[5]을 강조하면서, 사람의 혼에서 그의 특유의 기능인 이성(logos)을 찾아냈다. 그에서 이성은 무엇보다도 말(logos)을 쓸 줄 아는 능력이며, 또한 말을 매개로 사물들의 이치(logos)를 추론(logismos)할 줄 아는 능력이다. 이런 로고스의 훌륭한 사용을 통해서만 사람은 참된 앎에 이를 수 있고, 참된 앎은 사람됨을 실현시켜 준다. 플라톤도 혼에서 지성(nous)을 찾아내어 그걸 인간 특유의 기능으로 제시한다. 지성은 가장 고귀한 삶의 주체로서의 정신이며 가장 고차적인 대상들에 대한 직관능력이다.

이제 사람됨과 훌륭한 삶의 관계는 사람 특유의 기능분석에서 밝혀질 수 있다. 이 기능분석은 또한 "훌륭함은 지식이다"라는 명제에서 지식을 어떻게 이해할 것인가와 밀접한 연관을 갖고 있는데, 이 기능은 소크라테스와 플라톤에서 저마다 다르게 언급되고 있으므로, 또한 이 관계도 이들에서 차이를 보인다.

그리고 사람됨을 실현시켜주는 사람 특유의 기능은 사람됨이나 훌륭한 삶의 원인(aitia)이 되는 '좋음'(to agathon)을 아는 능력이기도 하다. 따라서 둘째로, 사람됨은 좋음과 관련해서도 이해되어야만 한다. 그러니까 지식은 좋음에 대한 앎이기도 하다. 하지만 소크라테스와 플라

---

4) 같은 책, 353a.
5) 《변론》 29d~30b.

톤은 지식을 저마다 다른 의미로 사용한다. 따라서 좋음도 그들에서 다른 의미를 갖는다. 소크라테스는 좋음을 '그것의 결과 때문'이지 그것 자체로 좋은 것은 아니라고 한다.[6] 그러나 플라톤에서 그것은 인간한테 좋은 것으로서 '그 자체만이 아니라 그것의 결과 때문에도' 좋은 것이다.[7] 그러므로 사람됨과 훌륭한 삶의 관계는 또한 '좋음'의 의미에 따라서도 다르게 이해될 수 있을 것이다. 이 점은 사람의 기능이 '훌륭한 사람의 삶'과 '사람에게 좋은 삶'에 대해서 갖는 관계를 이해할 수 있게 할 것이다.

이렇듯 소크라테스와 플라톤의 윤리론의 형식에서 '훌륭한 삶'이란 사람됨에 의존하고, 사람됨은 사람 특유의 기능에 대한 앎과 그 기능의 수행에 의해 실현되는 것으로 파악된다. 이때 사람 특유의 기능은 현실적으로 훌륭한 삶을 살게 해주는 기능일 뿐 아니라 그 삶의 본이 될 수 있는 것을 파악할 수 있는 능력을 뜻하기도 한다. 따라서 우리는 사람됨과 훌륭한 삶을 문제시하는 이런 윤리론의 형식에서 '사람 특유의 기능'과 '좋음'이 중요한 두 요소라는 것을 알 수 있다. 이 두 요소는 우리의 문제를 밝히는 데 필수적인 것들이다.

2) 사람됨과 훌륭한 삶

이 관계를 밝히기 위해 우리는 "훌륭함은 지식이다"라는 명제가 어떤 함축을 갖고 있는가를 분명히 해둘 필요가 있다. 이 명제는 우리한테서 좋은 것(agathon)이 무엇인가를 아는 것이 그것을 얻는 조건이라는 함축을 갖고 있다. 왜냐하면 훌륭함은 좋은 것이기도 하기 때문이다.[8]

---

6) 《리시스》 219c~d, 220a~b 참조.
7) 《국가》 358a.
8) 《메논》 87d 참조.

소크라테스에서 지식은 기술(technē)로 파악된다.[9] 이 경우 이 명제는 "훌륭함은 기술이다"로 표현될 수 있다. 이와 관련해서 먼저 기술에 관한 다음의 언급들을 보자.

① 기술 자체, 즉 정확한 의미에서(akribei logō)의 기술은 훌륭함이 결핍된 상태, 즉 나쁜 상태나 흠은 없고, 따라서 이 기술은 그것이 관여하는 바의 대상 이외의 어떤 것을 위한 편익을 추구하지 않는다.[10]

② 기술들이 각기 다른 것으로 그때마다 불리는 것은 그 각각이 다른 능력(dynamis)을 가짐에 의해서이며, 그래서 그것들 각각이 우리에게 제공해주는 이득도 고유한 어떤 것(idia tina)이지 결코 공통된 것(koinēn)은 아니다. 이를테면 의술은 건강을, 조타술은 항해 시에 안전을 제공한다.[11]

그렇다면 ①에서 기술이 그것이 관여하는 대상만의 편익을 추구한다는 말은 완전한 것인 기술이 그 대상의 훌륭함에 대한 앎(epistēmē)을 갖고 있다는 의미이다. 또한 ②에서 기술은 그것을 수행하는 힘(능력, dynamis)을 지니고 있다는 것이다. 이 두 사실에서 우리는 전문적인 기술에서 유능한 자가 훌륭한 사람이라는 것과 좋은 것이 무엇인가를 아는 것이 그것을 얻는 능력의 필요충분조건이라는 전제를 얻을 수 있다. 이 능력은 우리의 목적을 성취하는 능력이다. 그래서 만일 어떤 목적이 주어진다면, 훌륭한 사람은 그것을 성취할 수 있다. 따라서 사람됨(훌륭함)을 기술의 관점에서 이해하면, 행복 내지 훌륭한 삶은 결정된 목적

---

9) 《국가》 332c~336a, 352d~354a 참조.
10) 《국가》 341a~343a 참조.
11) 《국가》 346a~346e 참조.

이며, 이 목적은 훌륭함의 산물과 일치한다. 이때 훌륭한 사람과 훌륭하지 않은 사람의 차이는 그가 좋은 것인 목적에 도구적으로 기여하느냐 안 하느냐에 의해서만 나타날 뿐이다. 이를테면 장인(匠人)의 훌륭함(장인다움)은 그의 기술에 의한 상품에 의해 결정된다.[12] 소크라테스는 사람됨이 기술의 결과로서 좋은 것에 의해 결정되는 것으로 본다.

사람됨과 훌륭한 삶의 관계는 사람 특유의 기능분석에서 밝힐 수 있다고 했는데, 이제는 사람됨이 사람 구실(기능)을 제대로 함으로써 실현된다는 생각에서 그 기능이 어떤 목적에 종사하는가 하는 것이 문제이다.

소크라테스에서 첫째 기술은 그것을 행하는 자가 아니라 그것이 관여하는 대상의 편익에 종사한다. 그래서 그 대상의 좋음은 그 기술을 지닌 자에 대해 '언제나 그것 자체로서 좋은 것'이기보다는 그것에서 생긴 '결과 때문에 좋은 것'이다. 따라서 전문적인 기술자에서는 사람의 기능이 훌륭한 사람의 삶에 대해서 갖는 관계와 그것이 사람한테 좋은 삶에 대해서 갖는 관계의 일치는 있을 수 없다.

그래서 둘째로 "훌륭함은 지식이다"라는 명제를 기술의 관점에서 파악하는 것은 필요할지는 모르나 충분하지는 않다. 왜냐하면 전문적인 기술에서 좋은 것인 올바른 목적을 받아들일 수 있는 능력(dynamis)이 그 전문가(기술을 지닌 자)가 그것을 얻기를 바란다는 것을 수반하지 않기 때문이다. 다시 말해서 그의 능력은 '올바른' 목적이나 '그릇된' 목적을 얻을 수 있는 능력이며, 따라서 그는 올바른 목적보다 그릇된 목적을 얻기를 바랄 수도 있다. 이는 《소히피아스》의 다음의 언급들에서 확인할 수 있다. ① 헤아림에 능한 이(ho logistikos)는 헤아림(logismos)과 관련해서 거짓과 참을 말할 수 있으며(dynatos), 그것과

---

12) 《라케스》 185e 참조.

관련해서 훌륭한 사람(ho agathos)이다.[13] ② 경주에서 자발적으로 (hekōn) 느리게 달리는 사람은 훌륭한 경주자(ho agathos)이다.[14] 그렇다면 좋은 것이 무엇인가를 아는 것은 그것을 얻는 능력에 필요조건이기는 하지만 충분조건은 아니다.

이런 기술의 관점에 따른 소크라테스적 설명은 그 기술이 행위를 수반하는 능력(dynamis)을 포함한다는 것이었다. 그러나 이 능력은 '올바른' 목적을 얻는 필요조건이기는 하지만 충분조건은 아니다. 왜냐하면 좋은 것인 그 목적은 오직 결과 때문에 좋은 것이며, 또한 그 능력에는 올바른 목적에 대한 욕구가 결여되어 있기 때문이다. 따라서 소크라테스의 견해에서는 사람의 기능과 관련해서 훌륭한 사람의 삶과 사람에게 좋은 삶의 변함없는 일치는 있을 수 없다. 그렇다면 이 관계에 대해 플라톤의 견해는 어떠한가?

플라톤에서 사람 특유의 기능은 지성(nous)이다. 그래서 플라톤에서 소크라테스의 명제는 "훌륭함은 지성이다"로 바뀔 수 있다. 지성의 기능은 다음 항목에서 분석하기로 하고, 여기서는 이 명제가 갖고 있는 함축을 밝히자.

소크라테스에서 좋은 것은 결과 때문에 좋은 것이고, 그런 의미에서 이미 고정되어 있는 것이다. 따라서 전문적인 기술자는 자신이 그것을 생산해서 얻어 가질 수 있는 능력만을 지닌다. 그러나 플라톤에서 그것은 사람한테 좋은 것으로, 그것 자체만이 아니라 그것의 결과 때문에도 좋은 것이다.[15] 그렇기 때문에 "훌륭함은 지식이다"라는 명제는 '사람의 훌륭함(사람됨)은 좋은 것들을 바라고(boulesthai) 얻을 수 있는(dynasthai) 것'[16]임을 뜻하게 된다. 즉 좋은 것에 대한 지식(epistēmē)

---

13) 《소히피아스》 367c 참조.
14) 같은 책, 373d~e 참조.
15) 《국가》 358a 참조.

은 동시에 그것을 성취하는 욕구(boulēsis)와 능력(dynamis)을 갖는다. 왜냐하면 욕구의 대상은 첫째로, 그것 자체 때문에 욕구하는 것이고, 둘째로, 그런 의미에서 좋은 것이며, 셋째로, 행위자한테 실제로 좋은 것이기 때문이다.[17] 그러므로 플라톤에서 지식은 좋은 것인 '올바른' 목적을 얻는 필요충분조건이다.

플라톤에서 "훌륭함은 지식이다"라는 명제는 사람됨이 훌륭한 삶(eu prattein)을 수반한다는 함축을 갖고 있다. 여기서 이런 관계를 가능하게 해주는 것은 욕구(boulēsis)인데, 그것은 고정된 목적만을 얻을 수 있는 능력(dynamis)이기보다는 실제로 좋은 것에 대한 앎을 토대로 한 합리적 선택의 기능인 우리의 내적인 고유한 작용이며, 또한 그것의 대상은 지성(nous)의 대상과 동일시된다. 이 욕구는 《향연》의 합리적 사랑(erōs) 및 《파이드로스》에서의 혼의 운동(kinēsis)과 비교될 수 있다.

그런데 이 '욕구'를 뜻하는 boulēsis는 '자발적'을 의미하는 boulomenos와 관련이 있다. 이와 관련해서 우선 《고르기아스》 509d~e에서 제기된 문제를 보자.

"나쁜 짓을 하는 것(to adikein)에 관해서는 어떤가? 만일 ① 그가 나쁜 짓을 하길 바라지(boulētai) 않는다면, 이것(바라지 않는 것)은 (나쁜 짓을 하지 않는 것에) 충분한가(hikanon)? … 아니면 ② 이에 더해서 어떤 능력(dynamis)과 기술(technē)이 또한 마련되어야 하는가? … ③ 어느 누구도 자발적으로(boulomenon) 나쁜 짓을 하려 하지 않고, 오히려 나쁜 짓을 하는 모든 자들은 마지못해(비자발적으로, akontas) 나쁜 짓을 한다고 우리가 합의했을 때."

16) 《메논》 78b 참조.
17) 《고르기아스》 466d~468e 참조.

이 인용문은 ③을 받아들이면, ①과 ②에 대한 대답도 주어질 수 있다는 제안이다. 우리는 이미 ①과 ②를 '좋음'과 관련해서 논의했다. 즉 좋은 것에 대한 지식은 동시에 그것을 성취하는 능력(dynamis)과 욕구(boulēsis)를 갖는다. 그렇다면 ③은 모든 자발적(boulomenos) 행위에서 "훌륭함은 지식이다"라는 명제는 '지식'이 좋은 것을 행하는 데 있어 필요충분조건이라는 것을 의미한다. 이것은 '지식을 지닌 사람'은 누구든지 자발적으로(boulomenos) 나쁘게 행하지 않는다는 것이다. 그런 사람은 누구든 자발적으로 나쁘게 행하지 않는다는 것은, 만일 어떤 사람이 나쁜 짓을 한다면, 그의 행위는 그가 바라는 것과 대립되는 것이다. 그리고 이것은 그의 행위가 '실제로' 좋은 것에 대립된다는 것을 뜻하기도 한다.[18] 따라서 '자발적'(boulomenos)은 욕구(boulēsis)에 의해 지배를 받는다.[19]

그래서 "훌륭함은 지식이다"라는 명제는 플라톤에서 다음과 같은 의미를 갖는다. 즉 우리한테서 그것 자체로 좋은 것에 대한 지식(epistēmē)은 동시에 좋은 것을 성취하는 능력(dynamis)과 욕구(boulēsis)를 갖는 것이다. 이때 '지식'은 좋은 것을 행하는 필요충분조건으로, 이는 지식을 지닌 자는 누구든 자발적으로 나쁜 짓을 하지 않는다는 것이다. 그래서 플라톤에서 사람됨과 훌륭한 삶의 관계는 "지식(=훌륭함)→욕구와 능력→훌륭한 행위의 자발성(boulomenos)"이라는 도식으로 표현될 수 있다. 그리고 이런 관계에서 지식과 욕구의 대상인 좋은 것은 결과만이 아니라 그것 자체 때문에도 좋은 것이다.[20] 따라서 플라톤에서

---

18) 《국가》 382a~c, 412e~413a ; 《티마이오스》 86d~e ; 《소피스테스》 228c 참조.
19) 이 두 말은 공통적으로 동사 'boulomai'에서 온 것들이다.
20) 《국가》 357c 참조. 이 점에서 플라톤의 윤리론은 의무론이나 결과론 어느 하나보다는 둘 다를 포함하고 있다. 이를테면 플라톤은 《국가》에서 '올바름의 보상'을 논의하는 가운데 4권에서는 의무론적 입장을 그리고 8, 9권에서는 결과론적 입장을 취한다. 또한 그것은 이기주의에도 속하지 않는다. 왜냐하면 플라톤은 《국가》에서

는 사람의 기능과 관련해서 훌륭한 사람의 삶과 사람에게서 좋은 삶의 일치를 찾아볼 수 있다.

이 관계를 플라톤은 '욕구'를 가지고 설명했다. 그러나 이 욕구는 일 차적으로 행위에 앞선 행위 주체의 내적인 고유한 작용인데, 우리는 이 기능이 작용하는 부분이나 상태, 그리고 그 기능의 구체적인 내용을 밝 히지는 않았다. 이제 우리는 혼(마음, psychē)의 분석을 통해 특히 '지 성'(nous)의 기능을 밝힐 것이다.

3. 훌륭한 삶의 조건

1) 삶의 기능으로서 마음(혼, psychē)

일반적으로 철학사는 소크라테스가 철학의 관심을 자연에서 인간에 로 돌렸고, 그리고 인식과 윤리의 상대주의를 극복하는 데에 골몰했다 고 가르치고 있다. 그래서 그는 인간사와 관련해서 원칙 없이 행위결과 의 평가에만 열의를 보이는 소피스테스들과는 다르게, 행위 중심에서 행위자 자신에로 시선을 돌려 그 행위자 내부에서 행위의 원리(logos) 를 찾아냈고, 그로부터 그의 내적인 상태의 완성을 보아야 한다고 역설 했다. 따라서 그는 '혼(마음)에 대한 보살핌'(tēs psychēs epime-leisthai)을 강조했는데, 이는 사람됨(aretē)의 원천이 혼(마음) 자체에 있다는 생각으로, 정신적 완성에 대한 열망의 도덕성[21]으로도 불린다. 플라톤도 혼에 대한 강조에서는 그와 마찬가지였다. 왜 그들은 혼을 그

혼을 강조하면서, 혼의 올바름을 일종의 훌륭함, 즉 'aretē pros heteron'으로, 그리 고 그것을 인간의 본성에 보편적으로 나타나는 지성(nous)의 지배를 받는 것으로 말하기 때문이다.

21) F.M. Cornford, *Before and After Socrates*, 이종훈 역(박영사), 102면 참조.

렇게 강조했을까?

먼저 혼의 사전적인 의미를 알아보자.

① 첫째, 삶(생명), 둘째, 망령, 셋째, 비물질적이고 불사의 영혼(soul), 넷째, 의식적인 자아나 개성, 그리고 다섯째, 철학적인 의미로서 삶과 의식의 원천, 우주의 정신, 운동과 삶의 비물질적인 원리 등을 뜻한다.[22]

《크라틸로스》에는 혼(psychē)의 어원에 관해 다음과 같이 언급하고 있다.

② " … 혼(psychē)이라는 이름을 붙인 자들은 그것을 다음과 같은 어떤 것으로 생각한 것 같네. 즉 혼은, 그것이 몸에 있을 때(parē), 숨쉬는 능력(tēn tou anapnein)을 가져다주고 원기를 회복시켜 주는 (anapsychon) 몸에서의 삶의 원인(aition tou zēn)이네. … 온몸의 본성 (physis)을 지니고(echein), 운반하는(ochein) 것이, 따라서 그것이 살고 (zēn) 회전하는 것(periienai)이 자네가 보기엔 혼(psychē) 이외의 다른 어떤 것인가? 다른 것이 아닙니다. … 그래서 그 본성(physis)을 운반하고(ochei) 지니는(echei) 이 능력(dynamis)에 대해 'physechē'라는 이름을 붙인다면, 이 이름은 제대로 된 것일 걸세."[23]

마지막으로 《티마이오스》에는 다음과 같은 언급이 있다.

③ "신은 우주(to pan)를 구성함에 있어서 지성(nous)을 혼(psychē) 속에 혼을 육체(sōma) 속에 있도록 계획했으며, 그래서 가능한 한, 본성에 있어서 가장 아름답고 가장 훌륭한 산물을 만들어 냈습니다."[24]

---

22) H.G. Liddel and Scott, *Greek-English Lexicon*, 2026~2027면 참조.
23) 《크라틸로스》 399d~400b.
24) 《티마이오스》 30b.

우리는 이 인용문들에서 앞의 물음에 대한 대답을 얻을 수 있다. 첫째로 ①과 ②에서 혼은 삶(생명)의 원천을 뜻한다. 물론 플라톤에서 혼의 생명성은 죽음이 배제된, 그래서 언제나(aei) 살아있는 것으로 영원성을 뜻하기도 한다. 어쨌든 혼은 '산다'(zēn)는 의미를 갖고 있다. 둘째로 그것은 정신적인 기능들을 포함하고 있다. 바로 이 정신적인 기능이야말로 사람의 혼에서 합리성의 기초가 된다. 이 점에서 합리적 삶이라는 개념에 이르게 되고, 합리적인 삶이 훌륭한 삶이라는 주지주의적 윤리관을 보게 된다. 그러나 이것만으로 충분한가?

③에 의하면 혼은 육체와 독립해 있을 수 없으며, 혼 속에 지성(nous)이 있다. 그렇다면 혼과 육체는 어떻게 연결되어 있는가? 우리는 이 물음에서 육체의 혼에 대한 영향을 생각할 수 있고, 그래서 혼에서 육체를 통해 겪게 되는(paschein) 상태들(pathē)도 있다고 이해할 수 있다. 내적 상태들의 터로서 혼은 본래 삶 또는 삶의 원천을 뜻하므로, 육체를 통해서 겪게 되는 마음의 상태들은 다시금 외적인 여러 가지 활동들로 표현될 수 있을 것이다. 왜냐하면 현실적인 인간 행위의 다양성은 개인 자신이 복합적이라는 것을 허용하지 않고는 제대로 설명될 수 없기 때문이다. 따라서 '혼에 대한 강조'는 합리적 삶이 곧 훌륭한 삶이라는 주지주의적 윤리관을 보여주는 것만이 아니라 복합적 행위의 설명근거를 찾아 들어가는 데 유용하다. 그렇다면 혼 속에서 지성은 어떤 기능을 갖고 있는가?

만일 육체가 어떻게든 혼에 영향을 미친다면, 혼 속에 있는 지성도 일종의 겪음을 받아들여야만 할 것이다.[25] 그렇다면 이런 지성은 논리적 추론의 기능만을 갖고 있는 차가운 이성(logos)[26]이 아니다. 지성은 실천적인 기능도 갖고 있다. 즉 그것은 외적인 영향을 수용해서 그것을

---

25) R. Hackforth, *Plato's Phaedrus*, 10면 참조.
26) 이것은 소크라테스적인 의미의 이성이다.

외적인 행위로 나타내려는 욕구와 능력도 갖는다. 그런데 앞에서 우리
는 플라톤에서 사람됨과 훌륭한 삶의 관계를 혼의 기능에 대한 상세한
언급이 없이 욕구(boulēsis)라는 개념을 통해 설명했는데, 이제 이 욕구
는 혼 속에 있는 지성(nous)의 한 기능이라고 해야 할 것이다. 따라서
이 욕구는 지성의 합리성을 포함한 욕구일 것이다.

따라서 혼의 분석을 통해 지성이 혼에서 어떤 위치에 있고, 혼의 기
능적인 연관관계 속에서 어떤 기능들을 갖고 있는지를 보자.

2) 마음에서 지성(nous)

하지만 플라톤에서 혼에 관한 논의가 엄격히 학적일 수 있는가는 문
제가 된다. 아닌게아니라 플라톤도 《파이드로스》에서 혼의 불멸
(athanasia psychēs)에 관한 논증을 한 다음, 혼(마음)의 본성(idea)에
관해서 다음과 같이 말해야 한다고 한다. "혼이 어떤 것인가(hoion
esti)에 관해서는 어느 면에서건 전적으로 신적인 긴 이야기가 필요하
지만, 혼이 무엇에 닮았는가(hō eoiken)에 관해서는 인간적이며 더 짧
은 얘기가 필요하네."[27] 이 언급은 혼(마음)의 본성을 기술하는 일이 인
간적인 힘을 넘어서는 것이므로, 혼에 관해서는 개연적인 이야기나 비
유를 통한 논의밖에 할 수 없다는 것이다. 이는 혼에 관한 탐구가 엄격
하게 과학적일 수 있을까, 설사 과학적이라고 해도, 혼의 본성을 제대로
드러낼 수 있을까에 대한 의구심을 표현하는 것이다. 하지만 이것은 혼
에 대한 분석이 무의미하다는 것을 의미하는 것은 아니다. 왜냐하면 우
리는 혼을 우리의 관심에서 해석할 수 있기 때문이다. 그래서 우리는
지성의 실천적 기능을 밝히기 위해 플라톤의 대화편들에 나타난 혼에
관한 언급들을 분석할 수 있다.

---

27) 《파이드로스》 246a.

이제 우리는 혼과 관련된 문제들의 검토에서 훌륭한 삶의 조건이 되는 지성(nous)의 위치를 밝힐 것이다. 거스리에 의하면 플라톤에서 이 문제들은 다음과 같다. "플라톤은 혼을 그것의 본성에 있어서 단순한 것으로 보았는가, 아니면 복합적인 것으로 보았는가? 만일 뒤엣것이라면, 그는 혼 전체가 불멸한다고 믿었는가? 아니면 단지 최상의 부분만이 불멸한다고 믿었는가?"[28]

우리는 이런 문제들에서 혼은 기능이나 상태의 차이 때문에 부분들로 나누어질 수 있고, 그 경우 혼은, 그게 기능들 전체이든 그것들 가운데 하나이든, 불멸한다라는 사실을 알 수 있다. 하지만 이 두 사실은 모순적인 것 같다. 왜냐하면 여러 부분으로 이루어진 복합체는 언제나 다시 해체될 수 있으며, 따라서 그런 혼은 사멸할 수밖에 없기 때문이다. 이는 혼의 단일성에 근거해서 혼의 불멸을 논증하는 《파이돈》과 복합적인 혼과 혼의 조화를 강조하는 《국가》 사이의 외견상의 불일치에 관련된 것이다. 그런데 이것은 우리의 논의와 연관을 갖고 있다. 그것의 의미는 앞으로 드러날 것이다.

먼저 만일 혼이 부분들로 나누어진다면, ㉠ 그 부분들은 몇 개인가? 그리고 ㉡ 혼을 부분들로 나누는 기준은 무엇인가? 즉 그 기준은 혼의 내적인 작용들의 구별인가? 아니면 혼의 대상들의 구별인가? ㉢ 만일 이 둘에 의한 것이라면, 혼의 부분들은 능동적인 기능(ergon, dynamis)들만 갖고 있는가, 아니면 수동적인 상태(pathos)들만을 갖고 있는가? 아니면 이 둘을 다 갖고 있는가? 그리고 ㉣ 이 부분들의 기능이나 상태들은 육체(sōma)와 전혀 관계가 없는가, 아니면 모든 부분이 육체와 관계를 맺고 있는가, 아니면 어느 부분은 관계를 맺되 어느 부분은 관계를 맺고 있지 않은가? 만일 이 물음들에 대한 대답이 주어진다면, 혼

---

28) W.K.C. Guthrie, "Plato's View on Nature of Soul" in *Plato* 2(ed) G. Vlastos, 231면.

의 불멸과 혼의 삼분설 사이의 모순은 사라질 것이며, 특히 우리의 논의와 관련해서 《국가》에서 논의된 혼의 삼분설은 지성(nous)이 혼의 기능적 연관관계에서 실천적 의미를 가지며, 그래서 훌륭한 삶을 설명하는 근거가 된다는 점을 보여줄 것이다.

플라톤이 복합적인 혼에 관해서 언급하고 있는 대화편들은 《국가》, 《파이드로스》, 《티마이오스》 등이다. 물론 이 세 대화편들이 혼에 관한 논의에서 정확히 일치하지는 않는다.

㉠과 관련해서 플라톤은 혼을 크게 두 부분으로 나누고, 다시 그 가운데 한 부분을 둘로 나누어서 혼의 세 부분을 언급한다. 《국가》에서 모든 혼에는 두 종류(eidē)나 부분(merē), 즉 이성적인 부분(logistikon)과 비이성적인 부분(alogiston)이 있고, 뒤엣것은 기개적(격정적) 부분(thymoeides)과 욕구적 부분(epithymētikon)으로 세분된다고 한다.[29] 《티마이오스》에서도 혼은 신적인 부류(theion eidos)와 사멸하는 부류(thnēton eidos)를 지니고 있다고 한다.[30] 앞엣것은 이성적 부분이고, 뒤엣것에는 기개적 부분과 욕구적 부분이 속한다. 《파이드로스》의 신화에서도 혼은 먼저 전사와 날개 달린 두 말들에 비유되고, 하나의 말은 온순하지만, 다른 말은 다루기 어려운 것으로 이야기된다.

이 세 대화편들에서 혼의 부분에 대한 설명은 공통적으로 이분법적이다.[31] 즉 혼은 크게 logistikon(theion eidos)과 alogiston(thnēton eidos)의 두 부류를 포함한다. 그런데 여기서 주목해야 할 것은 alogiston(thnēton eidos)에 속하는 부분들이 혼의 불멸과 밀접하게 관련되어 해석된다는 것이다.

---

29) 《국가》 439d~e 참조.
30) 《티마이오스》 69c~72d 참조.
31) 아리스토텔레스도 《니코마코스 윤리학》 1102a26~28과 《영혼론》 432a24~26에서 혼의 이분에 관해 언급하고 있다.

다음으로 혼의 부분들을 나누는 기준과 관련된 물음 ⓛ은 특히 《국가》에서 문제가 된다. 이 대화편 4권과 9권에서 삼분된 혼이 다루어지는데, 이 두 곳에서 그것들을 나누는 기준은 상이하다. 혼의 부분들은 4권에서 기능의 차이에 의해, 9권에서는 대상의 차이에 의해 구별된다. 이를테면 4권에서는 "동일한 것이 동일한 부분에 의해 동일한 것에 대해서 동시에 상반되는 행위를 할 수 없다"[32]라는 이른바 모순의 원칙에 따라 혼의 세 부분들이 가려진다. 그리고 그 부분들은 각기 '그로써' (hō) 배우는(436a) 또는 헤아리는(439d) 부분이라든가, '그로써' 발끈하는 부분(439e), 또는 '그로써' 사랑하고 배고파하며 목말라하는 부분(439d)으로 불린다. 그렇지만 9권에서 이 세 부분은 '배움' 또는 '지혜'를 사랑하는 부분(philomathes, philosophon, 581b), '승리' 또는 '명예'를 사랑하는 부분(philonikon, philotimon, 581a~b), 그리고 '돈' 내지 '이득'을 좋아하는 부분(philokrēmaton, philokerdes, 581a)으로 불린다.

우리는 4권의 혼의 부분들에 관한 표현들이 일반적으로 관계대명사의 3격 형태(hō)와 동사(manthanei, thymoutai 등)로 이루어졌음에 주목할 필요가 있다. 여기서 'hō'는 도구 내지 방법의 주체를 뜻하는 말로 세 부분들을 가려주는 기준의 역할을 하거니와, 또한 뒤에 오는 동사의 지배를 받는다. 다시 말하면 방법의 능동적 주체로서의 'hō'는 뒤에 오는 동사의 지배를 받음으로써, 그 동사가 표현하는 능동적 작용 내지 기능만을 나타낼 뿐, 어떤 실체를 지칭하는 것은 아니다. 따라서 여기서 혼의 세 부분의 차이는 분명히 기능상의 차이를 뜻한다.

이에 반해서 9권의 표현들은 혼의 세 부분들이 대상(지혜, 명예, 이득 등)에 따라서 구별된다는 것을 보여주는데, 여기에는 대상에로의 향

---

32) 《국가》 436a.

함을 나타내는 '사랑' 또는 그것에 대한 욕구가 전제되어 있다. 이에
대한 전거는 《국가》 580d에서도 보여진다. "혼에 세 부분이 있으므로
즐거움들에도 세 가지가, 즉 그 각각에 특유한 즐거움이 하나씩 있는
것으로 내겐 보인다네. 욕구들(epithymiai)과 그 다스림들(archai)도 마
찬가지인 것으로 보이고." 이제 이 욕구에 대한 이해가 문제가 된다. 4
권에서 욕구적인 부분의 기능은 분명히 생물적인 기능에만 제한되어
있다. 만일 이 욕구가 4권의 욕구적인 부분과 같은 것이라면, 혼의 세
부분들이 각기 욕구를 갖고 있으므로, 그 부분들은 공통적으로 생물적
인 욕구형태를 가져야만 한다. 그러나 이 욕구는 대상의 구별에 상응하
는 것들로, 기능 또는 능력 자체의 측면에서의 표현은 아니다. 따라서
이 욕구들은 마음의 각 부분들이 자신의 대상을 의욕함에 대한 일반적
인 표현들이며, 각 부분들은 대상에 대한 의욕으로서의 '사랑'(erōs)의
측면에서 언급된 것들이다. 그렇다면 이 욕구들은 각각의 기능들을 사
랑의 측면에서 표현한 것이고, 그래서 이 '사랑'은 혼의 모든 부분들에
두루 걸쳐 있는 공통의 원천이라고 할 수 있다.

그렇다면 우리는 혼의 부분들을 기능의 측면과 대상의 구별에 상응
하는 사랑의 측면에서 이해할 수 있다. 따라서 마음의 한 부분인 지성
(nous)도 기능의 측면에서는 '실제로 좋은 것이 무엇인가?'를 인식하
는 능력이며, 사랑의 측면에서는 '실제로 좋은 것'에 대한 욕구(boulē-
sis)이다. 하지만 이것은 동일한 지성에 대한 두 측면에서의 이해이다.

이처럼 혼의 부분들을 기능이나 사랑의 관점에서 볼 수 있으며, 그
부분들은 이 두 측면들을 갖고 있다. 또한 사랑의 독특한 성격 때문에
혼의 부분들은 능동적인 기능과 수동적인 상태들도 지니고 있다. 이미
밝혔듯 혼의 부분들은 그것의 대상이 무엇이냐에 따라서도 구별되는데,
이 구별을 가능하게 하는 사랑은 동일한 원천에 근거한다. 그렇다면 혼
은 단일한 어떤 것일 수도 있다.

혼의 부분들이 능동적인 기능들만 갖고 있는지, 아니면 수동적인 상태들만 갖고 있는지, 아니면 이 둘을 다 갖고 있는지 하는 물음(ⓒ)에 대한 답은 이미 어느 정도 혼의 부분들을 나누는 기준과 관련된 논의에서 주어졌다. 여기서는 기능(ergon), 능력(dynamis), 상태(pathos)의 연관관계만을 밝힐 것이다.

먼저 플라톤은 《국가》에서 기능과 능력을 거의 같은 뜻으로 사용한다.[33] 기능(ergon)은 Liddell-Scott 사전에서 어떤 사물 또는 사람의 행위, 기능 그리고 그것의 결과나 산물을 동시에 의미한다.[34] 또한 능력(dynamis)도 힘, 능력, 기능, 성질 등의 의미를 갖고 있다.[35] 그리고 《국가》 477d~e에서도 지식과 의견이 dynamis로 언급되어 있는데, 이는 dynamis가 그것의 결과와 동일시된다는 것을 뜻한다. 스넬도 "사고와 지식의 영역에서 작용과 결과는 동시에 고유한 결합으로 연결되어 있다. 동사에서 파생한 그와 같은 명사들은 때에 따라서 동시에 어떤 기관, 그것의 기능 그리고 그것의 결과를 지칭한다"[36]고 말한다. 따라서 ergon과 dynamis는 능동적인 행위, 기능, 힘을 뜻하는 동시에 그것의 결과를 함께 뜻한다는 점에서 의미상의 차이가 없다.

다음으로 ① 상태(pathos)는 무엇을 받아들이거나 겪는 수동적인 행위를 뜻하는 동사 paschein에서 온 말로 무엇을 받아들인 또는 겪은 결과나 상태를 뜻한다. 그리고 ② 《국가》 477c~d에서 플라톤은 dynamis를 "그것으로써 우리가 할 수 있는 것들을 할 수 있게 되는 것"으로 언급하고, dynamis의 경우에는 "그것이 관계하는(eph' hō esti) 대상"과

---

33) 《국가》 351d, 351e, 358b. J. Monline, *Plato's Theory of Understanding*, 57면 참조.

34) H.G. Liddle and R. Scott, *Greek-English Lexicon*, 682~683면 참조.

35) 같은 책, 452면 참조.

36) B. Snell, *The Discovery of Mind*, 234면.

"그것이 해내는 작용"(ho apergazetai)만을 주목한다고 한다.

그러면 ①과 ②를 위에서 언급한 '지식'에 적용해 보자. ②에서 지식은 그것이 해내는 작용일 뿐 아니라 그 대상에 대한 작용의 결과이다. 그리고 ①과 관련해서 그 대상의 측면에서는 지식은 받아들이거나 겪는 행위의 수동적인 결과인 상태(pathos)이다. 따라서 지식은 그것의 결과를 확인할 수 있는 동일한 대상에서 그 대상에 대해서(eph' hō)는 작용(dynamis)이되, 그 대상의 측면에서는 그것에 대한 그 작용의 결과인 상태(pathos)이다.

그렇다면 능력(dynamis, ergon)과 상태(pathos)는 동일한 대상에서 그 작용과 그 작용의 결과로서 동일한 것에 대한 다른 이름일 수 있다. 이것은 마음의 부분들에도 적용될 수 있다. 따라서 마음의 부분들도 능력과 상태를 동시에 갖고 있다고 해야 할 것이다.[37]

마지막으로 혼과 육체의 관계(ⓔ)에 관한 언급들의 내용을 분석하자. 그 내용은 다음과 같다.

① 《파이돈》: ⓐ 혼은 복합적이지 않은 단일한 것이며, 이는 혼의 불멸에 관한 논증의 근거가 된다.[38] ⓑ 온갖 욕정, 욕망, 공포 등의 기원은 육체이다.[39]

② 《파이드로스》, 《국가》, 《티마이오스》: ⓐ 혼은 단일한 것이 아니라 세 부분의 기능들로 이루어져 있다.[40] ⓑ 특히 《티마이오스》에서 (육체와 관련된) 모든 상태(pathos)는 그 기원을 혼 속에 갖고 있으며, 육체는 그 자체로 감각을 일으킬 수 없다.[41]

---

37) 《티마이오스》 61c~d 참조.
38) 《파이돈》 78c, 80b.
39) 같은 책, 66c.
40) 《파이드로스》 246a ; 《국가》 439d ; 《티마이오스》 69c.
41) 《티마이오스》 64a~c, 'to men gar kata physin eukinēton, hotan kai brachy pathos eis auto empiptē, diadidōsi kyklō moria hetera heterois tauton

이 두 경우에서 ⓐ는 서로 모순되어 보인다. 그러나 그렇지 않다면 그 근거는 무엇인가? 이에 대해서는 혼은 단일하면서 부분적인 기능을 갖고 있다는 점을 밝히면 될 것이다. 앞에서 우리는 혼은 실체인 세 부분들로 이루어진 것이 아니라 세 가지 기능상의 차이만을 갖고 있다는 점을 밝혔다. 또한 우리는 혼은 대상의 차이에 의해 세 부분으로 구별될 수 있지만, 그 구별을 가능하게 하는 전제인 '사랑'(erōs, epithymia)은 동일한 원천에 근거한다고 했다. 따라서 혼은 단일한 어떤 것일 수 있다.

하지만 이를 받아들이면, 《파이돈》의 논증이 헤아리는 부분(지성)에만 관계한다고 말하기는 어렵다. 그렇다면 세 부분은 모두 불멸적인가? 그렇다고 대답하기도 어렵다. 왜냐하면 플라톤은 《티마이오스》69c~72d에서 혼을 신적인 부류와 사멸하는 부류로 나누고 그것들이 신에 의해 육체의 부분들에 자리잡게 되었다고 말하기 때문이다. 그런데 이것을 문자 그대로 받아들이면, 정작 비외연적이고 비물질적이어야 할 혼이 육체 속에 자리잡음으로써 공간적인 외연을 갖게 되고, 그래서 그것은 사멸할 수밖에 없는 것으로 된다. 그러나 플라톤에서 "모든 혼은 불멸적이다."[42] 따라서 이 은유적 표현들을 다음과 같이 해석할 수 있다. 첫째, '신적인 부류'니 '사멸하는 부류'니 '헤아리는 부분'이니 '비이성적 부분'이니 하는 것은 혼의 기능에 대한 명칭이지 혼 자체에 대한 명칭이 아니다. 둘째, 혼의 불멸에 관한 논증은 혼의 기능에 대한 것이 아니라 혼 자체에 대한 것이다. 셋째, 혼의 기능의 차이는 육체와의 관계 속에서 생긴다. 이 세 가지를 받아들인다면, 우리는 육체와 관계를 맺고 있지 않은 혼 자체를 생각할 수 있다. 그래서 그 혼은 비물질적이

---

apergazomena, mechriper an epi to phronimon elthonta exangeilē tou poiē santos tēn dynamin(64b)."
42) 《파이드로스》 245d. "pasa psychē athanatos".

며 자신 속에 생명과 자기운동의 원인을 지닌 불멸하는 것으로 생각할 수 있으며, 사멸하는 부류니 비이성적인 부분이니 하는 것은 육체와의 관계 속에서 생긴 혼의 기능에 대한 이름들이라고 할 수 있다. 그러므로 우리는 혼의 육체와의 관련성과 그것에서 생긴 혼의 기능들을 주목할 수 있다.

두 경우에서 ⓑ도 서로 모순적인 것 같다. 그러나 이 대화편들은 다른 관심에서 위의 언급들을 한다. ①에서 ⓑ는 혼의 불멸에 관한 언급이지만, ②에서 ⓑ는 혼의 상태들의 원인과 관련된 언급이다. 그러나 공통점은 혼과 육체의 연관성에 관한 것이다. 이와 관련해서 앞엣것은 육체적인 욕구들(욕정, 욕망, 공포)이 육체에 속한다는 것이다. 즉 그 욕구들은 혼과 육체의 관계에서 육체적인 조건 없이는 생길 수 없다. 그러나 뒤엣것은 그 상태들을 혼에 속하게 한다. 즉 육체는 그 자체로 감각을 갖지 못하며 그 상태들은 혼에 의해서만 감각된다.

우리는 이 두 언급들에서 혼의 불멸에 대한 일관된 설명을 이끌어낼 수 있지만, 육체적 욕구들의 탓이 육체에만 있다는 앞엣것에는 쉽게 수긍할 수 없다. 왜냐하면 혼과 육체의 연관성을 생각하지 않을 수 없기 때문이다.

그런데 우리가 지금까지 이렇게 혼을 분석한 이유는 지성의 실천적 기능을 찾는 데 있었다. 이제 이 항목의 논의를 종합함으로써 훌륭한 삶의 조건으로서의 지성의 실천적 기능을 밝혀보자.

먼저 '혼의 3분설'에 관한 논의에서 밝혀진 것은 다음이다. 즉 혼의 부분들은 기능상의 차이에 의한 것이며, 그런 차이는 육체와의 연관에 의한 것이다. 그리고 혼의 부분들은 대상들의 차이에서도 구별되는데, 여기에는 대상에로 향하는 공통의 원천인 사랑이 전제되어 있다. 이때 사랑이 대상에 대한 욕구라는 것은 곧 대상을 받아들일 수 있다는 것을 함축한다. 따라서 혼의 부분들은 능동적인 기능들만이 아니라 수동적인 상태들도 함께 갖고 있다. 다음으로 '혼의 불멸'에 대한 논증은 혼의 기능에 대한 것이 아니라 혼 자체에 대한 것이다.

그렇다면 '혼의 3분설'과 '혼의 불멸'은 서로 모순적이지 않다. 이 두 가지가 우리에게 시사하는 것은 무엇인가? 우리는 '혼의 3분설'에 관해 논의하면서 주로 혼과 육체의 관련성을 주목했지만, '혼의 불멸'과의 일관성을 생각하면, 혼의 한 부분(nous, logistikon)은 육체의 영향을 받지 않는 것처럼 보일 수도 있다. 그러나 《티마이오스》 30b의 "신은 우주를 구성함에 있어 지성은 혼 속에, 혼은 육체 속에 있도록 계획했으며, 그래서 가능한 한 본성에 있어서 가장 아름답고 가장 훌륭한 산물을 만들어 냈습니다"라는 언급에서 보듯, 지성은 육체 속에 있는 혼 안에 자리잡고 있으므로 어떤 식으로든 육체의 영향을 받아들여서 다스릴 수 있는 기능이라고 여겨진다. 이런 기능을 하는 지성이 '실천적 지성'이다. 따라서 '혼의 3분설'은 실천적 지성에 관한 것, 즉 합리적 내지 훌륭한 삶의 설명근거에 관한 것일 수 있다. 하지만 '혼의 불멸'에 관한 논의도 여전히 유의미하다. 왜냐하면 육체의 영향을 배제하는 '혼의 불멸'은 삶의 본에 대한 인식을 가능하게 하는 지성의 인식론적 측면에 대한 강조라고 할 수 있기 때문이다.

4. 맺음말

지금까지 우리는 훌륭한 삶이 사람됨의 원천인 지성에 의해서 실현됨을 밝혔다. 이때 지성이 현실에서 훌륭한 삶을 가능하게 하는 것은 그것이 혼에서 육체적인 것과 관련을 맺음으로써 그 육체에 힘을 발휘할 수 있기 때문이다. 이런 지성이야말로 구체적 행위를 지배하는 실천적 지성이다. 그렇지만 그 행위가 훌륭한 행위일 수 있는 것은 지성이 훌륭한 행위의 불변의 본을 인식하기 때문이다. 물론 이 훌륭한 행위의 본은 '좋음'의 형상으로, 이에 관한 논의도 플라톤 윤리론의 한 부분을 이루는데 이 글에서는 유보했다. 그래서 우리는 플라톤의 훌륭한 삶의 문제에서 혼에 관한 이론을, 그게 혼의 삼분설이든 혼의 불멸설이든, 지성의 두 기능을 밝히는 일과 관련해서 이해할 수 있다.

또한 우리는 훌륭한 삶의 조건으로 지성 및 그것의 기능을 밝혔지만 그 지성의 계발에 관해서는 논의하지 않았다. 이런 지성의 계발은 플라톤의 훌륭한 삶에 관한 논의에서 반드시 다루어야 할 부분이며, 플라톤 철학의 중요한 정신에 관련되어 있다. 왜냐하면 플라톤은 당시의 아테네 현실과 아테네인들을 지성 부재(aneu nou)의 상태로 진단하면서 지성 회복(meta nou)을 통한 지성의 지배를 역설했고, 지성에 의한 훌륭한 나라의 성립 및 훌륭한 인격을 갖춘 시민의 형성을 열망했기 때문이다. 이처럼 지성의 지배에 의한 훌륭한 삶이 당시의 아테네 현실 및 아테네인들한테서 중요하다면, 그것이 지속될 수 있는 지반을 마련하는 것도 중요하다. 이 문제가 '습관'(hexis)의 문제이다. 그러나 이것은 논의하지 않았다.

앞엣것이 지성의 계발에 의한 사람 본연의 덕(훌륭함)의 형성이라면, 뒤엣것은 후천적 노력에 의해 형성된 시민적 덕의 문제이다. 따라서 이것들에 관해서도 상세한 논의가 필요하다.

《파르메니데스》에 나오는 제논의 역설의 의미

김주일

1. 《파르메니데스》에서 제논의 역설의 등장

《파르메니데스》 1부 서두에서 젊은 소크라테스는 제논이 자신의 저서를 막 읽고 나자 그 첫번째 논변의 첫번째 가설을 다시 한 번 읽어달라고 청한다. 그래서 듣게 되는 것이 다음과 같은 역설이다.

> 있는 것들이 여럿이라면, 그것들은 닮았으면서 닮지 않았다.
> 닮았으면서 닮지 않는 것은 불가능하다.
> 따라서 있는 것은 여럿일 수 없다.[1]

제논의 이 역설은 이 대화편 2부에 이와 닮은 철학적 가설이 무더기로 등장하고 있어서 대화편 자체의 이해를 위해서도 곱새겨볼 만하다. 하지만 이 역설에는 플라톤의 제논에 대한 이해가 담겨 있기도 하다. 제논은 곧 파르메니데스의 제자니, 플라톤이 친부살해범이 되기 전에[2]

---

1) 《파르메니데스》 127e1~e8

제논을 연습 범죄의 상대로 삼아 이 대화편에서 다루고 있다고 보기에 족하다. 플라톤과 엘레아 학파의 관계는 비단 이 대화편뿐만 아니라 그의 다른 대화편들을 제대로 이해하기 위해서는 반드시 거쳐가야 할 난관이다. 이 글에서는 이 대화편 자체의 이해를 위해서보다는 엘레아 학파의 제논에 대한 플라톤의 이해는 어떤 것이었고, 그 이해는 역사상의 제논의 생각에 비추어서 정당했는지를 밝혀 보고자 하는 의도에서 제논의 역설을 다루려고 한다. 제논에 대한 플라톤의 이해를 제대로 알 수 있게 되면 플라톤의 엘레아 학파 전체에 대한 이해라는 큰 그림의 한 부분을 채워 볼 수 있겠다는 심산이 있기 때문이다.

2. 제논의 이 역설은 역설인가?

도대체 이 역설은 왜 역설일까? 먼저 이 논증은 후건 부정식으로, 타당한 논증 형식이라는 점을 짚어 두자. 하지만 논증이 건전하려면 그 형식도 타당해야 하지만 그 전제들도 참이어야 한다. 그런데 이 첫번째 전제는 참일까? 어떻게 해서 존재의 복수성(있는 것이 여럿이다)이 인정되면 그것들은 닮았으면서 닮지 않게 될까? 달랑 이 문장만 가지고는 그 이유가 선뜻 이해되지 않는다. 또 '닮았으면서 닮지 않는 것은 불가능하다'는 두 번째 전제는 왜 그럴까? 하긴 이 명제를 있는 그대로 놓고 보면 'q이면서 -q'가 되어 모순이 생기니 불가능하다는 말이 어렵지 않게 나온다. 하지만 '닮다', '닮지 않다'는 늘 비교의 대상이 따라다니는 관계 술어가 아닌가? 그러니 그 비교의 대상이 정확히 밝

---

2) 《소피스테스》 241d 참조. 여기서 이방인을 위장하고 있는 플라톤은 파르메니데스가 금지했다고 하는 '있지(이지) 않은 것(to mē on)'의 존재에 대한 논의를 해야 하는 자신의 처지를 친부살해범(patrapoias)에 비유하고 있다.

혀지면, 그 대상의 동일성 여부에 따라 이 명제는 불가능할 수도 있고 가능할 수도 있다. 그런데도 생뚱맞게 아무런 제한 조건 없이 이 명제가 불합리하다는 판단을 내리는 것은 아무래도 납득이 안 간다. 비교의 대상만 다르다면 얼마든지 동일한 것이 닮았으면서 닮지 않을 수 있을 테니 말이다. 다시 말하면 '동일한 관점에서'란 제한 조건이 있어야만 이 명제가 불합리하다는 판단을 내릴 수 있을 텐데 말이다.

3. 두 번째 전제의 의미

1) 이 대화편 속의 제논은 논리적 오류를 범했던가?

논의의 편의상 두 번째 전제부터 살펴보자. 두 번째 전제가 갖고 있는 문제점 때문에 많이들 이 전제가 《파르메니데스》의 출연 배우 제논의 논리적 미숙함에서 비롯되었다고 생각했다. 제논이 반대 관계와 반대 속성을 혼동했다는 설명이다. 관계 술어는 일항 술어가 아닌 이항 술어다. 그래서 두 개 이상의 관계 사이에 성립하는 속성이다. 그런데 제논은 어떤 관점에서는 둘 다 동시에 참일 수 없지만 어떤 관점에서는 둘 다 동시에 참일 수 있는 이항 술어의 반대 관계(그 예가 여기서는 '닮은'과 '닮지 않은')를 어떤 관점에서도 둘 다 동시에 참일 수 없는 일항 술어의 반대 속성(예를 들면 '둥근'과 '네모난')으로 착각했다고들 했다. 예를 들면 '공은 둥글다'와 '공은 네모나다'는 동시에 참일 수 없는 명제다. 어떤 관점을 덧붙여도 그 둘은 양립 불가능한 명제들이다. '둥글다'나 '네모나다'가 관점에서 자유롭기 때문이다. 반면에 '레몬은 닮았다'와 '레몬은 닮지 않았다'는 양립 가능하다. 각 문장에 각기 '귤과'와 '메론과'를 넣는다면 말이다. 그렇다면 정말 이 전제는 제논이 관계 논리를 잘 몰라서 빚어진 실수일까? 그래서 플라톤은 제

논의 역설의 오류를 관계 술어에 대한 잘못된 이해에서 찾았을까? 이
는 정리하면 플라톤이 역사상의 제논, 혹은 적어도 이 대화편에 등장시
킨 제논은 관계 술어를 분간하지 못했고, 그렇기 때문에 이런 잘못된
역설을 주장할 수 있었다고 보았다는 뜻이 된다.

먼저 《파르메니데스》에서 나누는 대화의 전후 사정을 따져 보면 이
런 주장이 설득력을 잃는다. 소크라테스는 제논의 이런 주장에 맞서
'현상을 구제하기 위해' 형상 이론을 끌어들인다.[3] 단순히 언어의 논리
적 사용이 미숙하기 때문에 생기는 궤변을 해결하기 위해 형이상학 이
론인 형상 이론을 거창하게 끌어댈 필요가 있었을까? 닭 잡는 칼 따로
있고, 소 잡는 칼 따로 있는 법인데 플라톤은 격에 맞는 칼도 못 골라
쓰는 선무당이었을까? 하지만 그 뒤를 잇는 파르메니데스의 비판은 소
크라테스가 든 칼이 크기에 문제가 있는 것이 아니라 그 예리함에 문
제가 있다는 사실을 보여준다. 파르메니데스는 소크라테스의 형상 이론
은 대견해 하면서도 젊은 소크라테스의 형상이론을 조목조목 비판하고
나서는 그가 이런 종류의 논변에 대한 훈련이 덜 되어 있음을 지적하
기 때문이다. 이를 보아서는 플라톤은 《파르메니데스》에서 제논의 역설
이 단지 언어상의 착각이거나 한갓 관계 논리의 혼동에서 비롯된 것으
로 보지는 않는 듯하다. 따라서 플라톤이 제논의 역설을 해결하기 위해
형상 이론을 제시한다면 이 대화편의 문맥 안에서 제논의 역설은 형상
이론과 형이상학적 갈등을 일으키는 이론으로 보는 것이 합당하다.

2) 혹시 플라톤 자신이 논리적 오류를 범했던가?

그렇다면 혹 플라톤이 관계 논리를 잘 모르고 있는 것은 아닐까? 그
래서 그게 물인지 술인지도 모르고 물 덤벙 술 덤벙 뒤섞는 사람처럼

---

3) 《파르메니데스》 128c~130a 참조.

관계 속성(이항 술어)과 내재적 속성(일항 술어)을 구별하지 못한 채 이런 역설을 의미심장한 것으로 받아들이고 있지 않을까? 아닌게 아니라 이런 시각에서 플라톤의 형상 이론을 설명하려는 입장이 있다. 이 입장에 따르면 관계 술어는 한 주어의 술어가 될 수 없는데, 플라톤은 이것을 구별하지 못해서 관계 술어를 한 주어에 적용했고, 이에 따라 제논의 역설도 발생한다. 게다가 형상 이론도 이런 잘못된 문제의식에서 비롯된 형이상학적 허위라고 본다.[4] 결국 플라톤은 허위 문제(pseudo-problem)에 매달려 허덕댄 꼴이 되는 셈이다.

하지만 《국가》, 4권 438b 이하를 보면 플라톤에 대한 이런 해석이야말로 허위 문제에서 출발한 것이라는 생각이 든다.

"그렇지만 실은 내가 보기엔, 어떤 것과 상관 관계에 있는 그런 모든 것의 경우에, 어떤 종류(성질)의 것은 어떤 종류(성질)의 것에 대한 것이지만, 단순히 그 자체인 각각은 단지 그 자체인 각각에 대한 것인 것 같으이." 내가 말했네.

"못 알아들었습니다." 그가 말했네.

"한층 큰 것은 어떤 것에 대해, 그것보다 더 큰 그런 것이라는 걸 못 알아들었는가?" 내가 물었네.

"그야 물론 알아듣죠."

"그러니까 한층 작은 것보다도 더 큰 것이 아니겠는가?"

---

4) 이런 입장을 취하는 사람으로는 Cross와 Woozley, Owen 등을 들 수 있다. Cross와 Woozley의 해석대로 하면, 플라톤은 일항 술어와 이항 술어를 구별하지 않아서 현상계의 사물의 설명에 모순이 발생한다고 본다. 따라서 플라톤은 이렇게 설명되지 않는 현상계를 설명하고자 형상 이론을 도입했다고 한다. 이렇게 보면 형상 이론은 잘못된 문제 의식에서 비롯된 불필요한 이론이 되는 셈이다. Cross & Woozley, *Plato's Republic*, 1964, 154면 및 Jordan, R.W., *Plato's arguments for forms*, 23~24면 참조.

"그렇습니다."

"하지만 훨씬 더 큰 것은 훨씬 작은 것에 대해 그런 것일세. 안 그런가?"

"그렇습니다."

"그러면 한때 한층 컸던 것은 한때 한층 작았던 것에 대해 그런 것이었으며, 한층 커질 것은 한층 작아질 것에 대해 그런 것일 테고."

"그야 물론입니다." 그가 말했네.

"그리고 한결 더한 것은 한결 덜한 것에 대해서, 두 배 되는 것은 그 반이 되는 것에 대해서, 또한 이런 유의 모든 것이 그러하며, 그리고 또한 한결 무거운 것은 한결 가벼운 것에 대해서, 한결 빠른 것은 한결 느린 것에 대해서, 더 나아가서 뜨거운 것은 찬 것에 대해서, 그리고 이것들과 유사한 모든 것도 이러하지 않은가?"[5]

여기서 볼 수 있듯이 플라톤은 이미 《국가》에서 관계 술어에 대한 상세한 분석을 해 놓고 있다. 여기서 플라톤은 관계 술어를 '어떤 종류(성질)의 것은 어떤 종류(성질)의 것에 대한 것'이라고 설명하면서 여러 관계 술어를 예로 들고 있다. 이들 관계 술어들은 그 자체로 완전한 의미를 갖지 않고 다른 것들과 관계해서 의미를 갖는다는 점을 플라톤은 정확하게 이해하고 있다.

그렇다면 플라톤은 관계 술어의 이런 논리적 성격을 뻔히 알면서도 왜 제논의 역설을 의미심장하게 받아들이고 있을까? 이는 말을 바꾸면 플라톤이 제논의 역설을 낳는 일항 술어와 이항 술어의 구별의 무시를 의미 있게 받아들인다는 말이 된다. 이는 다시 제논의 역설을 구성하는 이런 논리적 오류에 플라톤이 민감하게 반응하고 있다는 주장과 플라

---

5) 《국가》 438b~c(박종현 역주).

톤 스스로 이런 구별의 무시를 정당하다고 이해한다는 주장으로 나뉠
수 있다. 이 두 주장은 언뜻 상호 모순으로 보이기도 한다. 파르메니데
스에서 제논으로 이어지는 엘레아 존재론의 논리적 오류를 간파해서
현상을 구제했다는 것이 플라톤에 대한 철학사의 일반적인 평가이다.
그러면서 플라톤이 다시 이 논리적 무사려를 정당하다고 받아들인다면
모순이 될 듯도 싶다. 과연 그럴까?

3) 역사상의 제논과 플라톤의 제논(관계 술어를 어떻게 다루어야 하나?)

 이쯤 해서 잠시 우리의 대화편을 떠나서 역사상의 제논의 목소리를
들어볼 필요가 있다. 대화편의 맥락에서 존재하는 제논뿐만 아니라 역
사상의 제논에 대한 플라톤의 평가 역시 정당했는지도 우리의 기본 관
심사였기 때문이다. 이 작업을 통해서 플라톤과 엘레아 학파, 이 글에서
는 축소해서 플라톤과 제논의 관계에 대한 얼개를 엮고자 한다.

 역사상으로 존재하는 제논의 글은 토막글 형태로 4개가 전해진다.
심플리키우스가 자신의 책에서 직접 인용한 것이 셋이고, 디오게네스
라에르티오스가 인용한 것이 하나다. 이것들은 제논의 글로는 유일하게
직접 인용된 형태다. 그 밖에 유명한 운동의 역설은 아리스토텔레스가
자신의 편의에 맞게 고쳐서 제시한 것으로 제논의 육성이라 보기는 어
렵다.

 심플리키우스가 인용한 제논의 토막글을 보면[6] 《파르메니데스》에 소

---

6) 토막글 1(DK29B1)
  앞서서 그는 같은 추론(논증) 방식으로 [존재하는 것들이] 크기에 있어 [무한함을
  밝혔다]. 왜냐하면 우선 그는 존재하는 것이 크기를 갖지 않는다면 그것은 존재하지
  도 못할 것임을 밝히고 나서 다음과 같은 추론을 제시하고 있기 때문이다. '다른 한
  편 [여럿이] 존재한다면 필연적으로 각각의 것은 어떤 크기와 두께를 지니며, 그것
  의 한 부분은 다른 부분 밖으로 뻗쳐(연장되어) 있을 것이다. 같은 추론이 밖으로
  뻗쳐 있는 부분에 대해서도 적용된다. 왜냐하면 그 부분 또한 크기를 지니며 그것의

개되어 있는 것과 같은 대립쌍이 둘 나온다. 하나는 '큰'(mikros)과 '작은'(megalos)이고, 다른 하나는 '유한함'(한계지워져 있음, peperasmenon)과 '무한함'(한계지워져 있지 않음, apeiron)이다. 각 논증의 첫번째 전제는 분명히 조건 명제로 되어 있고, 이에 후건에 해당하는 'q이면서 동시에 -q이다'는 점을 증명하는 논증을 덧붙여 생각하면 우리의 대화편의 역설인 '닮음'과 '닮지 않음'의 역설과 동일한 형식의 두 번째 전제를 추정해 낼 수 있다. 따라서 역사상의 제논의 역설도 플라톤이 설정한 제논의 역설과 동일한 구조를 갖고 있다고 추정

어떤 부분이 밖으로 뻗쳐 있을 것이기 때문이다. 이를 한 번 언급하고 마는 것이나 계속해서 언급해 나가는 것이나 마찬가지이다. 왜냐하면 그것의 그러한 어떤 부분도 최종적인 부분이 아닐 것이고, 한 부분은 다른 부분과 관련해서만 있을 것이기 때문이다. 이처럼 여럿이 있다면 그것들은 필연적으로 작고 클 것이다. 크기를 갖지 않을 만큼 작은가 하면, 무한할 만큼 클 것이다.'

토막글 2(DK29B2)

이 논증에서 그는 크기도 두께도 부피도 없는 것은 존재하지도 못할 것임을 밝힌다. 그는 말하기를, '왜냐하면 존재하는 다른 것에 그것이 덧보태지더라도, 그것은 다른 것을 전혀 더 크게 만들지 못할 것이기 때문이다. 그 까닭은, 그것의 어떤 크기도 없을 경우 그것이 덧보태진다고 하더라도 [보태어 갖는 쪽이] 크기에 있어 전혀 증가할 수 없기 때문이다. 그리고 이처럼 덧보태지는 것은 아무것도 없다. 그것이 떼내어질 때 다른 것이 전혀 더 작아지지 않는 한편 덧보태져도 [다른 것이] 전혀 커지지 않는다면, 덧보태진 것도 떼내어진 것도 아무것도 없었음이 분명하다.' 그리고 제논은 일자를 없앰으로써 그렇게 말한 것은 아니다. 그가 그렇게 말한 것은, 무한한 나눔으로 인해 취해지는 것의 앞에 언제나 어떤 것이 있게 됨에 의해서 여러 무수한 것의 각각이 크기를 갖기 때문이다. 그는 이 점을 밝히기에 앞서, 여럿의 각각이 자신과 같고 하나이므로 그것이 전혀 크기를 갖지 않음을 밝혔다.

토막글 3(DK29B3)

왜냐하면 만약 그것이 여럿이라면 동일한 것들이 유한하면서도 무한하다는 것을 그가 다시 증명하면서 이것들을 조목조목 적고 있기 때문이다.

만약 그것이 여럿이라면 그것은 있는 만큼 있고 그것들보다 더 많지도 더 적지도 않는 것이 필연적이다. 그런데 그것이 있는 만큼 있다면 그것은 한정되어 있을 것이다.

해 볼 수 있다. 또한 첫번째 전제인 조건 명제는 모두 '있는 것이 여럿
이라면'으로 전건이 되어 있어, 다원론자들의 전제를 가정하고 있다는
점도 우리의 역설과 동일하다. 이런 점을 미루어 제논의 저서가 총 40
개의 논변으로 되어 있다거나, 그 논변들 전체가 다원론자들로부터 스
승 파르메니데스를 방어하기 위해 씌어졌다는 플라톤의 증언은 상당한
신빙성이 있다. 그런데 우리의 관심을 끄는 것은 제논이 대고 있는 논
거다.

제논은 전해진 토막글에서 '큰'과 '작은'의 역설에는 '각각은 무한
히 나뉘기 때문에 크기가 없을 만큼 작고, 또 무한히 크다'고 말한다.
'무한 가분성'을 근거로 들고 있는 셈이다. 다시 '한계지워져 있음'과
'한계지워져 있지 않음'에서는 한편으로는 '있는 만큼 있기 때문에 수
적으로 한계가 있다'고, 다른 한편으로는 '무한히 나뉘기 때문에 수적
으로 무한하다'고 말한다. 이렇게 보면 '한계지워져 있음'에 대한 논거
를 제외한다면 '무한 가분성'을 근거로 들고 있음을 알 수 있다. 따라
서 역사상으로 전해지는 제논의 논증은 관계 술어뿐만 아니라 (플라톤
이 제시한 역설이 역사상의 제논의 역설이라고 할 경우에) 그 밖의 여
러 논거를 갖고 있음도 알 수 있다. 이는 우리의 대화편에도 "당신이
만들어 낸 논변들의 수만큼이나 많은 논거들을 '있는 것들은 여럿이
아니다'라는 주장에 대해 제시하고 있다"[7]는 구절에도 밝혀 있는 사실
이다.

반면에 플라톤의 이해는 어떤가? 《파르메니데스》에서 플라톤은 존재
했을 여러 제논의 논변과 논거들 중에서 유독 한 주어에 두 개의 모순
되는 술어가 동시에 부과될 수 없다는 데 근거한 역설에 관심을 기울
이고 있다.[8] 이는 비단 이 대화편에 한정되어 있지 않다. 《파이드로스》

7) 《파르메니데스》 127b10~b12.
8) 물론 제논의 이 역설을 '다른 각도에서 해석하려는 입장도 있다. '닮은'과 '닮지 않

261d에는 "우리는 엘레아의 팔라메데스가 동일한 사물을 듣는 이에게
닮아(homoia) 보이면서 닮아 보이지 않게 하고, 하나면서 여럿이며, 정
지하면서 운동하는 것으로 보이게 하는 화술을 가졌다는 것을 알지 않
는가?"라는 구절이 나온다. 여기 나오는 '엘레아의 팔라메데스'[9]는 대
부분의 학자들이 제논이라고 이해한다. 그리고《테아이테토스》154b~
155d에서 소크라테스는 '그 자체적으로 존재하는 것'을 전제하고, 그런
전제하에서 동일한 소크라테스가 테아이테토스에 비교해서 커지고 작
아지는 현상을 설명할 수 없다고 한다.[10] '그 자체적으로 존재하는 것'

은'을 '동종'과 '이종'의 의미로 해석하려는 사람들이 이 경우에 속한다. 콘퍼드가
대표적인데 이는 파르메니데스가 'homoion'을 이런 뜻으로 사용한다는 점에서 근
거를 갖는다. 그에 따르면 제논의 역설은 '여럿이 존재하면 그것들은 모두 다같이
존재한다는 점에서 동종적이지만 또한 서로 구별되어야 여럿이 된다는 점에서 이종
적'이라는 데서 성립한다. 하지만 귀류법을 구사하는 입장에서 다른 다원론자들이
사용하지 않는 특수한 의미로 용어를 구사했다고는 믿기지 않는다(R.E. Allen,
Plato's Parmenides, 72~73면 참조). 게다가《파르메니데스》 2부에 보이는 많은 가
설들이 진술의 제한조건을 무시함으로써 발생한다는 사실을 염두에 둔다면 제논의
역설을 같은 선상에서 파악하는 것이 바람직하다(김인곤, "플라톤의《파르메니데스》
에서 가설적 방법",《서양고전학연구》 10집, 254~256면 참조).

9) 이 구절은 플라톤이 제논을 경멸했다고 보게 하는 근거로 주로 인용된다. 하지만
'팔라메데스'가 소크라테스가 죽어서 만나 보고 싶어했던 영웅이었던 점(《변명》
41b)을 생각한다면 이 구절은 재평가되어야 한다. 자세한 논의는 알렌, *Plato's
Parmenides*, 1983, 67~68면 참조.

10) "'(1) 어떤 것도 그 자신이 자신과 같은 한에서는 크기에 있어서나 수에 있어서나
결코 더 크게 되지도 작게 되지도 않는다. (2) 그것에 덧붙여지지도 덜어내지지도
않은 그런 것은 결코 증가하지도 감소하지도 않고 언제나 같다(동등하다). (3) 전에
있지 않던 그런 것이 이전에도 지금도 생성됨이 없이 오히려 나중에 있을 수는 없
다'는 합의를 끌어낸다. … 소크라테스는 지금은 자신이 테아이테토스보다 더 큰데,
일년 후에는 테아이테토스보다 작아질 경우를 제시하고 있다. 이 경우를 보면 소크
라테스는 자신과 같은데도 작아졌고, 자신한테서 덜어낸 게 없는데도 작아졌으며,
전에 있지 않던 것이 생성되지도 않았는데 나중에 작아졌다. 이 때문에 결국 테아이
테토스는 세 가지 주장에 의해서는 일상의 예를 설명할 수 없다고 생각한다"(정준

의 세계는 모순을 허용하지 않는 세계여서 파르메니데스의 존재론이
소박하게 이해된 세계로 이해하면 좋다.[11] 이와 같이 제논에 대한 플라
톤의 이해는 관계 술어의 문제와 밀접하게 연결되어 있다.[12] 이는 플라
톤이 제논의 역설을 관계 술어의 측면에서 이해하고자 함을 보여준다.

　관계 술어는 '~에 관련해서'(pros ti)를 보충해서 이해되어야 하는
술어다. 바로 이 '~에 관련해서'는 주어에 대한 타자가 된다. 역사상의
제논의 토막글에 보이는 역설이나 플라톤이 보이는 역설이나 모두 '여
럿이 존재한다면'이라는 전건을 갖고 있다. 제논이 다원론을 겨냥해 자
신의 스승 파르메니데스의 일원론 이상으로 다원론도 불합리한 결론을
초래한다는 것을 보여주기 위해 귀류법 형태의 논변을 사용하기 때문
이다. 다원론을 전제의 조건으로 삼는다는 것은 다자의 세계가 함의하
는 '타자'의 존재를 상정한다는 뜻이다. 타자가 존재해야 무한 가분도
가능하고 관계의 혼동도 가능하다. 실상 파르메니데스가 무화시킨 현상
세계도 바로 이런 타자의 존재를 무화시킨 데서 성립한다. 플라톤은 관
계 술어의 문제를 따져 들어감으로써 파르메니데스가 폐기하고 제논이
앞장서서 논박하는 타자의 존재 가능성을 입증하려 한다. 그렇다면 플
라톤이 이런 문제 설정을 하는 이유는 무엇인가?

　이제 다시 우리가 잠시 정지시켜 두었던 이 대화편의 장면을 보자.
제논이 자신의 첫번째 논증의 첫번째 가설을 읽자 소크라테스는 그것
을 정리한다. 이 장면이다. 우리는 여기서 화면을 멈추고 상세한 설명을
붙여 왔다. 이제 여기서 조금만 더 필름을 돌려보자. 젊은 소크라테스는

　영, "플라톤의 《테아이테토스》편에서 논의된 인식의 문제: 지각, 판단, 로고스", 박사
　　학위논문(성균관대), 1998, 43~44면).
11) 이태수, "플라톤 철학에 있어서 지각의 문제", 《철학연구》 96면 참조.
12) 물론 '운동과 정지'와 같은 관계 술어로 볼 수 없는 쌍이 등장하기도 한다. 하지만
　　논의의 중심에 서 있는 것은 바로 '닮다'와 '닮지 않다'와 같은 관계 술어라는 점은
　　분명하다.

제논에게 그가 말하고 있는 바가 파르메니데스가 말하고 있는 바와 별
반 다를 것이 없다고 한다. 이에 제논은 이 저술의 목적은 오히려 그런
파르메니데스의 생각을 그의 반대자로부터 옹호해 내기 위한 것이었다
고 대답한다. 이런 제논의 대답에 이어지는 소크라테스의 말은 도전적
이다. 그는 학자들이 중기 대화편에 나타나는 전형적인 형상 이론이라
고 하는 "닮음과 닮지 않음이라는 상반된 이데아들이 그것 자체로 있
는 반면, 소크라테스 자신이나 제논 등 우리가 여럿이라고 부르는 여타
의 것들은 이 둘을 나누어 갖는 것들이다"[13]라고 해서 형상 이론을 제
시한다. 이 이론을 통해서 "모든 것이 그 둘을, 비록 대립적인 것이지
만, 모두 나누어 가지면 바로 그 둘 다를 나누어 가짐으로써 그것들은
자신과 닮으면서 닮지 않은 것이 된다고 보면 이상할 것이 무엇이냐"[14]
라고 되묻는다. 여기서 다시 화면을 멈추자.

  이 장면을 보면 플라톤이 이 장면에 두 가지 효과를 갖게 했다는 생
각이 든다. 자신의 중기 형상 이론의 극복이자 엘레아 학파의 극복이
그것이다. 플라톤은 이 자리를 빌려 지금까지 자신이 탐구해 왔던 형상
이론을 정리해서 제시하고 있다. 중기 형상 이론은 개별자와 형상 간의
관계가 핵심이다. 플라톤은 중기 형상 이론을 끌어들여 젊은 소크라테
스로 하여금 다소 과격하게, 그래서 이론의 여지가 있게 제논의 역설을
비판하게 한다. 젊은 소크라테스는 성급하게 "만약 누군가가 닮은 것들
자체가 닮지 않게 되거나, 닮지 않은 것들이 닮게 된다는 것을 보여준
다면, 그것은 놀라운 일로 생각된다"[15]고 단언한다. 형상이 자기동일성
만을 유지할 수 있을 때는 타자와 관계 맺지 않을 때뿐이다. 이 장면에
서 소크라테스는 개별자들에게 이런 피상적인 모순이 생길 수 있는 이

---

13) 《파르메니데스》 128e6~129a3.
14) 《파르메니데스》 129a6~b1.
15) 《파르메니데스》 129b1~b2.

유를 이것들이 타자와 관계 맺기 때문이며, 이 관계를 인정하고 설명하기 위해서 형상 이론을 도입한다. 하지만 이렇게 형상이 자기동일성만을 유지할 수 있는 때는 중기 형상 이론에 국한된다. 이후 젊은 소크라테스가 직면하게 되는 파르메니데스의 비판이나 소위 엘레아적인 대화편이라 불리는 《소피스트》가 바로 이런 형상과 형상 간의 결합을 주로 다루는 대화편이기 때문이다. 거기서는 형상은 타자를 만나 결합한다. 그렇게 됨으로써 '닮음의 형상'은 '타자성'의 형상과 결합해서 '닮지 않음'이 되기도 한다. 형상 이론의 이런 '판올림'(upgrade)을 위해서는 타자의 존재가 모순을 유발한다고 해서 타자를 거부하고, 따라서 현상 자체도 거부하는 엘레아 학파의 극복은 필수적이다. 플라톤은 바로 이 장면에서 이 두 가지 효과를 함께 노리고 있다.

하지만 대화편의 이 장면을 자세히 설명해도 의문은 완전히 풀리지 않는다. 왜 하필 존재론일까? 그것은 플라톤이 존재론만이 학적 지식이 가능하다고 믿었기 때문이라고 답할 수 있다. 플라톤은 관계 술어마저도 설명할 수 있는 존재론을 찾는다. 관계 술어를 논리적으로만 생각해서는 존재론적 지평이 열리지 않는다. 다시 말해 관계 술어를 두 개의 주어 사이에 성립하는 속성으로 다루면 그 속성은 존재자에 기반하지 않게 된다. 그래서 '~에 관련해서'란 3격이 헬라어에서는 생략된 형태로 이해되어 관계사를 동반한 문장은 불완전 기호로 취급받게 된다.[16] 이럴 경우 존재자에 기반하지 않는 속성은 단지 언어 사용에 의해서만 의미를 얻게 되는 데 그치고 만다. 하지만 학적 지식의 가능성을 존재론에서 찾는 플라톤이 이것을 가만히 보고 있을 리 없다. 그는 당연히 관계 술어에도 존재론적 기초가 있어야 한다고 보았고, 그래서 일항 술어와 이항 술어의 구별을 몰라서가 아니라 의도적으로 무시하고 있다.

---

16) 오웬이 바로 이렇게 보고 있다. G.E.W. Owen, *Plato's Metaphysics 'A Proof in the Peri Ideon'*, 310면.

아니, 무시하는 것이 아니라 오히려 지대한 관심을 가지고 이 구별의 무의미함과 위험을 지적하고, 일항 술어와 이항 술어의 동일한 대접을 정당화하려 한다.[17] 그것은 한편으로는 엘레아 학파의 존재론에 반대되는 방향으로 떠나는 여정이다. 엘레아 학파의 고립된 존재론으로는 관계 개념을 설명할 수 없고, 세계는 곤경에 빠져, 마침내 자체 모순으로 소멸한다. 따라서 플라톤은 관계가 가능한 세계 설명을 형상 이론을 통해 찾으려 한다.

자, 이제 두 번째 전제의 의미는 확정이 되었다. 플라톤은 관계 술어가 문맥에 따라 의미가 달라진다는 것을 인정하지 않고, 문맥에 의해서도 바뀌지 않는 관계 술어의 의미의 존재론적 기초를 찾는다. 이것이 형상으로 상정되는 것은 당연하다. 그렇다면 이런 전제에서 존재하는 것이 여럿이라면 어떤 세계가 펼쳐질까?

4. 첫번째 전제의 의미

두 번째 전제의 의미를 이 정도나마 밝혀 놓고 나면 이제 두 번째 전제는 첫번째 전제에 묶인다. 플라톤이나 제논이나 모두 의미에는 그 지칭의 대상이 있다고 본다. 플라톤의 경우에는 물론 그것이 형상이고, 제논의 경우에는 그의 전제의 특성상 구체적인 존재자이다. 이런 생각을 바탕에 깔고 두 번째 전제에 있는 '닮았으면서 닮지 않는 것'을 해석하면 '어떤 관점에서도 닮았으면서 닮지 않는 것'이라는 의미로 해

---

17) 사실 관계의 문제는 한결 방대한 해석이 가능하다. 플라톤이 비단 관계 술어뿐만 아니라 우리의 인식이나 도덕적 개념 역시 관계의 성격에서 이해했다고 보는 시각이 바로 그렇다. 하지만 이 글에서는 《파르메니데스》편의 논의에 국한하기로 한다. 자세한 설명은 조단의 앞의 책을 참고할 것.

석할 수 있다. 이렇게 되면 첫번째 전제의 후건은 '어떤 관점에서도 닮았으면서 닮지 않았다'란 뜻이 된다. 그렇다면 과연 '어떤 관점에서도 닮았으면서 닮지 않았다'는 불합리한 결론을 내리게 하는 첫번째 명제의 전건은 무엇이었는가? 그것은 '있는 것이 여럿이라면'이다. 바로 제논이 공격해서 자신의 스승의 일원론보다 더 우스꽝스러운 결론이 나옴을 증명하고 싶어하는 다원론의 세계다. 확실히 이 전건이 참이라면 다원론자의 주장은 참으로 우스꽝스럽다. 어느 누가 '어떤 관점에서도 닮았으면서 닮지 않았다'란 불합리한 명제를 서슴없이 주장할 수 있겠는가? 도대체 어떻게 해서 이런 결론이 나오게 되는 것일까? 제논의 대답은 '다원론을 주장하면 이렇게 될 수밖에 없다'는 것이다.

물론 대화편 속의 소크라테스는 같은 다원론을 주장하더라도 이러한 역설에 빠지지 않는다고 말한다. 플라톤은 이것이 의미의 정체를 밝히는 형이상학적 전략의 차이점에서 온다고 본다. 우리의 대화편에서 제논의 역설이 발생하는 이유는 관계 술어인 '닮은'과 '닮지 않은'이 문맥에 따라 그 의미가 달라지지 않는다고 제논이 보았기 때문이다. 즉 관계항이 무엇인가에 관계없이 관계 술어의 의미는 동일한 의미를 지니기 때문에 한 주어에 적용될 경우, 반대되는 관계 속성은 곧장 모순을 일으킨다. 물론 해결 방안은 있다. 소크라테스가 제논의 역설에 반대해서 대뜸 내 놓는 형상 이론이 바로 그것이다.[18] 형상 이론은 관계 술어의 의미의 동일성을 인정하면서도, 관계 술어에 의해 한정받는 주어와 한정하는 관계 술어를 따로 상정하기 때문에 모순에 빠지지 않는다. 반면에 제논은 관계 술어 의미의 동일성만을 근거로 해서 논의를 펼치고, 한정하는 것과 한정받는 것의 구별은 염두에 두지 않는다. 이것은

18) 《파르메니데스》 128c~130a에서 소크라테스는 제논의 역설에 반대해서 형상 이론을 내세우고, 이를 상정하면 제논의 역설은 해소된다고 주장한다. 하지만 곧 이은 파르메니데스의 비판에 의해 곤경에 빠지게 된다.

또 다른 전제이니 제논이 받아들여야 할 이유는 없다.[19]

이런 입장에 설 경우 존재하는 것이 여럿이라면 어떤 결과가 초래될까? 존재하는 것이 여럿이라는 것은 존재하는 것이 여럿으로 구분될 수 있음을 함의한다. 그렇다면 그것은 곧 그 여럿을 각기 다른 것으로 구별할 수 있게끔 하는 여러 속성이 존재한다는 뜻이 된다. 그런데 속성과 그 속성이 한정하는 존재가 구별되지 않는다면 어떨까? 예를 들어 '희다'는 속성을 지닌 어떤 존재자(말)는 '흼'이라는 속성이 따로 존재하지 않기 때문에 구체적인 존재인 흰 말만이 존재하게 될 것이다.[20] 이것은 각 속성의 동일성을 유지해 주는 존재인 형상이 없는 관계로 흰 말이란 존재로 융합되어 버린다. 그래서 더 이상 흰 말은 말이 아니다. 또한 검은 말은 어떨 것인가? 게다가 누런 말은 어떨까? 이제 더 이상 대립자의 문제만은 아니다. 세계에는 말은 존재하지 않고 검은 말, 흰 말, 누런 말만 존재할 뿐이다.[21] 그러니 동일한 것이 닮기도 하고 닮지 않기도 한다. 말하자면 레몬은 귤과 관련해서 닮았고, 참외와 관련해서는 닮지 않았다. 그러나 닮음이 그 자체로 존재하지 않는다면, 그리고 '무엇에 관련해서'란 관점을 보편화시킨다면 닮은 레몬과 닮지 않은 레몬만 남을 뿐이다. 이럴 경우 동일한 레몬은 닮았으면서 닮지 않았다.

---

19) 제논의 이런 입장을 알렌은 원초적 유명론(primitive nominalism)이라고 부른다. A.E. Allen, 앞의 책, 79면 참조. 물론 이것은 정확히 말하면 제논 자신의 입장이 아니다. 다원론자들의 주장에 깔린 배후를 알아보면 이런 원초적 유명론이 담겨 있다는 뜻이다. 다시 말해 '원초적 유명론'은 제논이 다원론자들을 해석하는 관점이다.
20) 좀더 정확히 말하면 구체적인 흰 말은 '여기 있는 흰 말'이다. 보편자가 아닌 구체적인 존재자이다.
21) 이런 세계는 바로 이태수 교수가 묘사한 "꽉 손에 잡을 수 있는 것만" 인정하는 … 세련되지 않은 일상인의 세계와 동일하다. 이태수, 앞의 책, 96면 참조.

5. 맺는 말

플라톤이나 제논이나 관계 술어를 속성으로 보아야 한다는 데는 의견을 같이한다. 하지만 제논은 한정되는 것과 한정하는 것을 구별하지 않음으로써 다원론자들을 해석하는 데에 있어서 유명론의 입장에 서게 된다. 이렇게 되면 제논의 역설이 성립하고 현상은 소멸하게 된다. 따라서 플라톤은 제논과 같은 관심사를 공유하면서도 현상 세계를 구하려는 두 마리 토끼를 좇기 위해 아슬아슬한 곡예를 거듭한다. 바로 이 점에서 형상의 필요성이 요청되고, 형상의 존재를 정당화할 이유가 성립하며, 그렇게 어렵게 관계 술어를 존재의 영역으로 끌어들일 필요가 있게 된다.

언어가 존재론적 기초를 얻지 못하면 이 세계 자체는 우리에게 이해 불가능한 차원으로 증발해 날아가 버린다. 세계를 해명하고 이해하려는 우리의 지적 노력은 숙명적인 한계를 안게 되는 셈이다. 바로 여기에 플라톤의 고민이 있고 플라톤 철학의 지난함이 존재한다.

우리의 대화편에서 제논의 역설에 뒤이어 소크라테스는 형상 이론을 제시한다. 그러나 이 이론은 곧 파르메니데스의 공격을 받아 침몰의 위기에 처하게 된다. 실상 여기서 파르메니데스는 얼굴을 바꾼 플라톤이니 아군이 아군을 공격하는 셈이요, 잘 뛰던 미드필더가 골대를 바꾸어 우리편의 문전을 공략하는 격이다. 언제나 대화편 속에서 소크라테스를 앞세우고 자신을 감추는 플라톤에게서 우리는 스승에 대한 겸양과 더불어 때로는 능청스러움까지 느낀다. 그 능청스러움이 격을 더하여 이 대화편에서는 자신의 그림자가 자신을 공격하는 지경에 이른다. 이런 상황에서 플라톤이 침몰하는 이데아호를 구하고자 부랴부랴 무거운 짐을 내리는 장면이 바로 이 대화편이라는 해석도 성립한다.[22] 하지만 플라톤은 자신의 이론을 포기하지도 않으며 짐을 줄여 형해만 남긴 채

항구로 돌아가고자 하지도 않았다는 게 이 글을 쓰는 사람의 생각이다. 최악의 위기를 뒤집어 승전으로 이끄는 지장처럼 플라톤은 자신의 이론이 안고 있는 듯이 보이는 허점을 짐짓 노출하여 비판의 거센 바람을 깊숙히 받아들여 오히려 그 바람을 동력으로 삼아 자신의 형상 이론과 그 형상 이론의 독자들을 도저한 세계 이해로 격상시키려 했던 것은 아니었을까?

---

22) 수정주의자(revisionist)라고 불리는 일군의 학자들이 이런 해석을 한다. 오웬 같은 이가 대표적이다. 이들은 대체로 플라톤이 중기 형상 이론의 '실재성'을 자기 비판을 통해 포기하고 형상의 '개념성'을 수용한다고 주장한다.

프로타고라스와 자기 논박[1]

정준영

1

모든 사람은 각자 나름의 생각을 가지며 또 나름의 인생관이나 가치관을 가지고서 살아가기 마련이다. 상대주의는 이러한 것들에 어떤 절대적인 기준이 있다고 생각지 않는다. 따라서 상대주의에 따르면 어떤 대상이든 그 자체로는 거론할 수가 없고 모든 것은 그것이 관계하는 것에 의존해서만 일컬어질 수 있다. 이렇게 볼 때 상대주의는 특정한 의존 관계에 주목해서 세계의 사태를 이해하는 입장이라고 할 수 있을 것이다. 그런데 이렇게 특정한 관계에 주목한다고 해서 상대주의를 선

---

[1] 이 글은 필자의 "플라톤의 《테아이테토스》편에서 프로타고라스는 자기 논박되는가?"(《哲學論考》 5집, 성균관대 철학과, 1998)라는 논문과 학위논문("《테아이테토스》편에서 논의된 인식의 문제: 지각·판단·로고스", 성균관대, 1999)의 일부를 발전시킨 것이다. 이런 까닭에 기본적인 논의는 앞의 두 글과 상통할 뿐만 아니라 적잖이 중복되기도 한다. 그러나 이 글은 앞의 두 논문이 지닌 단점을 보완하려는 시도이다. 필자는 이전의 글들이 지닌 애매함과 잘못을 교정하려 했을 뿐만 아니라 몇 가지 논쟁적인 대목을 보완하려고 노력했다.

호할 만한 철학적인 이유가 있을까? 아마도 상대주의를 선호하게 되는 일차적인 이유는 세계 속에 존재하는 차이를 설명할 수 있기 때문이 아닌가싶다.[2]

알다시피 소크라테스 이전의 헬라스 철학은 '하나와 여럿'의 문제에 주목했다. 어떤 점에서 이 문제는 세계 속에서 성립하는 차이, 그리고 그 차이를 가져오는 관계와 연관된 문제라고 할 수 있다. 그런데 소피스테스들은 새로운 관점에서 이 문제를 설명하려 했고, 그 가운데 대표적인 입장으로 프로타고라스의 상대주의가 제시되었던 것 같다. 이를테면 "같은 바람이 불어도 우리 중 누군가는 추위를 타겠지만, 누군가는 추위를 타지 않는 경우가 종종 있"는데(《테아이테토스》 152b2~3),[3] 이와 같이 여럿으로 나타나는 사태를 상대주의자들은 바로 상대성에 호소하여 설명한다. 즉 추위를 타는 사태와 그렇지 않은 사태의 차이를 인지자(의 상태)의 차이에 의해, 좀더 정확히 말하면, 바람이 인지자(의 상태)에 대해 맺게 되는 상대적인 관계에 의해 설명한다.[4]

그런데 이와 같은 상대주의가 유지될 수 없다는 비판은 이미 고대부터 있었다. 우리는 플라톤과 아리스토텔레스, 그리고 섹스투스 엠피리쿠스(Sextus Empiricus)에게서 그와 같은 전거를 찾아볼 수 있다.[5] 뿐만 아니라 철학사를 뒤돌아보면 상대주의가 등장하는 만큼이나 많은 비판

---

2) 우리가 문화 상대주의에 쉽게 이끌리게 되는 것도 문화적 차이를 쉽게 설명하기 때문이 아닌가?

3) 이 글에서 《테아이테토스》편의 스테파누스(Stephanus) 면수 표기는 새로 편집된 옥스퍼드 고전 텍스트(Oxford Classical Texts)[Duke *et al.*(1995), eds]에 의거한다.

4) 지금의 설명은 상대주의의 기본적인 호소력을 보여주기 위해 예비적인 형태로 제시한 것이다. 사실 상대주의는 여러 가지 형태로 각색될 수 있는데, 우리는 프로타고라스의 인간척도설과 관련되는 한에서 이 문제를 나중에 다루어 볼 것이다.

5) 플라톤, 《테아이테토스》, 151e~186e; 아리스토텔레스, 《형이상학》, Γ.6. 1011a3~1011b22; 섹스투스, 《독단론자에 반대하여》, I. 388~390 참조.

이 시도되었다고도 할 수 있을 것이다. 그런데 상대주의에 대해 이렇게 많은 비판이 제기되는 까닭은 어디에 있을까? 플라톤의 경우엔 상대주의를 용인하게 되면 대화의 합리성이 유지될 수 없다고 본다.[6] 그리고 최근에는 퍼트남(Putnam)과 같은 이가, 상대주의가 합리성을 위협하는 시도 가운데 하나임을 설득력 있게 논증하기도 했다.[7] 이들의 주장이 옳다면 수많은 철학자들이 상대주의에 대해 신랄한 비판을 하는 것은 당연한 일이라고 하겠다. 상대주의는 철학의 작업 자체를 무의미하게 만들 수 있기 때문이다.

그런데 흥미로운 것은 상당수의 철학자들이 상대주의를 내부적으로 비판할 수 있다고 생각한다는 점이다. 즉 상대주의는 스스로가 옹호하는 주장 때문에 자기 논박될 수밖에 없다는 것이다. 이러한 비판이 정당하다면 상대주의에 대해선 그 이상의 비판이 없다고 하겠다. 그러나 정말 상대주의는 자기 논박되고 마는가? 이러한 논란은 이미 상대주의에 대한 최초의 비판인 플라톤과 관련해서 제기된다. 우리가 일상적으로 예상하는 것과는 반대로 대부분의 연구자들은 플라톤의 비판이 실패한다고 보고 있을 정도이니까 말이다.[8]

그런데 이러한 논란의 원천은 일차적으로 프로타고라스의 정체가 애매하다는 데 있는 것 같다. 전통적으로 프로타고라스의 교설은 다음과 같은 인간척도설을 통해 이해되어 왔다. "인간은 만물의 척도이다. '있

---

6) 《테아이테토스》편, 161e 참조. 다른 한편 플라톤은 《파르메니데스》편(135b5~c2)과 《소피스테스》편(260a6~7)에서도 대화의 합리성이 철학에서 얼마나 중요한가를 강조하고 있다.

7) Putnam(김효명 역, 1987), 5장 참조.

8) 플라톤의 비판이 부주의했거나 실패했다고 보는 입장에 대해서는 Vlastos(1956), xiv면, 주 29: Runciman(1962), 16면: Sayre(1969), 87~88면: McDowell(1973), 169~171면: Waterlow(1977): Waterfield(1987), 172~176면: Bostock(1988), 89~92면: Chappell(1995): Fine(1998), 137~163면 참조.

110   정준영

는(-인) 것들'(ta onta)에 대해서는 '있다(-이다)'(einai)고, '있지(-이지)
않은 것들'에 대해서는 '있지(-이지) 않다'고 하는 척도이다."[9] 그런데
놀랍게도 이 인용문에서는 상대주의와 연관될 수 있는 직접적인 논점
을 찾기 어렵다. 그래서인지 인간척도설을 어떤 형태의 교설로 이해하
느냐는 철학사에서 무수한 논쟁을 불러일으켰다. 이를테면 어떤 이들은
인간척도설을 주관주의로 이해하는 반면,[10] 또 어떤 이들은 객관주의로,
나아가 실재론으로 이해하기도 한다.[11] 또한 지각의 상대주의, 진리의
상대주의,[12] 사실의 상대주의,[13] 무오류주의[14] 등 여러 이름표가 인간척
도설에 대해 붙여졌다. 게다가 프로타고라스가 nomos를 말한 것이 아
니라 physis를 주장했다고 생각하는 학자가 있기도 하다.[15] 이러한 견해
들은 때로는 양립 불가능하기까지 하다. 이런 점에서 볼 때 인간척도설
이 어떤 형태의 교설인가는 쉽게 대답할 수 있는 성질의 문제가 아니
라고 할 수 있다. 이에 따라 프로타고라스에 대한 플라톤의 비판이 어
떤 성격의 것인지, 그리고 《테아이테토스》편에서 플라톤이 주장하듯 프
로타고라스가 정말로 자기 논박되는가 하는 물음 또한 어려운 문제로

9) 플라톤, 《테아이테토스》, 152a2~4(《크라튈로스》, 385e6~386a3 또한 참조): 섹스투
   스 엠피리쿠스, 《독단론자에 반대하여》, I. 60~61: 디오게네스 라에르티오스
   (Diogenes Laertios), 《철학자들의 생애에 관하여》, IX. 51.
10) Vlastos(1956) 참조. 그 밖에 Guthrie(1978)는 인간척도설을 '주관주의적 상대주
   의'로 이해하며, Fine(1996:1998)은 인간척도설을 무오류주의라고 규정하면서 그것
   을 주관주의로 이해한다.
11) A.E. Taylor(1926), 325~330면: Cornford(1935), 32~36면: Denyer(1993), 83~94
   면 참조.
12) Burnyeat은 《테아이테토스》편에서 인간척도설이 지각(aisthēsis)과 관련된 문맥에
   서는 '지각의 상대주의'로 [그의 논문(1979) 참조], 판단(doxa)과 연관해서는 '진
   리의 상대주의'로 제시된다고 본다[그의 논문(1976b) 참조].
13) Waterlow(1977) 참조.
14) Fine(1996: 1998) 참조.
15) Glidden(1975) 참조.

다가오게 된다.

 이 글이 다루려고 하는 문제가 바로 이런 것들이다. 필자는 인간척도설이 자기 논박되는가 하는 문제를 초점으로 삼되, 인간척도설에 대한 해석에 따라 이 문제가 어떻게 달리 보일 수 있는가를 드러내려고 한다—이를 위해 플라톤 이외의 논변들도 검토할 것이다. 이런 논의를 통해 이 글이 제시하려는 것은, 플라톤이 프로타고라스를 허수아비로 만들고서 비판하는 게 아니라 오히려 인간척도설의 근본적 난점을 적절하게 지적하고 있다는 것이다. 다시 말해 플라톤은 인간척도설이 철학적 교설을 의도하는 한에서는 자기 논박된다고 보고 있는데, 이 글은 이와 같은 플라톤의 주장이 타당하게 제시되고 있음을 해명하려고 한다.

II

 헬레니즘 시대의 회의론자인 섹스투스 엠피리쿠스는 인간은 만물의 척도라는 프로타고라스의 견해를 '모든 나타남(phantasia)은 참이다' 라는 무오류주의로 해석한다.[16] 앞 장에서 인용된 인간척도설에서 '인간'

---

16) 필자와 달리 Burnyeat은 섹스투스의 해석을 주관주의로 보고 있지만, 그렇게 보는 까닭에 대해서는 구체적인 설명을 생략해버린다[그의 논문(1976c) 참조]. 물론 '나타남'(phantasia)은 판단 또는 의견(doxa)으로 이해될 수 있고, 'doxa'는 일차적으로 주관에 귀속시킬 수 있다는 점에서 이런 해석에는 그럴 듯한 측면이 있다. 하지만 섹스투스 자신도 인간척도설과 관련해서 '상대성'(to pros ti)을 관련짓고 있기 때문에(《피론주의에 대한 개괄》, I. 216~217; 《독단론자에 반대하여》, I. 61. 참조), 섹스투스에 대한 Burnyeat의 해석은 일방적인 것처럼 보인다. 다른 한편 Fine은 Burnyeat이 주관주의로 이해한 것을 무오류주의로 간주하는데, 이는 주관주의와 무오류주의를 뒤섞는 혼란을 야기할 뿐이다. 그녀의 주장에 대해서는 Fine (1996; 1998) 참조.

이 구체적으로 무엇을 의미하는지는 제시되어 있지 않지만, 적어도 인간이 만물의 척도라고 주장하는 만큼 섹스투스처럼 무오류주의로 해석하는 데는 그럴 듯한 측면이 있다. 섹스투스는 이런 이해를 기반으로 다음과 같은 주장을 펼친다.[17]

"누구든 모든 나타남이 참이라고 하지는 않을 것이다. 데모크리토스와 플라톤이 프로타고라스를 논박하면서 제시했듯이, 그것은 '자기 논박' (peritropē)[18]되기 때문이다. 왜냐하면 모든 나타남이 참이라면, 모든 나타남이 참인 것은 아니라는 것 또한 나타남에 따른 것이기에 참일 것이고, 그렇게 해서 모든 나타남이 참이라는 것은 거짓이 될 것이기 때문이다."

이렇듯 섹스투스는 프로타고라스에 대한 자기 논박 논변이 플라톤에 기원을 두고 있는 것이라고 언급하고 있고, 이런 점에서 그의 논변은 우리의 관심을 끈다. 우리는 섹스투스의 논변을 이렇게 정리할 수 있을 것이다.[19]

만일 (A), 모든 나타남이 참이라면,
그리고 (B), (A)가 거짓이라는 게 나타남의 일종이라면,
(C), (A)가 거짓이라는 것은 참일 것이고,
따라서 (D), (A)는 거짓이다.

---

17) 섹스투스 엠피리쿠스 《독단론자에 반대하여》, I. 389~390.
18) 'peritropē'는 '상대편의 논변을 그 자신에 반대되도록 돌려주는 것'(turning an opponent's arguments against himself)을 뜻한다[Liddell and Scott(1975), 1391면]. 필자는 섹스투스가 언급한 'peritropē'를 자기 논박(self-refutation)의 의미로 이해한다. 이에 대한 구체적인 논의는 Burnyeat의 글(1976b) 참조.
19) 이 글에서 제시된 것과 사소한 차이는 있으나, 이 같은 형식화에 대해서는 Burnyeat(1976c), 173면 참조.

여기서 (A)는 바로 인간척도설이 가정하는 것으로 섹스투스가 보고 있는 것이다. 이것은 모든 나타남이 무조건적으로(simpliciter) 참이라고 주장하고 있으며, 이런 점에서 무오류주의를 표방하고 있다. 그런데 (B)는 부정할 수 없는 사실일 것이다. 모든 나타남이 참인 것은 아니라는 나타남 또한 있을 것이 분명하기 때문이다. 그리고 (B)가 맞다면 (C)가 도출된다. 결국 섹스투스의 논변은, (A)를 가정했을 때 (A)의 부정인 (C)가 도출되기에 (D)와 같이 (A)가 거짓이라는 결론을 내릴 수 있다는 것이다. 이와 같은 논변은 귀류법의 형식을 보여주고 있는가? 왜냐하면 인간척도설이 자기 논박되려면 귀류법의 형식을 띠어야 할 듯하기 때문이다.

귀류법은 기본적으로 '$(p{\rightarrow}not-p){\rightarrow}not-p$'의 형식을 취한다. 여기서 (A)는 당연히 p의 대입례로 볼 수 있다. 그리고 (C)는 ~(A)와 동치이다. 결론인 (D)는 (A)가 거짓임을 밝히고 있다. 그래서 섹스투스의 논변은 귀류법적인 것처럼 보인다. 그러나 이런 분석은 (B)를 전혀 고려하고 있지 않기 때문에 문제가 있다. (A)에 대한 부정인 (C)가 도출되는 건 (A)만이 아니라 (B)까지 가정했기 때문이니까 말이다. 따라서 섹스투스의 논변을 이해하는 데는 (B)를 어떻게 보느냐가 결정적이다. (B)는 '모든 나타남이 참인 것은 아니다'라는 진술이 (A)의 적용 사례라고 주장하고 있다. 우선 '(A)가 거짓이다'는 나타남―이것을 (B´)라고 해보자―이 실제로 있다면, 그것은 당연히 (A)의 적용 사례로 간주해야 하며, 이 경우에는 별 문제없이 (C)를 도출할 수 있을 것이다. 그렇다면 (A)의 주장 자체가 (B´)의 나타남이 있다는 것을 함축한다고 할 수 있는가? 하지만 엄격히 말해서 (A)의 진술 내용은, 나타남 가운데 (B´)와 같은 것이 있다는 데 대해서 중립적이다. (A)는 모든 나타남이 참이라고 주장할 뿐, 나타남 가운데 어떤 것이 있는지에 대해서는 아무런 언질도 주고 있지 않기 때문이다. 따라서 (A)를 가정한다고 해서 (B′)가 나타남의 일종으로 있게 된다는 게 직접적으로 도출되는 것은 아니며, 이런 점에서 (B′)가 (A)의 적용 사례라는 (B)의 주장은 어떤 점에서는 (A)와는 독립된 전제이다. 이에 따라 우리는 섹스투스의 논변을 '{[(A) & (B)] → (C)}→ (D)'와 같은 형식으로 파악할 수 있으며, 다시 이것을 '{[(A) & (B)] → ~(A)}→ ~(A)'의 형식으로 간주할 수 있다. 그런데 보다시피 이것은 귀류법의 형식을 엄밀하게 보여주고 있지 못하다. 그러므로 섹스투스의 논변은 성공적인 자기 논박 논변이라고 할 수 없을 것이다.

그럼에도 불구하고 (상식적인 견지에서 볼 때) (A)에서 거론되는 나타남에 (B′)의 나타남이 속한다는 것은 부정할 수 없는 사실이다. 그런 나타남이 있다는 것은 명백한 경험적 사실이기 때문이다.[20] 그러니까 섹스투스의 논변에 따를 때 프로타고라스가 논리적으로 자기 논박되지는 않지만, (B)라는 부정할 수 없는 사실을 인정할 때는 논박의 굴레로부터 벗어날 수 없을 것처럼 보인다. 이것을 어떻게 이해해야 할까?

버니엣과 같은 이는 (B)가 도입되는 것을 대화의 맥락(변증적 맥락: dialectical context)에 의해 설명할 수 있다고 본다.[21] 즉 프로타고라스가 논의의 장에 들어와서 타인과 논쟁을 하면, 그 타인이 (B′)와 같은 판단을 하나의 나타남으로 가지고 있을 게 경험적으로 분명하기에, 프로타고라스가 (B)를 부정할 수 없는 한, 그는 변증적으로 자기 논박된다는 것이다. 버니엣도 지적하고 있지만, 인간척도설은 모든 판단이 참이라고 가정하기 때문에 논쟁이 가능하기 위한 전제인 의견의 불일치

---

20) 이 점은 Burnyeat(1976b)이 설득력 있게 논의하고 있다.

21) 사실 Burnyeat이 (B)와 (B′)를 엄밀하게 구별하고 있는 건 아니다. 이런 점에서 그의 논변에는 일부분 애매한 점이 있다. 하지만 그의 논변과 관련해서 이것어 본질적인 문제는 아닌 만큼, 이 글에서는 그의 논의를 긍정적으로 각색해서 소개할 것이다. 그의 주장에 대해서는 Burnyeat(1976b), 59~60면 참조.

를 배제한다. 그런 까닭에 인간척도설은 논쟁에 참여하는 순간, 즉 타인
에 의해 인간척도설에 대한 이의가 제기되는 순간, 변증적 맥락에서 자
기 논박되는 것처럼 보인다.[22]

그런데 이러한 논박은 (B´)가 있을 수 있다는 것이 가정되고, 또 프
로타고라스가 (B)를 인정한다는 것을 통해 이루어진 것이다. 즉 프로타
고라스가 (A)뿐만 아니라 대화의 가능성을 인정하게 되면 (B) 또한 인
정할 수밖에 없고, 그 경우엔 자기 논박의 굴레로부터 벗어날 수가 없
다는 것이다. (B)는 (A)에 의해 직접적으로 함축되는 것은 아니지만,
대화의 가능성이 그것을 함의하기 때문이라는 것이다.

하지만 대화의 가능성이 곧바로 (B)를 함의한다는 버니엣의 주장에
는 공감하기 어려운 구석이 있다. (B)의 주장, 즉 (B´)의 나타남이 있을
수 있다는 주장에는 대화의 가능성을 넘어 논쟁의 가능성이 배경에 깔
려 있기 때문이다. 물론 상식적 세계관은 대화의 세계에 논쟁의 가능성
이 포함된다고 생각한다. 그렇지만 우리가 상식적 세계관을 상정하지
않고 가상적으로 생각해 볼 때, 대화의 성립 자체가 논쟁의 가능성을
함축한다는 게 직선적으로 드러나는 것은 아니다. 특히 프로타고라스가
거짓된 판단의 가능성을 부정하면서 대화의 가능성을 인정할 경우, 그
가 논쟁의 가능성까지 인정할지는 분명하지 않다. 오히려 프로타고라스
는 누구나 척도라고 주장하는 만큼 서로 모순된 판단을 할 가능성을
인정하기 어려울 것이다. 따라서 그로서는 논쟁의 가능성은 부정한 채
대화의 가능성만을 인정할지도 모른다. 그렇다면 타인과 대화를 나누기
는 해도 타인의 주장에 대해 반대할 수는 없고 동의하기만 하는 세계
는 불가능한 것일까? 물론 상식적으로 이 같은 대화의 세계는 불가능
할 것이다. 하지만 그것의 불가능성은 상식적 세계관의 입장, 즉 객관주

---

22) Burnyeat(1976b), 59~60면 참조.

의를 가정했을 때야 명백하며, 따라서 (B)를 끌어들이는 것이 우리의
상식적 세계관 속에서 쉽게 수용되더라도 그것이 우연에 의해 정당화
된 것일 가능성을 완전히 배제하지는 못한다.[23] 그렇다면 (B)가 상식적
으로 부정할 수 없는 사실이라 해도, 그것 자체가 이미 객관주의적 시
각을 선취한 것일 수 있겠고, 이때는 '선결 문제 부당 요청의 오류'
(petitio principi)를 범하고 있는 셈이다. 결국 섹스투스의 논변에서 (B)
가 도입되는 건 프로타고라스 자신의 주장 및 동의에 의한 것이 아니
라 우연성에 기댄 것일 수 있기 때문에 그의 논변은 실패하고 만다.

III

그렇다면 섹스투스의 자기 논박 논변이 성립될 수 없는 까닭은 정확
히 무엇인가? 다시 말해 프로타고라스가 자기 논박을 회피할 수 있는
길은 무엇인가? 그 길은 대화의 가능성은 인정하되 논쟁의 가능성을
수용하지 않는 길이 될 것이다. 앞서 언급한 섹스투스의 설명만으로는
이 길이 어떤 길인지 가늠하기 어렵다. 또한 프로타고라스가 무오류주
의를 어떻게 옹호할 수 있을는지도 전혀 분명하지 않다. 만일 '모든 나
타남이 참이다'라고 선언(宣言)만 하고 그것에 대한 논변을 제시하지
않는다면, 도대체 그런 주장이 철학적으로 흥미를 끌 까닭은 없을 것이
다. 따라서 우리는 프로타고라스 쪽에서 펼칠 수 있는 논변의 가능성을

23) 이것이 우연적이라는 것은 Burnyeat 자신이 지적하고 있다[그의 논문(1976b), 59
면]. 그럼에도 그는 변증적 맥락에서 (B)의 우연성은 별로 문제될 것이 없다고 보고
있다. 하지만 그것이 문제가 되지 않는 경우는 객관주의를 선취했을 때뿐이다. 만일
인간척도설이 단순한 무오류주의가 아니라 상대주의적 입론을 취할 경우엔, 인간척
도설을 자기 논박의 구렁텅이로 몰아가기 위해 논변 없이 객관주의를 선취하는 것
이 정당화될 수는 없다. 이것은 주제의 특수성에서 오는 문제이다.

염두에 둘 필요가 있다.

그런데 이 점과 관련해서 섹스투스는 우리한테 흥미로운 논점을 전하고 있다. 그는 인간척도설이 상대성(to pros ti)과 연관되어 있다는 설명을 하고 있기 때문이다.[24] 우리는 아리스토텔레스를 통해서도 동일한 논점에 접하게 된다. "모든 것이 상대적인 게 아니라 그 자체로의 어떤 것들이 있다면, 나타나는 모든 것이 참일 수는 없을 것이다. 나타나는 것은 어떤 사람에게 나타나는 것이며, 그래서 나타나는 모든 것이 참이라고 주장하는 자는 모든 것을 상대적인 것들(ta onta pros ti)로 만들게 된다"(《형이상학》 1011a17~20). 이러한 설명은 인간척도설이 무오류주의를 주장하면서 왜 상대주의와 연관되는지를 알 수 있게 해준다. 프로타고라스는 모든 사람이 각기 척도라고 주장하지만, 사람들의 생각들이 모두 같은 것은 아니다. 프로타고라스가 이런 차이, 그리고 더 나아가 극단적인 차이에서 비롯되는 상충을 설명하지 못하는 한, 그의 인간척도설은 설득력을 얻기 어려울 것이다. 《테아이테토스》편에서 플라톤이 제시하는 설명을 보면, 프로타고라스가 이 같은 '상충의 문제'에 어떻게 맞설 수 있는지를 알 수 있다.[25] 프로타고라스는 모든 인간이 각기 척도라고 주장하면서, 상충의 문제를 상대화의 전략에 의해 해소한다. 동일한 대상의 상충되는 속성들은 인지자와 맺게 되는 관계의 차이에 따라 상대화되고, 이에 따라 상충이 해소될 수 있기 때문이다.[26] 그래서 《테아이테토스》편에서 인간척도설은 쉽게 무너지지 않고 계속해서 다음과 같이 주장할 수 있게 된다. '각각의 것들은 각자에게 있어

---

24) 이 글의 주 16 참조.

25) 이에 대한 세부적인 논의는 필자의 글(1997) 참조.

26) 나중에 설명하겠지만, 프로타고라스의 인간척도설은 이 같은 상대화의 전략만으로는 유지되기 어려운 교설이다. 그래서 프로타고라스는 헤라클레이토스의 만물유전설로 귀결되게 된다. 이에 대해서는 필자의 논문(1997; 1999) 참조.

서 각자에게 나타나는 그대로(의 것들)이다'(152a 참고). 또는 "여겨지는 것들(판단되는 것들)은 언제나 그렇게 여기는(판단하는) 자에게 참이다"(162c8~d1). 따라서 이제 인간척도설은 단순한 무오류주의가 아니게 된다. 《테아이테토스》편에서 인간척도설은 줄곧 '각자에게 있어서' 라는 한정사(qualifier)와 함께 등장하고 있기 때문이다.[27] 이런 점에서 우리는 인간척도설을 '상대주의적 무오류주의'로 규정할 수 있을 것이다.[28]

이러한 해석이 맞다면 우리는 섹스투스의 잘못이 어디에 있는지를 보게 된다. 그는 인간척도설이 상대성을 포함하는 교설임을 인정한다. 그러면서도 자기 논박 논변에서는 단순히 무오류주의로 간주하고서 논박한다. 이런 비판은 (선결 문제 부당 요청의 오류를 동반하는) 논점 변경의 오류를 범한 것이기에 프로타고라스에 대한 외부적인 비판이 될 수 있을지는 몰라도 내부적인 비판, 즉 자기 논박의 논변으로서 성공을 거둘 수는 없는 셈이다. 왜냐하면 인간척도설이 상대주의적 입론이라면 인간척도설은 쉽게 자기 논박될 것 같지 않으니 말이다. 누군가가 인간척도설을 참이 아니라고 판단하더라도 인간척도설의 거짓은 그

27) Fine은, 섹스투스처럼 단순하지는 않지만, 역시 인간척도설을 무오류주의로 규정한다[그녀의 논문(1996: 1998) 참조]. 그러나 그녀는 이때의 무오류주의를 주관주의로 이해한다. 그녀는, Burnyeat의 해석대로, 아리스토텔레스와 섹스투스가 인간척도설을 주관주의로 규정하는 반면 플라톤은 상대주의로 규정한다고 보게 되면, 프로타고라스에 대한 철학사의 전언이 상충하게 되는 문제가 발생한다고 본다. 그래서 그녀는 플라톤 또한 인간척도설을 주관주의로 규정했다고 이해하면 이런 문제가 해소될 수 있다고 생각한다(1998, 137~138면, 주 3 참조). 그렇지만 이런 해석은 플라톤의 프로타고라스에서 상대화하는 한정사의 역할을 무시해버리는 처사이다. 반면에 Burnyeat은 인간척도설의 무오류주의적 요소를 부분적으로는 인정하지만, 이것을 정확히 부각시키지 못한 채 상대성의 측면만을 지나치게 강조한다. 이런 점에서 필자는 Fine이나 Burnyeat 모두 인간척도설의 일면만을 보고 있다고 생각한다. 이들에 대한 구체적인 비판은 필자의 논문(1997) 참조.
28) 이런 규정을 정당화하는 논의에 대해서는 필자의 글(1997) 참조.

런 판단을 하는 자에게 있어서 상대적으로 성립되는 것일 수 있겠고, 이것은 프로타고라스 자신에게는 아무런 부담도 주지 않는 것으로 보일 가능성이 있기 때문이다. 이 경우 인간척도설의 거짓은 프로타고라스의 상대편에게는 확립되지만, 프로타고라스 자신에게도 그러한지는 불분명하다.[29] 프로타고라스가 적어도 자신에게는 인간척도설이 참이라고 주장할 여지가 남아 있다면, 그가 자기 논박만은 모면할 수도 있을 것이니 말이다. 그런데도 플라톤은 인간척도설이 자기 논박될 수밖에 없다고 주장한다. 플라톤이 그런 주장을 펼칠 수 있는 근거는 무엇인가? 그리고 그의 논변은 타당한가? 이런 문제들이 바로 우리의 핵심 주제이다. 그러나 이런 물음들은, 플라톤이 섹스투스가 범한 오류를 피하고 있는지를 알아본 다음 나중에 다루어 보기로 하자.

IV

일반적으로 플라톤 연구자들은 프로타고라스에 대한 자기 논박 논변을 《테아이테토스》편 170e7~171d7에 한정시켜 이해하고 있다. 그런데 자기 논박 논변에서 플라톤의 핵심 논점은 인간척도설에 대한 이의 제기의 가능성에 있는 것으로 여겨진다.[30] 만일 이러한 이해가 옳다면, 우리는 170e7~171d7 이전에 논의되는 내용을 먼저 주목할 필요가 있을 듯싶다. 플라톤은 자기 논박 논변을 구체적으로 제시하기 이전에 인간척도설에 대한 이의 제기의 가능성이 함의하는 바를 세부적으로 논의하고 있기 때문이다. 플라톤은 170d4~9에서 인간척도설에 대해 가능한 접근 태도를 다음과 같이 구별하고 있다.

---

29) 이러한 문제에 대해서는 Burnyeat(1976b), 173~174면 참조.
30) 이 점과 관련된 구체적인 논의는 앞으로 계속해서 제시될 것이다.

"당신[테오도로스]이 당신 자신 쪽에서 어떤 것을 판정하고서(krinein) 어떤 것과 관련된 판단(doxa)을 제게 밝혀 보여주실 경우에, 이를 그 분[프로타고라스]의 주장에 따라 당신에게 있어 참이라고 칩시다. (가) 그렇지만 다른 사람들인 우리로서는 당신의 판정(krisis)과 관련해서 결코 그것을 판정하는 자가 될 수 없는지요, (나) 아니면 우리는 당신이 언제나 참된 판단을 한 것으로 판정해야 하는 것인가요, (다) 그도 아니면 당신이 거짓된 판정을 하고 거짓된 생각을 한다고 믿고서 당신에 대해 반대되는 판단을 하고 대항하는 사람들이 그때마다 수없이 많을까요?"(분류 번호: 필자)

이 물음은 인간척도설에 대해 세 가지 접근 태도가 가능함을 밝히고 있다. 우선 (가)의 경우는 프로타고라스(를 대신한 테오도로스)의 판단에 타인이 개입하는 것이 부정되는 경우이다. 이 경우라면 프로타고라스에 대해 어떤 이의도 제기할 수 없을 것이다. 그런 세계에서는 애초부터 대화가 불가능할 것이기 때문이다. (나)의 경우는 좀 특이하다. 소크라테스는 프로타고라스의 판단에 대해 판정을 할 수는 있다. 그러나 이 경우 소크라테스는 인간척도설에 따라 프로타고라스에 대해 어떤 비판도 가할 수가 없다. 적어도 소크라테스가 프로타고라스의 판단을 판정할 수 있다는 점에서, 소크라테스와 프로타고라스가 '동일한 내용의 판단'을 가질 수는 있기 때문에, 어떤 점에서 대화가 가능할지는 몰라도 서로 상충되는 생각을 갖고서 논쟁을 펼칠 가능성은 차단된다. 즉 (나)의 경우에는 이의를 제기할 수가 없게 된다.[31] (다)의 경우는 소크라테스와 프로타고라스가 동일한 내용의 판단에 대해 상반된 입장을 취하는 것이 가능한 세계이다. 따라서 이 경우는 대화뿐 아니라 논쟁까

---

31) 이런 점에서 상식적 세계관을 가정하는 우리에겐 이때의 판정이 실질적이지 못한 것으로 여겨질 것이다.

지 가능하다. 그런데 텍스트에서 테오도로스는 (다)의 경우에 동의한다. 그러나 왜 (다)에 동의해야 하는가?

우리가 상식적 세계관을 가정한다면 이것은 너무도 분명하다. 우리는 대화를 나누면서 말싸움도 벌이고 있으니 말이다. 그러나 이것은 프로타고라스와 다른 입장을 선취하고서 프로타고라스를 단순히 부정하는 길이 되기 십상이다. 따라서 이 경우에 프로타고라스가 어떻게 하여 자기 논박된다고 할 수 있을지를 알기란 쉽지 않다. 그렇다면 플라톤 또한 (아무런 논증도 없이 테오도로스의 동의를 통해서) 단순히 (다)의 노선을 받아들인 다음 프로타고라스를 비판하고 있는 것인가? 하면 프로타고라스에 대한 플라톤의 비판은 어떤 점에서는 이미 객관주의를 선취한 것이니까 섹스투스와 동일한 잘못을 범한 것이 아닌가? 따라서 플라톤의 논변이 성공적인 것인지를 해명하기 위해서는 이들 세 가지 길이 어떤 성격의 것인가부터 분명히 해두어야 한다.

이를 위해 필자는 먼저 (가)를 헤라클레이토스적인 길로, (나)를 프로타고라스적인 길로, (다)를 플라톤적인 길로 부르고자 한다. 《테아이테토스》편에서 플라톤은 인간척도설을 정당화함직한 교설로 헤라클레이토스를 끌어들이고 있으며, 이에 따르면 척도가 되는 개별적인 주관은 각기 사적인 세계(private world)에서 산다. 그래서 "각각의 것들은 각자에게 있어서 각자에게 나타나는 그대로(의 것들)이다"라는 언명이 적용될 때 나타남과 나타나는 대상 그 모두가 사적인 것들이 된다. 이런 세계에서는 도대체 유의미한 대화가 가능할 수 없다. 프로타고라스의 의견을 판정하려면 적어도 그와 동일한 내용의 판단을 공유할 수 있어야 하는데, 각기 사적인 세계에 산다면 동일한 내용에 대한 이해란 불가능할 터이고, 따라서 대화는 시작될 수조차 없을 것이기 때문이다. 이 글에서 자세히 다룰 수는 없지만, 플라톤이 이런 노선을 자세히 비판하고 있다는 것은 분명하다. 텍스트에서 플라톤은 프로타고라스를 비판한 다음 헤라클레이토스의 만물유전설이 초래하는 난점을 따로 비판하고 있기 때문이다.[32] 따라서 지금의 주제와 관련해서 문제가 되는 것은 (나)와 (다)의 길이다. (나)의 길은 대화의 가능성은 인정하되 이의 제기의 가능성을 배제하는 하는 반면, (다)는 이의 제기의 가능성까지 인정하고 있다. 그런데 우리가 섹스투스의 논변을 다루면서 보았듯이, 프로타고라스가 (나)의 길을 갈 수 있다면 그 경우엔 자기 논박으로부터 벗어날 수 있을지도 모른다. 그렇다면 (나)의 길을 갈 수 없는 철학적 이유라도 있는 것일까?

우리는 앞에서 섹스투스의 논변이 변증적인 자기 논박으로 읽힐 수는 있지만, 엄격한 의미에서 보면 객관주의를 선취한 것에 지나지 않는다고 해석했다. 섹스투스의 해석에서 '모든 나타남이 참인 것은 아니라는 나타남이 있다'는 것이 대화의 맥락에서 도입되기는 했지만, 그것이 우연적인 사실이라는 것을 넘어설 수 없었기 때문이다. 그렇다면 프로타고라스에 반대해서 그의 판단을 거짓된 판단이라고 생각하는 이들이 있다는 것 또한 우연적일 수 있지 않은가? 물론 소크라테스가 이미 그런 생각을 한다고 할 때 '인간척도설이 거짓이다'라는 판단이 있다는 것은 경험적 사실이다. 우리는 상식적 세계관을 가정하고 그런 식으로 비판할 수도 있을 것이다. 그러나 이 경우 프로타고라스는 논박될 수 있지만, 그때의 논박은 프로타고라스가 주장하는 것으로부터 도출된 것이라고 단정하기는 어려우며, 이런 점에서 성공적인 자기 논박이라고 할 수는 없을 것이다. 그렇다면 플라톤의 논변 역시 섹스투스와 마찬가지의 난점을 지니고 있는가?

플라톤은 인간척도설에 대한 세 가지 접근 태도를 거론하기 전에 상식적 통념을 프로타고라스에 대립시켜 본다. 그는 인간척도설의 주장,

---

32) 헤라클레이토스에 대한 비판과 관련해서는 필자의 학위논문(1999), 85~89면 참조.

즉 모든 판단이 각자에게 있어 그렇다는 것에 반대하는 일상인의 생각을 소개한다. 사람들은 지혜도 있고 무지도 있다고 생각하며, 또한 지혜는 참된 판단이며, 무지는 거짓된 판단이라고 생각한다는 것이다 (170b). 만일 플라톤이 이런 언급으로 그쳤다면, 그의 논변 또한 우연적인 경험적 사실에 호소하는 수준을 넘지 못했을 것이다. 그러나 이런 언급을 하고 나서 플라톤은 결정적인 물음을 던진다.

"(ㄱ) 사람들이 언제나 참된 판단을 한다고 해야 할까요, (ㄴ) 아니면 때로는 참된 판단을 하지만 때로는 거짓된 판단을 한다고 해야 할까요? (ㄷ) 왜냐하면 이 양쪽의 질문[이 성립한다는 것]으로부터 아마도 그들이 언제나 참된 판단을 하는 것이 아니라 양쪽의 판단을 한다는 것이 뒤따르게 되니까요"(170c3~5).

이것은 정말로 눈부신 변증술이다. 우리는 (ㄱ)과 (ㄴ)이 서로 양립할 수 없을 뿐 아니라 모순된다는 것을 쉽게 이해할 수 있다.[33] 따라서 모든 판단이 참이라는 주장은 할 수 없게 된다. 위의 물음이 유의미하다면, (ㄱ)과 (ㄴ) 중 하나는 거짓일 수밖에 없기 때문이다. 결국 플라톤은 물음에 의해, 즉 유의미한 물음이 성립한다는 것을 통해 사람들이 언제나 참된 판단을 하는 것은 아니라는 것을 도출한다. 이렇게 해서 플라톤은 '어떤 사람도 다른 사람이 무지하다고 또 거짓된 판단을 한다고 생각지 않는다'는 프로타고라스의 논제를 무너뜨린다. 결국 변증

___
33) 여기서 "언제나"에 대해서뿐만 아니라 "참된"에 대해서도 부정(否定)이 적용되고 있음에 주목할 필요가 있다. 따라서 엄격히 말하면, (ㄱ)에 대한 모순 진술은 '때로는 (어떤) 판단은 거짓된 판단이다'가 될 것이다. 인간척도설에 의해 참된 판단이 있다는 것은 이미 주어진 사실이기 때문에, 후자의 진술은 곧바로 (ㄴ)으로 전환될 수 있다.

적 대화 자체에 의해 (나)의 프로타고라스적 길은 차단되며, 그럼으로써 이의 제기의 가능성까지도 확보된다. 그리고 우리가 (ㄱ)이나 (ㄴ) 둘 중 하나를 선택할 수밖에 없다는 점에서, 그리고 그 선택지들은 서로 모순된다는 점에서, 플라톤의 논변은 적어도 변증적 맥락에서는 성공적이라고 평가할 수 있다. 또한 이것은 섹스투스의 논변이 가정한 사실 (B)가 우연적이라는 점을 극복할 수 있게 해준다. 이로써 우리는 플라톤이 왜 (다)의 길을 걸을 수 있었는지를 확인할 수 있게 되었다. 대화의 세계는 기본적으로 묻고 대답하는 것이 가능한 세계이며, 플라톤은 이것만을 통해, 즉 물음을 통해 대화의 세계 속에 이미 생각들의 차이가 있다는 것을, 그리고 때로는 상충되는 생각들이 있다는 것을 변증적으로 논증한다. 그리고 이를 통해 이제 플라톤은 (나)의 길을 논파할 수 있게 되었으며, 그리하여 프로타고라스에 대해 논쟁으로 맞설 수 있게 된다.

V

이제 문제는 프로타고라스에 대한 이의 제기가 가능하다는 게 어떻게 해서 프로타고라스에 대한 내부적 공격이 될 수 있느냐는 것이다. 언뜻 보면 프로타고라스는 거짓된 판단의 성립 가능성에 동의할 수밖에 없으니, 이미 자기 논박된 것 같기도 하다. 왜냐하면 인간척도설에 따르면 각각의 모든 판단은 그런 판단을 하는 이에게 참이기 때문에 인간척도설 안에서 거짓된 판단의 가능성은 닫혀 있기 때문이다. 사실 엄격하게 말해서 인간척도설 안에서 거짓의 유의미성은 설명될 수가 없다. 프로타고라스의 인식론은 '잘못 생각한다'(pseudesthai)는 게 허용될 수 없다는 입장을 취하고 있기 때문이다. 이렇듯 인식론적 맥락에서 잘못이 설명될 수 없다면, 어떻게 거짓의 유의미성이 설득력 있게 수용될 수 있겠는가? 그리고 이런 맥락에서 플라톤이 거짓된 판단이 있을 수 있다는 것을 변증적 물음에 의해 확립하는 것은 결정적이다. 그렇다면 프로타고라스는 이미 나가떨어진 것이 아니겠는가? 어떤 점에서는 정말 그렇다. 이미 프로타고라스의 인식론은 설득력이 없다.

그러나 생각보다 논쟁점은 복잡하다. 적지 않은 학자들은 프로타고라스가 철학적으로는 설득력이 없지만, 그럼에도 자기 논박되지는 않을 수 있다고 보기도 하기 때문이다.[34] 다시 말해 이의 제기의 가능성이 프로타고라스가 도망칠 길을 완전히 차단하지는 못한다는 것이다. 아닌 게 아니라 인간척도설의 거짓은 프로타고라스를 반대하는 쪽에서 제기된 것이고, 이것이 어떻게 해서 프로타고라스 자신에게까지 충격을 줄 수 있을지는 분명하지 않다. 왜냐하면 프로타고라스의 이론 세계는 상대주의의 세계이며, 따라서 그의 교설이 철학적 타당성은 없다고 하더라도 자기 논박만은 면할 수 있을지도 모르기 때문이다. 이것은 이제 프로타고라스가 인간척도설을 적극적으로 옹호할 수는 없게 되었지만, 소극적인 변명이라도 할 가능성이 여전히 남아 있는가 하는 문제로 귀착된다. 그런데 플라톤은 그러한 소극적인 변명조차 불가능하다고 주장한다.

이와 연관해서 우리가 다시 확인해 둘 점은, 《테아이테토스》편에서 인간척도설은 단순한 무오류주의가 아니라 상대주의적 입론으로, 즉 상대주의적 무오류주의로 소개되고 있다는 것이다. 그런 까닭에 섹스투스와 같은 방식으로 인간척도설을 비판할 수는 없을 것이다. 플라톤 스스로도 인간척도설을 소개할 때 그것이 상대주의적 입론이라는 것을 의식하면서 '상대화하는 한정사'(relativizing qualifier)를 사용한다. 그러

34) 특히 Chapell(1995)과 Watelow(1977)의 논의 참조.

나 정작 프로타고라스를 비판할 때 플라톤은 이러한 한정사를 생략한 채 논의하기도 한다. 그래서 이 대목에서 플라톤이 그저 부주의했던 것인지가 문제가 된다. 비판은 크게 세 부분으로 구성되어 있다.

(a) 만일 프로타고라스 자신도 수많은 사람도 인간이 척도라고 생각지 않는다면, 그가 쓴 이 《진리》[35]는 어느 누구에게도 그렇지(einai) 않을 것이 필연적이다(170e7~171a1).

(b) 만일 프로타고라스 자신은 인간이 척도라고 생각하지만, 다수의 사람은 같은 생각을 하지 않는다면(171a1~2),

(b-1) 첫째로(prōton), 인간이 척도라고 여기는 사람보다 그렇지 않다고 여기는 사람이 더 많은 그만큼 더 그것은 그렇다기(einai)보다 그렇지 않게 된다(ouk einai)(171a2~3).

(b-2) 둘째로(epeita), ① 그(프로타고라스)의 생각에 대해 반대되는 판단을 하는 사람들의 생각은, 그(프로타고라스)가 '잘못된 생각을 한 것'(pseudesthai)으로 그들이 생각하고 있는 한에서, 참이라는 걸 그(프로타고라스) 자신도 아마 인정할(synchōrein) 것이다(171a6~8).

② 왜냐하면 모든 사람이 '사실들(-인 것들)을 판단한다'(ta onta doxazein)는 데 그가 동의하고(homologein) 있기 때문이다(171a8~9).

③ 프로타고라스가 잘못된 생각을 한다고 생각하는 사람들의 생각이 참임을 그(프로타고라스)가 동의한다면, 그는 자신의 생각이 거짓임을 인정하게 될 것이다(171b1~2).

④ 그런데 다른 사람들은 자신들이[36] 잘못된 생각을 한다는 것을 인정

하지 않을 것이다(171b4~5).

⑤ 다시 프로타고라스는 자신이 쓴 글들에 따라 [다른 사람들의] 이런 판단이 참임을 또한 동의하고 있다(171b7~8).

(c) ① 결국 프로타고라스를 위시한 모든 사람에 의해 인간척도설에 대한 이의가 제기될 것인데도, 오히려 그것이 그한테서 동의를 얻게 될 것이다(171b10~11).

② 프로타고라스가 자기와 반대로 주장하는 자에 대해 그 사람이 참된 것들을 판단한 것으로 인정할 경우, 그때 프로타고라스는, 개도 '우연히 마주치게 된 사람'(ho epitychōn: 門外漢)도 어느 하나와 관련해서든 배우지 못한 것과 관련해서는 척도가 아님을 인정하게 될 것이다(171b12~c3).

③ 따라서 모든 사람에 의해 이의가 제기되는 한, 프로타고라스의 인간척도설은 어느 누구에게 있어서도(다른 사람은 물론 그 자신에게 있어서도) 참이 아니다(171c5~7)(분류번호: 필자).

위의 논변들 가운데 첫번째 논변 (a)는 확실히 한정사를 사용한다. 그리고 두 번째 논변 중 (b-1)도 이 점에 관한 한 명백히 잘못되었다고 보기는 힘들다.[37] 그런데 (b-2) ②, ③, ④, ⑤에서는 한정사가 사라졌다가, 결론 (c)③에서는 "어느 누구에게 있어서도"라는 한정사가 다시 등장한다. 많은 학자들은 플라톤의 자기 논박 논변에서 상대화하는 한정사가 임의적으로 탈락된 것에 문제가 있다고 생각하며, 이런 점에서 플

전자를 따르는 반면, 신판(Duke et al.(1995), eds.)은 후자를 따르고 있다. 필자는 신판의 판단이 옳다고 생각한다. (b-2)④는 프로타고라스에 반대하는 자들이 하는 언급인 만큼, 그들과 관련해서 "자신들"이란 표현을 사용할 때도 여격의 표현 방식을 취했을 리는 없기 때문이다. 여격은 프로타고라스 쪽에서나 선호할 표현 방식이다. 이 문제에 대해서는 Emilsson(1994), 139면, 주 8 참조.
37) (b-1)에서는 우리말 번역어로 "그만큼"에 해당하는 것이 헬라스어로는 3격(與格)으로 표현된다.

라톤이 논점 일탈의 오류를 범한 것으로 간주하기도 한다.[38] 따라서
(c)에서는 인간척도설이 자기 논박된 것처럼 표현되고 있지만, 플라톤
자신이 한정사를 임의적으로 탈락시키고 있기에 프로타고라스에 대한
플라톤의 비판은 성공적이지 못하다는 것이다.

그러나 플라톤이 그렇게 단순한 오류를 저질렀을지는 의문스럽다.
더욱이 부주의했다고 보기도 어렵다. (a)와 (b-1) 및 (c)③에서는 한정
사를 사용하고 있는 플라톤이, 자신이 (b-2)에서 한정사를 탈락시켰다
는 것을 의식하지 못했다고 보기는 힘든 일이니까 말이다. 더구나 소크
라테스는 자기 논박 논변을 진행하기 전에 대화의 상대자를 나이가 어
린 테아이테토스에서 연장자인 테오도로스로 바꾸고 있는데,[39] 이를 보
면 플라톤이 꽤나 주의를 기울이고 있음을 알 수 있다. 이것은 프로타
고라스에 대한 비판 내용이 간단치 않은 것임을 플라톤 자신이 의식하
는 데서 비롯된 구성 방식으로 보인다. 게다가 플라톤은 바로 (b-2)의
논변을 시작하기 전에 그 논변이 '지극히 미묘한 것'(kompsotaton)임
을 밝히고 있다. 이 표현은 (b-2)의 논변을 시작함에 있어 플라톤이 엄
밀한 논의를 의도하고 있다는 것을 충분히 암시한다. 따라서 플라톤이
부주의했다고 보기 어려운 구석이 적지 않다고 하겠다. 그러므로 우리
는 텍스트에서 한정사가 생략되는 것을 플라톤의 부주의로 보기보다는
의도적인 것으로 보아야 할 듯하다. 결국 플라톤의 논변은 성공하거나
아니면 실패한다. 하지만 플라톤의 논변이 성공적이라는 평가를 명시적
으로 내리고 있는 학자는 극히 드물다. 이런 점에서 아마도 거의 유일
하게 플라톤을 긍정적으로 평가하는 버니엣의 주장은 반드시 음미해

38) 이런 입장을 취하는 견해에 대해서는 이 글의 주 8 참조.
39) 《테아이테토스》편에서 테오도로스는 본격적인 논의가 시작되기 전에 등장했다가
    한동안 침묵을 지킨다. 그러다가 자기 논박 논변이 제시되기 바로 전인 168c에서
    다시 논의에 참여한다.

볼 필요가 있겠다.[40]

VI

버니옛은 상당히 복잡한 논증을 펼치고 있지만, 그의 결론 자체는 단순하다. 버니옛의 핵심적 주장은 플라톤의 프로타고라스가 '상대주의적 진리 이론'을 제시하려고 했으며, 그렇기 때문에 자기 논박될 수밖에 없다는 것이다.[41] 그러면 이때의 상대주의적 진리 이론이란 어떤 것일까? 버니옛은 이것을 설명하기 위해 인간척도설의 내용을 형식화하여 플라톤의 논의를 좀더 선명하게 이해하려는 시도를 해 본다. 그는 우선 170a3~4에서 "각자에게 여겨지는 것이 또한 각자에게 그렇다"는 언급을 다음과 같이 형식화한다.[42]

1. $(x)(p)$(If x believes that p, then it is true for x that p).

그는 인간척도설이 '환위의 규칙'(converse rule)을 수반한다고 본다.[43]

---

40) Emillson(1994) 또한 플라톤의 논변을 성공적이라고 보고 있으나, 그의 논의는 Burnyeat의 관점을 수용한 것에 지나지 않는다.

41) Burnyeat(1976c) 참조.

42) 필자는 버니옛의 주장을 소개함에 있어 Fine이 정리한 것을 빌려올 것이다[그녀의 논문(1998) 참조]. Burnyeat에 대한 Fine의 해석이 전적으로 공정하다고 할 수는 없겠으나, 정리하는 방식 자체에 잘못은 없어 보이기 때문이다.

43) Burnyeat(1976c), 178면 참조. 그리고 '환위의 규칙'이란 표현은 그의 또 다른 논문(1982, 8~9면)에 등장하고 있다.

2. $(x)(p)$(If it is true for x that p, then x believes that p).

버니엣은 (2)가 다음과 등가(equivalence)라고 본다.

3. $(x)(p)$(If x does not believe that p, then it is not true for x that p).

버니엣은 따라서 인간척도설이 다음과 같은 쌍조건언으로 이해된다고 생각한다.

4. $(x)(p)$(x believes that p if and only if it is true for x that p).

그런 다음 그는 프로타고라스에 반대하는 사람을 소크라테스로 놓고서 (4)를 다음과 같이 각색해 본다.

5. (p)(Socrates believes that p if and only if it is true for Socrates that p).

버니엣은 그러나 소크라테스는 인간척도설에 동의하지 않기 때문에 다음과 같은 진술을 선호할 것이라고 말한다.

6. Socrates does not believe that: (p)(Socrates believes that p if and only if it is true for Socrates that p).

그리고 그는 인간척도설에 따르면, (6)은 다음과 등가라고 본다.

7. It is not true for Socrates that: (p)(Socrates believes that p if and only if it is true for Socrates that p).

버니엣은 이러한 논변을 전개한 후 곧바로 프로타고라스의 이론은 상대주의적 진리 이론이라고 주장한다.[44] 그리고 나서 그는 진리 이론은, 판단을 그 밖의 어떤 것, 즉 세계와 연관짓지 않을 수 없다고 말한다. 그는 《테아이테토스》편에서 프로타고라스를 헤라클레이토스와 연관짓는 것을 바로 그런 맥락에서 이해한다. 그에 따르면, 플라톤은 어떤 사람의 판단도 다른 사람에 의해서 교정될 수 없고, 다른 때에 판단을 하는 그 자신에 의해서도 교정될 수 없다는 프로타고라스의 논점을 만족시키는 존재론으로 헤라클레이토스를 끌어들이고 있다. 이를 통해 그는,

8. It is not true in Socrates' world that: (p)(Socrates believes that p if and only if it is not true in Socrates' world that p).

라는 것을 도출해낸다. 그래서 그에 따르면 인간척도설의 가정에 따른 추론이 인간척도설을 믿지 않는 모든 사람에게 적용된다면, 그 교설이 어떤 사람에게는 참이 아니라는 결론은 타당하게 연역된 것이며, 프로타고라스에게 큰 충격을 입히는 것이 된다.[45] 그리고 자기 논박 논변에 의해 프로타고라스는 자신의 이론이 다른 사람에게 거짓이라는 잠정적인 결론을 인정하게 된다. 그러나 이것을 인정하는 것은 모든 사람이 프로타고라스적인 척도인 것은 아님을 인정하는 것이며, 그러므로 프로타고라스가 자신의 이론이 다른 사람들에게 거짓이라는 것을 인정

44) Burnyeat(1976c), 181면.
45) Burnyeat(1976c), 182면.

한다는 것으로부터, 그의 이론이 자신에게도 거짓이라는 것이 도출된다는 것이다.[46] 이러한 버니엣의 해석은 우선 인간척도설을 반대하는 자에게 인간척도설을 적용시켰을 때 반대하는 자에 있어서는 인간척도설이 거짓이라는 것이 도출되며, 그 다음으로 프로타고라스는 진리 이론을 의도했기 때문에 인간척도설이 다른 사람에게 거짓이라는 것을 인정함으로써 그 자신에게도 거짓임을 인정하지 않을 수 없다는 논지를 취하고 있다. 버니엣의 해석이 맞다면 우리의 문제는 쉽게 해결될 수 있는 것처럼 보인다. 즉 우리는 플라톤이 오류를 범한 것으로 보지 않으면서 프로타고라스가 자기 논박된 것으로 생각할 수 있는지도 모른다.[47]

VII

　버니엣이 쓴 글들은 '프로타고라스의 상대주의와 자기 논박'이란 주제가 논의하기 쉽지 않은 것임을 잘 보여주었고, 또 이 문제에 대한 관심을 불러일으켰다는 점에서 가치가 있다. 그러나 대부분의 학자들은 그의 견해에 납득하기는커녕 회의적인 반응을 보이고 있다.[48] 그렇다면

---

46) Burnyeat(1976c), 188면. 상대화하는 한정사의 문제와 관련해서 Burnyeat은 텍스트에서 사용되는 불변화사(particle)를 통해 한정사가 암묵적으로 들어가 있는 것으로 해석한다. 이런 점에서 그는 관용이 가장 손쉬운 경우에는 플라톤에게 유리하게 해석해 주기만 하면 된다고 주장한다(1976c, 184면). 그러나 이것은 상당히 자의적인 해석이다. Burnyeat의 해석 방식에 대해 동조하는 해석으로는 Emillson(1994)을, 비판적인 시각으로는 Waterfield(1987, 175~176면)를 참조.
47) 물론 지금까지의 Burnyeat의 논변이 타당하다고 해도 앞에서 필자가 제기한 우연성의 문제는 남는다. 이미 비판했듯이 Burnyeat은 이 문제를 단순하게 생각하고 있다.
48) Bostock(1988, 91면); Chappell(1995); Fine(1998). Fine의 논문을 보면, N.P.

그의 논변에서 문제가 되는 것은 무엇인가? 이것을 정확히 논의하기 위해 먼저 그의 논변의 줄기가 무엇인지를 다시 확인해 보는 것이 좋을 듯하다. 첫째, 버니옛은 인간척도설이 주장하는 바를 환위와 등가의 규칙에 의해 정식화한다. 이에 따르면 인간척도설은 참에 대한 형식화(formulation)뿐만 아니라 거짓에 대한 형식화까지 포함한다. 그는 이러한 형식화를 통해 인간척도설을 상대주의적 진리 이론으로 이해한다. 둘째, 그에 따르면 인간척도설은 진리 이론을 표방한 것이기에 판단과 세계를 연결시켜야 하며, 이것은 (《테아이테토스》편에서) 헤라클레이토스의 만물유전설의 형태로 드러난다. 셋째, 이런 가정 하에서 인간척도설을 믿지 않는 사람에게 인간척도설을 적용시키면 그 교설이 참이 아니라는 게 타당하게 추론되며, 따라서 프로타고라스에게 충격을 입히게 된다. 하지만 필자는 이러한 논제들이 유지될 수 없다고 생각한다.

우선 첫번째 논제는 금방 여러 물음을 불러일으킨다. 일반적으로 프로타고라스의 인간척도설은 참의 형식화만을 받아들이는 것으로 이해되는데,[49] 버니옛은 거짓의 형식화까지 귀속시키기 때문이다(버니옛의 논변 (1)-(4)).[50] 이에 대해 버니옛은 《테아이테토스》편에서 인간척도설이 처음으로 도입되는 부분을 근거로 제시한다. 152a6~8에서 인간척도설은 (i) "각각의 것들은 내게 있어서는 내게 나타나는 그대로(의 것

White("Plato on the Contents of Protagorean Relativism")와 Gary Matthews("Burnyeat on Plato on Protagoras") 또한 미발간된 논문 속에서 Burnyeat의 견해에 대해 회의적인 태도를 보이고 있는 것 같다.

49) 이와 관련해서는 Scaltsas(1989), 133면 참조.

50) Bostock은 Burnyeat의 이런 해석이 독창적인 재구성이긴 하나, 그것이 의존하는 전제는 프로타고라스가 받아들일 필요가 없는 것이라고 비판한다. 하지만 Bostock은 그것이 왜 그런지를 설명하고 있지 않다[그의 책(1988), 91면 참조]. 반면에 Fine(1998)은 한결 세련된 분석을 통해 Burnyeat을 비판하고 있다. 필자가 Fine의 논의를 일반적으로 받아들이는 것은 아니지만, Burnyeat에 대한 이런 비판만은 합당한 것이라고 생각한다.

들)이며, 다시 자네에게 있어서는 자네에게 나타나는 그대로(의 것들)
이다"로 제시된다. 그리고 플라톤은 이 언명의 의미를 분명히 하기 위
해 테아이테토스와 문답을 나눈다. 이 논의 과정에서 (ii) '바람은 추위
를 타는 이에게는 차지만, 추위를 타지 않는 이에게는 차지 않다'는 것
이 동의된다(152b). 버니옛은 후자의 언급을 근거로 프로타고라스의 입
장에서, 만일 바람이 어떤 사람에게 차갑게 나타나지 않는다면, 그것은
바람이 그에게 차갑지 않다고 주장할 충분한 근거이며, 그리고 이것은
인간척도설을 형식화할 때 (3)을 포함해야 함을 뜻한다고 본다.[51] 언뜻
보면 그의 해석은 그럴 듯한 것 같기도 하다. 그러나 그의 해석을 좇아
가면 (i)은 (ii)와 상충될 수 있다. 그리고 이것은 원래의 인간척도설과
플라톤의 이해 사이에 놓이는 긴장이기도 하다.

이미 앞에서 언급했듯이 원래의 인간척도설은 (M) "인간은 만물의
척도이다. 있는(-인) 것들에 대해서는 있다(-이다)고, 있지(-이지) 않은
것들에 대해서는 있지(-이지) 않다고 하는 척도이다"라고 표현된다. 그
런데 플라톤은 (i)에서 이것을 '각각의 것들은 각자에게 있어서 각자에
게 나타나는(phainesthai) 그대로(의 것들)이다(einai)'라는 형태로 이
해하고 있다. 그런데 《테아이테토스》편에서 이후의 논의가 어떤 식으로
진행되든, (i)의 언급은 기초적인 것으로 간주해야 한다. 버니옛도 인정
하고 있듯이, 그 이후의 논의(152b~c)는 (i)에 대한 이해를 도모할 목적
에서 이루어진 것이 분명하기 때문이다. 그런데 여기서 주목해야 할 것
은 (i)에는 어떤 부정의 형식화도 직접적으로 드러나 있지 않다는 점이
다. 따라서 (M)과 (i) 간에는 구문론적 불일치가 있게 된다. (M)과 (ii)
에는 긍정의 형식화뿐 아니라 부정의 형식화도 제시되고 있는 반면, (i)
에서는 긍정의 형식화만이 제시되고 있으니 말이다. 그리고 이러한 불

---

51) Burnyeat(1976b), 178면.

일치는 인간척도설을 일관되게 이해하는 것을 어렵게 만든다.

여기서 문제가 되는 것은 부정어 'not'(ou)을 어디에 걸쳐 있는 것으로 보느냐는 것이다. 앞에서 보았듯이 버니엣은 (M)과 (ii)에서 제시되는 부정의 형식화를 통해 다음과 같은 해석을 이끌어낸다.

3. $(x)(p)$(If x does not believe that p, then it is not true for x that p).

그런데 이런 해석은 '믿지 않음'과 '믿음이 없음'이란 양의적 해석이 가능한 것을 일방적으로 전자로 해석되어야 한다고 단정한 것이다. 설사 이와 같은 문제점을 제쳐 놓더라도[52] 버니엣이 과연 (i)의 의미를 제대로 드러내고 있는지부터가 문제가 된다. (i)은 어떤 부정의 형식과도 적접적으로 연관되지 않는데, 이것은 플라톤이 인간척도설을 나타남 또는 믿음과 연관된 교설로 이해할 뿐 나타나지 않음 또는 믿지 않음과 연관짓지 않고 있음을 시사하기 때문이다. 따라서 우리는 (i)에 대해 (3)처럼 이해하기보다 다음과 같이 이해하는 것이 나을 것이다.

3'. $(x)(p)$(If x believes that $-p$, then it is true for x that $-p$).[53]

이렇게 새로이 해석하고 보면, 우리는 프로타고라스의 인간척도설이 나타남(믿음)의 교설이라는 (i)의 시사점을 인정하면서 (M)과 (i) 간의

---

52) '믿음이 없음'으로 해석될 가능성과 그런 가능성에서 비롯되는 문제에 대해서는 필사의 학위논문(1999), 25~32면 참조.

53) 그렇다고 해서 필자가 (3')를 (i)에 대한 올바른 해석으로 간주하는 것은 아니다. (3')는 부정어 'not'에 관한 한 올바른 해석이지만, 'einai'와 관련해서도 그런지는 또 다른 문제이기 때문이다. 다음 장에서 드러나겠지만, Burnyeat은 'not'에 대한 해석상의 문제를 'einai'에 대한 해석상의 문제와 구별하지 못한다는 점에서 한계가 있다.

구문상의 차이를 무리없이 해소할 수 있게 된다. 따라서 이런 이해 방식이 옳다면 인간척도설을 환위의 규칙에 의해 형식화하는 버니옛의 주장은 받아들이기 힘들다고 할 수 있겠다.

그런데 버니옛이 환위의 규칙을 주장하게 된 것은 (i)를 조건언의 형식으로 해석한 데서 비롯된 것 같다. 더 나아가 그의 주장에 따르면 'x believes that p.' 와 'It is true for x that p.' 는 등가(equivalence)이다. 그러니까 두 진술간에는 쌍조건언의 관계가 성립되며, 따라서 환위의 규칙이 정당화될 수 있다는 것이다. 그러나 "각각의 것들은 내게 있어서는 내게 나타나는 그대로(의 것들)이며, 다시 자네에게 있어서는 자네에게 나타나는 그대로(의 것들)이다"는 (i)의 내용이 시사하는 것은 'phainesthai' 와 'einai' 간의 일치(맞음)에 대한 것이지 그 둘이 등가라고 언급하는 건 아니다.[54] 따라서 환위의 규칙은 (i)에 대한 잘못된 해석에 근거한 주장이랄 수밖에 없을 것이다.[55]

버니옛의 논변과 연관해서 한결 커다란 문제는 (i)에서 제시되는 'is for x'를 'is true for x'로 이해한다는 데 있다. 실상 인간척도설을 진리의 상대주의로 보는 거의 모든 학자들이 이런 해석을 선취하고 있다고 해도 과언이 아니다. 그렇지만 《테아이테토스》편에서는 'einai'에다 '참' 대신에 '차가움'과 같은 보어를 곧잘 대치하기도 한다.[56] 더욱이 'is for x'의 구문에 아무런 보어가 덧붙여지지 않는 경우도 다반사이

---

54) 사실 Burnyeat 자신도 다른 논문에서는, 인간척도설에서 'phainesthai' 와 'einai' 의 관계를 'matching' 으로 표현하고 있는데, 이는 'equivalence' 와는 다른 차원의 성격을 지닌다. 그럼에도 불구하고 Burnyeat은 그 둘을 구별하지 않고 있다. 그의 논문(1979), 86면 참조.

55) 필자는 (i)에 대한 적절한 해석 방식에 대해선 이미 다른 글에서 논의한 적이 있기 때문에 여기서 세부적으로 반복하지는 않겠다. 필자의 글(1997), 170~171면, 주 17 참조: 필자의 학위논문(1999), 25~32면 참조.

56) 152b6~8, 167c2~4 참조. 이러한 주장은 Fine이 적절하게 제시하고 있다. 그녀의 논문(1998), 140~141면, 주 10 및 11 참조.

다.[57] 따라서 'is for x' 구문에 왜 'true'가 보충되어야 하는지를 알기란 어렵다. 오히려 필자는 프로타고라스가 특정한 진리 이론을 지니고 있지 않았다고 보는 것이 그럴 듯하다고 생각한다. 왜냐하면 참과 거짓이란 보어는 '차다'나 '차지 않다'는 보어가 하는 기능 이상을 하지 않는 것 같기 때문이다. 이런 관점이 맞다면, 인간척도설이 모든 판단에 대한 진리 이론을 내세우려 한다는 버니엣의 주장 또한 유지되기 어려울 것이다.[58]

사실 'is for x'를 'is true for x'로 이해하는 것은 어떤 점에서는 'einai'를 대언적으로(de dicto) 해석한 것이다. 그리고 이것은 (M)에서 제시되는 긍정의 형식화를 참의 형식화로, 부정의 형식화를 거짓의 형식화로 이해한 데 기초한다. 그러나 프로타고라스와 연관해서 도입되는 헤라클레이토스는 언어 내지 의미에 대한 교설이 아니라 실질적인 운동에 대한 형이상학이다.[59] 따라서 헤라클레이토스의 문맥에서 사용되는 'einai'는 어떤 의미로든 대물적인(de re) 것으로 이해해야 마땅하다. 그러나 버니엣의 견해에 서게 되면 같은 대화편 내에서 동일한 주제와 연관해서도 'einai'가 다른 차원에서 사용된 것이 될 터인데, 이는 받아들이기 어려운 입장이다. 결국 버니엣의 첫번째 논제는 여러 가지 측면에서 문제가 있는 주장이라고 결론지을 수 있겠는데, 우리는 이런 논의 과정에서 어느새 버니엣의 두 번째 논제가 야기하는 문제에 접근하게 되었다.

《테아이테토스》편에서 프로타고라스가 헤라클레이토스와 연관된다는 것은 분명하다. 그런데 버니엣은, 프로타고라스가 진리 이론을 의도

---

57) 152a6~8, 152c2~3, 158a2, 161c2~3, 170a3~4 등.
58) 진리의 상대주의 해석과 연관된 문제는 다음 장에서 세부적으로 다룰 기회가 있을 것이다.
59) 이 주제와 관련해서 Burnyeat을 비판하고 있는 Fine(1996)의 논의 참조.

하고 있으며, 진리 이론은 판단과 세계를 연관지을 수밖에 없다는 점에
서 헤라클레이토스가 도입된다고 생각한다. 이것은 버니엣이 은연중에
정합설보다는 대응설을 도입하고 있음을 암시한다. 그러나 단순히 진리
이론을 제시하기 위해서라면 굳이 만물유전설과 같은 거대한 형이상학
을 끌어들일 필요가 있을까? 필자의 시선엔 아무리 보아도 버니엣의
설명이 텍스트 내재적인 것 같지가 않다. 물론 버니엣이 다른 논문에서
주장하듯이,[60] 헬라스 철학에서는 관념론의 문제 의식이 없었고 언제나
실재론적인 경향을 띤다는 것은 일반적으로 받아들일 수 있는 견해이
다. 그러나 《테아이테토스》편에서 이 같은 경향이 상대주의적 진리 이
론을 정당화하기 위해 도입되는지는 확실치 않으며, 오히려 버니엣의
주장에는 뭔가 심각한 혼란이 내재해 있는 것 같다.

　기본적으로 진리 이론이란 진리의 의미(정의) 또는 기준을 제시하는
이론이라 할 수 있을 것이다.[61] 그렇다면 우선 프로타고라스가 진리의
의미를 제시하려 한 것으로 볼 수 있을까? 이를테면 'x에게 p가 참이
다'와 'x에게 p라고 여겨진다'가 일종의 동의어(synonymy)라고 주장
하는 것일까?[62] 그러나 그렇다고 한다면 상대화의 전략을 통해 두 명제
가 등가라고 떠드는 게 뭐 그리 중요한 발견인가?[63] 또한 그런 관점에
설 때 우리는 170e7~171d7의 자기 논박 논변을 거의 이해하기 어려워
진다.[64] 그 둘이 동의어라면 인간척도설에 반대하는 자들이 왜 그런 식
으로 반응을 해야 하는가? V장에서 인용한 자기 논박 논변을 보면, 반
대자들이 인간척도설에 대해 이의를 제기하고는 있지만, 'x에게 p가 참

60) Burnyeat(1982) 참조.
61) Haak(김형효 역, 1984), 113~118면 참조.
62) 이런 유의 해석에 대해선 Burnyeat 또한 비판하고 있다. 그의 논문(1976c),
　　180~181면 참조.
63) Burnyeat(1976c), 181면 참조.
64) 이에 대해서는 Emilsson(1994) 참조.

이다'와 'x에게 p라고 여겨진다'가 동의어가 아니라는 반응을 보이는
건 아니니까 말이다. 실제로 버니옛 자신도 이와 같은 단순한 해석은
받아들일 수 없다고 보고 있다. 그는 프로타고라스가 만물유전설에 개
입하게 되는 측면도 주목하고 있기 때문이다.

   그렇다면 버니옛이 주장하는 프로타고라스의 상대주의적 진리 이론
이란 무엇인가? 버니옛의 해석에서 이에 대한 설명으로 명확히 제시되
는 것은, 프로타고라스가 '상대적 진리' 개념을 사용하고 있다는 것,[65]
그리고 인간척도설에서 '모든 진리는 믿음에 상대적이다'라는 것이
다.[66] 정말로 《테아이테토스》편에서는 '진리'라는 말과 관련해서 상대
화하는 한정사가 곧잘 사용된다. 그래서 우리가 인간척도설을 상대주의
적 진리 이론으로 보는 것이 언뜻 보면 그럴 듯하게도 보이는 것이다.
그런데 이런 견해에서 상대적인 것은 바로 진리 자체일 것이다. 그런
점에서 또한 진리의 상대주의(relativism *of* truth)[67]로 볼 수 있을 것이
다. 그러나 진리가 상대적이라는 것은 뭘 뜻하는가? 그것은 진리의 기
준 자체가 상대적이라는 것을 의미하는가? 만일 그렇다면 "이런 견해
에서 프로타고라스가 어떻게 그의 반대자들에게 동의한다고 합당하게
말할 수 있는지를 아는 것은 불가능하게 된다."[68] 워털로우가 정확하게
지적하듯이, 대화 상대자의 판단이 그들에게 있어서 참이라고 말하는
사람이 그들과 동의하고 있는 것으로 기술될 수는 없기 때문이다.[69] 그
래서 이런 견해에서는 프로타고라스가 반대자들에 동의한다고 말함으

65) Burnyeat(1976c), 173면 참조.
66) 앞의 글, 179면 참조.
67) 좀더 정확한 표현으로 '진리에 대한 상대주의'를 뜻하면서 강조 표기를 한 것이다.
68) Waterlow(1997), 31면 참조.
69) '인간척도설이 거짓이다'는 반대자들의 판단이 반대자들에게 있어 참일 뿐이라면,
   어떻게 프로타고라스가 반대자들의 판단에 동의했다는 표현을 사용할 수 있는가?
   동의한다는 것은 상대방의 판단을 인정하고 수용한다는 것인데 말이다.

로써 결국엔 플라톤이 상대주의적 진리 이론을 무시한 채 논의하고 있는 것처럼 보일 것이며, 따라서 플라톤은 논점일탈의 오류를 통해 프로타고라스의 자기 모순을 드러내는 꼴이 되고 말 것이다.[70] 그러니까 플라톤의 논변이 타당하다는 버니엣의 주장은 성립할 수 없게 되고 만다.

그러나 버니엣의 주장이 성립할 수 없다는 것으로 우리의 문제가 만족스럽게 해명된 것은 아니다. 왜냐하면 어쨌든 《테아이테토스》편에서 '진리'란 용어는 곧잘 상대화하는 한정사와 함께 사용되고 있는데, 이것은 어찌 보아야 하는가?[71] 우리는 이 문제와 연관해서 일차적으로 '믿음 체계 상대주의'와 '믿음 개항(token) 상대주의'를 구별할 필요가 있다. 전자는 체계 내의 믿음들간에는 상대성을 주장하지 않지만, 후자는 모든 각각의 믿음들을 상대화하는 입장이라고 할 수 있다. 그렇다면 프로타고라스는 어떤 유형의 상대주의라고 할 수 있을까? 기본적으로 프로타고라스의 인간척도설은 '믿음 체계 상대주의'일 수가 없다. 왜냐하면 프로타고라스가 마주치게 되는 차이와 상충은 원래 지각적 판단(믿음)들과 연관되는데, 지각 상황에서 발생되는 차이나 상충은 믿음 체계의 상대성으로는 해소할 수 없는 문제이기 때문이다. 그러니까 프로타고라스의 인간척도설이 지각 판단에도 적용되는 상대주의라고 할 때, 인간척도설은 믿음 체계 상대주의가 아니라 믿음 개항 상대주의일 수밖에 없게 된다. 그리고 이런 유형의 상대주의에 있어선 각각의 지각 상황을 넘어서는 주관성이 남아 있을 수 없게 된다. 개별적인 지각 상황을 초월하는 주관성은 다시 지각의 원근법에서 비롯되는 상충의 문제를 야기할 것이기 때문이다.[72] 이에 따라 인간척도설에 의하면 주관

---

70) Waterlow(1977) 참조.

71) 우리는 그런 대목을, 158d3~4, 158e5~6, 161d3, 167a7, 178b5~7 등에서 보게 된다.

72) 이에 대해서는 필자의 글(1997; 1999, 54~57면) 참조.

은 지각 상황에 각기 고유한 것으로 해체되고 만다. 그리고 이것이야말
로 인간이 척도라는 것을 설명하는 방식이다.

　'척도'(metron)는 본질적으로 측정의 영역에서 성립한다. 그리고 측
정한다는 것은 측정하는 것과 측정되는 것 간의 관계를 전제한다. 그런
데 인간척도설은 모든 개별적인 인간이 측정되는 것을 제대로 잴 수
있다고 주장한다. 하지만 측정되는 대상이, '측정'의 관계가 성립되는
지각 상황을 초월한 것이라면, 인간척도설의 설득력은 유지되기 어려울
것이다. 《테아이테토스》편에서 헤라클레이토스가 도입되는 것은 바로
이런 연유에서이다. 헤라클레이토스적 지각설은 인간척도설의 '무오류
성'을 설명하기 위해, 그와 동시에 지각 상황에서 비롯되는 상충의 문
제를 해소하기 위해 지각 상황에 따라 주관뿐만 아니라 대상까지 해체
하는 교설로 제시되고 있기 때문이다.[73] 결국 프로타고라스와 헤라클레
이토스가 연관되는 까닭은, 첫째 인간척도설의 무오류주의가 기본적으
로 지각 상황에 적용됨으로써 지각의 원근법에서 발생하는 상충까지
설명해야 하기 때문이며, 둘째 이 같은 상충의 문제를 해소하기 위해
상대주의가 도입되지만, 이때의 상대성은 믿음 체계 상대성이 아니라
믿음 개항 상대성일 수밖에 없는 탓에 인간척도설은 정합론과 같은 길
로 들어설 수 없고, 측정하는 주관과 측정되는 대상을 지각 상황마다
해체시키는 형이상학을 도입할 수밖에 없기 때문이다. (다른 맥락에서
이긴 하지만) 퍼트남이 적절하게 주목하고 있듯이,[74] 이것은 상대주의
와 불가공약성(incommensurability)간에 밀접한 연관성이 있음을 드러
낸다. 인간척도설은 기본적으로 차이에서 비롯되는 상충을 해소해야 일
관된 입장일 수 있을 터인데, 플라톤의 프로타고라스는 상충되는 믿음
들간의 통약가능성(symmetria)을 배제함으로써 일관성을 유지하려고

73) 좀더 자세한 설명은 필자의 글(1997) 참조.
74) Putnam(김형효 역, 1987), 144면 참조.

하기 때문이다.

그렇다면 인간척도설이 믿음 개항 상대주의로 밝혀지면서 드러나는 이런 측면이 버니옛의 논제를 비판하는 데 어떤 도움이 되는가? 우선 인간척도설에서 상대화되는 것이 진리 자체가 아닐 수 있다는 것이다.[75] 그리고 이런 점에서 헤라클레이토스가 도입되는 것이 진리의 상대주의와 무관할 수 있다는 것이다. 왜냐하면 믿음 개항마다 진리 개념 자체가 상대화된다는 것은 납득하기 어려운 주장이기 때문이다. 하지만 '진리'라는 용어가 상대화하는 한정사와 함께 사용되는 것은 어찌 볼 것인가? 여기서 우리는 '개별적인 믿음들에 귀속되는 진리'의 상대성과 '진리 개념이나 진리 기준 자체'의 상대성을 구별할 필요가 있다. 아마도 인간척도설은 개별적인 믿음들에 귀속되는 진리의 상대성만을 주장하고 있는 것 같은데, 이 경우 개별적인 믿음들에 귀속되는 진리가 상대화된다고 해서 진리의 개념 자체가 상대화되고 있다는 결론이 도출되는 건 절대 아니다. 우리는 이와 관련된 문제를 다음 장에서 구체적으로 다룰 것이지만, 어쨌든 버니옛이 인간척도설에서 무엇이 상대화되고 있는지에 대해 혼란을 보여주고 있다는 것은 분명한 것 같다.

이렇게 보면 버니옛의 첫번째 논제뿐만 아니라 두 번째 논제 또한 납득하기 어렵다고 하겠다. 사실 버니옛의 두 가지 논제 가운데 어느 하나만 무너져도 그의 전체 논변은 지탱할 수가 없다. 이런 점에서 세 번째 논제 또한 유명무실해질 수밖에 없다. 무엇보다도 인간척도설을 믿지 않는 사람에게 그 교설이 참이 아니라는 게 프로타고라스에게 충격을 입히게 되는 까닭은, 환위의 규칙 등에 의한 논제와 상대주의적 진리 이론의 논제에 기대고 있기 때문이다. 그러나 필자는 적어도 버니옛의 세 번째 논제 가운데는 귀담아들을 점이 있다고 생각한다. 그러면

---

75) 우리는 다음 장에서 상대화되는 게 진리 자체가 아니라 다른 무엇임을 보게 될 것이다.

이제 플라톤 자신의 논변을 세부적으로 분석한 다음 버니엣이 던져주
는 교훈이 무엇인지를 음미해 보기로 하자.

VIII

우리는 앞서 V장에서 프로타고라스에 대한 플라톤의 논변이 어떤
식으로 제시되는가를 확인했다. 또한 IV장의 논의를 통해서는 플라톤의
논변에 이미 이의 제기의 가능성이 함의되어 있음을 볼 수 있었다. 따
라서 적어도 모든 사람이 인간척도설에 대해 동의하고 있는 건 아니라
는 게 도출된다. 이때 가능한 경우는, 일부는 인간척도설에 동의하되 일
부는 반대하는 경우, 아니면 모든 사람이 인간척도설에 반대하는 경우
뿐이다. 우리는 플라톤의 논변에서 후자가 (a)로, 전자가 (b)로 제시되
고 있음을 볼 수 있다. 즉 (a)와 (b)는 두 가지 논리적 가능성이다. 이
런 점에서 플라톤의 전체 논변은 딜레마 논증의 형식을 취하고 있는
것으로 보인다.[76] 그러니까 플라톤은 프로타고라스가 도망칠 논리적 가
능성을 닫아 두길 의도했다고 할 수 있다. 다시 말해 플라톤은 프로타
고라스 자신이 인간이 척도라고 생각하든 생각하지 않든, 어느 누구에
게 있어서도 인간척도설이 타당하게 적용될 수 없다는 결론을 도출하
려고 하는 것이며, 이런 점에서 자기 논박을 의도하고 있는 셈이다. 프
로타고라스 자신조차도 인간척도설을 믿을 수 없는 일이라면, 인간척도
설은 당연히 폐기처분될 것이기 때문이다. 일차적으로는 이것이 (a)의
길이다. 그러나 문제는 프로타고라스 스스로는 인간척도설을 믿는 반

---

76) Fine은 플라톤의 논증이 딜레마 논증이라는 것에 반대하는 태도를 보인다(그녀의
　　논문(1998), 147면 참조). 그러나 이는 도저히 받아들일 수 없는 견해이다. 플라톤은
　　(a)와 (b)를 'ei men/ ei de'의 대구로 구별하고 있기 때문이다.

면, 수많은 사람들은 그렇지 않다고 믿는 경우에 발생한다. 즉 딜레마의 한 쪽 뿔인 (b)가 문제가 된다.

(b)와 관련된 일차적인 문제는 플라톤이 왜 (b-1)과 (b-2)를 나누어 논의를 전개하고 있느냐는 것이다. 실제로 텍스트에서 (b-1)이 (b-2)와 따로 설정되고 있다는 것은 너무나 분명하다. 플라톤은 (b-1)을 언급할 때는 "첫째로"(prōton)라고 표현하며(171a2), (b-2)를 시작할 때는 "둘째로"(epeita)라고 함으로써(171a6) 두 가지가 서로 다른 측면을 드러내고 있음을 밝히고 있기 때문이다. 그렇지만 불행하게도 기존의 플라톤 연구를 통해서는 이 문제를 매끄럽게 처리한 논의를 발견하기 어려운 것 같다. 사정이 그렇게 된 까닭은 아마도 학자들이 (b-1)에서 언급되는 'einai'를 'is true'의 의미로 선취하기 때문인 듯싶다. 이런 해석을 선호하는 학자들은 인간척도설을 진리의 상대주의로 간주하기 십상인데, 그 경우 (b-1)은 전체 논증에서 하는 기능이 별로 없게 되고 말기 때문이다.[77] 그런 견해에 따르면 (b-1)은 '인간이 척도라고 여기는 사람보다 그렇지 않다고 여기는 사람이 더 많은 그만큼 더 그것은 참이라기보다 참이 아니게 된다'로 해석될 수밖에 없겠는데, 이것은 인간척도설을 믿는 쪽(프로타고라스)이 소수이고 인간척도설을 믿지 않는 다른 사람들이 다수라고 말하는 것에 지나지 않는다. 게다가 참된 판단과 거짓된 판단의 대립에 의해 인간척도설을 직접 논박하려는 시도는 (b-2)에서 명시적으로 제기되고 있기 때문에 (b-1)은 쓸데없는 것이 되고 만다. 진리의 상대주의 노선에 설 때 우리는 (b-1)이 전체 논증에서 무슨 역할을 하는지를 알 수 없게 되는 셈이다.

사실 버니엣의 주장과 관련해서 앞장에서도 예비적으로 검토했듯이 진리의 상대주의 해석에는 여러 가지 문제가 있다. 실제로 우리가 《테

---

77) Burnyeat도 그런 혼란을 보여 주고 있다. 그의 논문(1976c) 참조.

아이테토스〉편의 전반적인 논의 맥락을 살펴보면 'einai'의 의미를 'is true'로 간주할 수 없다는 것을 확인할 수 있다. 이와 연관해서 필자가 결정적인 구절로 생각하고 있는 것은 세 부분이다.

① "그러니까 언제나 지각은 '있는(-인) 것'(사실: to on)에 대한 것이며, 인식인 한에서 '잘못할 수 없는 것'(apseudes)이다"(152c5~6).
② "나의 지각은 내게 있어서 참이다. 왜냐하면 나의 지각은 언제나 나의 존재(ousia)에 속하니까"(160c7~8).
③ "존재(ousia)에 미치지 못한 사람에게 진리를 얻는 일이 가능할까?" (186c7)

①은 인간척도설을 소개한 다음 그것을 지각에 적용해서 정리하는 부분에서 제시되며, ②는 다시 테아이테토스와 프로타고라스 및 헤라클레이토스가 하나로 수렴된다는 결론적 언급(160d5~e2)을 제시하기 직전에 프로타고라스-헤라클레이토스가 연관되는 측면을 정리하는 대목에서 제시된다.[78] 그리고 ③은 테아이테토스의 첫번째 정의가 거짓임을 밝히고서 그 비판의 성과를 마무리하는 부분에서 제시된다. 이렇게 볼 때 세 가지 언급은 모두 결정적인 대목에서 등장하고 있다고 할 수 있다.[79] 그런데 이 세 구절을 의식하면, 인간척도설에서 'einai'를 'is true'의 의미로 보는 해석은 유지되기 어렵다. 그런 해석을 받아들이게 되면 ②의 "왜냐하면"은 더 이상 유의미하지 않거니와, ③의 언급은 동어반복과 같은 것으로 되어 버리기 때문이다. ①의 경우에도 'to on'을

---

78) 여기서 '테아이테토스'는 '인식은 지각이다'라는 정의(definition)를, '프로타고라스'는 인간척도설을, '헤라클레이토스'는 만물유전설을 가리킨다.
79) 역설적으로 Burnyeat 자신 또한 다른 논문에서 이 점을 강조하고 있다. 그의 논문 (1976a) 참조.

대언적으로 해석하게 되면 'apseudes'는 없어도 좋은 말이 되어버리고 만다. 일반적으로 헬라스어 구문에서 'einai'가 'is true'의 의미로 사용될 경우도 있지만, 적어도 위와 같은 문맥에서는 플라톤이 '존재'(ousia)와 '진리'(alētheia)를 구별하여 사용하고 있는 만큼 세심한 주의를 기울여야 한다. 세 가지 언급은 모두 《테아이테토스》편 I부의 핵심 부분에서 등장하고 있고, 또 거기서는 존재가 진리보다 선차적인(prior) 것으로 언급되고 있으니 말이다. 그리고 이런 점에서 'einai'는 'is true'의 의미로 사용되기보다는 대상을 지시하는 것으로, 따라서 이를테면 존재나 사실로 보는 게 한결 그럴 듯할 것이다.[80]

이렇게 《테아이테토스》편에서 존재가 진리에 대해 선차적으로 언급되고 있다는 것을 고려할 때 인간척도설은 어떻게 이해할 수 있을까? 'einai'가 대상의 차원에서 이해된다면, 애초부터 인간척도설은 진리의 상대주의로 이해될 수 없다. "각각의 것들은 내게 있어서는 내게 나타나는 그대로(의 것들)인 반면, 다시 각각의 것들은 자네에게 있어서는 자네에게 나타나는 그대로(의 것들)이다"는 진술에서 '그대로(의 것들)이다(einai)'는 각자에게 있어서의 나타남이 참이라는 것이 아니라, 실재 대상이 각자에게 있어서 나타나는 그대로(의 것들)이다는 것으로 이해되어야 한다. 이런 점에서 필자는 인간척도설이 바로 나타남과 실재의 일치를 주장하고, 이를 통해 개별적인 인간이 척도라고 표명하는 교설이라고 이해한다.[81] 그러나 이렇게 이해하게 되면, VII장에서 시사

_____

80) 이 글에서 세부적으로 논의하지는 않겠지만, 헬라스 철학에서 'einai'에 대한 해석의 문제는 엄청난 논란거리임에 틀림없다. 학자들은 일반적으로 Kahn의 견해를 수용하는 경향이 있다. 그러나 《테아이테토스》편에 관한 한 Kahn의 주장은 유지될 수 없다는 게 필자의 확신이다. 이 글의 논조는 이러한 확신에 기초한다. Kahn에 대한 필자의 비판적 생각에 대해서는 필자의 학위논문(1999), 30~31면 & 99~105면 참조. 《테아이테토스》편과 관련된 Kahn의 해석에 대해서는 그의 논문(1966; 1981) 참조.

했듯이, 진리와 관련해서 한정사가 함께 쓰인다고 해서 그것이 진리 자
체를 한정하는 기능을 한다고 볼 수는 없는 일이다. 왜냐하면 한정사는
나타남에 대해서뿐 아니라 'einai'에 대해서도 사용되고 있는데, 이때의
'einai'는 대상적인(de re) 차원에서 사용되고 있기 때문이다. 그러므로
인간척도설에서 상대화되는 것은 진리 개념이 아니다. 일차적으로는 개
별적인 주관에 따라 나타남(믿음)이 상대화되지만, 인간척도설은 무오
류주의를 견지하기 위해 이 나타남에 상응하는 실재 대상까지 상대화
시키고 만다. 그리고 바로 이에 근거하여 개별적인 모든 판단이 그런
판단을 하는 자에게 있어서 참이라고 주장할 수 있게 되는 것이다. 물
론 이때의 진리는 개별적인 믿음에 귀속되기 마련이고, 아마도 이 때문
에 적지 않은 학자들이 진리의 상대주의를 선호하게 되었던 것 같다.
하지만 진리가 개별적인 믿음에 귀속되는 것은, 각각의 나타남에 상응
하는 각각의 실재가 그 나타남에 고유하기 때문이지, 진리 개념 자체가
상대적이기 때문은 아니다. 결국 인간척도설이 상대주의라곤 해도, 상
대화되는 게 진리 개념은 아니므로 그것을 진리의 상대주의라고 할 수
는 없는 일이다. 오히려 실질적으로는 나타남과 실재가 상대화되고 있
다는 점에서 인간척도설은 이중의 상대주의이다. 즉 '나타남(믿음)의
상대주의'일 뿐만 아니라 '사실의 상대주의'(relativism of fact)이기도
하다.[82]

　그렇다면 이런 해석은 (b-1)과 (b-2)를 이해하는 데 있어서 어떤 장
점을 지니는가? 이런 식으로 인간척도설을 이해하게 되면, 모든 나타남
에는 각기 그에 상응하는 대상(ousia)이 있게 된다. 이를테면 바람을
차게 느끼는 사람에게는 바람이 차다는 사태가, 차지 않게 느끼는 사람

81) 이와 관련된 세부적인 논증은 필자의 글(1997, 170~174면)을 참조.
82) Waterlow(1977)가 필자처럼 인간척도설을 이중의 상대주의로 해석하는 것은 아
　　니지만, 그녀는 인간척도설에 대해 '사실의 상대주의'라는 규정을 내리고 있다.

에게는 바람이 차지 않다는 사태가 상응해서 존립하게 된다. 결국 긍정 판단에 대해서는 긍정적 사실이, 부정 판단에 대해서는 부정적 사실이 있게 된다.[83] 그리고 긍정 판단이든 부정 판단이든 모든 판단은 그런 판단을 하는 자에게 있어서 참일 뿐이다. 'phainesthai' 와 'einai' 가 개별적인 주관에 따라 상대화되고, 이로써 'einai' 또한 개별적 주관에 속박되기 때문이다.[84] 우리가 (b-1)의 'einai' 와 관련해서 보게 되는 것이 바로 이런 측면이다. 따라서 플라톤은 (b-1)을 통해 프로타고라스의 인간척도설이 가지고 있는 기본적인 성격을 규정하고 있다고 볼 수 있다. 그리고 이것은 (b-2)의 논변에서도 기초적인 작용을 한다. 플라톤은 (b-1)을 통해 확인된 것을 (b-2)②에서 일반적인 형태로 제시하고 있기 때문이다. 그러니까 (b-1)은 (b-2)의 논변으로 나아가기 위한 예비 논증이라고 할 수 있다. 하지만 그렇다고 한다면 플라톤이 (b-1)과 (b-2)를 하나의 논증 속에 포함시키지 않고, '첫째로', '둘째로' 라고 하면서 구별하는 까닭은 어디에 있는가?

(b-1) 논변을 보면 인간척도설에 반대하는 자들은 모든 인간이 척도라고 생각하지를 않는다. 한데 인간척도설에 의하면 그런 판단에 대해서도 부정적 사실이 상응하게 된다[(b-1)]. 즉 인간은 척도가 아니다(is not). 여기서 본질적 긴장이 생긴다. 프로타고라스 쪽에서는 반대자의 생각을 부정 판단으로 간주하고 그에 상응하는 부정적 사실을 놓겠지

---

83) 이것이야말로 VII장에서 제시된 (3′)의 내용이다. 한편 이 글에서 필자가 '대상' 이란 말을 사용하다가 다시 '사실' 이란 말을 사용하고, 때로는 '실재' 라는 말을 혼용해서 쓰는 것이 의아하게 생각될지도 모르겠다. 그러나 인간척도설 내에서 '사물' 과 '사실' 은 엄격하게 구별되고 있는 것 같지 않다. 아니 아예 구별이 불가능한 듯싶다.

84) 그렇다고 해서 인간척도설을 주관주의로 이해해서는 안 된다. 《테아이테토스》편에서 제시되는 헤라클레이토스적 지각설에 따르면, 그때의 개별적 주관 또한 지각(또는 판단) 상황에 속박되어 해체되고 말기 때문이다. 따라서 엄밀하게 말해서 인간척도설에서 상대화의 기준은 개별적인 주관이 아니라 지각(또는 판단)이 이루어지는 상황이 된다.

만, 반대자는 그것을 부정적 사실로 보는 것이 아니라 아예 사실이 아니라고 이해한다. 이것이 (b-2)에서 주장하는 내용이다. 여기에는 부정어 'not'을 이해하는 방식상의 차이가 놓여 있다. 이것은 (b-1)과 (b-2)를 구별하는 플라톤의 의도가 부정어 'not'의 사용 방식과 연관이 있음을 보여준다. (b-1)의 경우엔 프로타고라스적인 사용 방식이, (b-2)의 경우엔 인간척도설에 반대하는 이들의 사용 방식이 제시되고 있으니까 말이다. 그렇지만 (b-1)의 단계에서는 아직 프로타고라스가 자기 논박된다고 할 수 없다. (b-1)에서는 프로타고라스가 여전히 인간척도설을 믿고 있기 때문에, 어느 누구에게 있어서도 인간이 척도가 아니라는 것 [(c)③]이 도출될 수는 없기 때문이다. 그렇긴 해도 인간척도설이 토대로 삼고 있는 (b-1)의 내용이 (b-2)②에서 엄밀한 형태로 확인되고 있는 만큼 (b-1)은 전체 논증에서 중요한 기능을 한다고 할 수 있다. 다시 말해 (b-1)은 한편으로는 (b-2)와 대비되지만, 다른 한편으로는 (b-2) 논변의 기초로서 작용하기도 하는 셈이다.

그렇다면 이러한 'not'의 사용의 차이가 플라톤의 논변을 타당하게 하는 데 어떤 도움이 될까? 먼저 확인해 둘 것은, 우리의 해석에 따르면 플라톤은 프로타고라스가 참된 판단만을 인정하는 교설을 주장했다는 것을 전혀 왜곡하지 않는다. 이는 플라톤이 프로타고라스에 대해 일관된 묘사를 한 것으로 만든다는 점에서 해석상의 장점이 된다.[85] 이런 이해 속에서 보면 인간척도설은 형식적으로는 '부정'(否定)의 문제를 고려한다. 하기야 애초부터 프로타고라스가 맞서야 했던 문제가 차이와

---

85) 여기서 Burnyeat의 논제가 갖는 한계가 드러난다. 그의 해석에서는 인간척도설이 거짓의 형식화를 내포하는 것으로 간주되었으니 말이다. 이런 잘못은, Burnyeat이 'einai'를 'is true'로 해석하고 환위와 등가의 규칙을 가정함으로써 야기된다. 결국 Burnyeat의 잘못은 'einai'의 문제와 'not'의 문제를 구별하지 못한 데서 비롯된 게 분명하다.

상충의 문제였던 만큼, 부정의 문제를 전혀 다루지 않았다면 인간척도
설은 예전에 무너지고 말았을 것이다. 이런 점에서 플라톤은 프로타고
라스를 허수아비로 그려 놓고 비판하고 있는 것이 아니다. 그런데 앞에
서 보았듯이, 프로타고라스는 일차적으로 지각과 판단상의 차이(그리고
상충)를 상대화의 전략에 의해 해소하려 한다. 그러나 긍정과 부정의
형식을 배제해 놓고서 믿음 내용의 차이를 말할 수는 없는 일이다.[86]
그 결과 프로타고라스는 'phainesthai'와 관련해서도 부정의 형식을 받
아들이게 되고, 또 극단적인 무오류주의를 옹호하려다 보니 'einai'와
관련해서도 부정의 형식을 받아들이게 된다. 이것이 (b-1)의 내용이었
다. 그러나 이런 노선에서는 실질적으로는 타인의 생각에 대한 부정이
불가능하다. 타인의 생각을 부정하는 것은 그것을 거짓으로 간주하는
것인데, 인간척도설 안에서 거짓된 판단이 성립할 공간이란 없기 때문
이다. 이런 점에서 플라톤이 프로타고라스를 대화의 세계로 끌어들여
이의 제기를 하는 것은 결정적이다. 그리고 (b-2)에서 타인의 판단에
대해 'not'을 적용하는 것이야말로 이 같은 이의 제기의 성격을 잘 보
여주고 있다. 왜냐하면 프로타고라스와 반대자 사이에 팽팽한 긴장이
생기게 된 것은 무엇보다도 'not'의 사용에서 차이를 보이기 때문이다.
그리고 이것이야말로 플라톤이 왜 (b-1)과 (b-2)를 구별하면서 진행했
는가를 잘 보여준다.

그런데 이번 장에서 애초에 문제시했던 한정사의 문제는 어찌되는
가? 지금까지의 논의에 따르면 인간척도설에서 상대화되는 것은

---

86) 이 글에서 '지각', '나타남', '판단', '믿음'이란 용어를 구별하지 않고 사용하는 데
대해 이의를 제기할지도 모르겠다. 그러나 《테아이테토스》편에서 인간척도설은 '인
식은 지각이다'라는 테아이테토스의 정의와 연관해서 도입된다. 그리고 인간척도설
은 나타남의 교설로 소개된다. 그리고 이때의 나타남은 지각뿐만 아니라 판단을 포
괄한다. 따라서 우리의 주제와 관련해서는 이것들을 구별하는 게 문제가 되지 않는
다.

'phainesthai'와 'einai'라고 할 수 있겠다. 그러면 플라톤은 일관되게 상대화하는 한정사를 사용하고 있는가? 하지만 정작 (b-2)②에서는 '사실들'(ta onta)과 관련해서도 상대화하는 한정사가 탈락되고 있다. 그렇다면 역시 플라톤의 논변은 허수아비 공격의 오류를 범하고 있는 것인가? 도대체 상대화하는 한정사가 없는 반대자의 진술이 어떻게 프로타고라스를 자기 논박으로 몰아갈 수 있는 것인가?

결정적인 이유는 프로타고라스가 철학적 교설을 지향한다는 데 있다. 프로타고라스의 교설이 흥미로우면서 도전적인 것으로 보이게 되는 까닭은, 그가 특정한 부류의 인간(이를테면 지혜로운 자)이 척도라고 주장하는 것이 아니라 모든 개별적인 인간이 척도라고 주장한다는 데 있다. 그런데 인간척도설이 도전적인 측면을 갖게 되는 데는 묘한 구석이 있는 것 같다. 어떻게 해서 개별적인 모든 판단이 그런 판단을 하는 자에게 참이라고 주장할 수 있을까? 모든 판단과 그 판단의 대상이 사적임에도 불구하고 말이다. 인간척도설은 각자의 개별적인 나타남이 각자의 개별적인 실재에 일치하기 때문이라고 대답한다. 그렇기 때문에 모든 개별적인 판단이 참이다(마침표[87]). 그러나 이미 언급했듯이 이때 '각자의'라는 한정사는 나타남과 실재에 대해서는 기능하지만, 진리에 대해서는 아무런 기능도 하지 않는다. 개별적인 판단은 극단적으로 상대화된다는 점에서 사적이지만, 그 판단이 참이 되는 까닭은 전혀 상대적이지 않다. 그런데 인간척도설은 바로 이런 까닭을 제시하는 교설의 기능을 한다. 그러니까 인간척도설이 주장하는 실질적 내용에는 상대화되지 않는 것이 포함되어 있다고 할 수 있겠다. 사실 워털로우가 적절하게 주목하듯이,[88] 모든 인간이 척도라는 이 주장 자체에는 어떤 한정사도 부가되어 있지 않다. 프로타고라스는 그것을 무조건적으로

---

87) '마침표'는 무한 소급의 가능성이 차단되어 있음을 뜻한다.
88) Waterlow(1977) 참조.

(simpliciter) 주장한다. 그리고 모든 인간이 언제나 척도라고 주장한다는 점에서 인간척도설은 일종의 철학적 교설을 의도한 것이고,[89] 이런 탓에 인간척도설에는 상대성을 초월하는 주장이 들어가 있게 된다. 다시 말해서 인간척도설은 모든 판단에 대해 적용되는 이론이기 위해, 즉 흥미롭고 도전적인 교설이기 위해, 모든 판단에 대해 공통적으로 적용되는 척도의 '기준'을 암묵적으로 가정하게 된다. 이렇게 보면 인간척도설은 진리의 상대주의이기는커녕 오히려 철학적 교설을 의도하면서 객관적인 진리 이론과 같은 것을 은연중에 전제하게 된 셈이다. 왜냐하면 각각의 개별적인 판단에 대한 척도는 (판단이 이루어지는 상황에 속박된) 개별적인 주관이 되겠지만, 상대주의를 옹호하면서 제시되는 척도 개념 자체는 상대화되지 않기 때문이다.

따라서 (b-2)에서 플라톤이 상대화하는 한정사를 탈락시키는 것은 논변의 오류가 아니라 장점이다. (b-2)①에서 프로타고라스가 반대자들의 생각을 인정할 수밖에 없게 되는 이유는 인간척도설이 모든 판단에 대해 무오류주의를 주장하고 있기 때문이니까 말이다. 바꾸어 말하면 인간척도설은 모든 개별적인 판단을 그런 판단이 이루어지는 상황에 속박시키는 방식으로 이해하고 있지만, 인간척도설을 모든 판단에 적용하면서 특정한 판단(이 이루어지는 상황)에 속박되지 않는 뭔가를 암묵적으로 가정하게 된다. 그런데 (b-2)②는 바로 그런 측면을 명시적으로 보여주고 있다. 인간척도설은 철학적 교설이려고 하면서 상대주의를 초월하는 주장을 가정하게 되는 것이다. 결국 인간척도설의 이러한 성격 때문에 프로타고라스는 (b-2)⑤에서처럼 반대자들의 생각에 동의하

89) 앞서 인용한 152c5~6뿐 아니라, 158d3~4, 158e5~6, 177c7~8에서도 "언제나" (aei)라는 표현이 등장하고 있는데, 이것은 인간척도설이 모든 나타남에 대한 교설임을 보여준다. 실제로 플라톤은 자기 논박 논변을 구체적으로 제시하기 직전에 (170a7) 인간척도설이 모든 인간의 판단과 관련된 것임을 명시적으로 밝히고 있다.

게 되고, 이로써 스스로도 인간척도설에 대해 이의 제기를 하는 꼴이
되게 된다[(c)]. 그리고 이와 함께 프로타고라스는 자기 논박되고 만다.

IX

그러나 플라톤을 비판적으로 보는 학자들이 지금까지의 논의만으로
쉽사리 물러설 것 같지는 않다. 적지 않은 학자들은 프로타고라스가 플
라톤의 논변과는 다른 대응을 하는 것이 가능하다고 생각하기 때문이
다. 이들은 인간척도설의 철학적 설득력이 감소되었다고 해도 프로타고
라스가 여전히 자기 논박은 면할 가능성이 있다고 생각한다.[90] 이것은
(b-2)①-⑤의 구성에 뭔가 문제가 있다고 보는 입장이라고 할 수 있다.
이를테면 프로타고라스는 자신을 소극적으로라도 변호하기 위해 인간
척도설이 거짓이라고 판단하는 반대자에게 '그런 판단은 당신들에게
있어서 참일 뿐이다'라고 반응할 수 있지 않을까? 이 경우엔 상대화하
는 한정사가 다시 사용되고 있으며, 만일 이런 길이 가능하다면 플라톤
의 논증에는 뭔가 잘못이 있다고 하겠다. 그런데 여기서 한정사의 삽입
과 관련된 문제는 '동의'(homologein, synchōrein)의 성격과 관계된다.
플라톤이 프로타고라스를 자기 논박의 구렁텅이로 몰아간 근거는 반대
자들의 생각에 대한 프로타고라스 자신의 동의에 있었기 때문이다.
플라톤이 구성한 논변에 따르면, 인간척도설은 모든 판단을 논의 대
상으로 한다. 그리고 인간척도설이 모든 판단에 적용된다고 주장하는
깃에는 어떤 상대화도 발견할 수 없다고 본다[(b-2)②]. 그런데 플라톤
은 이미 변증적 논증을 통해 상충되는 생각을 하는 것이 가능함을 밝

---

90) 누구보다도 Chapell(1995)이 그런 주장을 한다.

했다(이 글의 Ⅳ장 논의 참고). 따라서 인간척도설과 관련해서도 프로타고라스와 상충되는 생각을 하는 이들이 있게 된다. 그러나 프로타고라스는 이런 생각에 '동의' 할 수밖에 없다[(b-2)①과 ③]. 인간척도설을 반대하는 그 생각조차 인간척도설이 설명하려는 판단에 포함되기 때문이라는 것이다[(b-2)②와 ⑤]. 게다가 프로타고라스 자신은 인간척도설에 반대되는 생각에 동의하지만, 반대자들은 프로타고라스에 동의하지 않는다[(b-2)④]. 이것은 양쪽의 대화 과정에서 '동의' 에 있어서도 상충이 일어남을 보여준다. 결국 프로타고라스만이 상대편의 주장에 동의할 수밖에 없는 만큼, 인간척도설에 대해선 프로타고라스를 위시한 모든 사람에 의해 이의가 제기되게 되며[(c)①], 프로타고라스가 이를 인정하게 됨으로써[(c)②], 인간척도설은 프로타고라스 자신에게 있어서도 참이 아니게 된다는 것이다[(c)③].

　그렇다면 플라톤의 논변에서 프로타고라스가 (반대자들의 생각에 맞서면서) 상대화하는 한정사를 사용할 수 없는 까닭은 무엇인가? 다시 말해 프로타고라스는 반대자들의 생각에 대해 '그런 판단은 당신들에게 있어서 참이다' 라고 말할 수는 없는가? 필자는 프로타고라스에게 있어서는 이런 길이 아예 차단되어 있다고 생각한다. 그 까닭은 이때 문제가 되는 판단이 바로 인간척도설 자체에 대한 것이기 때문이다. 이것은 플라톤이 인간척도설을 자체 적용(self-application)하여 논박될 수 있는가를 고찰하고 있음을 보여준다.[91] 만일 프로타고라스가 위와 같은 반응을 보인다면, 그것은 인간척도설의 진리가 자신에게 속박되어 있다고 말하는 것과 다르지 않다. 따라서 이 경우엔 인간척도설이 타인의

---

91) 이것이야말로 Burnyeat이 주는 교훈이다[그의 논문 Burnyeat(1976c) 참조]. 이런 측면은 McDowell(1973)도 지적하고 있다. 아이로니컬하게도 Richard Rorty 또한 이 문제의 성격을 자기 지시(self-reference)의 측면이라고 정확하게 지적하고 있다 [그의 글(1982), 167면 참조].

생각에도 적용된다는 주장을 적극적으로 할 수 없게 되며, 따라서 인간 척도설이 주장하는 내용 자체를 스스로 부정하게 될 것이다. 인간척도 설은 프로타고라스 자신의 판단만을 다루는 교설이 아니라 모든 판단 을 대상으로 했으니 말이다. 그리고 이런 점에서 프로타고라스는 형식 적으로는 자기 논박되지 않는 것처럼 보일지 몰라도 실질적으로는 자 신이 주장하는 생각을 자신이 부정하는 꼴이 되고 만다.

이러한 해석은 '동의'의 성격을 통해서 다시 이해될 수 있다. 프로타 고라스가 반대자들의 생각에 대해 '그런 판단은 당신들에게 있어서 참 이다'라고 대답한다면, 우리는 프로타고라스에게 단 한 마디의 물음만 던지면 된다. '그렇다면 애초에 당신은 왜 반대자의 주장에 동의를 하 셨나요?' (b-2)의 논변에서 프로타고라스는 반대자의 주장에 대해 동의 한다. 그가 동의하는 까닭은 다른 데 있지 않다. 프로타고라스는 인간척 도설이 자신뿐 아니라 다른 모든 인간한테도 적용된다고 생각하고 있 기 때문이다. 결국 프로타고라스가 반대자의 생각에 동의하게 되는 까 닭도 인간척도설 때문이지만, 프로타고라스에게 심각한 문제가 야기되 는 까닭도 인간척도설이 주장하는 내용 때문이다. 이렇게 보면 인간척 도설은 제 자신이 주장하는 것 때문에 반대자들의 이의 제기에 동의할 수밖에 없고, 이 때문에 자기 논박이 되는 셈이다.

플라톤이 이런 식으로 자기 논박 논변을 구성한 데는 중요한 시사점 이 있는 것 같다. 플라톤은 프로타고라스를 대화의 세계로 이끌어들여 그를 궁지로 몰아 세운다. 자기 논박 논변에서 이러한 전략은 결정적이 다. 프로타고라스가 자기 논박되는 게 전적으로 논리적인 이유 때문만 은 아니기 때문이다. 프로타고라스는 자신의 생각에 이의를 제기하는 사람들에 동의한 까닭에 논박되는 것이니까 말이다. 이런 점에서 플라 톤의 논변은 논리적인 자기 논박이 아니라 변증적인(대화적인) 자기 논박이다. 여기서 플라톤에 의해 확립되는 것은 이렇다. 대화의 세계는 이미 차이를 반영한다. 무엇보다도 결정적인 차이는 생각의 차이이며, 이와 더불어 이의 제기의 가능성이 기초적인 것으로 받아들여진다. 그리고 이렇게 논쟁이 가능하다는 게 인정됨으로써 대화의 세계는 참과 거짓의 대립을 수용하게 된다. 이의 제기는 타인의 생각이 거짓이라는 것을 확립하려는 시도이기 때문이다. 하지만 대화의 세계 속에 이의 제기의 대립만이 존재하는 건 아니다. 대화는 '동의' 행위에도 기초하고 있기 때문이다. 그런데 타인의 판단에 대해 동의한다는 것은 이미 그 판단(의 내용)이 참임을 승인하는 행위를 수반하게 된다. 따라서 대화를 나눈다는 것은 어찌 보면 이미 참과 거짓의 개념을 사용하고 있는 것이다.[92] 그리고 이의 제기를 하든 동의를 하든, 그것은 타인과 동일한 내용의 생각을 할 수 있음을 전제한다. 그리고 이것은 사유가 개별적인 주관이나 상황을 초월할 수 있음을 시사한다. 공유된 생각은 개별적인 주관들을 초월한 것이니까 말이다. 이런 점에서 대화의 세계에서 확립되는 진리는 상대적이지도 않을 뿐더러 '개별적인 주관에 고유한'(사적인) 것도 아니다.[93]

지금까지의 논의에 따르면 프로타고라스는 자기 논박을 피할 수 없다고 할 수 있겠다. 그럼에도 불구하고 플라톤을 비판하는 학자들이 주장하듯, 프로타고라스가 여전히 '인간척도설은 자신에게 있어서는 참이다'라고 주장한다면 어떨까?[94] 정말 프로타고라스가 그렇게 옹고집을

---

92) (b-2)①~⑤에서 플라톤이 이야기하려는 것이 바로 이런 것인 듯싶다.

93) 여기서 플라톤이 모든 인간에게 '합리적' 대화의 능력이 주어져 있다고 본 건 아니라는 게 상기될 필요가 있다. 아마 그가 쟁론술(eristikē)과 변증술(dialektikē)을 곧잘 구별하는 것도 이런 의도와 연관이 있을 것이다. 즉 언어 사용의 능력이 합리적 대화의 능력을 보장해주지는 못하며, 이를 위해서는 그것이 생김직한 사람들조차도 오래도록 종사하고 교육을 받아야만 한다는 게 플라톤의 생각인 것 같다. 플라톤이 이런 생각을 하게 된 까닭은 다른 데 있지 않을 것이다. 진정한 대화란 공유된 이해(synesis)를 전제로 하며, 여기에는 사유의 상승이 필수적이기 때문이다.

피운다면, 우리로서야 어쩔 수 없는 일이겠다. 그러나 앞에서 보았듯이, 이와 같은 길에서는 진정한 의미의 사유도 불가능하게 될 것이요 실질적인 대화조차 불가능할 것이다. 따라서 대화가 이루어지지 않는 상태에서는 변증적 차원의 자기 논박조차 불가능할 것이다. 하지만 이런 길에 서면 인간척도설은 더 이상 흥미롭고 도전적인 교설일 수가 없다. 인간척도설이 주장하는 바는 모든 판단에 적용되는 게 아니라 프로타고라스의 판단에만 한정되기 때문이다. 따라서 프로타고라스 스스로는 '모든 판단'을 두고 이야기한다고 하지만, 이때의 '모든 판단'은 실질적인 지시체를 잃어버리게 되며, 이런 점에서 프로타고라스는 유아론에 빠지게 된다.[95] 그리고 이와 함께 인간척도설은 스스로 물러설 수밖에 없는(self-defeating) 교설로 전락한다. 우리가 인간척도설을 도전적인 것으로 받아들일 철학적인 이유란 전혀 없게 되는 것이다.

그런데 놀랍게도 플라톤은 이 문제까지도 의식하고 있었던 것 같다. 그는 자기 논박의 논변을 끝내자마자 이렇게 말한다. "그 분[프로타고라스]께서 지금 당장에 땅 밑에서부터 불쑥 목까지 내밀고 땅 위로 나타나신다면, 아마 이렇게 하실 법합니다. 즉 그 분께서는 제가 많은 어리석은 말을 한다고 반박을 하시고, 그리고 당신(테오도로스)이 그 헛소리에 동의했음을 반박해 주시고는 땅 밑으로 꺼져서 달아나 버리실 줄도 모릅니다"(171d1~3). 플라톤은 프로타고라스에 대해 비아냥거리고 있다. 이 장면에서 프로타고라스는 제 말만 하고 달아나는 것으로 설정된다. 프로타고라스는 대화를 통해 자신을 옹호할 수 없다. 워털로우의 말마따나 이런 세계는 '변증적 무'(dialectical nothing)의 세계이다.[96] 그리고 프로타고라스는 자신의 주장이 지칭할 토대를 잃어버렸다

94) 이것이야말로 Chappell(1995)과 같은 사람이 고려하는 문제이다.
95) 프로타고라스가 유아론에 빠지게 될 가능성에 대해서는 Burnyeat(1976c) 참조.
96) Waterlow(1977), 36면.

는 점에서 무의미의 세계로 전락하게 된다. 결국 인간척도설은 합리적인 관점에서는 자기 논박을 피할 도리가 없게 된다. 합리적인 존재는 합리적인 대화가 가능한 의미의 세계 속에서 살아가며, 또 그런 세계에서만 합리적인 사유가 가능할 것이기 때문이다.[97]

정리하자면 필자의 결론은 이렇다. 만일 인간척도설이 철학적으로 흥미롭고 도전적인 교설이라면, 그것은 변증적으로 자기 논박된다. 왜냐하면 인간척도설은 그것이 프로타고라스 자신뿐 아니라 판단을 하는 모든 이에게 적용된다고 가정하기 때문이다. 이때 인간척도설이 모든 이에게 적용된다는 것은 이미 일종의 객관성을 가정하고 있는 것이고, 우리의 해석에서 플라톤의 프로타고라스는 바로 객관적인 척도 개념을 암묵적으로 사용함으로써 인간척도설의 객관적 타당성을 옹호한다. 그러나 프로타고라스가 진리 개념에 대해 특수한 지위를 인정하지 않고, 그것을 인간척도설 자체에 적용하게 될 때, 인간척도설은 더 이상 도전적인 교설이 될 수 없다. 왜냐하면 프로타고라스는 인간척도설이 자신에게만 적용된다고 말하는 셈이기 때문이다. 그러나 이 경우 프로타고라스의 판단 내용은 타인과 공유될 수 없으며, 따라서 대화의 세계로부터 벗어나게 된다. 이런 길에서 프로타고라스는 자기 논박되지는 않지만, 다시 이제 인간척도설은 철학적으로 선호할 아무런 까닭도 없기 때문에 스스로 물러날 수밖에 없는 교설로 전락한다. 그러나 프로타고라스가 애초부터 후자의 길을 걷기 위해 인간척도설을 제시했다고 믿기는 어려울 것이다. 이런 점에서 플라톤의 프로타고라스는 전자의 길을 걸으며, 따라서 변증적으로 자기 논박된다.

97) 《테아이테토스》편에서 플라톤은 이 문제를 따로 다루고 있다. 그런 탓에 이와 관련된 논의를 여기서 세부적으로 다룰 수는 없겠다. 흥미로운 점은, 플라톤이 대화의 가능성이란 문제를 형이상학적 문제와 연관시켜 고려하고 있다는 점이다. 이에 대한 필자의 견해에 대해서는 필자의 학위논문(1999), 85~89면 참조.

필자는 역사적인 프로타고라스에 대해서도 플라톤의 비판이 타당하지 않을까 생각한다. 잘 알려져 있다시피, 프로타고라스는 자신의 제자와 특이한 계약을 한 것으로 전해진다. 디오게네스 라에르티오스 (Diogenes Laertios)는 이렇게 전한다. "한 때 에우아틀론이라는 제자한 테 수업료(보수)를 요구한 프로타고라스는, 그 제자가 '저는 [소송에서] 결코 이겨 본 적이 없습니다'라고 말하자, '그렇지만 한편으론 내가 승소하면, 내가 승소했기에, 나는 수업료를 받아야 하며, 다른 한편으론 자네가 승소하면, 자네가 승소했기에, 나는 [역시] 수업료를 받아야 하네'라고 대답한 것으로 일컬어진다".[98] 우리는 제자 쪽에서도 마찬가지의 딜레마를 펼칠 수 있다는 것을 안다. 이것은 무엇을 의미하는가? 이것은 애초에 프로타고라스와 제자 간의 계약에 자체 모순을 수반하는 내용이 포함되어 있음을 보여준다. 그리고 그것은 바로 계약 내용이 자체 적용될 때 발생한다. 이러한 이야기가 진실이라면, 우리는 역사적인 프로타고라스가 자체 적용 속에서 발생하는 문제를 의식하지 못했을 것이라고 짐작해 볼 수 있을 것이다. 한데 이것은 바로 플라톤이 폭로한 프로타고라스의 한계와 동일하다. 따라서 역사적인 프로타고라스 또한 이러한 자기 논박의 굴레로부터 벗어나지 못했을 것이라고 생각하는 것이 섣부른 비약만은 아닐 듯싶다.[99][100]

---

98) 디오게네스 라에르티오스, 《철학자들의 생애에 대하여》, IX. 56.

99) 이러한 해석은 위의 사례를 철학적 재판정(裁判廷)에서 일어난 일로 간주한 데 기초한다. 상식의 세계에서는 암묵적인 가정이 무의식적으로 도입될 수 있겠고, 이럴 경우엔 위의 사례도 달리 해석될 여지가 있다.

100) 원래 이 글 속에는 상대주의 일반에 대한 논의를 포함시키려 했다. 이를테면 우리는 믿음 체계 상대주의, 그 중에서도 진리의 상대주의를 다른 각도에서 고려해 볼 수 있을 것이다. 그러나 그런 주제까지 다루다 보면 그렇지 않아도 긴 글이 너무 방만하게 될 터인지라 이에 대한 논의는 다음 기회로 넘길 수밖에 없었다. 다만 마지막으로 강조하고 싶은 점은, 여러 가지 다른 믿음 체계들의 존재가 곧바로 믿음 체계 상대주의를 정당화할 수는 없다는 것이다. 이는 지각의 원근법에 따라 여러 가지

160   정준영

참고 문헌

1. 헬라스 원전
1) 플라톤 원전

Burnet, J.(ed.)(1900), *Platonis Opera* I, Oxford Classical Texts, Oxford Univ. Press.

Duke, E.A. & Hicken, W.F. et al. (eds.)(1995), *Platonis Opera* I(new edition), Oxford Classical Texts, Oxford Univ. Press.

2) 기타 원전

W. Jaeger(ed.)(1957), *Aristotelis Metaphysica*, Oxford Classical Texts, Oxford Univ. Press.

M.A. Hicks(trans.)(1925), *Diogenes Laertius: Lives of Eminent Philosophers*, Vol. I & II, Loeb Classical Library: Harvard Univ. Press.

R.G. Bury(trans.)(1935), *Sextus Empiricus*, Vol. I & II, Loeb Classical Library: Harvard Univ. Press.

2. 일반서적 및 논문

Bostock, D.(1988), *Plato's Theaetetus*, Clarendon Press.

Burnyeat, M.(1976a), "Plato's on the Grammar of Perceiving", *Classical Quarterly* 26.

———— (1976b), "Protagoras and Self-Refutation in Later Greek Philosophy", *Philosophical Review* 85-1.

다른 지각적 믿음들이 있다는 것이 프로타고라스를 정당화하지 못하는 것과 마찬가지이다. 이런 까닭에 우리는 차이의 문제와 상대성의 문제를 뒤섞어서는 아니 된다.

──────(1976c), "Protagoras and Self-Refutation in Plato's *Theaetetus*", *Philosophical Review* 85-2.

──────(1979), "Conflicting Appearances", *Proceedings of the British Academy* 65.

────── (1982), "Idealism and Greek Philosophy: What Descartes saw and Berkeley missed", *Philosophical Review* 91.

────── (1990), *The Theaetetus of Plato*(Trans. by Levett, M. J.), Hackett Publishing Company.

Chappell, T.D.J.(1995), "Does Protagoras Refute Himself?", *Classical Quarterly* 45.

Cornford, F.M.(1935), *Plato's Theory of Knowledge*, Routledge & Kegan Paul.

Denyer, N.(1993), *Language, Thought and Falsehood in Ancient Greek Philosophy*, Routledge.

Emilsson,E.K(1994), "Plato's Self-Refutation Argument in *Theaetetus* 171A-C Revisited", *Phronesis* 39.

Fine,G.(1996), "Conflicting Appearances: *Theaetetus* 153d-154d", in C. Gill & M.M. McCabe(eds.), *Form and Argument in Late Plato*, Clarendon Press.

────── (1998), "Relativism and Self-Refutation", in J. Gentzler (ed.), *Method in Ancient Philosophy*, Clarendon Press.

Glidden, D.K.(1975), "Protagrean Relativism and Physis", *Phronesis* 20.

Guthrie, W.K.C.(1978), *A History of Greek Philosophy*, Vol.5, Cambridge Univ. Press.

Haak,S, 《논리철학》, 김효명 역, 서광사, 1984.

Kahn, C.H.(1966), "The Greek Verb 'To Be' and the Concept of Being", *Foundations of Language*.

────── (1981), "Some Philosophical Uses of 'to be' in Plato", *Phronesis* 26.

Liddle, H.G. and Scott,R. (1975), *Greek-English Lexicon*, Oxford: Clarendon Press.

McDowell,J. (1973), *Plato: Theaetetus*, Oxford Univ. Press.

Putnam, H. 《이성 · 진리 · 역사》, 김효명 역, 민음사, 1987.

Rorty, R.(1982), "Pragmatism, Relativism, and Irrationalism", *The Consequences of Pragmetism*, University of Minnesota Press.

Runciman, W.G.(1962), *Plato's Later Epistemology*, Cambridge Univ. Press.

Sayre, K.M.(1969), *Plato's Analytic Method*, University of Chicago Press.

Scaltsas,T.(1989), "Socratic Moral Realism:An Alternative Justification", Oxford *Studies in Ancient Philosophy*.

Taylor, A.E.(1926), *Plato: the Man and his Work*, Methuen.

Vlastos, G. (ed.)(1956), *Introduction to Plato's Protagoras*, New York.

Waterfield, R.A.H.(1987), *Plato: Theaetetus*, Penguin Books.

Waterlow, S.(1977), "Protagoras and Inconsistency: *Theaetetus* 171a6-c7", *Archiv für Geschichte der Philosophie* 59.

정준영(1997), "《테아이테토스》편에서 논의된 프로타고라스의 인간척도설과 상충의 문제", 《西洋古典學研究》, 제11집.

─────── (1999), "《테아이테토스》편에서 논의된 인식의 문제: 지각 · 판단 · 로고스", 박사학위논문, 성균관대.

플라톤의 데미우르고스와 철학적 우주론*

박희영

서론

우리는 흔히 인류의 문명이 실증주의 철학자 콩트가 주장하였듯이 종교적 단계, 형이상학적 단계, 자연 과학적 단계를 거쳐 발전되어 왔다고 이야기한다. 그리고 같은 문맥에서, 우리는 우주론도 원시 종교적 단계의 자연 신화, 우주 발생설 또는 창조 신화에서 시작하여, 철학적 우주론의 단계를 거쳐, 오늘날의 자연과학적 우주론에로 발전되어 왔다고 이야기한다. 그러나 모든 대상에 대해 무차별적으로 검증 가능성의 기준을 적용하여 진·위를 결정짓는 초기 실증주의의 아직 심화되지 못한 관점에서 나올 수 있는 이러한 언급은 자칫 그러한 기준을 적용시킬 수 없는 다른 종류의 지식 및 우주론이 지니는 다른 차원의 가치를 제대로 평가하지 못하게 만드는 위험성을 안고 있다.

만약에 우리가 모든 것을 단순히 인식 및 논리의 관점에서만 다룬다

* 이 글은 한국외국어대학교 2000년도 교내 연구비에 의해 씌어졌다.

면, 우리는 인식 및 행위, 존재와 가치, 이성적인 것과 비이성적인 것들이 혼화된 이 세계를 인간·사회·우주의 총체적 연관 관계에서 바라보는 철학적 우주론의 의의를 어떻게 제대로 이해할 수 있겠는가? 사실 창조 신화 및 우주 발생설 그리고 철학적 우주론의 의미를 충전적으로 이해하기 위해서, 우리는 하나의 시니피앙이 지시하는 개체적 차원에서의 특수한 시니피에들의 질적 고유성 자체만을 파악하려는 태도에서 벗어나, 그 개체적 특수성이 지니는 의미를 언제나 원리 차원에서의 일반적 진술—물론 우리는 원리적 차원에서의 일반적 진술에 대해 먼저 이해하고 있어야 하지만—과의 연관 속에서 발견하려는 태도를 지니고 있어야 한다.

그럴 듯한 이야기(mythos)로서의 초기 단계의 자연 신화, 우주 발생설 및 창조 신화의 단계를 넘어, 우주에 대한 로고스적 설명의 체계를 정립시킨 것으로 평가되는 플라톤의 우주론에 대한 정확한 이해도 그 당시의 종교적·철학적 개념 체계와의 연관 관계 속에서 고찰될 때 비로소 가능하게 됨은 마찬가지이다. 따라서 본 글은 우선 세계에 대한 이해 및 설명 방식의 패러다임의 전개라는 관점에서 그리스 철학 시대 이전의 신화 및 종교적 개념 체계를 살펴보고, 데미우르고스 개념에 정초되어 있는 플라톤 우주론의 특성을 분석해 본 다음, 그러한 분석을 바탕으로 그의 우주론이 어떠한 면에서 통시적으로 신화적·종교적 단계의 개념 체계를 이어받고 있고, 어떠한 면에서 그러한 개념 체계를 뛰어넘어 인간과 우주의 관계에 대한 학문적 입장에서의 설명 체계로서 자리잡게 되었는지를 고찰함에 그 목적이 있다.

대상에 대해 정확히 유별(類別)하지 않고, 모든 대상을 일률적으로 자연 과학적 관점에서만 인식·설명·평가하려는 경향이 많은 사람들의 사고 방식을 점차 지배해 가고 있는 오늘날, 우리가 굳이 플라톤의 철학적 우주론을 살펴보려는 것은, 그의 우주론이 현대인들의 그러한 사유 습관에 의해 해체되어 버린 철학적 공관(共觀, synopsis)―우주와 자연 그리고 인간을 총체적 연관 관계 속에서 종합적으로 바라보는 능력―의 안목을 현대적 시각에서 탐색할 수 있도록 해줄 것이기 때문이다. 그러나 본 글은 그러한 탐색 작업의 제1부로서 공작인(homo faber) 또는 실천인(homo practicus)에 대한 전형적 투사라 할 수 있는 데미우르고스의 이론적·실천적 기능신으로서의 모습에 초점을 맞춘 플라톤 우주론의 한 면만을 살핌에 국한시키고, 그의 우주론의 다른 면―이데아론과 측정술에 근거하여, 세계 구성의 원리 및 과정에 대하여 수학적·철학적으로 설명하는 면―에 대한 고찰은 다음 연구의 과제로 남기고자 한다.

본론

1. 원시 종교적 단계의 자연 신화, 우주 발생설 그리고 창조 신화

우주 및 자연 현상이 왜 일어나는지 그 원인에 대하여 과학적으로 인식하고 이론적으로 설명하는 단계에 이르지 못했던 시절의 인류는 그러한 현상들의 원인에 대해 그럴 듯한 이야기로써 자신들 나름대로의 생각을 표현하였었다. 물론 그러한 이야기들은 그럴 듯함이라는 가면 속에 애매 모호성(ambiguité)을 감추고 있기 때문에, 일의성(univocité)과 체계성, 무모순성을 조건으로 하는 오늘날 관점에서의 논리적 내지 합리적 설명이 될 수는 없다. 그럼에도 불구하고, 우리는 그러한 이야기들이 각 시대마다 그 당시의 인간 지능 수준에서 최대한 합리적으로―물론 오늘날에 사용되는 엄밀하면서도 폐쇄적인 의미에서의 합리성과는 다른―설명하려는 노력의 결과물임을 잘 안다. 사실 그러한 설명 체계는 인간들이 이 세계 안에서 감각적으로 직접 경험한 것을 바탕으로, 직접 경험하지 못한 다른 현상들에 대해서도, 로이드가 주장하였듯이,[1] 유비 추리(analogia)의 원리에 입각하여 자신들이 직접 경험한 것을 이해하고 설명하는 방식과 유사한 방식으로 이해하고 설명하려는 의도에서 나온 것이라 할 수 있다.

그렇기 때문에 우리는 옛사람들이 세계의 발생에 관하여 이야기한 신화에 대하여 현대의 학문적 의미에서의 설명—사실을 발견하고, 그것에 대해 판단을 내리며, 가설과 검증 그리고 이론을 통하여 일반적 법칙을 정립함으로써 미래를 예측한다는 의미에서의—이라는 용어를 적용시킬 수는 없다.[2] 사실 모든 현상의 원인을 초자연적인 힘—마나(Mana) 또는 누멘(Numen)과 같은—에서 찾았고 그 힘의 신성함을 믿었으며, 그러한 신성한 힘을 종교적 의식이라는 매개를 통하여 생생하게 체험함을 중시하였던 고대인들에게, 신화라는 것은 본래 자연 현상이 왜 일어나는지 그 원인을 설명하기 위한 도구라기보다는, 그들이 살아가면서 그 신성한 힘과 어떻게 함께 할 수 있는지를 체득시켜 주는 수단이었다. 따라서 신화는 그들에 있어 그 진위를 판가름하고 무모순적 체계를 세워야 하는 이론적 인식과 논리적 증명의 대상이 아니라, 성스러움의 세계에 소위 레비 브륄이 말하는 신비적 참여(la participation mystique)[3]를 통해, 입문할 수 있도록 도와주는 행위론 또는 존재론적 체험의 안내자라 할 수 있다.

그러나 본질적으로 주관적 체험의 안내자였던 이러한 신화는 인간의 지능이 발달함에 따라, 다른 한편으로 비록 초보적 단계지만, 우주 및 인간의 관계에 대해 밝혀 주는 객관적 설명의 도구로도 쓰이게 된다.

1) G.E.R. Lloyd, *Polarity & Analogy* 참조.
2) G.H. Von Wright, *Explanation & Understanding*, 1~33면.
3) L. Levy-Bruhl, *Les fonctions mentales dans les sociétés inférieures*, 268면.

사실 인간이 외적 대상은 물론이고 자신의 체험마저도 자기로부터 분리시켜 대상화시키게 되면서부터, 그리하여 개별성(개인적이든 집단적이든 간에) 안에 내재해 있으면서도 동시에 그것을 초월해 있는 보편성에 대해 어렴풋이 이해하게 되면서부터, 그 신비스러운 참여라는 체험 속에 함께 융화되어 있던 종교적 의식과 신화는 서로 분리되게 되었다. 그리하여 특정한 시공 속의 특정의 종족에게만 충전적으로 그 의미가 느껴지던 신화는—종교 의식이라는 체험 속에 함께 녹아 있으므로—그 특정의 텍스트—특히 종교적 의식이라는 텍스트—를 벗어나 이야기 및 문자를 통해서만 전달되고 읽혀지게 되었고, 그 결과 인간도 더 이상 그 신화의 충전적 의미를 자기 것으로 내재화시킬 수 없게 되었다.

물론 우리는 20세기 초부터 발달한 인류학·종교학·신화학 덕분에—비록 그 이해의 정도는 신화를 읽어내는 사람의 상상력과 이해력의 폭에 따라 다를 수밖에 없지만—간접적으로나마 최대한 신화의 의미를 충전적으로 읽어낼 수 있게 되었다. 특히 자연 현상의 법칙을 상징적으로 비유하고 있는 자연 신화들(예를 들어 이시스-오시리스 신화 같은 농경 신화들)에 대해서, 우리는 신비스러운 참여와 같은 특정의 체험 없이도 어렵지 않게 그 의미를 읽어낼 수 있다. 그러나 자연 신화와 더불어 철학적 우주론 형성의 또 다른 한 축을 이루게 되는 창조 신화의 의미를 충전적으로 읽어냄은 그 옛날 종교적 인간(homo religiosus)으로서의 고대인들이 신화가 전해주는 신들의 원형적(archetypus) 창조 행위를 종교 의식을 통해 직접 체험한다는 것이 어떠한 것이었을지에 대해 상상으로나마 간접 체험할 수 있는 특별한 심리적 상상력과 주관주의적 철학함의 작업을 필요로 한다. 그런데 그러한 상상력은 플라톤 우주론의 주체가 되는 데미우르고스의 진정한 의미를 해독하려는 사람에게도 동일하게 요구된다. 그것은 우주 발생설 및 창조 신화의 근저에 깔려 있는 사유의 원형적 구조가 플라톤의 데미우르고스 개념의 형성과 특히 그 기능의 면에서 밀접하게 연관되어 있기 때문이다. 바로 그러한 점 속에, 우리가 데미우르고스에 대해 고찰하기에 앞서 창조 신화에 관해 주제적으로 살펴보고자 하는 이유가 들어 있다.

그렇다면 창조 신화 속에 깔려 있는 세계관은 어떠한 것이고, 그것의 철학적 함의는 무엇인가? 과거에 창조 신화를 만들어낸 여러 종족들이 이해하였던 창조의 시니피에와 오늘날 우리가 이해하고 있는 그것은 어떤 점에서 동일하고, 어떤 점에서 다른가? 무릇 오늘날의 우리들에게 있어서 창조라는 개념은 일반적으로 세 가지 의미로 받아들여지고 있다. 첫째로, 그것은 한 존재자에서 다른 존재자를 만들어내는 제작(poiesis) 내지 부모가 자식을 낳는 것과 같은 생산(procreatio) 작용을 뜻한다. 상식적 차원에서 가장 오래 전부터 받아들여져 왔고, 특히 학문적 사유에 의해 기꺼이 받아들여지는 이러한 의미에서의 창조는 비록 이미 존재하고 있는 재료를 활용한다는 점에서 상대적 의미의 창조이지만, 아직까지 존재하지 않았던 어떤 것을 처음으로 만들어낸다는 측면에서는 절대적 의미의 창조와 맞닿아 있다. 둘째로, 창조는 '절대무에서의 유의 창조'(creatio ex nihilo)를 의미한다. 유대교 사도들의 종교적 전통 속에서 형성되어 스콜라 철학자들에 의해 철학적으로 정교화되는 과정을 거쳐 서구의 근세 철학자들에게까지 계속 영향을 끼쳐 왔던 이러한 절대적 의미의 창조는 논리적·학문적 사유의 극한치에서 즉 합리적 방법으로 해결할 수는 없지만, 반드시 해결해야만 하는 필연적 현실에 부딪쳤을 때 나오게 된 초논리적 개념이라 할 수 있다. 따라서 이러한 의미의 창조는 주어진 것(datum)에서 출발하여, 그것들의 상관 관계 및 법칙을 연구하는 객관적인 학문의 차원에서는 받아들여지지 않고, 생사여부와 직결되는 극한 상황 속에서 주관적으로 어떤 행

동을 선택할지를 결정해야 하는 믿음·행동의 차원에서만 받아들여진
다. 그러나 바로 그러한 이유 때문에, 이러한 의미의 창조는 다른 한편
종교적 차원과는 별도로 존재/신학적 또는 형이상학적 탐구의 차원이
나 주체 철학적인 결단의 차원에서 형이상학적 요청으로서 전제되기도
한다. 셋째로, 창조는 미학적 차원에서의 예술 작품의 창작이나 또는 주
체 철학적(윤리적), 종교적 차원에서의 실천(praxis)을 통한 새로운 가
치의 실현을 의미한다. 이러한 의미의 창조는 가치 판단과 사실 판단을
분리시켜 생각하는 사람에게는 예술가나 도덕가 그리고 종교가들의 전
유물로 여겨질 수 있으나, 존재성과 당위성을 서로 대립되는 것이 아니
라 하나의 통일성 속에서 아우르려고 하는 철학자들에게는 전존재를
투여하여 가치로운 것을 실천해 내려고 노력하는 그 어느 누구에게도
동등하게 열려 있는 것으로 여겨진다.

　오늘날 우리가 창조의 의미를 이렇게 세 가지로 이해한다면, 고대인
들은 그것을 어떻게 이해하였었는가? 고대인들의 창조 신화에 나오는
창조의 관념을 깊이 고찰해 보면, 우리는 그들이 창조에 대해 품고 있
는 관념과 현대인의 관념이 크게 다르지 않음을 알게 된다. 그러나 많
은 사람들은 특히 두 번째 의미의 창조와 관련하여, 고대인의 관념은
현대인과 매우 다르다고 생각한다. 즉 일부 사람들은 고대인들이 아직
합리적 사유를 하지 못했기 때문에, 절대무에서의 창조를 실제 사건으
로 믿었다고 간주한다. 이러한 판단은 자연 과학적 관점에서 모든 현상
을 해석하도록 길들여진 현대인의 사유로부터 무반성적으로 나오는 것
인 바, 그러한 종류의 판단이라면 오늘날에도 절대적 의미의 창조를 자
연 과학적 사실로서 신봉하는 일부 극단적 종교가에게도 똑같이 적용
된다. 고대인들에 대한 이러한 오해는 그들이 절대무에서의 창조를 객
관적 사실로 인식한 것이 아니라, 인간이 한계 상황을 초월하기 위하여
어떤 행동을 선택해야 할 경우 자신이 모방(imitatio)해야 할 주관적 행

위의 한 모델로 받아들였음이 엘리아데나 캠벨 그리고 폰 프란츠 같은
신화 연구가 내지 종교학자들에 의해 밝혀짐을 통해 벗겨지게 된다.

 무릇 창조 신화는 비록 그 기본적 얼개는 구·신석기 시대에 이미
형성된 것이지만, 그것이 두 번째 의미의 창조와 특히 관계를 맺으면서
특정의 종교 의식—예를 들어 신년제 때 행해지는 성혼식(聖婚式,
Hierogamos) 같은—을 통해, 주관적 심리적으로 인간들의 삶의 존재
방식에 주도적 영향을 끼치게 된 것은 청동기 시대 이후부터이다. 사실
구·신석기 시대의 신화는 주로 자연력 자체를 여신으로, 이 우주의 모
든 존재자들을 여신의 자식들로 표상하고, 개체로서의 유한한 삶(bios)
을 생명력의 원천(zoe)인 여신이 종적으로 영속시켜 준다는 자연의 법
칙을 묘사하는 자연 신화—그 구체적 한 예가 농경 신화[4]인 바—로서
나타난다. 따라서 자연 속에서 먹을 것을 얻고 살아남는 것이 주된 관
심사였던 구·신석기 시대의 인간들은 이러한 자연 법칙을 의인화한
신화 및 원시 종교 의식을 통해, 이 세상의 모든 존재자들이 동등하게
자연의 산물이고, 개체로서의 삶은 죽더라도 종적으로 이어지는 생명력
자체는 영속된다는 자연의 섭리를 깨닫고, 그러한 섭리에 순종하는 삶
을 영위하는 것으로 만족할 수 있었다.

 그러나 먹을 것만 해결하면 쉽게 풀리는 자연 속에서의 생존보다도,
침략자와의 싸움에서 반드시 이겨야만 비로소 살아남을 수 있는 인간
세계 안에서의 생존이 더 심각한 문제로 대두되는 청동기·철기 시대
에 이르면, 인간의 사유 내지 신화는 전혀 다른 차원으로 전개되어진다.
사실 부족 전체의 생사 여부가 문제시되는 상황을 직접 체험한 사람들

---

4) 우리는 이러한 신화의 예를 수메르의 인안나-둠무지 신화, 아카디아의 이슈타르-탐
  무지 신화, 에집트의 이시스-오시리스 신화, 그리스의 데메테르-페르세포네 신화 등
  에서 찾아볼 수 있다. A. Baring & J. Cashford, *The Myth of the Goddess*, 377~
  385면.

이 '자신의 종족은 언제 어디서부터 생겨났고, 언제까지 살아남을 것이며 또한 종족이 영속되기 위해서는 어떻게 살아야 하는지' 등과 같은 자기 정체성과 삶의 방식 자체에 대해 근본적인 물음을 던지고, 그러한 물음에 대한 답을 찾고자 노력함은 자연스러운 현상이라 할 수 있다. 그러한 물음은 이제 단순히 자연의 법칙을 따르는 삶에 만족하지 않고, 인간과 자연, 삶과 죽음, 주체와 대상 등을 구분하는 단계에서 시작하여, '자아'와 '비자아'라는 커다란 구분에 근거하여 모든 것의 의미를 나라는 존재와의 연관 속에서만 찾는 단계를 거쳐, 일개 개별자의 사라짐과 같은 상대적 무가 아니라, 근원적인 허무—파르메니데스적 존재에 형이상학적으로 대립되는—즉 절대적인 무에 대한 사유에까지 이르게 된다. 따라서 그러한 사유가 묻고자 하는 시원에 관한 물음은 한편으로 '절대무에서의 창조' 개념에 맞닿게 되고, 동시에 다른 한편으로 시간의 끝, 즉 세계 종말의 개념에 맞닿게 된다. 그러나 시원에 관한 물음은 모든 신통기 및 우주 발생설 또는 창조 신화들에서 나타나지만, 종말에 관한 물음은 시간을 비가역적 선형적인 것으로 간주한 유태인들의 신화에서 가장 독특하게 나타난다.

인간·자아·자신이 속해 있는 집단의 정체성에 대한 자각에 기초하여 전개되는 창조 신화는 자연 그 자체로서의 자연보다는 인간과 관계 맺어진 자연만 의미있는 것으로 바라보는 인간 중심의 자연관을 낳게 된다. 따라서 그것은 언제나 신들의 특정한 활동—자연에 대한 인간의 노작(operatio)을 투사시킨 모습으로서의—에 관한 이야기로서 표현된다. 많은 창조 신화에서 신들의 활동이 원초적 미분(未分)상태에—그것이 태초의 혼돈 상태이든, 영웅신을 낳은 부모신들의 성적 결합의 상태이든지 간에—대한 폭력[5]으로 나타나는 것도 바로 이 같은 이유에

---

5) P. Gordon, *L'image du monde*, 181면.

서이다. 우리는 그러한 폭력의 예를 바빌론 신화의 창조주 엔릴(Enlil) 이 부모 안(An)과 키(Ki)를 강제로 갈라놓는 행위에서, 에집트의 헬리오폴리스 신화에서 하늘의 여신 누트(Nut)와 땅의 남신 게브(Geb)를 떼어놓는 공기의 신 슈(Shu)의 행위에서 쉽게 찾아볼 수 있다.[6] 그러나 신들의 이러한 폭력은 무엇을 상징하는가? 그것은 창조라는 작업이 이제는 인간의 의지와 아무런 상관없이 저절로 이루어지는 것이 아니라, 인간이 고통을 겪어가면서까지 자연을 제어해야 함을 상징하고 있는 것이다. 우리는 이러한 상징 속에서, 고대인들이 창조에 대한 관념을 두 차원에서 동시에 사용하고 있음을 알 수 있다. 즉 그들은 만물의 시초에 대해서는 주관적 차원의 행동과 관련되는 두 번째 의미의 창조를, 그 다음 단계의 존재자들의 제작에 대해서는 객관적 차원에서의 인식 내지 행위와 상관되는 첫번째 의미의 창조를 모두 사용하고 있는 것이다.

어쨌든 자연에 대한 제어의 관념을 투사시킨 이야기로서의 이러한 창조 신화들은 비록 기본적으로 두 가지 의미의 창조 개념을 모두 사용하면서도, 앞서 말한 청동기 시대의 현실적 난관에 대한 극복의 역사를 거치면서 객관주의적 자연 탐구의 방향보다는, 종교 의식을 통하여 삶의 원형을 찾으려는 주관주의적 탐구의 방향으로 발전하게 된다. 그 가장 극단적인 예를 우리는 유태교의 창조 신화에서 찾아볼 수 있는 바, 그들은 역사적으로 가장 어려운 상황 속에서 살아남기 위하여, 주어진 재료가 있어야 그 어떤 것을 만들어낼 수 있는 기존의 다른 문화권의 합리적이지만 유한한 신들의 이미지가 아니라, 절대무에서도 유를

---

6) 이집트의 헬리오폴리스 신화 체계에 따르면, 태초에 모든 생명이 그곳으로부터 나오게 되는 바의 원천수인 눈(Nun)이 있고, 그로부터 최초의 언덕 즉 빛인 아툼(Atum)이 나오며, 그로부터 남신 슈(Shu)와 여신 테프누트(Tefnut)가 나온다. L. Lamy, *Egyptian Mysteries*, 8~11면.

창조해 낼 수 있는 합리성을 초월하는 절대적 권능신(Pantokrator)의
이미지를 필요로 하였던 것이다.[7] 따라서 이러한 의미의 전통적 창조
신화들은 자연 과학적 관점에서의 우주 창조 과정에 대한 이야기가 아
니라, 무(無) 내지 혼돈으로 상징되는 현실의 어려움을 인간이 어떻게
신의 창조 행위를 모방함을 통해 극복하고, 그 결과로서 자신의 동일성
을 존속시킬 수 있는지에 대한 이야기로서 해석되어야 한다.

  사실 종교적 의식 속에서만 그 충전된 의미를 부여받는 고대인들이
생각하는 창조행위는 주관적·심리적 차원에서의 자기 존재의 변형
(metamorphosis)을 통한 존재론적 자기 정립(orientatio)의 행위를 의
미하는 것이다.[8] 바로 그러한 문맥에서 고대인들에게 신화는 귀스도르
프가 지적하였듯이, 신화가 아니라 진리 그 자체이며, 그들의 존재 방식
을 지배하는 구조인 것이다.[9] 따라서 우주 현상에 대해 객관적으로 설
명해 준다기보다는 성스럽고 참다운 실재를 주관적으로 느끼게 해주는
창조 신화는 그 내용이 어떠한 것이 되었든지 간에, 세계가 처음에 물
리적으로 어떻게 생겨났는가에 대한 묘사라기보다는, 신화 속에서 묘사
된 신들의 창조 행위를 인간들이 종교적 의식 속에서 재현함을 통해
물리적 세계가 다시 창조되는 듯한, 따라서 인간 집단 내지 개인이 새
로운 중심을 잡음으로써 다시 태어나는 듯한 그들 자신의 주관적 체험
에 대한 심리적·존재론적 묘사라 할 수 있다. 바로 이 같은 문맥에서,

---

7) 유태교의 창조 신화에 나오는 절대무도 본래는 혼돈(Tohu)과 허공(Bohu)을 지칭
   한다는 점에서는 첫번째 의미의 창조를 벗어나는 것은 아니다. R. Graves & R.
   Patai, *The Hebrew Mythology*, 21~28면.
8) 신전(Ziggurat), 세계수(World Tree), 승천의 사다리(Ladder of ascension),
   Ouroboros, Mandala 등이 이러한 자기 정립의 중심(Axis Mundi) 역할을 수행함
   은 잘 알려진 사실이다. 박희영, "종교란 무엇인가?", 《서양 고전학 연구》, 제6집, 313
   면.
9) G. Gusdorf, *Mythe et Métaphysique*, 57면.

폰 프란츠는 창조 신화들을 우주에 대한 인간의 자각의 기원을 추적하
는 일종의 전의식적 과정들에 대한 표현이라고 이야기한다.[10] 마찬가지
근거에서, 엘리아데도 고대인들이 창조 신화에 나오는 아득한 그 원초
적 시간(in illo tempore)에 이루어졌던 신들의 창조 행위를 종교 의
식[11]이라는 인위적으로 마련된 신성한 시공 속에서 재현(repetitio)하며,
그 신성한 행위에 함께 함을 통해 존재론적으로 다시 태어나는 경험을
갖게 된다고 주장한다.

　반면에 플라톤은 자연에 대한 제어의 관념을 투사시킨 이러한 창조
신화들로부터 첫번째 의미와 두 번째 의미의 창조 관념을 모두 이어
받아서 자신의 고유한 철학적 우주론을 구축하게 된다. 사실 우리는 최
초의 신 눈(Nun)을 이미 존재하고 있는 것으로 놓고,[12] 그 신으로부터
다음 단계의 존재자들이 어떻게 발생하게 되는지를 이야기하는 이집트
신화 속에서, 제우스가 질서 부여자의 작용주 역할을 하는 그리스 올림
포스 신화 체계와 데미우르고스가 우주 제작의 주체적 역할을 하는 플
라톤의 철학적 우주론의 원형을 찾아볼 수 있다. 즉 데미우르고스와 이
데아, 아페이론 그리고 공간(chora) 자체들을 이미 존재하고 있는 것으
로 전제하고 출발하는 플라톤의 우주론 속에는 발생(genesis)의 측면과
만듦(poiesis)의 측면을 함께 생각하는 고대인들의 창조 개념의 흔적이
생생하게 살아 있다.[13] 그러나 그의 우주론은 한편으로 이데아론에 근

---

10) M-L. Von Franz, *Les mythes de création*, 8~9면.

11) M. Eliade, *Le mythe de l'éternel retour*, 65~111면.

12) 철학적으로 엄밀하게 말하자면, 유태교의 창조주도 아리스토텔레스의 부동의 원동
　　자처럼 형이상학적으로는 '스스로 존재하는 자'로서 전제된 것이기 때문에, 에집트
　　의 신화 속에서 '이미 존재하고 있는 것'으로 간주되는 최초의 신 눈(Nun)과 크게
　　다르지 않다고 할 수 있다.

13) P. Gordon, 앞의 책, J. P. Vernant, *Mythe et pensée chez les Grecs*; L. Brisson,
　　Le même et l'autre 참조.

거한 세계 구성의 원리를 설명함을 통해, 자연 과학적 우주론의 기초를 놓아주고, 동시에 다른 한편으로 선의 이데아를 향한 데미우르고스의 행동의 원리를 정초지움을 통해 정치·사회 철학적 행위론의 모범을 제시해 줌으로써, 단순히 주관주의적 행위론의 종교적 탐구에로만 발달되었던 고대의 전통적 신화들을 뛰어넘게 된다.

2. 플라톤의 우주론

1) 플라톤 이전의 우주론적 사유

특히 청동기 시대 이후 여러 문화권에서 종교적 의식과 함께 인간의 삶의 방식을 정립해 주는 방향으로 발달하게 된 창조 신화들은 제우스에 의해 세계가 질서지어지는 과정을 의인화시켜 표현한 그리스의 올림포스 신화에로 넘어오면, 철학적으로 새로운 차원에로 접어들게 된다. 사실 세계가 어떻게 생겨났는지에 대한 이야기뿐만 아니라, 무질서와 혼돈의 세계가 신들간의 전쟁(Theomachia)[14]을 통해서, 그리고 제우스의 통치력에 의해서 어떻게 질서지어지는가를 이야기하는 올림포스 신화는 부분적으로나마 자연 현상에 대한 초기 단계의 객관적—엄밀한 의미가 아닌—이고도 체계적인 설명의 형태를 띠게 된다. 즉 이제 이야기는 철학적 관점에서 보자면 우주가 태초에 어떻게 발생하였는가에 대한 원리적 내지 유적 차원의 서술에만 머무르지 않고 더 나아가 바다, 선생, 아름다움, 정의 등과 같은 모든 존재사들이 어떻게

---

14) 신들간의 전쟁(Titanomachia, Theomachia, Gigantomachia)에 관한 이야기는 그리스에 넓게 퍼져 있는 전통이다. 머레이는 신들간의 전쟁을 묘사하고 있는 극작가들의 작품 속에서 그 당시 그리스인들의 신관을 추적하고 있다. G. Murray, *The rise of the Greek epic*, 269~271면.

생겨나고 그 기능들은 각각 무엇인지에 대한 세부적인 종적 차원에서
의 서술에로 확장된다. 이는 인간의 사유가 대상을 시간적 계기 속에서
일어나는 사건으로 바라볼 뿐만 아니라, 동시에 특정의 시간성으로부터
초월된 그 대상의 논리적 차원에서의 모습을 존재자 전체라는 체계 속
에서 바라보기 시작했음을 의미한다.

　동일한 문맥에서, 우리는 헤시오도스의 신통기가 본래는 신들의 계
통발생(genealogie)에 대한 시간적 관점에서의 이야기임에도 불구하고,
다른 한편으로 신들이 전체(pan), 원리(arche), 질서(taxis)에 어떻게 관
여하고 있는지에 대한 논리적 관점의 설명도 제시하고 있음을 발견하
게 된다. 사실 그의 신통기는 더 이상 전체로서의 우주 그 자체보다는,
부분들과 밀접하게 상관되어 있는 전체로서의 우주를 다루고 있다는
점에서, 그리고 그러한 의미에서의 전체를 관통하는 질서가 부분들에
어떠한 원리를 통해 작용하게 되는가에 대한 시각을 철학적으로 일깨
워 주었다는 점에서 로고스로서의 우주론의 씨앗을 잉태하고 있다고
볼 수 있다.

　그런데 그리스인들의 올림포스 신화와 헤시오도스의 신통기가 신들
에 관한 이야기를 부분과 전체를 연관지어 설명하는 체계성의 관념을
구축함을 통해 그 설명의 형식성에 있어서 우주에 관한 이야기를 로고
스적 차원으로 끌어올리는 한 축을 형성하고 있다면, 그리스의 자연 철
학은 Arche,[15] Nous 개념 등에 근거한 원인(aitia)론적 설명 모델의 개
발을 통해 그러한 차원의 또 다른 한 축을 형성하게 된다. 사실 자연
철학자들은 '시작, 출발점, 근원'을 뜻하는 아르케 개념―이러한 의미
에서의 아르케 개념은 계통 발생론적 사유, 즉 시간적 사유의 뿌리가

15) 거슨은 자연 철학자들의 아르케 개념과 자연 신학에서의 신 개념, 더 나아가 플라
톤의 이데아론 사이에 밀접한 관련이 있음을 주장한다. I.P. Gerson, *God & Greek
philosophy*, 5~40면.

된다—에, 한편으로 '만물을 이루는 기본적 물질·원소'를 뜻하는 질
료인의 개념을, 그리고 다른 한편으로 Nous 개념과 함께 '만물을 지배
하는 원리'를 뜻하는 운동인의 개념을 덧붙임을 통해, 논리적 사유에
입각한 설명 체계의 구조를 형성하게 된다. 물론 만물이 기본적 물질
들—그것이 물이든, 4원소이든, atom이든지 간에—의 결합에 의해 생
성된다는 설명은 인위적으로 만들어진 모든 것들(artefacta)이 이미 존
재하고 있는 재료들을 결합시켜 만들어진 것이라는 경험적 사실로부터
유추된 것이고, 또한 만물을 움직이게 해주는 원인을 Nous로 설명하는
것은 아직 물활론적 사유에서 벗어나지 못했다는 점에서 자연 철학적
사유는 신화적 사유의 커다란 틀을 완전히 넘어선 것은 아니다.

그러나 그 기원이야 어찌 되었든, 이러한 사유는 모든 자연 현상을
초자연적이고 신성한 어떤 힘, 즉 자연적 존재와는 차원이 다른 초자연
적 존재에 의해 설명하려는 신화적 설명 체계에서 벗어나, 자연적 존재
자체에 근거하여 자연 현상을 설명하는, 따라서 모든 자연 현상의 원인
으로서의 아르케 자체를 자연적 존재자로 설정하고 설명하는 학문적
설명 체계로 인류의 사유 방식을 바꾸어 놓았다. 그러나 아르케 개념
자체는 그 안에 형이상학적 이중성을 지니고 있다. 즉 세계를 구성하는
기본 물질인 아르케는 그것들의 결합물로 이루어진 자연적 존재자들과
한편으로 동일한 성질을 지니면서도, 다른 한편으로 그것들과 전혀 다
른 성질을 동시에 지니고 있어야 한다.[16] 바로 그러한 이유에서 자연
철학자들은 근본적인 아르케의 성질을 파르메니데스적 존재가 지니는
특성처럼, 영원불변·불생불멸의 것으로, 그것들의 결합물들을 헤라클
레이토스의 만물처럼 생성·소멸하는 것으로 규정할 수밖에 없었던 것
이다. 따라서 이러한 설명 모델은 세계를 구성하는 기본 물질들인 아르

---

16) I.P. Gerson, 같은 책, 5~14면.

케 자체가 무엇으로 구성되었는지를 물으면, 임의의 아르케 보다도 더 기본적인 아르케를 무한히 상정하고 들어가야 되는 논리적 난점 (regressus ad infinitum)에 봉착하게 된다.

플라톤의 철학적 우주론은 한편으로 여러 문화권의 창조 신화들과 다른 한편으로 초기 자연 철학의 우주에 대한 초기 단계의 자연과학적 설명 모델들 그리고 그러한 이론들이 내포하고 있는 논리적 난점들을 해결하기 위한 여러 철학적 논쟁들의 풍부한 토양 속에서 형성되었다. 따라서 그의 우주론은 이오니아 학파의 자연과학적 설명의 난점을 피타고라스의 한정자/무한정자 이론 및 수적 비례의 사상, 파르메니데스의 존재 사상, 그 당시 아테네 사회에서 발달한 증명 사상[17]—개념, 명사, 판단, 명제, 삼단 논법의 체계를 통해 개별자를 학문적으로 설명하려는 사상—등에 기초한 이데아론과 과거의 전통 신화에 나오는 창조 신의 기능을 새로운 형태로 변환시킨 데미우르고스 사상을 통해 해결하게 된다.

우리는 그의 우주론에서 두 종류의 전략을 발견할 수 있게 되는데, 그 중 하나는 존재자들이 어떻게 구성되는가를 설명하기 위해 이데아론에 입각한 수학적 설명(이데아에 아르케 개념이 갖는 이중성을 부여함을 통해)을 사용하는 것이고, 다른 하나는 존재자들이 왜 존재하는지 그 존재 근거(hypothesis)를 설명하기 위해 데미우르고스에 다중적 성격을 부여함을 통해, 우주의 시원에 관한 존재/신학적 설명과 우주 제작 이론을 결합시키는 것이다. 그렇다면 플라톤은 이 두 번째 전략을 성공시키기 위해 데미우르고스의 특성을 어떻게 규정하고 있는가?[18]

---

17) 아테네 사회에서 특히 증명 사상이 발달할 수 있었던 정치 사회 문화적 조건에 대해서는 다음 책을 참조, J.P. Vernant, *Les origines de la pensée greque*, 박희영, Polis의 형성과 Aletheia 개념.
18) 앞에서 언급하였듯이, 이 글은 이러한 두 번째 전략에 대해서만 다룬다.

2) 데미우르고스

우리는 일반적으로 그리스어에서 소문자로 된 demiourgos를 우리말에서 '노동자, 만드는 이, 匠人·匠色·수공업자'로[19], 플라톤의 티마이오스에 나오는 대문자로 된 Demiourgos를 특별히 조물주 또는 창조주로 번역할 수밖에 없다. 그러나 demiourgos를 이렇게 오늘날의 용어로 번역하다 보면, 우리는 곧장 플라톤이 왜 권능과 외경의 대상이 되는 조물주와 멸시의 대상이 되는 노동자 내지 장인을 하나의 동일한 용어로 지칭하고 있는지에 대하여 의문을 품게 된다. 그러한 의문은 민주주의를 우민 정치로 여기고, 세 계급에 속한 각자가 자신의 임무를 충실히 수행할 때, 그 중에서도 특히 통치 계급이 그 역할을 훌륭하게 수행할 때, 비로소 가능하게 될 철인 정치를 이상적 정치 형태로 여겼던 그의 사상을 염두에 두면 더욱 증폭되어진다.

그러나 그러한 의문은 우리가 한편으로 그리스어 demiourgos가 지니고 있는 다의성을 살펴보고, 동시에 다른 한편으로 플라톤이 가장 훌륭하고 아름다운 것들(인간의 행위이든, 만들어진 물건이든 간에)을 만들어내는 작용주로서의 데미우르고스의 모습을 규정하기 위하여, 그러한 다의성을 의도적으로 사용하고 있음을 이해할 때에만 풀리게 된다. 사실 많은 학자들이 지적하였듯이,[20] 데미우르고스라는 용어의 첫번째 의미는 어원학상 '백성 민중을 위하여(demios) 무엇인가를 만들어내는 사람(-Forgos)'을 뜻한다. 따라서 우리는 플라톤이 이 어원적 의미 속에서 '무엇인가를 만들어내는 사람'이라는 뜻 못지 않게, '남을 위하여 일하는 公人'이라는 뜻에 특별한 가치를 부여하고 있음을 쉽게 알 수 있다. 그러나 데미우르고스의 이러한 시니피에가 지니는 의의를 보다

---

19) 플라톤, 《티마이오스》, 박종현·김영균 공동 역주, 75면, 주 74 참조.

20) L, Brisson, *Le même et l'autre*, 29~34면; P. Chantraine, *Dictionnaire étymologique de la langue grecque*, T. I, 273면.

더 정확히 알기 위해서, 우리는 그리스인들이 노동에 대해 품고 있었던 관념 일반을 이해할 필요가 있다.

헤시오도스의 《일들의 나날들》 속에 잘 나타나 있듯이, 노동에 대한 그리스인들의 관념은 모든 것을 경제적 관점에서 바라보는 마르크스식의 사유 지평 안에서 형성되어 오늘날 보편적으로 쓰이고 있는 용어들--생산성, 자본 축적, 노동 착취, 상부 구조/하부 구조, 지배/피지배 계급등--로는 정확하게 파악되어지지 않는다. 사실 베르낭이 지적하였듯이, 그리스어에는 오늘날의 노동 개념에 정확히 상응되는 단어가 없다.[21] 그리스인들은 인간의 노동 내지 일에 대하여, 그것의 힘든 면을 강조하고 싶을 때에는 ponos를, 기술을 이용한 제작의 면을 강조하고 싶을 때에는 인도-유럽어 어근 tek-에서 파생된 용어들과 poiein을, 외적 대상에 대한 작업이 아니라, 자신의 내적 완성 내지 행위를 표현할 때는 prattein을, 그리고 이러한 모든 종류의 일 내지 활동들을 유개념적으로 총칭할 때는 ergon을 사용하였다.[22] 그런데 일 내지 활동 일반을 총칭하는 ergon은 특히 각 사물 내지 각 존재의 고유한 탁월성(arete)에 대한 구현과 연관 관계를 지니고 있다.[23] 따라서 그리스인들에게 있어, ergon은 육체적·정신적 고통, 물질적 제작 내지 정신적 창조, 인격적 완성과 사회적 실천 모두를 지칭하는 함축적 관념이기 때문에, 그들은 일이란 용어를 모든 종류의 작업 내지 행위(농삿일, 돈버는 일, 전투, 정치적 행위, 예술적 창작, 철학적 탐구, 도덕적 행위 등)들을 지칭하기 위해 사용하였다.[24]

21) J.P. Vernant, *Mythe et pensée chez les Grecs*, 274면.
22) 아리스토텔레스가 poiesis를 ergon으로, praxis를 energeia로 구분한 것은 그의 특별한 구별이지, 일반적 용법은 아니다. *Politica*, 1, 4, 1254a. 참조.
23) J.P. Vernant, 앞의 책, 275면
24) 헤겔 마르크스적 시각에서, 그리스인들의 ergon을 노예적 작업으로 규정함은 하나의 개념을 그것이 쓰이던 개념 체계 속에서 문화적으로 이해하려는 것이 아니라, 특

그러나 그리스인들도 모든 종류의 일에 동등한 가치를 부여하지는 않았다. 사실 그들은 폐쇄된 공간에서 일하는 것보다는 열려진 공간에서 일하는 것을, 한 곳에 정착하여 일하는 것보다는 여러 곳을 돌아다니며 일하는 것을, 개인의 이익을 위하여 일하는 것보다는 여러 사람을 위하여 일하는 것을, 단순 노동보다는 창조적 작업을 중시하는 습관을 지니고 있었다. 따라서 그들은 단순히 '노동을 하는 사람'을 지칭하고 싶을 때에는 데미우르고스가 아니라, banausos[25], cheirotechnes[26], thes[27] 등과 같은 용어를 사용하였었다. 이 같은 사실을 고려할 때에만, 우리는 플라톤이 왜 국가의 공적인 일(Res publica)을 수행하는 제1 계급인 행정관이나, 여러 사람의 구체적인 편의를 위하여 일하는 제3 계급인 장인들, 더 나아가 우주를 제작할 뿐만 아니라 그것에 질서를 부여하는 우주 제작자 모두를 지칭하기 위하여 데미우르고스라는 용어를 사용함에 주저하지 않았었는지 그 이유를 이해할 수 있게 된다. 사실 뮈니에르가 지적하였듯이, 플라톤은 어떤 종류의 일이든 완벽한 상태의 경지에까지 이른 일에 대하여 신적(theios)이란 형용사를 사용하기를 즐겼는데, 이는 데미우르고스가 모든 일의 수행과 깊이 관련되어 있음을 반증해 준다.[28]

데미우르고스를 '여러 사람을 위하여 무엇을 만들어내거나 행위를 하는 공적인 사람'으로 간주하는 견해는 플라톤 이전에서부터 이미 호

정의 철학적 관점에서 독단하는 시대 착오적 오류를 범하는 것이 된다.

25) P. Chantraine, 앞의 책, 164면. '화덕(baunos)에서 크게 소리를 지르는(auo) 사람'이라는 이원을 지닌 banausos는 화덕 노동자, 한 곳에 앉아서 일하는 자, 노동자 일반을 지칭하지만, 경멸의 뉘앙스를 담고 있다.

26) 이 용어는 '지혜가 아닌 손재주로 먹고 사는 일꾼', '일정한 직업을 갖고 일하는 사람'을 의미한다.

27) 이 용어는 '돈을 받고 고용된 노동자 내지 시종'을 의미한다.

28) R. Mugnier, *Le sens du mot 'theios' chez Platon*, 118~141면.

메로스에서 시작하여 여러 다른 극작가·철학자들의 문헌에 잘 나타나 있다. 그 가장 대표적인 예를 우리는 호메로스에서 찾아볼 수 있는바, 그는 비록 데미우르고스라는 용어 자체는 매우 드물게 사용하였지만, 장인들의 구체적인 기술들에 대하여 여러 곳에서 찬양하고 있다. 사실 그가 특히 데미우르고스를 만들어냄의 대가인 대장장이의 신 헤파이스 토스나 지혜 및 기술의 여신 아테네와 연관지어 묘사할 때, 그는 장인 의 창조적 작업에 신적인 성격을 부여하고 있는 것이다. 여기서 우리는 호메로스를 비롯하여 그 당시의 많은 작가들이 '그 무엇을 새로이 만 들어내는 작업 내지 행위'에 대해 품고 있었던 이러한 존경심이 그들 로 하여금 데미우르고스라는 용어를 장인뿐만 아니라, 정치가·의사· 외교관·수사학자·음유시인·전령 그리고 심지어 군인을 지칭할 때에 도 사용하도록 만들었음을 어렵지 않게 추론해낼 수 있다.[29]

그러나 장인으로서의 데미우르고스를 존중해주던 분위기는 모든 사 람을 정치적·사회적 기능을 수행하는 집단의 한 구성원으로서 바라보 는 새로운 시각의 등장과 더불어, 반대로 천시하는 분위기로 바뀌게 된 다. 역사적으로 생산자 계급을 천시하는 경향은 청동기 시대 이후 계급 제도가 정착되면서부터 어느 사회에서나 발견되는 보편적 현상이다. 그 럼에도 불구하고 아테네 도시 국가에서 특히 장인들에 대한 존경이 급 격히 약화된 것은 BC 7C에서 5C에 이르는 그리스 사회의 정치적·사 회적 대변동 때문이다. 사실 사회를 정치적 세력 집단 간의 역학 관계 속에서 보는 시각에서 이루어진 그리스 사회에서의 Eupatrides(귀족 계 급)와 Agroikoi(농민들), demiourgoi(장인) 계급에 대한 구분—솔론이 개혁하고자 했으나 실패하였던—은[30] 인간에 필요한 그 무엇을 만들어 내는 노작에 대해 철학적으로 품을 수 있었던 신성성을 한낱 정치적

---

29) L. Paquet, *La médiation du regard*, 25면.
30) L. Paquet, 같은 책, 28면.

세력을 구성하는 집단이라는 현실적 기능성으로 분해시켜 버렸다. 이 같은 사실을 고려할 때, 우리는 그리스의 많은 작가들이 왜 그때부터는 그들 집단을 데미우르고스보다는 단순 노동자 집단을 뜻하는 Banausos ogkoi로써 표현하였는지를 이해할 수 있게 된다.

그러나 데미우르고스 개념을 부정적으로 평가하는 그 당시의 일반적 분위기에도 불구하고, 다른 철학자들과 달리 유독 플라톤만이 우주 제작자와 장인을 유비적으로 동일시함을 통해, 정치적·사회적 기능성의 시각에서 폄하된 장인으로서의 데미우르고스에 제작자로서의 신성성을 부여해주고 있는 이유는 무엇인가?[31] 그것은 물론 파케가 지적하였듯이, 플라톤이 인간적 匠人의 노작 속에 들어있다고 생각한 가치들—지성적 기술과 생산물의 아름다움[32]—을 신적 존재의 행위 속에서 재발견하였기 때문이라 할 수 있다. 그러나 필자가 생각하기에 더 근본적인 이유는 그 당시 혼돈으로 해체되어 가는 아테네 도시 국가를 구제하고자 하는 정치 철학적 염려에 사로잡혀 있었던 플라톤이 다음과 같은 세 가지 기능: 즉 1) 진리 및 선에 대한 이론적인 통찰력, 2) 완전한 것에 대한 제작 내지 실천, 3) 선(善)의 실현에 대한 목적론적 염원—들을 수행하는 데미우르고스의 모습을 정립함을 통해, 자신의 이상 국가 건립을 위한 철학적 실천 작업의 모델로 삼고 싶었기 때문이라 할 수 있다.

바로 이 같은 근거에서, 플라톤은 데미우르고스를 1) 만물 생성의 기원으로서의 만물의 아버지(pater)[33]라는 신학적 발생론의 창조주 내지

---

31) 크세노폰과 소크라테스 그리고 플라톤 중에서 누가 최초로 우주 제작자와 장인을 연결지어 생각하였는지에 대해서는 학자들 사이에 의견이 분분하다. 그러나 누가 최초의 사람이 되었든지 간에, 플라톤이 양자의 관계에 대해 철학적 관점에서 가장 진지하게 사유했었음은 아무도 부정할 수 없다.

32) L. Paquet, 앞의 책, 54면.

33) Tim. 28c3.

우주를 질서지어주고 다스리는 자로서의 主宰神(Deus Dominans), 2)
이데아를 바라보면서 아페이론의 방황하는 원인(planomene aitia)들을
설득(peithein)하여[34] 존재자들을 만들어내는 제작자(poietes), 3) 이 우
주를 가능한 한 가장 아름답고 훌륭한 것으로 만들기 위하여 선견
(pronoia)과 배려[35]를 통해, 궁리(logismos)하고 숙고(nomisas)하는[36]
선의의 신(Deus benignus)으로서 다중적으로 규정하게 되었다고 볼 수
있다.

우리는 플라톤의 이러한 규정을 통해, 그의 데미우르고스가 과거 신
화에 나오는 창조주와 철학적으로 어떻게 구별되는지를 살펴볼 수 있
다. 우선 데미우르고스의 첫 번째 특성은 절대무에서 유를 창조하는 절
대신(Pantokrator)이나, 초기 단계의 존재자들만 생산해 놓고, 그 다음
단계의 생산 작업을 하지 않고 놀기만 하는 한가로운 신(Deus otiosus)
과 달리, 절대적 권능을 지니지 못한 유한한 신이지만 아래 단계의 존
재자들의 제작에까지 관여하기 위하여 ― 물론 그러한 일은 아래 단계
의 신들에게 할당된 몫이지만 ― 끊임없이 일을 해야 하는 바쁜 신
(Deus faber studiosus)이라는 점에 있다. 유한성을 지닌 제작자이기에
데미우르고스는 한편으로 제작 행위의 본(Paradeigma)이 되는 이데아
를 언제나 직관(blepein pros)해야 하고, 다른 한편으로 질료로서의 아
페이론이 지닌 무규정적 성질들을 규정된 성질들로 바꾸어 주기 위하
여, 그 질료인으로서의 재료가 지닌 필연성 자체를 인식해야만 한다. 이
렇듯, 그의 인식 및 제작 능력은 유한하지만, 데미우르고스는 시행착오
를 범하면서도, 에로스 신처럼 보다 더 완전한 존재자를 만들어내기 위
하여 끊임없는 노력을 기울임 자체를 사랑한다는 점에서, 기존의 창조

---

34) Tim. 48a4, 51e3, 56c.
35) Tim. 박종현 역주, 주 102 참조.
36) Tim. 33b7.

주와 전혀 다른 모습을 지닌다.

우리는 물론 과거의 신화 속에 나오는 창조주들도 일하는 匠人(특히 도공·낚시꾼)으로 묘사되고 있는 예를 많이 볼 수 있다. 그러나 그러한 창조주들은 비록 匠人에 비유되고는 있지만, 단지 제작 행위의 주체자라는 일반적 시니피에를 지닐 뿐, 제작 행위의 종적 차원에서의 세부적 작업들에 대해서는 전혀 모른다. 반면에 플라톤의 데미우르고스는 물질을 커다란 용기(krater)에 부어넣고 열을 가하여 용해시킨 다음 그 용해된 물질에서 같은 성질의 합금체를 정제해내는 대장장이의 구체적 작업들 하나하나에 대한 묘사의 예에서 볼 수 있듯이, 그러한 종적 차원의 구체적인 작업들까지도 모두 알고 제작 행위를 하게 된다. 뿐만 아니라, 데미우르고스는 모든 종류의 질료들을 다루기 때문에, '밀랍으로 형태를 빚어내는 이'(keroplastes),[37] '목공일을 하는 자'(tektainomenos),[38] '결합(synthesis)시킴을 주된 기능으로 갖는 건축가',[39] 목수·농부·대장장이(금속공)·옷 만드는 자·농부·도공·페인트 공 등과 같이 모든 종류의 匠人들에 비유된다.[40]

데미우르고스의 두 번째 특성은 그가 특정의 재료를 가지고 그 무엇을 만들어내는 작업을 함에 있어서, 경험에만 의존하는 단순 노동자와 달리 항상 이론적 통찰력과 전문적 기술을 이용하여 작업을 하는 전문가(technites)라는 점이다. 그런데 전문가적 통찰력의 뿌리를 이루는 데미우르고스의 인식론적 개념 틀은 아페이론을 페라스화(즉 무규정적인 것을 규정적인 것으로 바꿈)시킴에 있어서, 대상을 우선 같은 것과 다

37) Tim. 27c6.
38) Tim. 28c6, 33b1, 36e1.
39) Tim. 30b5, 33d2, 76e1.
40) 플라톤이 많은 장인들의 직업적 기술 하나하나의 특징을 정확하게 기술하면서, 그것들이 지닌 철학적 상징성을 끄집어낼 수 있었던 것은, 실제로 많은 장인들을 직접 만나보면서 대화를 나눈 그의 스승 소크라테스의 영향이라 할 수 있다.

른 것으로 나눈(diakrisis) 다음, 같은 것은 같은 것끼리 다른 것은 다른 것끼리 결합(synkrisis)시키는 나눔술과 결합술[41] 속에서 볼 수 있듯이, 동일성과 타자성, 운동과 정지라는 '커다란 유개념'(Megista gene)의 틀을[42] 가지고 대상을 분류하는 비연속의 논리(logic of discontinuity)를 사용한다.[43] 그러나 대상들 가운데에는 쉽사리 한정화되지 않는 것들도 많기 때문에, 데미우르고스는 대상의 한계(peiras)를 정확하게 확정짓기 위하여 항상 측정술(metretike)[44]이라는 특정의 기술(techne)을 활용해야만 한다.

우리는 데미우르고스가 이러한 인식론적 개념 틀과 기술을 활용하여 그 어떤 것을 만들어내는 제작의 예를 우주의 프쉬케(Tim. 35a1~b1), 인간의 프쉬케(Tim. 41d4~7), 식물의 푸쉬케(Tim. 77a3~5)들에 대한 제작이나 천체의 제작(Tim. 36d8~e2) 등의 여러 예에서 찾아볼 수 있다.[45] 그런데 우리는 이러한 예들 속에서, 데미우르고스가 비합리적인 우연성(tyche)들이 제거되고, 필연성으로만 이루어진 법칙에 대한 이론적이고 원리적인 인식과, 각각의 구체적인 대상에 적합한 기술을 이용하여 제작해내는 작업(ergazesthai)을 통해, 전체적 우주에 대한 유적 차원에서의 막연한 지배가 아니라, 존재자 하나하나에 대한 정확한 지배를 하게 됨을 볼 수 있다. 따라서 그의 지배력은 조화된 전체로서의 우주(cosmos)뿐만 아니라, 잘 정렬된 세부적 우주(taxis)에까지도 미치게 된다.[46]

---

41) *Philebus, Sophistēs* 참조.
42) *Sophistēs* 참조.
43) T.K. Seung, *Plato rediscovered*, 217~247면.
44) 측정술과 만듦의 기술 사이에 내재하는 관계에 대해서는 박종현, 《희랍 사상의 이해》 참조.
45) L. Brisson, 앞의 책, 42면.
46) J.E. Harrison, *Themis*, 10장 "The Olympians" 참조.

　데미우르고스의 세 번째 특성은 그가 어떤 것을 제작해 낼 때에 앞서 말한 인식론적 개념틀 속에서 이론적으로 사유함과 실천적 노작을 병행하는 가운데, 언제나 최상의 것을 목표로 하는 가치론적 목적성을 지니고 행위한다는 점이다.[47] 선의 이데아를 향한 이러한 목적성이야말로 인간으로 하여금 자신이 지니고 있는 능력의 유한성 때문에 좌절하지 않고 끊임없이 노력할 수 있게 만들어주고, 존재론과 가치론을 하나로 아우르는 더 높은 차원에서 생각하게 해줌의 원천이 된다. 일단 창조된 것들에 대해서는 그것이 불완전하더라도 전혀 개의치 않는 전통적 신화의 창조주와 달리, 이론적 인식과 실천적 노작의 매개 (mediatio)를 통하여―파케의 표현을 빌리자면, 응시(regard)의 매개를 통하여―불완전한 것을 불완전한 채로 버려두는 것이 아니라 완전한 것에로 변형시키려는 데미우르고스의 노력은 완전한 것에 대한 에로스 (플라톤적 의미의 사랑)로 충만된 현실 개혁가 내지는 혁명가로서의 철학자에 대한 상징이라 할 수 있다. 현실 개혁에 대한 그러한 정열이야말로 데미우르고스 내지 철학가를 설득의 대가로 만들어준다. 그 이유는 아페이론에 들어 있는 방황하는 원인에 대한 설득이든, 대중들의 억견 속에 들어 있는 비합리적인 것에 대한 설득이든, 설득은 대상 속에 들어 있는 무질서적・무규정적・비이성적 상태를 질서지어주고 규정지으며 이성적인 상태로 바꾸어 주는 작업을 의미하는 바, 그러한 작업은 단순히 논리적 무오류성에 기초한 수사학적 행위가 아니라, 대상을 완전한 것에로 이르게 만들어 주려는 가치론적 욕구 내지 사랑을 가지고 전존재를 투여해야 하는 행위이기 때문이다.

　우리는 플라톤적 데미우르고스의 이러한 특성에 대한 고찰을 통하여, 플라톤이 기존의 신화들에 나타나는 창조주들의 여러 모습: 1) 신

---

47) 《국가》 532c3~6.

자신이 우주 형성의 질료인으로 쓰이는 우주 거인(Makranthro-
pos)—그 거인으로서의 신이 죽으면, 그의 몸은 하늘과 땅, 산천 초목
등과 같이 이 우주를 이루게 된다.[48] 2) 무에서 유를 창조해 내는 절대
적 권능을 지녔지만, 기본적인 것들만 창조해 놓고, 그 다음 단계의 것
들에 대해서는 무책임한 제일 아르케로서의 절대자(Pantokrator) 3) 다
음 단계의 존재자들을 만들어 냄에 있어, 대상의 물질성에 대한 인식과
선에 대한 응시라는 매개를 필요로 하지 않는 자족신(Deus Autarches)
등의 원리적 · 유적 차원에서만 작용하는 기존의 창조주들의 모습에 만
족하지 않고, 새로운 차원에서의 신의 모습을 규정하려고 노력함을 볼
수 있다. 즉 그의 데미우르고스는 대상의 무규정성과 우연성으로부터
필연성을 정확히 구분해 내고, 그러한 인식을 바탕으로 최상의 깃을 만
들어 내려고 노력하는 '사유하며 노작하는 신'(Deus Faber Philoso-
phicus)의 모습을 통해, 우리 인간이 자연 및 사회에 대해 어떻게 인식
하고 행동해야 되는지에 대한 모범적 원형을 제시해 주고 있는 것이다.

결론

지금까지 우리는 인간의 자연에 대한 이해 방식의 개념사적 전개라
는 관점에서 원시 시대의 자연 신화 및 우주 발생설 그리고 창조 신화
와의 연관 관계 속에서 플라톤의 우주론을 특히 데미우르고스를 중심
으로 살펴봄을 통해, 그의 우주론이 어떠한 면에서 전통 신화적 사유를
이어받고 있고, 어떠한 면에서 그것을 넘어서고 있는지를 밝힐 수 있었

---

48) 우주 거인으로서의 신들의 신체 각 부분들이 죽어서 만물을 형성하게 된다는 이야
　기는 많은 신화들에 공통적으로 나타나는 주제이다. 何新, 《신의 기원》, 224~232면;
　M. Eliade, *Forgerons et alchimistes*, 24면; M.D. Core, *The Maya*, 184면 참조.

다. 그러나 아리스토텔레스나 스콜라 철학자들에 의해 능동인 내지 목
적인으로 규정되고 플라톤의 형이상학적 우주론 안에서 능동적 역할을
하는 이러한 데미우르고스는 그러한 종류의 원인에 대한 관념을 지니
고 있지 않은 현대인에게 어떠한 의미를 지닐 수 있는가? 우리는 그
의미를 지나치게 자신의 영역 안에 갇혀 있는 학문적 사유, 그리고 도
그마화된 교리와 관습화된 종교 의식에 의해 석화된 종교적 신앙과의
연관 관계 속에서 특별히 잘 찾아볼 수 있다.

프랑스 혁명 이후 점차 특수화되어진 개별 과학들은 비록 그 각 개
별적 분야에서의 전문적 지식은 무한히 심화시켰으나, 우주와 자연 그
리고 인간을 연결시켜 통합적으로 바라보는 시각을 해체시켰기 때문에,
그러한 시각에 젖어 있는 오늘날의 우리들은 과학과 기술 문명이 야기
시킨 많은 문제들을 해결함에 어려움을 겪고 있다. 이러한 문제들을 해
결하는 길은 자신의 특수한 입장에서만 판단하는 지나치게 편협한 개
별 과학의 다양한 시선들을 하나로 종합시켜줄 안목을 정립하고, 그러
한 안목에 기초하여 현실을 개선해 나가려는 노력을 기울임에 있다. 우
리는 그러한 안목과 현실 개선에 대한 관념 자체를, 자연의 객관적 진
리를 탐구하고 또한 그러한 진리에 바탕하여 보다 더 나은 인간 사회
를 구축하려고 노력하는 진리 탐구의 인간(homo theoreticus), 선의 실
현자(homo praticus)의 모습을 투사하고 있는 데미우르고스 속에서 찾
을 수 있다.

물론 우리는 데미우르고스의 그러한 모습을 오늘날의 정신 과학 내
지 가치 과학의 정신 안에서도 여전히 발견할 수 있다. 그럼에도 불구
하고, 우리가 진리 탐구와 선의 실현자로서의 데미우르고스의 모습을
굳이 강조하고자 하는 이유는 우리가 그 속에서 한편으로 사실 과학의
방법론적 논리성과 엄밀성을, 그리고 다른 한편으로 정신 과학의 가치
론적 목적론적 방향 정립의 능력을 동시에 조화롭게 아우르는 안목에

대해 새로이 되돌아봄을 통해, 오늘날의 서로 지나치게 단절된 학문간
의 관계를 보다 높은 차원에서 재정립시킬 가능성을 가장 분명하게 찾
아낼 수 있기 때문이다.

데미우르고스가 현대의 학문적 사유의 시각에 대하여 지니는 의미가
그러하다면, 그것이 종교적 사유에 대하여 지니는 의미는 무엇인가? 사
실 신을 인간과 완전히 다른 초월적 존재로 놓고 출발하는 유일신적
기독교의 기준으로 본다면, 플라톤의 데미우르고스 사상의 뿌리가 되는
그리스인들의 범신론적 다신주의(多神主義 polytheisme)나 신인 동형
주의(anthropomorphisme) 등은 이교도적(paganus)이라고 비난받기
마련이다. 그러한 비판에도 불구하고, 그리스의 신화 및 신통기는 철학
적 관점에서 보자면, 인간의 언어로 형용될 수도 없고 인식될 수도 없
는 신성하면서도 무시무시한 (터부를 범하면 죽음의 벌이 주어진다는
점에서) 아페이론적인 어떤 힘(Mana, Numen 등)의 담지자로서의 권능
자를 인간과 아무런 관련을 맺지 않는 단지 외경과 숭배의 대상으로만
여기는 것이 아니라, 인간과 끊임없이 관계 맺는 존재로 규정해 주고
있다는 점에서 종교적으로도 커다란 의의를 지닌다.

같은 문맥에서 우주의 발생뿐만 아니라, 만물의 제작 및 질서 유지에
관계하는 플라톤의 데미우르고스는 신의 힘을 인간과 동일한 차원으로
끌어내리고 있다기보다는, 일찍이 머레이가 잘 지적했듯이,[50] 신적인 권
능을 무규정적이고 유적 차원에서의 막연한 힘으로서가 아니라, 여러
상황 속에서 인간과 구체적으로 관계를 맺는 종적 차원의 힘들로서 규
정함을 통해 자연에 대한 인간의 제어 가능성의 형이상학적 근거를 마
련해 주고 있다고 볼 수 있다. 신과 인간의 관계에 대한 이러한 안목은

50) 머레이는 그리스의 문학가들이 거침없이 행한 신들에 대한 조롱과 자연 철학자들
의 과학 정신이야말로 비이성적인 힘들에 대한 이성적 규제를 상징하는 것으로 해
석한다.

신과의 관계가 단절되어버린 현대인의 비극적 시선(la vision tragique) —골드만의 표현을 빌리자면[51] —을 치료해 주는 역할을 해줄 것이다. 즉 데미우르고스의 목적론적·가치론적 안목이 지니는 상징은 새로운 삶을 다시(re) 선택하기(legere) 위하여 노력하는, 바꾸어 말하면 신앙의 주체가 주관적으로 그 신성한 힘에 다가가서 자신의 삶의 방식을 창조해 내기 위하여 노력하는 현대의 철학적 종교인에게 그 암호로 가득찬 신비의 세계를 열어 줄 열쇠로서 쓰일 것이다. 따라서 플라톤의 데미우르고스 중심의 우주론을 이 같은 관점에서 읽어낼 때에만 비로소 우리는 그 이론이 현대 사회에서 학문적·실천적·종교적 차원에서 지니는 철학적 의미를 진정으로 인식할 수 있게 될 것이다.

참고 문헌

박종현(1982), 《희랍 사상의 이해》, 종로 서적.

_____ 김영균(2000) 공동 역주, 플라톤의 《티마이오스》, 서광사

박희영(1994), "Polis의 개념과 Aletheia 개념", 《삶의 의미를 찾아서》, 이문출판사.

박희영(2000), "종교란 무엇인가?", 《서양 고전학 연구》 제6집.

何新(1990), 《신의 기원》, 홍희 옮김, 동문선.

Baring & Cashford, J.(1993), The Myth of the Goddess, Arcana.

Brisson, L.(1974), Le même et l'autre dans la structure ontologique du Timée de Platon, Eds. Klincksieck.

Campbell, J.(1991), The Masks of God: Creative Mythology, Arcana, N.Y.

Chantraine, P.(1984), Dictionnaire étymologique de la langue grecque,

---

51) L. Goldman, Le Dieu caché, 32~49면.

Klincksieck.

Coe, M.D. (1994), *The Maya*, Thames & Hudson.

Dies, A. (1972), *Autour de Platon. Les Belles Lettres.*

Eliade, M.(1969), *Le mythe de l' éternel retour*, Gallimard.

_____(1977), *Forgerons et alchimistes*, Flammaion.

Gernet, L. & Boulanger, A.(1970), *Le génie grec dans la religion*, Albin Michel.

Gerson, L.P.(1994), *God & Greek philosophy*, Routledge.

Goldman, L. (1959), *Le Dieu caché*, Gallimard.

Gordon. P.(1949), *L' image du Monde dans l' antiquité*, P.U.F

Graves, R. & Patai, R.(1989), *The Hebrew Mythology*, Doubleday.

Gusdorf, G.(1984), *Mythe et Métaphysique.*

Harrison. J.E.(1962), *Themis*, The World Publishing com.

Lamy, L.(1994), *Egyptian mysteries*, Thames & Hudson.

Levy-Bruhl, L.(1966), *Les fonctions mentales dans les sociétés inférieures.*

Lloyd. G.E.R (1966), *Polality & Analogy*, Cambridge U. P.

Mugnier, R.(1930), *Le sens du mot theios chez Platon*, J. Vrin.

Murray, G(1934), *The Rise of the Greek Epic*,Oxford.U.P

Paquet, L.(1973), *Platon, La Médiation du regard*, E.J. Brill.

Platonis opera(1972), *Timaios, Symposium, Respublica, Philebus*, Oxford U.P.

Seung,T.K.(1996), *Plato rediscovered*, Rowman & Littlefield Pub.

Vernant, J.P.(1983), *Mythe et Pensée chez les Grecs*, Edition la decouverte.

Von Franz, M.-L.(1982), *Les mythes de création*, La Fontaine de Pierre.

Von Wright, G.H.(1971), *Explanation & Understanding*, Cornell U.P.

플라톤의 자연 설명과 역사 설명

이경직

1

플라톤은 초기 대화편 《파이돈》(*Phaidon*)에서 자신이 초기 자연학자들(physiologoi), 특히 아낙사고라스(Anaxagoras)의 자연 설명에 매료된 적이 있었으나 결국 실망하고 말았다는 자전적(自傳的) 설명을 한다. 이후 그의 관심은 자연보다는 인간에게, 그리고 확실한 지식의 대상인 이데아에 있었다. 그런데 플라톤은 말년에 《티마이오스》(*Timaios*)에서 자연에 관하여 길고도 자세한 설명을 시도한다. 특이하게도 그의 자연 설명은 역사 설명과 더불어 제시된다. 《티마이오스》 첫머리를 살펴보면, 플라톤이 《티마이오스》, 《크리티아스》(*Kritias*), 《헤르모크라테스》(*Hermokrates*)로 이루어진 3부작을 쓰고자 기획했다는 사실을 알 수 있다. 그런데 《헤르모크라테스》는 씌어지지 않았으며, 《크리티아스》는 미완성으로 끝난다. 많은 학자들이 그 이유에 대해 많은 추측을 내어놓았다. 특히 《크리티아스》가 미완성으로 끝난 이유가 학자들의 관심을 많이 끌었다.

그런데 엄밀하게 말하자면, 플라톤은 일종의 4부작을 쓴 셈이다. 3부
작의 기획을 밝히는 《티마이오스》 첫머리에서 《국가》(Politeia)의 일부
내용이 요약 형태로 제시되고 있기 때문이다. 그렇다면 플라톤이 구상
한 일종의 4부작을 어떤 틀 안에서 이해해야 하는가라는 문제가 제기
된다. 이와 관련하여 우리의 흥미를 끄는 사실은 《티마이오스》 서두에
티마이오스의 자연 설명에 앞서 고대 아테네 역사에 관한 크리티아스
의 설명이 나온다는 점이다. 《티마이오스》 서두의 고대 아테네에 관한
설명과 미완성으로 끝난 《크리티아스》의 아틀란티스(Atlantis)에 관한
설명이 우주와 인간의 생성에 관한 티마이오스의 이야기를 양편에서
감싸고 있는 형국이다. 이는 티마이오스의 자연 설명과 크리티아스의
역사 설명이 서로 긴밀하게 연결되어 있으며, 어느 한 편을 이해하기
위해서는 다른 한 편도 이해해야 한다는 점을 보여주는 것 같다. 그래
서 《티마이오스》와 《크리티아스》를 하나로 묶어 이해하는 것이 옳아
보인다.[1]

이와 관련하여 《티마이오스》 첫머리가 우리의 눈길을 끈다. 어제 참
석자들은 소크라테스가 이상국가(理想國家)에 관해 하는 이야기를 들었
다. 소크라테스의 이야기를 들은 세 사람이 이야기 빚을 갚기 위해 소
크라테스와 함께 오늘 다시 모였다. 소크라테스는 자신이 이상국가에
관해 했던 이야기에 대해 불만을 나타낸다. 이상국가는 그림 속의 동물
에 불과하거나, 실제 동물이라도 전혀 움직이지 않는 동물에 불과하다
는 불만이다. 소크라테스의 소원은 동물이 실제 움직이는 것처럼 이상
국가가 외교와 전쟁에서 어떻게 대처하는지를 보는 데 있다(Tim.
19b~c). 소크라테스가 나머지 참석자들에게 부과하는 과제는 그의 이
상을 현실에 적용하는 것이다.

---

1) M.W. Haslam, "Plato's Unfinished Dialogues", *American Journal of Philology*
97(1976), 336~337면 참조.

따라서 우리는 티마이오스, 크리티아스, 헤르모크라테스의 이야기가
구체적인 현실을 다루는 이야기일 것이라고 기대한다. 그런데 크리티아
스의 이야기가 도중에 중단되기 때문에, 헤르모크라테스는 자신의 주제
를 다룰 기회조차 얻지 못한다. 하지만 크리티아스와 티마이오스의 이
야기의 형식을 살펴보면, 우리의 기대가 그리 틀리지 않는 것 같다. 크
리티아스는 이야기 시점보다 900년 이전에 있었던 고대 아테네와 아틀
란티스에 관한 역사를 전달해준다. 티마이오스도 데미우르고스가 자연
과 인간을 어떻게 만들었는지를 (항상 그렇지는 않지만) 시간적 순서
에 따라 설명한다. 티마이오스는 자연과 인간의 생성에 관한 역사를 전
달하는 형식을 택한다.

그래서 고대부터 아리스토텔레스(Aristoteles)를 비롯하여 일부 학자
들은 《티마이오스》의 자연 설명을 우주생성론, 즉 실제로 시공간에서
일어났던 일에 대한 설명으로 여겼다. 《티마이오스》의 자연 설명이 우
주론이 아니라 우주생성론이라면, 티마이오스의 설명과 크리티아스의
설명은 역사적 설명이라는 점에서 서로 다르지 않게 된다. 하지만 대화
편을 자세히 살펴보면 실상은 그렇지 않다. 티마이오스의 설명과 크리
티아스의 설명은 선명한 대조를 이루고 있다. 이 글에서 제시하고자 하
는 테제는 이러하다. 티마이오스의 설명이 현실과 관련하여 이론 또는
가설을 구성하는 설명인 데 반해, 크리티아스의 설명은 실제 사태와 일
치하는 내용을 그대로 전달하려는 역사적 설명이다. 따라서 티마이오스
의 자연 설명은 우주생성론이 아니라 우주론이다.

II

우선 티마이오스의 이야기와 크리티아스의 이야기가 어떻게 대조되

는지 살펴보고자 한다. 크리티아스는 고대 아테네의 역사를 설명해준다. 이는 《국가》에서 그려진 이상국가의 한 예이다. 수학에서는 '시원'(archai) 또는 공리에서 필연적 추론이 도출되는데, 역사를 설명하기 위해서는 수학에서와 같은 증명이 필요없다. 또한 크리티아스가 보고해주는 경우에는 이러한 보고가 사실에 기초한 것인지 밝힐 수 없다. 역사는 너무 멀리 떨어져 있으며 지금은 기억에만 남아 있다. 따라서 크리티아스는 그의 이야기를 시작할 때 기억의 여신인 므네모쉬네(Mnemosyne)의 이름을 부른다.[2] 여기서 우리는 크리티아스의 보고를 믿을 수 있는지의 여부를 또 다른 근거가 없는 상태에서 결정해야 한다.

티마이오스의 설명은 이와 다르다. 크리티아스에 따르면, 소크라테스는 《국가》에 나오는 대화 상대자들에게 이상국가를 mythos의 형태로 설명했지만, 그 자신은 설명을 진리로, 즉 사실로 옮겨놓고자 한다. 이와 관련하여 크리티아스는 그의 이야기가 참되다고 힘주어 말한다.[3] 하지만 크리티아스가 그의 이야기를 참되다고 또는 사실이라고 표현한다고 해서, 아틀란티스에 관한 그의 이야기가 참된 역사 또는 실제로 이루어진 역사라는 뜻은 아니다.[4] 《티마이오스》 앞 부분에서 크리티아스는 그의 이야기가 많은 전승과정을 거쳤다는 사실을 강조하기 때문이다. 심지어 어제 소크라테스가 이상국가에 관해 한 이야기를 잊어 먹은 사람도 크리티아스이다. 어제 들은 이야기를 잊어 먹는 사람이 이제 노인이 되어서 어린 시절에 듣고 기억했던 내용을 정확히 전달할 수 있겠는가? 이러한 문학적 장치 덕분에, 읽는이는 크리티아스의 아틀란티

---

2) Krit. 108d ; Tim. 26e 참조. 여기서 소크라테스는 크리티아스의 이야기가 현재 이루어지는 여신의 제사에 잘 맞는 역사라는 점을 밝혀준다.

3) Tim. 20d, 21d, 22d, 22e, 25a, 26d ; Krit. 110d.

4) 박종현, 김영균, 《플라톤의 티마이오스》(서광사, 2000), 18~19면, 주 5와 59면, 주 33 참조. 다른 생각으로는 A.M. Gessman, "Plato's Critias: Literary Fiction or Historical Narrative?", *Language Quarterly* 7 (1968), 17~31면, 특히 21면 참조.

스 이야기를 사실 그대로 받아들이지 않아도 된다. 하지만 그렇다고 해
서 역사 설명의 본질이 달라지는 것은 아니다. 이러한 문학적 장치는
그저 크리티아스의 이야기가 정확한 역사가 아니라는 점만 부각시켜줄
뿐이다. 그래서 mythos에서는 가상의 시민과 국가가 설명되는 반면에,[5]
크리티아스의 설명은 실제로 있던 시민과 국가에 대한 보고라고 이해
할 수 있다.[6]

크리티아스가 '우리'라는 표현을 통해 소크라테스의 설명을 자신과
티마이오스, 헤르모크라테스의 설명과 대조시키기는 한다. 하지만 그의
언급을 진지하게 받아들일 필요는 없다. 고대 아테네의 역사를 처음으
로 설명하는 이집트 성직자가 mythos에서 현실로 옮겨진 것에 관해 이
야기했기 때문이다. 티마이오스의 설명은 크리티아스의 설명과 같은 범
주에 속하지 않는다. 도리어 그와 반대이다. 물론 티마이오스가 그의 자
연 철학을 우주론의 형식 대신 우주 생성론의 형식을 빌려, 즉 공간과
시간 속에서 일어난 특정 사건에 관해 제시하고자 하는 이유를 크리티
아스의 언급 속에서 찾아볼 수 있을지도 모른다.[7] 로뱅(Robin)은 티마
이오스의 이야기를 크리티아스의 이야기처럼 과거사를 변증술
(dialektike)과 반대되게 다루는 신화로만 이해한다.[8] 크리티아스의 이

---

5) J. Mittelstraß, *Rettung der Phänomene*(Berlin, 1962), 111~112면 참조.
6) Tim. 26c~d. C. Gill, "The Genre of the Atlantis Story", *Classical Philology* 72 (1977), 287~304면; "Plato on Falsehood — not Fiction", in: C. Gill/T.P. Wiseman (ed.), *Lies and Fiction in the Ancient World*(Exeter, 1993), 63면 참조.
7) C. Calame, *Mythe et Histoire dans l'Antiquité Grecque*(Nadir, 1996), 166~169면; H. Walter, *Die Entwicklung der Mythopoiie in den Platonischen Dialogen* (Saarbrücken, 1994), 103면; A. Cook, *The Stance of Plato*(Lanham, 1996), 111면 참조. 발터와 쿡은 이러한 상황을 제대로 보지 못한다.
8) L. Robin, *La Pensée Grecque et les Origines de l'Esprit Scientifique*(Paris, 1923), 267~268면.

야기가 생각해낸 것이 아니라 실제 있었던 역사에 대한 참된 이야기라
는 크리티아스의 주장에 소크라테스도 동의한다(Tim. 26e).[9] 이와 반대
되는 생각을 전개하는 웰리버(Welliver)에 따르면, 소크라테스의 동의는
크리티아스의 구분을 조롱하는 반응이다.[10] 하지만 이를 입증해주는 근
거를 제시할 수 없다.[11] 하이취(Heitsch)는 플라톤이 대상과 사태를 구
분하지 않는다고 주장했다. 그렇다면, 그는 그리스인이 살라미스
(Salamis)에서 페르시아 사람들을 이겼다는 것도 우리가 알 수 없다고
주장해야만 한다. 하지만 플라톤은 이러한 방식으로 구분하지 않는다.
(감각) 대상에 관한 이야기가 티마이오스의 이야기이고, (감각) 사태
또는 사건에 관한 이야기가 크리티아스의 이야기이다. 그런데 플라톤은
이와 관련하여 대상과 사태의 구분에 아무런 의미도 주지 않는다. 사태
또는 역사적인 것은 참이기는 하나 지식은 아니다. 지식은 일반적인 것
또는 로고스에서 비로소 나타난다.

그런데 크리티아스는 그의 설명을 logos라고 표현하며, 티마이오스의
설명, 더 나아가서는 소크라테스의 이상국가에 대한 설명까지도
mythos라고 표현한다(Tim. 26c).[12] 이러한 표현을 통해, 마르겔(Margel)
은 이상국가의 설명과 티마이오스의 자연 설명이 모두 《국가》 414b~c
에서 말하는 고상한 거짓말이라고 주장한다.[13] 하지만 도리어 이러한
표현을 통해 크리티아스가 티마이오스와 소크라테스에게 맞서고 있다
고 여기는 편이 타당해 보인다. 심지어 티마이오스의 자연 설명과 대조

9) J.-F. Pradeau, *Le Monde de la Politique*(Sankt Augustin, 1997), 25면, 주 36 참
조.
10) W. Welliver, *Character, Plot and Thought in Plato's Timaeus-Critias*
(Leiden, 1977), 39면 참조.
11) E. Heitsch, *Wege zu Platon*(Göttingen, 1992), 135면, 137면 참조.
12) Tim. 26d~e; Krit. 107a~108a 참조.
13) S. Margel, *Le Tombeau du Dieu Artisan sur Platon*(Paris, 1995), 53면.

를 이루는 크리티아스의 역사 설명을 고상한 거짓말이라고 여기는 학자들까지 있다.[14] 크리티아스는 그의 로고스(logos)가 '아이들(paidōn)의 동화(mythos)'에서보다 더 높은 단계의 통찰에 속한다고 주장하면서, 암묵적으로 티마이오스의 이야기를 비판하고 있다. 크리티아스의 이야기의 출처인 이집트 사제가 솔론의 이야기를 아이들의 동화로 받아들이는 이유가(Tim. 23b) 여기서 드러난다. 솔론은 티마이오스처럼 그의 이야기를 부차적인 과제로 여긴다. 솔론의 주 과제는 정치이며, 티마이오스의 주 과제는 철학이다. 크리티아스는 솔론이 시짓는 일을 우선적으로 하지 않았다고 유감스러워 한다. 크리티아스에 따르면, 솔론이 주로 시를 지었다면, 시인(poiētēs)로서 호메로스나 헤시오도스보다 더 좋은 시를 지었을 것이다. 티마이오스는 아이들(paidōn)의 동화에 해당하는 그의 이야기가 슬기로운 오락(paidia)을 뜻할 수 있다고 응수한다.[15]

또 다른 구절에서 티마이오스와 크리티아스의 대립을 찾아볼 수 있다. 질병 때문에 참석하지 못한 네 번째 사람의 빚을 다른 참석자가 맡아야 한다고 말할 때, 소크라테스는 티마이오스를 염두에 두는 것 같다. 《티마이오스》가 시작하자마자 소크라테스는 참석자의 수를 센다. 그런데 어제 소크라테스가 《국가》에 나오는 이상국가에 관해 이야기할 때 이야기를 들었던 사람 가운데 한 사람이 질병으로 인해 불가피하게 참석하지 못했다. 콘퍼드에 따르면, 우리는 네 번째 사람이 누구인지를 알려고 할 필요가 없다. 그는 남부 이탈리아에서 온 또 다른 손님에 불과하기 때문이다.[16] 또한 고대로부터 네 번째 사람의 정체를 둘러싸고 많

14) C. Gill, *op. cit.* (1977), 287~304면 참조.
15) L. Brisson, *Einführung in die Philosophie des Mythos*(Darmstadt, 1996), 25면 참조(paidia는 pais의 파생어이다).
16) F.M. Cornford, *Plato's Cosmology*(London, 1937), 3면.

은 추측이 있었다. 테아이테토스(Theaitetos), 클레이토폰(Kleitophon),
필레보스(Philebos), 필롤라오스(Philolaos)가 후보로 올랐다.[17] 하지만
여러 가지 많은 정황은 질병 때문에 참석하지 못한 사람이(Tim. 17a)
플라톤 자신이라는 점을 지지해준다.[18] 《파이돈》에서 스승 소크라테스
가 임종하는 날 플라톤은 질병 때문에 참석하지 못했다는 언급이 나온
다. 이곳은 플라톤이 대화편에 등장하지 않는 이유를 유일하게 밝히는
곳이다. 그런데 이제 티마이오스가 플라톤을 대신한다.

또한 소크라테스는 티마이오스와 더불어 이러한 과제에 관해 이야기
한다(Tim. 17a). 이는 소크라테스의 생각으로는 티마이오스가 이 대화
편의 주된 인물임을 암시해준다. 하지만 크리티아스는 티마이오스를 세
번째 참석자(Tim. 20d)라고 표현한다. 헤르모크라테스도 크리티아스의
편으로 기울어지는 것 같다. 전날 세 사람이 크리티아스의 집에 있었고
크리티아스가 이곳으로 오는 도중에 할 이야기를 다 했다고 소크라테
스에게 말하기 때문이다. 흥미롭게도 헤르모크라테스는 티마이오스가
전날에 그의 우주생성론도 이야기했는지에 대해 언급하지 않는다. 게다
가 소크라테스가 《국가》에서 이상국가에 관해 한 이야기를 요약할 때
대화 상대자로 등장하는 사람이 티마이오스이다(Tim. 17b~19b). 이는
소크라테스와 크리티아스 사이에 다툼이 있었음을 암시하며, 왜 소크라
테스가 크리티아스와 헤르모크라테스, 티마이오스를 적합한 poiētēs로

---

17) H.W. Ausland, "Who speaks for whom in the Timaeus-Critias?", in: G.A.
Press(ed.), *Who Speaks for Plato?*(Lanham, 2000), 195면 주 41.

18) S. Rosen, "Commentary on Sallis", in: J.J. Clearly/W.C. Wians(ed.),
Proceedings of the Boston Area Colloquium in Ancient Philosophy XI
(Boston, 1995), 170~175면. (1995), 172면 참조: J.-F. Mattéi, *Platon et le Miroir
du Mythe*(Paris, 1996), 215면도 참조. 마떼이는 생각을 달리 한다. 그는 네 번째 사
람을 chōra로 이해한다. 그에 따르면, chōra는 아무런 기능도 하지 않으면서 이야
기에 자유로운 공간을 주기 때문이다.

추천할 때 우선적으로 티마이오스를 생각하는지를 설명해준다(Tim. 20a~b). 또한 티마이오스는 그의 신을 데미우르고스, 즉 노동자로 표현하는데, 참주로 널리 알려진 크리티아스의 면전에서 그렇게 한다.[19] 크리티아스의 보고에 따르면, 고대 아테네에서 노동자들(dēmiurgoi)은 신을 섬기는 사제들과 분리된다(Tim. 24a). 그런데 티마이오스에게는 신이 데미우르고스이다.[20] 또한 불 자체가 있는가라는 티마이오스의 물음(Tim. 51b)은 전형적인 소크라테스식 질문을 다룬다.[21] 게다가 티마이오스는 참주 크리티아스 앞에서 민주주의를 상징하는 투표권을 행사한다(Tim. 51d, 52d).[22] 또한 티마이오스는 크리티아스에 맞서 소크라테스가 《국가》에서 나타내는 것과 같은 생각을 드러낸다. 존재에 관한 이야기만 참되며, 생성에 관한 이야기는 그럼직할 뿐이다(Tim. 27d~28a).[23]

소크라테스가 이상국가 설명을 현실에 적용하는 일은 능력 밖의 일이라고 고백하는 점도 이와 연결해서 이해할 수 있다(Tim. 19d). 현실과 정확하게 일치하는 설명은 소크라테스나 티마이오스의 일이 아니라, 크리티아스의 일이다. 오래 전에 있었던 아테네의 실제 역사를 잘 기억해서 설명하는 크리티아스가 바로 어제 들었던 소크라테스의 이상국가 설명은 잘 기억하지 못한다. 이러한 문학적 장치를 두 가지 종류의 설명, 즉 크리티아스가 생각하는 의미에서 볼 때 mythos와 logos가 서로 다르다는 점을 부각시키기 위한 것으로 여길 수 있다.

19) L. Brisson, *Platon. Timée/Critias*(Paris, 1992), 331면; J.-F. Mattéi, *op. cit.* 253면 주 1.

20) D.F. Krell, "Female Parts in Timaeus", *Arion* N.S. 2(1975), 409면.

21) H.S. Tayer, "Meaning and Dramatic Interpretation", in: G.A. Press(ed.), *Plato's Dialogues: New Studies and Interpretations*(Lanham, 1993), 49면.

22) J.A. Arieti, *Interpreting Plato: The Dialogues as Drama*(Maryland, 1991), 51면, 주 53 참조. 이것은 크리티아스가 그의 이야기를 참된 것으로 여긴 데 반해, 티마이오스가 그의 이야기를 가설적인 것으로 여긴 것과 연결된다.

23) C. Gill, *op. cit.* (1977), 290면.

III

《티마이오스》는 많은 경우 logos(말, 설명)와 erogon(행위, 일)을 대
조시킨다. 예를 들어, 행위를 통한 모방보다 말을 통한 모방이 훨씬 더
어렵다(Tim. 19e). 그런데 크리티아스의 보고 내용은 주로 행위와 일에
관한 것이다. 크리티아스는 고대 아테네에서 일어난 일에 관심을 두며
(Tim. 20e, 21a), 그곳에 살았던 사람들의 행위에 대해 보고하려 한다.[24]
하지만 티마이오스는 행위나 사건에 대한 설명에 관심을 두지 않는다.

이와 관련해서 크리티아스는 인간이 '설명 속에서' 생성되었다고 말
하며(Tim. 27a), 티마이오스는 원소의 정다면체가 '설명 속에서' 생성
된 종(種)이라고 말한다(Tim. 55d; Tim. 56b도 참조).《크리티아스》첫
머리에서 티마이오스의 '설명 속에서'(en logō) 생성된 신들의 이름이
불리워진다(Krit. 106a). 따라서 《티마이오스》에 나타난 세계와 인간의
생성에 관한 이야기가 사물의 차원에서가 아니라 로고스의 차원에서
이루어지고 있다. 크리티아스와 티마이오스는 이 점에 있어서 서로 의
견을 같이 한다.[25] 《티마이오스》의 설명은 이 세계(hode ho kosmos)에
관한 설명이며, 그럼직한 이야기이다. 하지만 마르텐(Marten)의 표현처
럼, 이 세계는 감각에 주어진 세계가 아니라, 감각성 속에 파악된 세계
(die in ihrer Sinnlichkeit begriffene Welt)이다.[26] 이러한 의미에서 볼
때, 소크라테스의 동의도 가상의 역사와 사실의 역사가 티마이오스의
설명에서 큰 역할을 한다는 점을 암시해준다.[27] 아리게티는 플라톤이

---

24) Tim. 23c, 23e, 24d; Krit. 106a, 109d, 110a.
25) W. Wieland, *Die aristotelische Physik*(Göttingen, 1961), 193면.
26) R. Marten, *Ousia im Denken Platons*(Meisenheim/Glan, 1962), 42면. 발견과
   구성을 구분하는 뜻에 대해서는 J. Mittelstraß, "Griechische Bausteine der
   neuzeitlichen Rationalität", in: W. Schuller(ed.), *Antike in der Moderne*
   (Konstanz, 1985), 200~201면 참조.

여기서 역사를 신화와 혼동하고 있다고 주장한다. 그런데 이는 티마이오스의 이야기와 크리티아스의 이야기의 차이를 제대로 보지 못한 결과이다. 나다프(Naddaf)는 아틀란티스 이야기를 플라톤의 창작이라고 여기지만,[28] 티마이오스의 이야기와 크리티아스 이야기의 대조에 담긴 뜻을 제대로 보지 못한다.[29]

《티마이오스》에서 eikōs logos와 eikōs mythos를 구분해서는 안 되는 이유를 이와 관련해서 알 수 있다. 《티마이오스》에서 eikōs logos는 eikōs mythos와 같은 의미를 지닌 표현이다. 둘 다 실제로 있었던 역사와 반대된다는 의미에서 그러하다. 이러한 의미에서, 아드라도스(Adrados)는 역사적 사건의 일반 원리를 구체적인 사례에서 끌어내는 투키디데스(Thucydides)의 역사 기술 방법과 같은 방법을 《티마이오스》에서 찾을 수 없다고 주장한다. 이는 옳은 주장이다.[30]

크리티아스에 따르면 고대 아테네에 관한 이야기는 두 가지를 전제한다. 첫째로, 우리는 인간 일반에 관해 알아야 한다. 둘째로, 학문적 설명을 할 수 있어야 한다. 둘째 전제는 《국가》에 나타난 설명을 통해 채워졌으며, 첫째 전제는 《티마이오스》에서 채워져야 한다. 두 전제는 모두 말 또는 로고스의 차원에서 이루어진다. 소크라테스와 티마이오스가 두 설명의 논리적 연관에 마음을 기울이는 반면에, 크리티아스는 무엇보다도 진리에 대해, 여기서는 말과 대상의 상응에 마음을 기울인다. 이

27) A. Arrighetti, "Plato between Myth, Poetry and History", in: S. Jäkel(ed.), *Power and Spirit*(Turku, 1993), 51~56면 참조.

28) G. Naddaf, "The Atlantis Myth: An Introduction to Plato's Later Philosophy of History", *Phoenix* 48(1994), 189, 191면.

29) J. Pelikan, *op. cit.*(1997), 26~27면도 마찬가지이다.

30) F.R. Adrados, "Coherencia e Incoherencia en la Forma y Contenido del Timeo", in: T. Calvo/L. Brisson(ed.), *Interpreting the Timaeus-Critias*(Sankt Augustin, 1997), 37~47면: J. Annas, "Plato's Myths of Judgement", *Phronesis* 27(1982), 120면 참조.

에 따라서 《국가》와 《티마이오스》에 나타난 설명의 진리는 말 또는 로 고스와 불변하는 대상, 즉 이데아 사이의 일치에 있다고 말할 수 있을 지도 모른다.

이와 관련해서 크리티아스가 티마이오스의 과제보다 그의 과제가 훨 씬 더 어렵다고 털어놓는 불만도 이해할 수 있다. 듣는 사람들이 경험 하지 못하고 알지 못하는 신들에 관한 설명은 크리티아스가 가사적(可 死的)인 것과 인간적인 것에 관해 하도록 되어 있는 설명보다 쉬워 보 인다(Krit. 107b~e).[31] 사람들은 티마이오스가 설명하는 대상에 대해 알 지 못해서 이를 검토하거나 판단할 수 없기 때문이다(Krit. 107b). 여기 서 티마이오스와 크리티아스는 설명이 모상(eikotes, Tim. 29c, mimēsis, Krit. 107b)이라는 점에는 동의한다. 그러나 두 경우에 원상은 서로 다 르다. 티마이오스의 우주론의 원상은 이데아 또는 일반적인 로고스인 데 반해, 크리티아스의 보고의 원상은 특정 시간과[32] 특정 공간에 일어 난 구체적인 사실이다. 《크리티아스》 첫머리에서 티마이오스는 그의 설 명을 크리티아스의 보고와 비교한다. 그의 로고스의 신은 크리티아스에 게 있어서 이전에 존재했던 신이다(Krit. 106a).

샤에러(Schaerer)는 티마이오스 이야기와 크리티아스 이야기의 서로 다른 관점을 구분함으로써 이러한 언급을 이해하고자 한다. 그에 따르 면, 이러한 언급은 크리티아스의 관점에서 볼 때만 옳지만, 실제로는 티 마이오스의 이야기가 크리티아스의 이야기보다 더 어렵다. 그의 이야기 를 듣는 사람이 교육받지 못한 보통 사람이기 때문이다. 듣는 사람이 철학자들인 티마이오스의 관점에서 신들에 관한 이야기는 인간적인 일

---

31) R. Schaerer, "A Propos du.Timée et du Critias: Est-il plus Difficile de Parler des Dieux ou des Hommes?", *Revue des Études Grecques* 43(1930), 31~35면.
32) 고대 아테네의 주민은 크리티아스의 설명보다 900년 전에 살았다고 한다(Tim. 23e).

에 관한 크리티아스의 이야기보다 훨씬 더 어렵다. 하지만 샤에러의 이러한 해석을 받아들이기 어렵다. 크리티아스의 이야기를 듣는 사람은 교육받지 않은 사람이 아니라 학자들이며, 그 가운데에는 소크라테스도 있기 때문이다. 도리어 크리티아스가 판단하는 기준은 듣는 사람의 차이에 있지 않고, 서로 다른 신 개념에 있다. 티마이오스의 신들은 로고스 속에서 만들어진 신들인 데 반해, 크리티아스의 신들은 실제로 존재하는 신들이다. 데띠엔느(Detienne)에 따르면, 티마이오스 이야기와 크리티아스 이야기의 차이는 전자가 전체에 관한 신화인 데 반해, 후자는 개별자에 관한 신화라는 데 있다.[33] 신들에 관한 지식이 인간에게 없기 때문에, 신들에 관한 진술이 참인지를 검토할 수도 없다. 이는 티마이오스가 감각적 대상이 그 설명과 일치하는지의 여부에 신경쓰지 않고 그의 설명을 계속 이어나갈 수 있었던 이유일 수도 있다.

이러한 의미에서 티마이오스는 첫머리에 신들을 부르고서, 그의 설명이 모두 그들의 마음에 들도록 설명할 수 있도록 해달라고 빈다. 신 데미우르고스만이 감각 대상을 정확하게 알기 때문에, 오직 그만이 이야기가 감각 대상과 일치하는지의 여부를 검토할 수 있다. 하지만 우리는 데미우르고스 또는 신에 관해 아무것도 알지 못하며,[34] 그래서 우리는 우리의 설명이 맞는지의 여부를 정확하게 판단할 수도 없다. 여기서 크리티아스도 티마이오스와 같이 생각한다. 이러한 의미에서 버리(Bury)는 "크리티아스가 회의주의자처럼 말한다"고 표현한다.[35] 하지만 이러한 언급은 신에 대해서만 타당하지 다른 인식대상에 대해서는 타

33) M. Detienne, "La Double Écriture de la Mythologie entre le Timée et le Critias", in: C. Calame (ed.), *Métamorphoses du Mythe en Grèce Antique* (Genève, 1988), 17~31면 참조.
34) Tim. 28c, 40d; Krit. 107b.
35) R.G. Bury, *Plato: Timaeus, Critias, Cleitophon, Menexenus, Epistles* (Cambridge, 1929), 206면 주 1.

당하지 않다. 이러한 의미에서 볼 때, 티마이오스가 그의 이야기를 따져서 검토해본다 해도(Tim. 72d), 그의 이야기는 여전히 그럼직한 이야기일 뿐이다. 크리티아스가 보기에 (그와 반대되는) 어려움은 그의 이야기를 듣는 사람들이 그의 이야기가 맞는지의 여부를 알 수 있다는 데 있다.

이와 관련하여,《티마이오스》28c에서 데미우르고스를 발견하는 일과 데미우르고스에 관한 설명을 다르게 여긴 이유를 이해할 수 있다. 만일 우리가 크리티아스처럼 데미우르고스를 실제로 존재하는 신으로 파악한다면, 그를 발견할 수 있어야 할 것이다. 그런데 구체적이고 개별적인 대상에 대해 개념을 형성할 수 없다(Tim. 68d). 그러한 한에서 티마이오스와 크리티아스는 데미우르고스에 관한 논의에서 서로 다른 어려움을 보고 있는 셈이다.

IV

《티마이오스》첫머리에서 소크라테스는 티마이오스와 크리티아스 등을 다른 시인들(poiētais)과 구분한다. 소피스테스와 같은 시인들은 티마이오스와 크리티아스와는 달리 모방 대상에 대해 잘 알지 못한다. 그들은 이 도시 저 도시를 떠돌아다니며, 따라서 모방 대상도 이데아와 같은 불변의 대상이 아니기 때문이다. 이에 반해 토박이 시민 티마이오스가 모방하려는 대상은 이데아이다. 그래서 소크라테스는 티마이오스와 크리티아스를 훌륭한 시인(poiētais)이라고 인정한다.

그런데 이들의 과제는 말과 일(ergon)로 모방(mimēsis)하는 데 있다(Tim. 19e). 하지만 앞서 말했듯이, 티마이오스의 모방 활동과 크리티아스의 모방 활동이 서로 다르다.《크리티아스》가 미완성으로 끝난 이유

를 이와 연결해서 이해해볼 수 있다. 제우스가 연설을 시작할 때, 《크리
티아스》가 끝나고 만다(Krit. 121c). 반면에 데미우르고스의 연설은 끝나
지 않고 이어진다(Tim. 41a~d). 왜 《크리티아스》가 미완성인지에 대해
많은 논의가 있었다.[36] 이 문제는 크리티아스의 이야기와 티마이오스의
이야기의 차이를 언급함으로써 대답할 수 있을 것 같다.

《크리티아스》 첫머리에(106c~108a) 크리티아스는 그의 설명을 티마
이오스의 설명과 달리 규정한다. 그의 이야기는 엄밀해야 한다(akribēs,
Krit. 107e).[37] 그의 이야기의 대상이 잘 알려진 것이기 때문이라고 한
다. 티마이오스의 경우에는 다르다. 크리티아스가 제우스의 연설을 모
방하고자 했을 때, 그는 제우스를 모방해야 했을 것이다. 그런데 로고스
형태의 모방은 직접 진술이며, 말하는 사람은 '나'(egō, Tim. 41a)라는
형태로 등장한다.[38]

크리티아스가 주목하듯이, 제우스를 일인칭 형태로 모방하기란 어렵
다. 그래서 《크리티아스》는 제우스의 연설 바로 직전에서 끝난다. 티마
이오스도 크리티아스의 문제를 알고 있는 것 같다. 신들에 관한 그의
이야기는 그럼직한 세계 설명에 해당하지 않고 신들에 대한 전통적 믿
음에 해당한다.[39] 이러한 의미에서 볼 때, 전통적 신들을 엄밀하게 모방
할 필요가 없다. 따라서 《티마이오스》에서 데미우르고스의 연설은 계속

---

36) C. Gill (1977), 299면; E. David, "The Problem of Representing Plato's Ideal
    State in Action", *Rivista di Filologia e di Istruzione Classica* 112(1984), 50~51
    면, 50면의 주 1, 2 참조.
37) 이에 반대하는 생각으로는 C.H. Zuckert, *Postmodern Platos*(Chicago/London,
    1996), 237~238면 참조.
38) G. Sörbom, *Mimesis and Art*(Uppsala, 1966), 99면. 쇠르봄(Sörbom)은 직접 진
    술을 의인화(擬人化)를 통한 모방이라고 여긴다.
39) 플라톤이 무신론 또는 신에 대한 모독이라고 공격할 수도 있는 비난을 이를 통해
    극복하려고 했을지도 모른다. 이 구절에 대한 다른 해석들을 살펴보려면, J. Pieper,
    Über die Platonischen Mythen(München, 1965), 62면 참조.

이어진다.[40] 데미우르고스는 티마이오스의 일인칭 화법 속에 '숨는다'. 이와 관련해서 철학적 강연을 통해 철학적 청중의 박수를 끌어냈다는 의미에서 볼 때 티마이오스가 시인(poiētēs)라는 달펜의 주장은 옳다. 하지만 달펜은 티마이오스의 청중이 학자들이기 때문에 티마이오스가 시인처럼 말해서는 안 된다고 주장한다.[41] 이러한 주장에는 설득력이 없다. 티마이오스의 경우에 모방은 로고스 차원에서뿐 아니라 행동 또는 일 차원에서도 이루어지기 때문이다. 데미우르고스의 연설 장면은 극중 인물인 티마이오스를 통해 구체적으로 나타날 수 있다.

하지만 티마이오스의 이야기가 사실의 재현이 아니라, 구성이라는 점과 연결해서 생각해 볼 때(Tim. 26c~e, Krit. 107a~b),[42] 이는 신 데미우르고스가 사실은 플라톤의 고안물이라는 뜻일 수도 있다. 즉 전통적인 신이 아니라 구성물이라는 뜻일 수도 있다. 타란트(Tarrant)는 여기서 플라톤이 데미우르고스로서 이야기하고 있다는 점에 주목하지만, 그러한 행위를 일종의 영감으로 이해한다.[43] 하지만 사실은 그렇지가 않다. 플라톤에 따르면, 신이 어떤 사람을 사용해서 직접 이야기하는 경우 그 사람은 그가 하는 말을 이해할 수 없다. 티마이오스는 그렇지가 않다. 티마이오스가 신들의 이야기를 이해할 수 없다면, 그는 그가 신들의

40) 따라서 빌케(Wilke)의 생각과는 달리, 제우스의 연설과 같은 직접 화법이 플라톤 대화편 전체에 유례가 없다는 점은 그리 중요하지 않다. B. Wilke, *Vergangenheit als Norm in der platonischen Staatsphilosophie*(Stuttgart, 1997), 169면.

41) J. Dalfen, *Polis und Poiesis*(München, 1974), 237~238면, 300면.

42) S.C. Fredericks(1978), "Plato's Atlantis: A Mythologist Looks at Myth", in: E.S. Ramage(ed.), *Atlantis: Fact or Fiction?*(1978), 95면. R. Dupont-Roc, "Mimesis et Énonciation", in: J. Lallot(ed.), *Écriture et Théorie Poétiques*(Paris, 1976), 13면, 주 45도 참조. 두퐁록의 설명에 따르면, 모방은 경험적 대상에 대한 모방과 대상의 창조라는 두 가지 의미를 지닌다.

43) R. Jackson/K, Lycos/H. Tarrant, *Olympiodorus. Commentary on Plato's Gorgias*(Leiden/Boston/Köln, 1998), 12면, 주 52.

이야기를 믿어야 한다고 이야기할 수 없을 것이다. 그렇다면, 그 자신이 신들의 이야기를 대변할 것이기 때문이다.

이와 관련해서 티마이오스의 신에는 이름이 없다. 그 신은 데미우르 고스, 아버지, 제작자 등으로 그저 기능의 관점에서만 불리울 뿐이다. 이와 반대로 《티마이오스》와 《크리티아스》의 전통적 신들은 이름을 지닌다. 그래서 우리는 크리티아스와는 달리 티마이오스를 역사적 인물로 뽑지 않은 이유도 이해할 수 있다. 크리티아스의 설명은 역사적 사건에 관한 그의 기억을 재생한다. 그러한 한에서 크리티아스도 설명되는 역사의 부분이다. 하지만 구성이 완료된 세계 속에 티마이오스가 자리잡을 곳은 없다. 그의 세계는 로고스 차원에 있으며, 언제나 인간의 이성이 구성해낸 제작물이다.[44]

그래서 극적인 관점에서 볼 때 우리는 데미우르고스를 작가(poiētēs) 로, 티마이오스를 연기자(mimētes)로 이해할 수 있을지 모른다.[45] 하지만 《티마이오스》에서 둘은 사실 하나이다. 만드는 것(poiēsis)은 모방 (mimēsis)이기도 하기 때문이다.[46]

---

44) 이러한 의미에서 볼 때 physis와 poiēsis는 하나이다. J. Mittelstraß, "Metaphysik der Natur in der Methodologie der Naturwissenschaften", in: K. Hübner/A. Menne (ed.), *Natur und Geschichte*(Hamburg, 1973). 87면: *Machina Mundi* (Basel/Frankfurt, 1995), 7면, 10면 참조.

45) K. Dorter, *Form and Good in Plato's Eleatic Dialoges*(Berkeley/Los Angeles/London, 1994), 193면 참조.

46) G. Nagy, "Early Greek Views of Poets and Poetry", in: G.A. Kennedy (ed.), *The Cambridge History of Literary Criticism I*(Cambridge, 1989), 47면 참조.

V

지금까지 티마이오스의 자연 설명을 크리티아스의 역사 설명과 대조시켜 보았다. 이를 통해, 티마이오스의 자연 설명이 비록 역사적 보고라는 형식을 취하고 있지만, 사실 내용상으로는 우주생성론이 아니라 우주론이라는 점이 드러났다. 그런데 위의 대조를 통해 티마이오스의 자연 설명의 성격을 보다 자세하게 알 수 있다. 티마이오스는 감각 세계가 원상(原象)인 이데아를 모방한 모상이라고 주장하지 않는다. 도리어 데미우르고스가 이데아를 보고 또는 역시 이데아인 수학적 대상을 보고 세계를 제작하는 경우에 감각 세계가 이데아의 모상이라고 주장할 뿐이다. 여기서 제작된 세계가 모상이라는 것은 정언적인 진술이나 절대적 진술이 아니라 가언적 진술이다.[47] 로이드는 플라톤이 수학적 천문학을 물리학과 구분하지 않았다고 여기며, 제작된 세계가 모상을 나타낸다는 진술을 정언적 진술로 받아들인다.[48] 가이저는 '현상 구제'의 사례를 색깔 설명에서 찾았다고 주장하는 점에 있어서 로이드를 편든다.[49] 하지만 이러한 생각은 잘못이다.

제작된 세계는 실제 세계가 아니라 로고스, 즉 가설 차원에 있다. 이러한 입장을 비판하는 로이드(Lloyd)는 티마이오스의 우주론이 순수한 추정(conjecture)이 아니라고 여긴다. 또한, 플라톤이 보기에 행성이 불규칙한 운동을 하지 않는다고 한다.[50] 눈으로 볼 수 있는 모델이 없이

---

47) J. Moreau, "The Platonic Idea and Its Threefold Function: A Synthesis", *International Philosophical Quarterly* 9(1969), 504면.

48) G.E.R. Lloyd, *Methods and Problems in Greek Science*(Cambridge, 1991), 275면, 346~357면, 431면도 참조.

49) K. Gaiser, "Platons Farbenlehre", in: K. Gaiser/H. Flashar(ed.), *Synusia. Festgabe für Wolfgang Schadewaldt*(Pfullingen, 1965), 173~222면, 특히 196면.

50) G.E.R. Lloyd, *Adversaries and Authorities*(Cambridge, 1996), 181면.

행성 운동에 관해 이야기하는 것은 헛수고일 것이라는 티마이오스의
언급도 제시한다(Tim. 40d).[51] 로이드에 따르면, 비록 《티마이오스》의
진술이 엄밀하지 않고 분명하지 않기는 해도, 그 진술이 잘못된 것임을
밝히기는 어렵다.[52] 하지만 행성이 실제로 규칙적인 운동을 한다는 것
을 결정적으로 뒷받침해준다는 언급이 없다. 여기서는 플라톤의 가설을
다루고 있다. 또한 모델이 있다고 해서 설명이 반드시 경험적 자료에
의존해야 하는 것은 아니다. 모방 개념을 크리티아스처럼 이해하는 경
우에만 제작된 세계를 현실 세계로 여길 수 있다.

　티마이오스에 따르면, 자연 설명은 제작의 관점에서 이루어진다.[53]
이데아가 그러한 설명의 전제를 이룬다(Tim. 28a, 28c, 29a). 그래서 이
데아를 보지 않고 다른 것을 본다면(Tim. 55d), 감각 세계에 관해 다른
생각 또는 다른 설명을 얻을 수도 있다. 이와 관련하여, 《티마이오스》
첫머리에서 데미우르고스가 무엇을 보아야 할 것인가라는 물음이 던져
진다. 이데아를 보아야 하는가 아니면 생성된 것을 보아야 하는
가?(Tim. 29a) 대답은 이러하다. 세계가 아름답고 데미우르고스가 좋기
때문에, 그는 이데아를 본다. 이는 데미우르고스가 좋지 않거나 이 세계
가 아름답지 않거나 두 가지 부정적인 조건이 모두 채워지는 경우에,
데미우르고스가 이데아를 보는 대신 생성된 것을 볼 수도 있다는 의미
이기도 하다. 사실이 이러하다는 것이 입증될 수 있다면, 티마이오스의
설명은 논박될 것이다. 또한 세계가 아름답고 데미우르고스가 좋다는
전제에서 출발하는 설명 안에서도 티마이오스의 입장이 문제시될 수
있다. 감각 대상에 적용되는 또다른 기하학적 설명이 티마이오스의 기

---

51) 같은 책, 182면 주 26.
52) G.E.R. Lloyd, *Polarity and Analogy*(Cambridge, 1966), 78면, 79면 주 1.
53) J. Mittelstraß, "Die geometrischen Wurzeln der Platonischen Ideenlehre",
　　Gymnasium 92 (1985), 417면.

하학적 모델보다 더 적합한 경우에 그러할 수 있다. 이러한 경우, 티마이오스의 모델은 버려질 것이다.

플라톤에 따르면, 감각 대상에 관해 엄밀한 설명을 할 수 없기 때문에, 여기서는 참된 진술을 만날 수 없다. 물론 티마이오스는 대화를 시작하면서 남신들과 여신들을 불러 모든 것이 그들의 마음에 들도록 해달라고 부탁한다(Tim. 27c). 하지만 그의 설명에 따르면, 대화참여자들은 감각 세계에 관해 모순없이 이야기할 수 없다(Tim. 29c). 가령 원소의 생성에 관해 진리를 실제로 접한다 해도, 이는 우연에 불과하다(Tim. 53e). 진리를 접해도 엄밀한 의미에서 이것을 알지 못할 수 있다.[54] 그래서 인간 내부의 감각들에 관해서도 매우 제한된 방식으로만 이야기되어야 한다(Tim. 65b). 우주 이선의 혼돈스러운 상태를 설명해야 하는 곳에서 이와 비슷한 상황이 주어진다(Tim. 69d). 여기서는 가령 4원소의 역할에 관해 확고한 의견과 설득이 가능하지만(Tim. 37b), 지식은 아니다. 이러한 의미에서 티마이오스는 세계에 관해 그에게 옳게 여겨지는 대로(dokounta) 이야기할 수밖에 없다(Tim. 27d). 솔론이 고대 아테네에 관해 말한 것이 《국가》에서 소크라테스가 내놓은 생각과 큰 차이가 없는 것이 우연이듯이(Tim. 25e), 티마이오스의 설명이 사태와 일치될 수 있다면, 이는 우연에 불과하다. 크리티아스는 이를 신적인 섭리로 여긴다. 따라서 티마이오스의 설명이 사실과 일치한다면, 이는 신적인 우연일 것이다(Tim. 26e). 하지만 우리는 자연 설명이 정말 사태와 일치하는지의 여부를 알 수 없다. 이러한 점에서 티마이오스의 자연 설명과 크리티아스의 역사 설명은 성격을 달리한다. 티마이오스의 자연 설명이 추구하는 목표가 무모순적인 설명인 데 반해, 크리티아스의 역사 설명이 추구하는 목표는 사태와 일치하는 설명이기 때문

---

54) W.K.C. Guthrie, *A History of Greek Philosophy V: The Later Plato and the Academy*(Cambridge, 1978), 251면.

이다.

참고 문헌

박종현, 김영균 공동 역주, 《플라톤의 티마이오스》(서광사, 2000).

Adrados, F.R., "Coherencia e Incoherencia en la Forma y Contenido del Timeo", in: Calvo, T./Brisson, L. (ed.), *Interpreting the Timaeus-Critias* (Sankt Augustin, 1997), 37~47면.

Annas, J., "Plato's Myths of Judgement", *Phronesis* 27 (1982), 119~143면.

Arieti, J. A., *Interpreting Plato: The Dialogues as Drama* (Maryland, 1991).

Ausland, H.W., "Who speaks for whom in the Timaeus-Critias?", in: Press, G. A. (ed.), *Who Speaks for Plato?*(Lanham, 2000), 183~198면.

Brisson, L., *Einführung in die Philosophie des Mythos* (Darmstadt, 1996).

Brisson, L., *Platon. Timée/Critias* (Paris, 1992).

Bury, R.G., *Plato: Timaeus, Critias, Cleitophon, Menexenus, Epistles* (Cambridge, 1929).

Calame, C., *Mythe et Histoire dans l' Antiquité Grecque* (Nadir, 1996).

Cook, A., *The Stance of Plato* (Lanham, 1996).

Cornford, F.M., *Plato's Cosmology* (London, 1937).

Dalfen, J., *Polis und Poiesis* (München, 1974).

Detienne, M., "La Double Écriture de la Mythologie entre le Timée et le Critias", in: Calame, C. (ed.), *Métamorphoses du Mythe en Grèce Antique* (Genève, 1988), 17~33면.

Dorter, K., *Form and Good in Plato's Eleatic Dialoges* (Berkeley/Los Angeles/ London, 1994).

Dupont-Roc, R., "Mimesis et Énonciation", in: Lallot, J. (ed.), *Écriture et Théorie Poétiques* (Paris, 1976), 6~14면.

Fredericks, S.C., "Plato's Atlantis: A Mythologist Looks at Myth", in: Ramage, E. S. (ed.), *Atlantis: Fact or Fiction?*(1978), 81~99면.

Gaiser, K., "Platons Farbenlehre", in: Gaiser, K./Flashar, H. (ed.), *Synusia. Festgabe für Wolfgang Schadewaldt* (Pfullingen, 1965), 173~222면.

Gessman, A.M., "Plato's Critias: Literary Fiction or Historical Narrative?", *Language Quarterly* 7 (1968), 17~31면.

Gill, C., "Plato on Falsehood -- not Fiction", in: Gill, C./Wiseman, T.P. (ed.), *Lies and Fiction in the Ancient World* (Exeter, 1993), 38~97면.

Gill, C., "The Genre of the Atlantis Story", *Classical Philology* 72 (1977), 287~304면.

Guthrie, W.K.C., *A History of Greek Philosophy V: The Later Plato and the Academy* (Cambridge, 1978).

Haslam, M.W., "Plato's Unfinished Dialogues", *American Journal of Philology* 97 (1976), 336~339면.

Heitsch, E., *Wege zu Platon* (Göttingen, 1992).

Jackson, R./Lycos, K./Tarrant, H., *Olympiodorus. Commentary on Plato's Gorgias* (Leiden/Boston/Köln, 1998).

Krell, D.F., "Female Parts in Timaeus", *Arion* N.S. 2 (1975), 400~421면.

Lloyd, G.E.R., *Adversaries and Authorities* (Cambridge, 1996).

Lloyd, G.E.R., *Methods and Problems in Greek Science* (Cambridge, 1991).

Lloyd, G.E.R., *Polarity and Analogy* (Cambridge, 1966).

Margel, S., *Le Tombeau du Dieu Artisan sur Platon* (Paris, 1995).

Marten, R., *Ousia im Denken Platons* (Meisenheim/Glan, 1962), 42면.

Mattéi, J.-F., *Platon et le Miroir du Mythe* (Paris, 1996).

Mittelstraß, J., *Machina Mundi* (Basel/Frankfurt, 1995).

Mittelstraß, J., *Rettung der Phänomene* (Berlin, 1962).

Mittelstraß, J., "Die geometrischen Wurzeln der Platonischen Ideenlehre", *Gymnasium* 92 (1985), 399~418면.

Mittelstraß, J., "Griechische Bausteine der neuzeitlichen Rationalität", in: Schuller, W. (ed.), *Antike in der Moderne* (Konstanz, 1985), 195~209면.

Mittelstraß, J., "Metaphysik der Natur in der Methodologie der Naturwissenschaften", in: Hübner, K./Menne, A. (ed.), *Natur und Geschichte* (Hamburg, 1973). 63~87면.

Moreau, J., "The Platonic Idea and Its Threefold Function: A Synthesis", *International Philosophical Quarterly* 9 (1969), 477~517면.

Nagy, G., "Early Greek Views of Poets and Poetry", in: Kennedy, G. A. (ed.), *The Cambridge History of Literary Criticism* I (Cambridge, 1989), 1~77면.

Pieper, J., *Über die Platonischen Mythen* (Mänchen, 1965).

Pradeau, J.-F., *Le Monde de la Politique* (Sankt Augustin, 1997).

Robin, L., *La Pensée Grecque et les Origines de l'Esprit Scientifique* (Paris, 1923).

Rosen, S., "Commentary on Sallis", in: Clearly, J.J./Wians, W.C. (ed.), *Proceedings of the Boston Area Colloquium in Ancient Philosophy* XI (Boston, 1995), 170~175면.

Schaerer, R., "A Propos du Timäe et du Critias: Est-il plus Difficile de Parler des Dieux ou des Hommes?", *Revue des Études Grecques* 43 (1930), 26~35면.

Sörbom, G., *Mimesis and Art* (Uppsala, 1966).

Tayer, H.S., "Meaning and Dramatic Interpretation", in: Press, G.A. (ed.), *Plato's Dialogues: New Studies and Interpretations* (Lanham, 1993), 44~59면.

Walter, H., *Die Entwicklung der Mythopoiie in den Platonischen Dialogen* (Saarbrücken, 1994).

Welliver, W., *Character, Plot and Thought in Plato's Timaeus-Critias* (Leiden, 1977).

Wieland, W., *Die aristotelische Physik* (Göttingen, 1961).

Wilke, B., *Vergangenheit als Norm in der platonischen Staatsphilosophie* (Stuttgart, 1997).

Zuckert, C.H., *Postmodern Platos* (Chicago/London, 1996).

플라톤의 자연관에 나타난 좋음의 실현 방식

이기백

1

자연 혹은 우주는 그 자체로 좋은 상태로 생성되어 그런 상태를 유지해 가며, 이는 지성(정신, nous)으로 인한 것이라고 플라톤은 보고 있다. 이런 자연관을 그는 중기대화편인 《파이돈》편에서 소크라테스를 통해 처음 선보이고 있다.[1] 이 대화편에서 소크라테스는 "모든 것을 질서지우며 모든 것의 원인으로 되는 것(aition)은 지성(정신, nous)이다"라는 아낙사고라스의 주장을 접하고서 기뻐하며, "만일 그렇다고 한다면, 지성은 질서지움에 있어서 최선의 방식으로 모든 것을 질서지우고 각각의 것을 배열할 것"이라고 생각한 것으로 묘사된다(97c).[2] 그러니까

---

1) 《파이돈》편에서 소크라테스는 자신이 '한때 자연에 관한 탐구에 놀라울 만큼이나 열성적이었다'고 언급하고 있다(96a).

2) 《파이돈》편에서는 아낙사고라스가 모든 것의 원인이 정신이라고 말은 했으나 사물들을 질서지움과 관련해서 전혀 정신을 활용하지도 않고 그것에 어떤 원인들을 돌리지도 않으며, 다만 공기, 에테르, 물, 그리고 그 밖의 이상한 여러 가지 것을 원인으로 둘러대고 있어서 소크라테스가 실망한 것으로 언급되고 있다(98b~c).

지성이 모든 것의 원인이라면 자연은 지성의 작용으로 좋은 상태로 있을 것이라는 게 소크라테스의 생각이다. 이는 곧 지성이 좋음을 실현한다는 생각을 보여주는 것이다. 소크라테스는 지성뿐 아니라 '좋음' 또한 모든 것의 원인이 되는 것으로 보아, "좋음과 적절함(to agathon kai deon)이 모든 것을 함께 묶고 결합시킨다"(99c)고 말하고 있다.[3] 플라톤은 《파이돈》편에서 소크라테스를 통해 자연이나 우주의 아름답고 훌륭한 상태란 지성과 좋음으로 인한 것이고, 이 둘은 뗄 수 없는 관계에 있다는 것을 말하고 싶었던 것으로 보인다.

그런데 플라톤은 《파이돈》편에서는 지성이나 좋음이 모든 것의 원인이라는 점을, 혹은 어떤 것이 아름다운 것은 아름다움 자체에 관여하기(methechein) 때문이라고 하거나, 어떤 것을 아름답게 만드는 것은 아름다움 자체의 나타나 있음(parousia)이나 결합(koinōnia)이라는 점을 지적할 뿐이고(100c~d), 구체적으로 좋음이나 아름다움이 어떻게 실현되는지에 대해서는 말해주는 바가 없다. 하지만 플라톤은 《티마이오스》편이나 《필레보스》편과 같은 후기 대화편에서는, 자연이나 우주에 대한 본격적인 고찰을 통해 지성에 의해 아름다움 혹은 좋음이 실현되는 방식, 혹은 달리 말해서 좋은 것들이 생성되는 방식에 대한 체계적인 설명을 하고 있다.

여기서 우리는 자연 혹은 우주에 대한 플라톤의 고찰은 그의 실천적 관심과도 결부되어 있다는 점에 유의할 필요가 있다. 플라톤은 초기 대화편에서 후기 대화편에 이르기까지 한결같이 "어떻게 살아야 하는가?"[4] 혹은 어떻게 사는 것이 훌륭한 삶인가 하는 문제에 큰 관심을 기울이는데, 이런 관심이 후기 대화편에서 자연에 관한 고찰로 이어진 것

---

3) 아리스토텔레스의 용어를 빌려 구분해 본다면, 지성은 작용인과 같은 것이고, '좋음'은 형상인 혹은 목적인과 같은 것이라고 할 수 있다.
4) 《고르기아스》편 492d5.

을 볼 수 있다. 왜냐하면 플라톤은 우주와 우주 속에 있는 자연적 산물들을 그 자체로 아름답고 훌륭한 상태로 있는 것으로 보고, 그것들이 어떻게 그런 상태로 생성되었는가를 알게 되면, 소우주인 인간으로서도 어떻게 하면 훌륭한 삶을 실현할 수 있는지를 알게 되리라고 확신했던 것으로 보이기 때문이다. 이런 측면은 우선 《필레보스》편을 통해 분명히 알 수 있다. 이 대화편에서는 훌륭한 삶의 문제를 우주론적 논의와 결부시켜 논하고 있기 때문이다. 또한 우리는 《티마이오스》편을 통해서도 그런 측면을 보게 된다. "실상 그의 우주론은 우주에서 작용하는 지성적 또는 이성적인 것의 이치와 그런 것의 규칙성 및 질서 등을 사람이 배워서 본받는 것이 인간으로서 선택할 수 있는 '최선의 삶'(ariston bios)임을 천명하고 있는 것이라"[5] 할 수 있기 때문이다. 플라톤은 비단 인간의 훌륭한 삶만이 아니라 한 나라의 훌륭한 정치 체제와 훌륭한 법도 우주적 질서와 연관시켜 보고 있다.[6]

　그러나 이 글에서는 그의 자연관 혹은 우주론의 실천적 적용에 관해서는 논의를 유보하고 자연에서 좋음이 실현되는 방식, 다시 말해 좋은 것들이 생성되는 방식만을 살펴볼 것이다. 이를 위해 먼저 좋음을 실현하는 자로 상정된 《티마이오스》편의 데미우르고스와 《필레보스》편의 지성(nous)의 관계를 알아보고, 《티마이오스》편과 《필레보스》편을 통해 우주 자체와 그 속에 있는 좋은 것들이 어떻게 생성된다고 플라톤이 보고 있는지를 분석해 볼 것이다. 그리고 좋음의 실현 방식을 설명하는 두 대화편의 설명 장치들을 비교 고찰하여 플라톤이 과연 두 대화편에서 일관된 설명을 하고 있다고 볼 수 있는지를 검토할 것이다.

---

5) 《티마이오스》편, 박종현·김영균 공동 역주(서광사, 2000), 해제부분 28면.
6) 같은 책, 24b 참조.

2

플라톤은 《필레보스》편에서 온갖 좋은 것은 한정되지 않은 것과 한정의 혼화를 통해 생성되며, 혼화되어 생성되는 것에는 원인(aitia)이 있다고 보고 무엇이 그 원인인지를 밝히기 위해 다음과 같은 물음을 던지고 있다. "만유와 이른바 이 우주는 비이성적이며 맹목적인 힘과 [그때그때] 되는 대로의 것이 관장한다고 우리가 말할까? 아니면 … 지성(정신, nous)과 어떤 놀라운 규제하는 사려 분별(phronēsis)이 조종한다고 말할까?"(28d) 이 물음과 관련하여 플라톤은 이를테면 원자론자들처럼 비이성적이며 맹목적인 힘, 곧 우연이 아니라, '지성이 우주를 질서지운다'고 보고, 그 근거로 그는 우선 우주(kosmos)와 태양, 달, 별들 그리고 모든 회전 운동하는 것들이 보여주는 광경을 들고 있다 (28e). 이것들이 보여주는 규칙성, 질서, 아름다움 등은 '비이성적이며 맹목적인 힘'이 아니라 '지성'이 우주를 관장한다는 것을 일깨워준다는 것이다.[7] 그리고 그는 이른바 '소우주와 대우주 사상'에 의거한 유비 추리에 의해 인간의 몸이 혼을 지니고 있듯이, 한결 더 아름다운 우주의 몸도 혼을 가지고 있음을 밝히고, 우주의 몸이 혼을 가진 것은 원인의 부류에 의한 것이고, 그 원인의 부류는 해들, 계절들, 그리고 달들을 질서지우고 규제하는 것으로서, 지혜(shopia)와 지성(nous)이라고 불리는 것이 지당하다고 역설하고 있다(29a-30c).

지성이 우주를 질서지우고 규제한다는 플라톤의 생각은 《티마이오스》편에서도 접하게 된다. 이 대화편에서는 우주를 질서지우는 자로 데미우르고스(dēmiourgos)를 상정하고 있는데[8], 데미우르고스와 《필레보

---

7) W.K.C. Guthrie, *A Hirtory of Greek Philosophy* Vol.5(Cambridge Univ. Press, 1978), 203면 참조.
8) 《티마이오스》편 28a, 41a, 46e.

스)편에서 언급된 우주적 지성은 사실상 같다고 보아도 무방할 것이다. 우선 두 대화편에서 전개된 우주론적 논의들은 5장에서 살펴보겠지만 상당히 유사한 논의 장치들을 보여주고 있고, 또한 두 대화편에서는 똑같이 "생성되는 모든 것은 필연적으로 원인이 되는 어떤 것에 의해 생성된다"⁹⁾는 언급과 더불어 그 생성의 원인이 제시되고 있다. 다만 한쪽에서는 그 원인을 지성으로, 다른 쪽에서는 데미우르고스로 상정하고 있을 뿐이다. 그리고 《필레보스》편에서 그 생성의 원인은 '혼합의 원인' 혹은 '혼합과 생성의 원인', '원인의 부류' 등으로 언급될 뿐 아니라, '만드는 자'(to dēmiourgoun: 27b1)로도 언급되고 있는 점이 주목된다. 'to dēmiourgoun'은 《티마이오스》편에서 우주의 창조자로 상정된 'dēmiourgos'를 그대로 연상시킨다. 더 나아가 그 둘은 우주를 질서지우는 것으로서, 우주의 몸에 우주 혼을 부여하고 우주적 차원에서 좋음을 실현하는 것으로 상정되고 있다. 이런 점들을 고려할 때 데미우르고스는 사실상 지성과 같은 것으로 보이며, 다만 플라톤이 《티마이오스》편에서 우주를 질서지우는 원인을 《파이돈》편이나 《필레보스》편에서처럼 '지성'이라 하지 않고, 일상적으로 '장인'(匠人)'을 뜻하는 '데미우르고스'로 일컬은 것은 우주의 생성을 장인에 의한 기술적 만듦(제작)과 같이 보고 있는 자신의 관점을 분명히 하려 했기 때문일 것이다.¹⁰⁾

그런데 《티마이오스》편의 데미우르고스를 지성과 같은 것으로 볼 경우, 데미우르고스가 '지성을 우주의 혼 안에, 혼은 몸통 안에 함께 있게 했다'(30b)는 구절을 어떻게 이해해야 하는가 하는 문제가 제기될 수 있다. 왜냐하면 두 종류의 지성, 즉 우주 안에 있는 지성과 우주에 대해

9) 《티마이오스》편 28a; 《필레보스》편 26e.
10) 플라톤은 《티마이오스》편에서 우주 창조자를 목수(tektōn)를 뜻하는 '텍타이노메노스'(ho tektainomenos, 28c)로 일컫기도 한다.

초월적인 것으로 보이는 지성(즉 데미우르고스)이 있게 될 것이기 때문이다. 실은 《필레보스》편에서도 플라톤이 두 종류의 지성을 상정하고 있는 것으로 보인다. 이를테면 그는 원인의 부류인 지성이 우주의 몸에다 가장 아름다운 것들의 본성, 즉 혼을 고안해놓은 것으로 언급하는데 (30b), 이는 지성이 데미우르고스처럼 우주에 대해 초월적인 위치에 있음을 뜻하는 것이다. 그런데 "지식과 지성은 혼 없이(aneu psyches)는 결코 생길 수 없다"(30c9-10)는 또 다른 언급은 지성이 우주에 내재하는 것으로 상정되고 있음을 보여준다. 지성과 관련한 이와 같은 양면적 이해 방식은 "원인의 힘으로 인해 제우스의 본성 속에 다스리는 혼과 다스리는 지성이 생기게 되었다"(30d1~3)라는 구절에서도 확인하게 된다. 여기서 '제우스의 본성'이란 우주의 몸에 대한 비유적 표현이고 '다스리는 지성'이란 우주의 몸에 내재하는 우주적 원인이라 할 수 있는 반면, '원인의 힘'이란 우주의 몸체에 대해 초월적인 지성이라 할 수 있기 때문이다.[11] 그렇다면 초월적인 지성과 내재적인 지성은 어떤 관계에 있다고 볼 수 있을까 하는 의문이 생긴다. 이 두 지성의 구분과 관련해서는 헥크포스가 적절한 설명을 해주고 있다. 곧 두 지성의 구분은 존재의 구분이 아니라 측면(aspect)의 구분이며 뒤엣것은 앞엣것의 자기 투영(self-projection)이라고 볼 수 있다는 것이다.[12] 그러니까 두 지성은 별개의 것들이 아니고, 데미우르고스 혹은 지성이 최대한 자신

---

11) 로빈슨은 제우스의 본성을 세계의 몸체로 보고, 그리고 다스리는 지성과 혼을 《티마이오스》편에서의 세계의 지성과 혼과 대등한 것으로 간주하고 있고, 쇼리는 '원인의 힘'을 《티마이오스》편의 데미우르고스와 같다고 보고 있다. T.M. Robinson, *Plato's Psychology*(Toronto: University of Toronto Press, 1970), 143면; P.Shorey, *The Unity of Plato's Thought*(ed. by L.Taran)(New York: Garland Publishing, 1980), 191면 주 510.

12) R. Hackforth, *Plato's Philebus*, 56~57면 주 1; 필자, "《필레보스》篇을 통해 본 플라톤의 混和思想"(성균관대 대학원 박사학위논문), 37~39면.

처럼 훌륭한 상태로 우주를 만들고자 자신과 같은 요소를 우주에 부여한 것으로 볼 수 있다. 이런 점은 플라톤이 《티마이오스》편에서 우주 창조의 동기를 밝히는 대목에서 확인하게 된다.

《티마이오스》편에서 우주를 구성한 자인 데미우르고스는 훌륭한(선한, agthos) 이여서 전혀 질투심이 없었고, 그래서 모든 것이 최대한으로 자신과 같이 훌륭한 상태에 있게 되기를 바랐으며, 바로 이것이 [일체] 창조물과 우주의 무엇보다도 가장 주된 원리(archē)라고 언급되고 있다(29d~30a). 이는 "데미우르고스가 '좋음'을 원리로 해서 가능한 한 최선의 것으로 이 우주를 만들었다는 뜻으로 해석할 수 있다."[13] 이처럼 최대한 훌륭한 상태로 우주를 만듦에 있어 데미우르고스는 무엇보다도 우주가 지성(nous)을 지니게 하는 데 주안점을 둔다. 그런데 그는 지성이 혼과 떨어져 있을 수 없음을 알고, 지성을 혼 안에, 혼은 몸통 안에 있게 한다. 그리하여 그가 우주를 '그 안에 혼(생명)을 지녔으며 또한 지성을 지닌 살아 있는 것'으로 생기게 한 걸로 플라톤은 설명하고 있다(30b). 그러니까 우주적 지성이라 할 수 있는 데미우르고스는 자신이 만든 우주 또한 지성을 지니게 함으로써 우주가 그 자체로 훌륭한 상태를 유지해 갈 수 있게 했다는 것이 플라톤의 생각이라 할 수 있다. 그러면 다음 장에서는 어떻게 해서 우주가 지성을 지닌 훌륭한 상태로 생성되게 되었다고 플라톤이 보고 있는지를 살펴보기로 한다.

다만 다음 장으로 들어가기에 앞서 형상의 모상(eikōn)으로 생성된 우주에 대한 설명의 한계를 지적하는 플라톤의 말을 귀담아 들을 필요가 있을 것 같다. 그는 《티마이오스》편에서 우주의 생성에 관해 설명을 거듭거듭 '그럼직한 설명'(eikōs logos) 혹은 '그럼직한 이야기'(eikōs mythos)일 뿐이라는 단서를 달고 있다. 그 이유는 "설명들은 그것들이

---

13) 《티마이오스》편, 박종현 · 김영균 공동 역주, 30a 주 98.

설명하고 있는 바로 그 대상들과 동류의 것들이기에", 한결같고 확고한
형상이 아니라 그것의 모상에 관한 이야기는 그에 상응하게 '그럼직한
설명'일 뿐이라는 것이다(29b~c). 따라서 우리는 우주의 생성과 관련해
플라톤에게서 불변적인 확고한 설명을 기대할 수는 없다. 그렇다고 그
가 《티마이오스》편에서 그저 자신의 주관적이며 가변적인 의견(doxa)
을 설명의 형태로 제시하고 있는 것으로 보아서도 안 된다. 그가 말하
는 '그럴 듯한 설명'이란 《국가》편의 선분의 비유에 따라 말하자면,
'의견'(doxa)과 '인식'(epistēmē)의 사이에 있는 '추론적 사고'
(dianoia)의 단계에 상응하는 것으로 보인다.[14]

3

플라톤은 《티마이오스》편(27d~28a, 48e~49a)에서 네 가지 종류, 즉
본(paradeigma)의 종류로서 '언제나 존재하는 것'(to on aei)인 형상,
본의 모방물(mimēma)로서 '언제나 생성되는 것'(to gignomenon aei),
생성의 원인으로서의 '데미우르고스'(dēmiourgos), 그리고 생성의 '수
용자'(hypodochē)'[15]를 구분하고, 이것들에 의해 우주의 생성 방식 혹
은 생성 이치를 설명하고 있다.[16] 그러나 이를 설명하는 과정에서 그는
이른바 '수학적인 것들'(ta mathēmatika)도 중요한 요소로 동원하고 있
음을 주목할 필요가 있다. 이제 우주가 데미우르고스에 의해 어떻게 생

---

14) 플라톤의 《티마이오스》편에 있어서 "그럼직한 설명"(eikōs)《동서철학연구》 제17
    호, 1999년 6월), 제4장 참조.
15) 수용자란 표현 대신 '공간'(chōra, 52a)이란 표현도 쓰이고 있다.
16) 3장 본문에서 인용한 《티마이오스》편의 번역어나 번역구절은 박종현·김영균 공
    동 역주서인 《티마이오스》를 참조했다.

성되게 되었다고 플라톤이 보고 있는지, 그 핵심 요지를 살펴보기로 한다.

데미우르고스는 형상을 본(paradeigma)으로 삼고서 자신이 만드는 것이 일정한 형태와 성능을 갖추게 함으로써 모든 것을 아름답고 훌륭한 것으로 되게 한다(28a~b). 먼저 그가 우주의 몸통의 구성 요소가 되는 4원소를 어떻게 구성하는가를 보자. 데미우르고스는 '불 자체'(51b)를 비롯한 4원소의 형상들에 가능한 한 닮은 상태로 4원소를 구성하고자 한다. 그런데 그는 무에서 유를 창조하는 전능한 신이 아니므로,[17] 그가 우주를 창조하자면 그에게는 소재(素材)가 되는 무언가가 필요하다. 그것을 플라톤은 '가만히 있지 않고 조화롭지 못하며 무질서하게 움직이는 가시적인 것들'(30a)로 일단 언급한다. 그리고 다시 그것을 생성의 '수용자'(49a)인 '공간'(chōra, 52a) 속에 있는 것들, 즉 '결코 닮지 않고 균형이 잡히지 않은 힘들(dynameis)'(52e), 혹은 '비례도 척도도 없는 상태로(alogōs kai ametrōs) 있는 것들'(53a~b)로 언급하고 있다. 이 원초적 물질들이 닮지 않고 균형을 이루지 못했다는 것은 그것들이 서로 대립하고 있음을 뜻한다.[18] 데미우르고스는 이것들을 '무질서한 상태(ataxia)에서 질서 있는 상태(taxis)로 이끌어서'(30a) 우선 4원소를 아름답고 훌륭하게 만들고자 한다. 그가 질서 있는 상태를 만들어내는 방식은 균형 잡히지 않은, 곧 무질서한 상태로 있는 원초적 물질들에 '균형(symmetria)들이 생기도록 하는 것'(69b)이다. 그리고

---

17) 《티마이오스》편에서는 데미우르고스가 우주를 창조할 때 그에게는 자신과는 독립적으로 존재하는 여러 가지 것이 있었던 걸로 기술된다. 이를테면 본으로서의 형상과 '가만히 있지 않고 조화롭지 못하며 무질서하게 움직이는 가시적인 것'(30a), 그리고 '생성을 갖는 모든 것에 자리를 제공하는 공간(chōra)의 종류'(52a~b)가 그것이다.

18) 플라톤은 《필레보스》편 25d11~e2에서 대립적인 상태를 균형상태(symmetron)와 대비시키고 있다.

균형이 생겨나게 하기 위해 그는 수학적인 요소들을 이용하고 있다. 곧 데미우르고스는 '도형들과 수들'(eidē kai arithmoi, 53b)[19]에 의해 원초적 물질들이 균형 잡힌 형태를 갖추게 하고,[20] 그렇게 함으로써 4원소, 즉 물·불·흙·공기를 가능한 한 가장 아름답고 가장 훌륭하게 구성해 낸다.

그러니까 4원소와 관련해서 볼 때, 데미우르고스가 아름답고 좋은 것을 만들어내는 방식은 본으로서의 형상에 최대한 닮게 하기 위해 수학적인 요소들을 이용하여 대립적으로 무질서하게 있는 것들에 균형과 질서가 생겨나게 하는 것이라고 할 수 있다. 이런 방식은 데미우르고스가 우주의 본이 되는 '완전한 살아있는 것'(to panteles zōon, 31b1)을 닮도록 우주의 몸통과 혼을 만들어내는 데도 그대로 적용된다.

생성된 우주는 볼 수 있고 접촉할 수 있는 것이어야 하므로 데미우르고스는 불과 흙으로 우주의 몸통을 구성하고자 한다. 그러나 그는 대립적인 이 두 가지 것만으로는 결합이 훌륭하게 이루어질 수 없다고 보고, 공기와 물을 이 둘의 중간항(mesotēs)들로 삼아 '등비비례'(analogia)에 따라 네 원소들을 결합시킨다. 그렇게 함으로써 네 원소들 간에 '조화'(homologia)와 '친화'(philia)가 생기게 하여 '결합한 이(ho syndēsas) 말고는 다른 어떤 것에 의해서도 해체되지 않는' 단일한 우

---

19) 여기서 '도형들'이란 4원소들에 형태를 부여하는 데 쓰인 기하학적 형태들, 즉 두 요소 삼각형들―두 요소 삼각형이란 각각의 변의 길이들간에 1 : √3 : 2의 비를 갖는 직각 부등변 삼각형과 1 : 1 : √2의 비를 갖는 직각 이등변 삼각형을 가리킨다 (53d, 54b)―과 이것들로 이루어지는 기하학적 형태들을 가리킨다. 그리고 '수들'이란 4원소의 형태들을 부여하는 데 쓰인 수들, 즉 정다면체를 이루는 요소 삼각형들의 수와 면들의 수 및 평면각들의 수 등을 가리키는 것으로 볼 수 있다 (54d~55c). A.E. Taylor, *A Commentary on Plato's Timaeus*(Oxford: Clarendon Press, 1928), 358면 참조.

20) 데미우르고스는 흙에는 정6면체를, 불에는 정4면체를, 공기에는 정8면체를, 그리고 물에는 정20면체를 부여한 것으로 언급되고 있다(《티마이오스》편 55d~56b).

주의 몸통을 구성한다(31b~32c). 여기서 조화와 친화란 균형이란 말과
별반 다른 것으로 보이지 않는다. 그러니까 데미우르고스가 우주의 몸
통을 구성하는 방식도 수학적인 요소로써 불과 흙과 같은 대립적인 것
들에 균형이 생기게 하는 것, 다시 말해 수학적인 요소들에 의해 대립
적인 것들을 균형있게 결합시키는 것이라 할 수 있다.

　플라톤의 설명에 따르면 데미우르고스는 우주의 몸통을 최대의 자기
동일성을 지닌 구형(球形)으로 만들고는(33b), 그것에 '지성(nous) 및
지혜(phronēsis)와 가장 많이 관련된 운동'(34a)인 회전운동을 부여하
는데, 이 회전운동의 원천은 '몸통의 주인'으로서 '몸통을 다스리는'
혼이다. 그러면 혼의 구성에 관한 설명을 살펴보자.

　데미우르고스는 불가분적이고 언제나 같은 상태로 있는 존재와 생성
되고 가분적인 존재에서 그 중간에 있는 셋째 종류의 존재를 혼합해
내고, 동일성 및 타자성과 관련해서도 같은 방식으로 셋째 종류들을 구
성해낸다. 그리고 그는 이 모두를 하나의 형태(idea)로 조화를 이루게
혼합해내고서, 이 혼합된 것을 기하학적 비례에 따라 나누고 나뉜 부분
들 사이에 조화 중항과 산술 중항으로 채워서 그것들을 다시 결합시킨
다(35a~36a). 그 다음에 그는 이렇게 구성된 것을 길이로 둘로 가르고
서 그 둘을 X자 모양으로 교차하게 한 다음, 이 각각을 원형으로 구부
려 다시 반대편에서 교차하게 하고, 바깥쪽 원에서는 동일성의 운동이
있게 하는 한편, 안쪽 원에서는 타자성의 운동이 있게 한다(36b~c). 그
리고는 그가 "우주의 몸통 중심에 혼이 자리잡게 한 다음, 이것이 전체
를 통해서 뻗치도록 했으며, 더 나아가 이 몸통을 혼으로 밖에서 감싸
서"(34b),[21] 혼이 "자신 안에서 스스로 회전하면서, 영원히 끝나지 않는
슬기로운 삶의 성스러운 시작을 보게 되었다"(36e)고 한다.

---

21) 36d~e에도 사실상 같은 언급이 있다.

이러한 플라톤의 설명에서 우리는 두 가지 점을 주목해 볼 필요가 있다. 그 하나는, 데미우르고스가 혼을 구성하는 일련의 과정을 플라톤은 무엇보다도 혼의 인식적 능력과 연관시켜 보고 있다는 것이다. 그리고 다른 하나는, 몸통의 경우처럼 우주 혼을 구성하는 데도 데미우르고스가 수학적인 요소들을 이용해 대립적인 혼합 요소들에 조화와 균형이 생기게 하는 방식을 취한 것으로 플라톤이 보고 있다는 것이다. 그러면 이 두 가지 측면 중 우선 첫째 측면부터 살펴보자.

데미우르고스는 존재와 동일성 및 타자성을 혼합요소로 삼고, 그것도 불가분적이고 언제나 같은 상태로 있는 것들과 가분적인 것들을 혼합하여 그것들의 중간 형태로 혼을 구성하는데, 이는 무엇보다도 혼이 "생성되는 것들과 관련되건 또는 언제나 같은 상태로 있는 것들과 관련되건 간에"(37b) 앎을 가질 수 있도록 하기 위한 것이다. 혼의 두 가지 운동, 즉 동일성과 타자성의 회전도 혼의 인식적 활동과 관련된 것으로 언급되고 있다. 혼은 감각에 의해 지각될 수 있는 것과 관련해서는 타자성의 회전을 하여 참된 판단(doxa)과 믿음(pistis)이 생기게 하는 한편, 형상과 관련해서는 동일성의 회전을 하여 '지성에 의한 이해'(nous)와 인식(epistēmē)이 이루어지게 한다는 것이 플라톤의 설명이다(37b~c). 그리고 그는 데미우르고스가 두 종류의 회전 중에서 동일성의 회전에 주도권을 주었다고 설명하는데(36c~d), 이는 우주의 혼이 무엇보다도 지성에 의한 이해와 인식을 갖고 몸통을 다스림으로써 '영원히 끝나지 않는 슬기로운(emphronos) 삶'을 영위할 수 있도록 우주가 구성되었음을 뜻하는 것이다. 그러니까 데미우르고스가 혼을 구성하는 일련의 과정은 혼으로 하여금 앎을 가질 수 있게 하고, 그것도 지성에 의한 이해와 인식을 가질 수 있게 하기 위한 것이라고 할 수 있다.

그리고 데미우르고스가 이러한 지성적인, 훌륭한 상태의 우주를 만드는 데 이용한 것이 비율이나 구형의 형태와 같은 수학적인 것들이라

는 점에 유의할 필요가 있다. 우주의 혼뿐 아니라 몸통과 4원소의 구성
과 관련하여 이제까지 살펴본 바에 의하면, 데미우르고스는 형상을 본
(paradeigma)으로 삼고서 자기가 만드는 것의 형태와 성능을 갖추게
함으로써 모든 것을 아름답고 훌륭한 것으로 되게 한다(28a~b). 그리고
그는 모든 것을 가능한 한 본으로서의 형상에 닮도록 하는 데 수학적
인 것들을 이용하고 있다. 이를테면 데미우르고스는 우주의 본이 되는
'완전한 살아있는 것'(to panteles zōon)을 닮도록 하기 위해서, 우주의
몸통을 구성함에 있어 등비비례(analogia)와 구의 형태를 이용하고
(31b~32c), 우주 혼과 그 구조를 만듦에 있어서도 비율들과 원의 형태
를 이용하고 있다(35a~36d). 마찬가지로 우주의 몸통을 구성하는 데 쓸
4원소를 구성함에 있어서도, 데미우르고스는 그것들을 본들, 즉 '불 자
체'(51b)를 비롯한 4원소의 형상들에 가능한 한 닮도록 하기 위해 '도
형들과 수들'(eidē kai arithmoi; 53b5)'을 이용하고 있다. 이렇듯 플라
톤은 《티마이오스》편에서 좋은 것들이 생성되는 방식을 설명함에 있어
수학적인 것들을 중시하고 있다. 물론 좋은 것의 생성은 형상을 본으로
삼을 때 가능하지만, 형상 자체가 그것과 존재 방식을 달리하는 생성되
는 것에서 직접적으로 작용할 수는 없다고 보아서 플라톤은 수학적인
것들을 도입한 것으로 여겨진다. 그러니까 애덤의 설명처럼,[22] 《티마이
오스》편에서의 수나 비율들은 플라톤이 《국가》편의 '선분의 비유'에서
감각에 의해 알려질 수 있는 것들(ta aisthēta)과 형상들(eidē)의 중간에
위치시킨 이른바 '수학적인 것들'(ta mathēmatika)과 같고, "수학적인
것들은 자연 속에서 형상들이 작용하는 데 필요한 수단들이다"라고 보
는 것이 적절할 것이다.

그런데 아무 수나 비율이 좋은 것들이 생성될 수 있게 하는 것은 아

---

22) J. Adam, *The Republic of Plato* 2(Cambridge Univ. Press, 1969 2nd ed.),
   161~162면.

니다. 데미우르고스는 모든 것을 가능한 한 아름답고 훌륭하게 만들고
자 하는 이로 묘사되는 만큼, 그가 이용하는 수학적인 것들은 아무렇게
나 선택된 것들이라고 할 수는 없다. 곧 그 수학적인 것들은 아름답고
훌륭한 것들이 생성되게 할 수 있는 것들이다. 그런데 아름답고 훌륭한
것은 대립적인 상태에 있는 혼합 요소들간에 '균형'이 이루어짐으로써
가능하다는 것이 플라톤의 생각이다. 이 점을 그는 "모든 좋은(훌륭한)
것(to agathon)은 아름답고(kalon), 아름다운 것은 불균형하지
(ametron) 않다. 따라서 그와 같은 것으로 될 생물은 균형 잡힌 것
(symmetron)이라고 보아야 한다"(87c)는 언급을 통해 분명히 해주고
있다. 그러니까 데미우르고스는 수학적인 것들을 이용해 대립적인 혼합
요소들(질료적 요소들)에 균형이 생기게 함으로써 우주를 아름답고 훌
륭한 것으로 만들어낸다고 할 수 있다. 달리 표현하면 데미우르고스는
좋음의 실현을 위해 대립적인 질료적인 것들에 수학적인 것들을 부여
하여 균형이 생기게 하는 방식을 취하는 것으로 볼 수 있다. 플라톤은
이런 방식을 《필레보스》편에서는 '한정되지 않은 것과 한정의 혼화'로
일컫고 있다.

4

플라톤은 《티마이오스》편에서는 데미우르고스에 의해 우주 자체와
인간이 어떻게 아름답고 훌륭한 것으로 생성되는지를 주되게 설명하고
있는 데 비해,[23] 《필레보스》편(23b~31a)에서는 우주적 지성에 의해 이

---

23) 플라톤은 《티마이오스》편에서 우주가 어떻게 구성되었는가를 설명한 후 시간을 창
조하고 천체들의 운행방식에 대해 간략히 논하고서, 인간의 혼과 몸의 구성과 관련
한 긴 논의를 전개하고, 끝으로 몸과 혼의 건강과 질병이 생기는 이치에 대한 설명

미 생성된 우주와 생물들이 갖고 있거나 갖게 되는 아름답고 훌륭한
상태들, 이를테면 건강, 좋은 계절, 음악, 신체적 아름다움 등이 어떻게
생기게 되는지를 주로 밝히고 있다. 또한 이 대화편에서는 우주에 존재
하는 것을 네 가지 부류로, 즉 한도지어지지 않은 것(한정되지 않은 것,
to apeiron), 한도(한정, to peras), 혼화된 것(to meikton), 혼화의 원인
(hē symmeikseōs aitia)으로 나누고, 이것들에 의해 우주에서 좋은 것들
이 생성되는 방식을 설명하고 있다. 이 네 종류 중 혼화의 원인은 지성
(nous)을 가리키는 것인데, 이것과 관련해서는 2장에서 언급했으므로
여기서는 더 논하지 않고, 지성에 의해서 좋은 것들이 어떻게 생성된다
고 플라톤이 보고 있는지를 나머지 세 부류를 중심으로 살펴보기로 한
다.

《필레보스》편에서는 우주에서 좋은 것들이 생성되는 방식을 한정되
지 않은 것과 한정의 혼화(混和)로 보고 있다. 여기서 '혼화'(混和)란
표현과 관련해 잠시 언급하고 넘어가는 게 좋을 것 같다. 《필레보스》편
에서는 meixis, symmeixis, krasis, synkrasis란 단어들이 주요 용어들로
쓰이고 있다. 이 단어들의 원뜻은 혼합(混合)이나 섞임인데, 혼합에는
적도와 균형성(metron kai he symmetros physis)에 적중한 것과 그렇
지 못한 것이 있다고 플라톤은 보고 있다(64d9~e1). 그러므로 '적도와
균형성에 적중한 혼합'의 경우에는 단순히 '혼합'이라고 하기보다는
'조화로운 혼합'이라는 의미로 '혼화'(混和)라 표현하는 게 플라톤의
생각을 더 분명히 드러낼 수 있을 성싶다.[24]

을 덧보태고 있다.

24) 필자는 우주에 존재하는 네 부류 중 하나로 언급되는 'to meikton'도 그저 '혼합
된 것'이 아니라, '혼화된 것'을 뜻하는 것으로 보았다. 왜냐하면 적어도 우주론적
논의부분(23b~31a)에서 언급되는 'to meikton'이란 좋음을 실현하는 지성에 의해
혼합된 것을 가리키기 때문이다.

그런데 혼화를 통해 좋은 것들이 생성되기 위해서는 우선 질료적인 것이 주어져 있어야 한다고 플라톤은 보고, 그것을 '한정되지 않은 것'이라 명명한다. 플라톤은 한정되지 않은 것의 부류(to tou apeirou genos)를 '더 하고 덜하게 되거나, 격렬함과 차분함 그리고 지나침(to lian)을 받아들이는 것'으로 규정하는가 하면(24ef), 간단히 '더함과 덜함의 부류'(25c)로 일컫기도 한다. 그리고 이 부류의 예로 '더 뜨거움과 더 참', '더 건조함과 더 습함', '더 빠름과 더 느림' 등과 같은 대립적인 성질들의 쌍들을 들고 있다.

혼화의 또 하나의 요소는 '한정'(한도)인데, 이것은 같음(1: 1), 동등, 두배(1: 2), 그리고 '수 對 수' 혹은 '度量 對 度量'의 온갖 관계를 가리키는 것이다(25a6~b2). 곧 한정이란 온갖 비율(ratio)들을 가리키는 것이다. 이 한정은 한정되지 않은 것과 관련해서 다음과 같은 작용을 하는 것으로 설명된다. "[한정의 부류는] … 대립되는 것들(ta anatia)이 서로 부조화 상태로 있기를 멈추게 하는 한편, … '균형'(symmetron)과 '조화'(symphona)를 이루도록 만들어주는 하고많은 부류를 말하는 것이다"(25d~e). 이 구절에서 부조화 상태에 있는 대립되는 것들은 한도지어지지 않은 것들을 가리키는 것인데, 한정의 부류는 이것들에 '균형'과 '조화'를 이루어내는 작용을 하는 것으로 볼 수 있다.

플라톤은 한정되지 않은 것과 한정이 혼화됨으로써 어떤 생성(genesis)이 있게 된다고 보고(25e), 이처럼 '혼화되어 생성된 존재'(meiktē kai gegenēmenē ousia, 27b)를 '혼화된 것' 혹은 '혼화된 부류'(to meikton genos)라 일컫는다. 여기서 우리는 한정되지 않은 것과 한정의 혼화란 한정에 의한, 대립자들의 혼화로 언급될 수도 있다는 점에 유의할 필요가 있다. 이 점은 플라톤이 한정되지 않은 것들을 대립적인 성질들의 쌍들로 보고, 이것들이 균형을 이루게 하는 것이 한정들이라고 설명하고 있는 데서 일단 알 수 있다. 그러니까 한정되지 않은 것과 한정의 혼화란 곧 대립자들의 균형 잡힌 혼합이라고 할 수 있다.

플라톤은 혼화된 부류에 속하는 것들로 우선 '건강', '음악', '계절들' 등을 들고 있는데, 이것들 중에서 '계절들'에 대한 설명을 우선 살펴보자. 그는 "혹독한 추위나 질식할 듯한 더위에 한정의 부류가 개재되어 그것이 지나침과 비한정성을 없애는 한편, 적도(適度, to emmetron)와 균형(to symmetron)을 이루어냄으로써" 좋은 계절들이 생기게 된다고 플라톤은 보고 있다(26a6~8). 곧 온과 냉이나 건과 습 등의 대립하는 것들, 즉 한정되지 않은 것에 일정 비율인 한도가 개재되어 그것에 '적도와 균형'이 이루어질 때 좋은 계절들이 생기게 된다는 것이다.

플라톤은 신체적 건강이 생기는 것도 같은 이치로 설명하고 있다. 그는 질병의 경우 한정되지 않은 것들과 한정들의 '바른 결합'(hē orthē koinōnia)이 건강의 부류(physis)를 생기게 한다고 본다(25e7~8). 이런 설명은 너무 간결해서 실제로 건강이 어떻게 이루어지는가에 대해 별로 말해주는 바가 없어 보인다. 그러나 이는 그가 건강에 관해 일반적인 이론을 염두에 두고 있기 때문이다. 거스리가 적절히 지적하듯이, 플라톤은 알크마이온(Alkmaiōn)에 의해 형성된 그리이스의 전통적인 의학이론 즉 "건강이란 신체에 있어서의 대립적인 온과 난, 건과 습, 그리고 쓴 것과 단 것 등의 균형잡힌 혼합(symmetros krasis)에 달려 있다"는 이론을 염두에 두고 있다고 볼 수 있다.[25] 건강에 관한 플라톤의 설명이 뜻하는 바를 한정의 부류에 대한 그의 언급(25d11~e2)을 참조하여 좀더 자세히 말한다면 다음과 같다. 신체에 있어서 온과 냉, 건과 습 등의 대립적 성질들이 서로 부조화 상태로 있을 때 질병이 생기는 반면, 이러한 질병 상태에 한정 즉 일정비율이 개재되어 대립자들이 균형

---

25) W.K.C. Guthrie, *A History of Greek Philosophy* V. 5(Cambridge Univ. Press, 1978), 212면 주 1.

과 조화를 이루게 될 때 신체적 건강이 생긴다는 것이다.

플라톤은 계절들을 비롯해 "우리에게 있어서 온갖 좋은 것(kala)은 한정되지 않은 것들과 한정들이 혼화됨으로써 생긴다"(26b1~3)고 역설한다. 곧 온갖 좋은 것은 혼화를 통해 생긴다는 것이다. 그런데 계절들의 예에서 알 수 있듯이, 한정되지 않은 것들과 한정들의 혼화란 한정되지 않은 것들에 한정들이 개재되어 '적도'와 '균형'이 이루어질 때 가능한 것이다. 그러니까 좋은 것들은 혼화를 통해 생기며 혼화는 수학적인 요소들인 한정들에 의해 '적도'와 '균형'이 이루어질 때 성립한다는 것이 플라톤의 생각이라 할 수 있다.[26] 이렇게 볼 때 좋음의 실현 문제는 혼화의 문제이며, 적도와 균형의 실현 문제로 이해될 수 있다.

플라톤은 특히 '적도'와 '균형'이란 개념을 중시하여, 혼화된 것의 주된 특성을 '적도'와 '균형'에서 찾아야 한다고 본다. 그래서 그는 혼화된 부류의 주된 특성을 규정하면서 그것을 "한정에 의해 이루어지는

───────────────

26) 혼합된 것이 적도와 균형을 지닌 것이라고 볼 수 있는 기준은 무엇일까? '계절들'의 예를 통해 이 문제를 살펴보자. 적어도 계절들과 관련해서 말한다면, 적도와 균형을 지닌 혼합인가 아닌가는, 동식물의 생존과 관련해서 판단할 수 있을 것으로 여겨진다. 곧 생물들이 건강하게 생존하기에 알맞게(적절하게: metrios) 온도와 습도가 혼합된 상태가 바로 적도와 균형을 지닌 상태라 할 수 있을 것으로 보인다. 이 점은 《향연》편을 통해 어느 정도 그 근거를 찾을 수 있을 것이다. 이 대화편(188a~b)에 의하면, 온냉건습이 조화와 적절한 혼합을 이루게 될 경우, 사람들과 여타 동식물들에게 풍요와 건강을 가져다주고 아무런 해도 주지 않지만, 방자함(hybris)을 지닌 에로스가 계절들을 지배하게 될 경우, 즉 온냉건습 사이에 지나침(pleonexia)과 무질서(akosmia)가 있게 될 경우, 전염병이나 여러 병이 동식물에 생기게 되어 많은 것들이 파괴되고 해를 입게 되는 법이라고 한다. 여기서 우리는 조화나 적절한 혼합상태란 생물들이 생존하는 데 알맞는 상태를 의미하는 반면, 지나침과 무질서한 혼합상태는 생물들이 생존하기에 적합하지 않은 상태를 의미하는 것으로 볼 수 있다. 결국 계절들과 관련해서 말한다면, 적도란 적어도 '특정 대상의 특정 목적'과 관련해서 알맞음을 뜻하는 것으로 보인다. '생물의 생존'이라는 목적과 무관하게 온냉건습의 알맞은 혼합 상태라는 것이 있다고 말할 수 있을지는 의문이다.

적도(metron)로 인해 생성되는 것(genesin eis ousian)(26d)"으로 언급
하고 있다. 그리고 그는 '적도와 균형'[27]을 "그 어떤 혼합이 무엇보다도
가치 있는 것으로 혹은 전혀 아무런 가치도 없는 것으로 되게 하는 온
갖 혼합의 원인(meixeos aitia)"으로 언급하기도 한다(64d3~5). 이것은
적도와 균형이 어떤 혼합을 좋게 혹은 나쁘게 하는 원인이라는 것을
뜻하는 것으로 일단 볼 수 있다. 그런데 '무가치하게 된다' 혹은 '가치
있게 된다'는 표현은 단순히 '좋게 혹은 나쁘게 된다'는 의미 이상을
함축하고 있는 것으로 보아야 한다. 왜냐하면 그는 우리가 문제 삼고
있는 구절과 관련해서 다음과 같이 설명하고 있기 때문이다.

　　어떤 혼합이건 어떻게 이루어졌건 적도(metron)와 균형의 본성(he
　symmetros physis)에 적중하지 못한 것이면, 그 혼합을 이루고 있는 것들
　은 물론이거니와 무엇보다도 혼합 자체를 필연적으로 망가뜨리네. 왜냐하
　면 그것은 혼화(混和: krasis)가 아니고, 혼화되지는 못한 채 그야말로 모
　이기만 한 것이기 때문이네"(64d9~e3).

　이 구절은, '적도와 균형성'을 지니지 못한 혼합이나 혼합된 것은 존
속될 수 없음을 지적한 것이다. 다시 말해 '적도와 균형성'이 '어떤 현
상이나 사물(혼합된 것)이 생성되어 유지되기 위한 조건임"을 보여주

27) 플라톤은 《필레보스》편 64d에서 "적도와 균형성(metron kai he symmetros
　physis"이라는 단어를 나란히 사용하고, 이를 다시 64e에서 metriotes kai
　symmetria로 표현한다. 이어서 그는 이 한 짝의 단어들을 65a와 65b에서는
　"symmetria"나 "metriotes"라는 한 단어로 대신하고 있다. 이는 마치 그가 적도와
　균형이라는 두 단어를 동의어로 간주하는 듯하다. 그러나 플라톤은 66a에서 가치
　서열상 metron과 to metrion을 to symmetron보다 우위에 놓고 있다. 아마도 그는
　앞엣것에는 기준 내지 규범으로서의 의미를 부여하고 그에 부합할 때 to
　symmetrion이 성립한다고 보는 듯하다.

는 것이다.[28] 그러니까 '적도'와 '균형'은 온갖 '혼화의 원인'으로서, 어떤 혼합이나 혼합된 것을 좋게 혹은 나쁘게 만드는 것일 뿐 아니라, 어떤 혼합된 것이 생성되어 존속할 수 있게 해주는 것이라 할 수 있다. 요컨대 적도와 균형은 혼합된 것을 훌륭한 상태의 것으로 생성되어 존속할 수 있게 하는 원인(혹은 조건)이라고 할 수 있다.[29]

그러니까 플라톤은 '지성'뿐 아니라 '적도'와 '균형' 또한 우주에서 좋은 것들이 생성되게 하는 혼화의 원인이라고 보는 셈이다. 그런데 지성과 적도가 다 혼화의 원인이라면, 이 둘은 같은 기능을 하는 것일까? 플라톤 자신이 이 둘을 직접적으로 대비시켜 언급하고 있지는 않지만, 그 둘은 다음과 같이 구분할 수 있다. 즉 혼화된 것을 만들어내는 것은 무엇인가 하는 물음에 대한 답으로 제시될 수 있는 것이 지성이라면, '적도'와 '균형'은 혼화된 것이 좋은 까닭은 무엇인가 하는 물음과 관련된 것이라 할 수 있다. 다시 말해 '지성'(nous)은 외적 원인으로서,

---

28) 박종현, "희랍 철학에서 본 중용 사상", 《동서사상의 대비적 조명》(성균관대학 인문
    과학연구소, 1994), 106면 참조.
29) 플라톤은 《정치가》편에서도 그와 같은 견해를 펼쳐보이고 있다. 그는 측정술
    (metrētikē)을 대소 상호간의 관계와 관련된 측정술과 '생성의 불가결한 성립 혹은
    존립과 관련된'(kata ten tes geneseos anankaian ousian) 측정술로 구분한다
    (283d7~9). 앞엣것은 반대되는 것들 상호간의 비교에 의한 측정술인 데 반해, 뒤엣
    것은 '적도를 기준으로 한'(pros to metrion) 측정술을 뜻한다(283e10~11). 그러
    니까 '적도를 기준으로 한' 측정술이란 곧 '생성의 불가결한 성립과 관련된' 측정
    술이라 할 수 있다. 이는 적도가 어떤 산물이 생성되어 존립하는 데 필요불가결한
    조건임을 뜻하는 것으로 볼 수 있다. 아울러 플라톤은 바로 적도를 통해 나쁜 사람
    들과 좋은 사람들이 확연히 구분된다고 볼 뿐더러(283e5~6), '모든 좋고 아름다운
    것들은 적도(to metron)를 보존함으로써 이루어진다'(284b)고 언급하고 있다. 이러
    한 언급에서 우리는 적도가 좋음과 나쁨의 기준 혹은 조건으로도 간주되고 있음을
    보게 된다. 그러니까 결국 《정치가》편에서도 적도는 어떤 산물이 훌륭한 상태의 것
    으로 생성되어 존속하는 데 필요한 원인 혹은 조건으로 간주되고 있음을 알 수 있
    다.

혼화된 것을 만들어내는 '산출적 원인'인 데 비해, '적도'와 '균형'은 내적 원인으로서, 어떤 혼화된 것 속에서 그것을 좋은 것으로 되게 해 주는 원인이라 할 수 있다.[30]

5

앞 장의 모두에서 지적했듯이, 플라톤은 《티마이오스》편에서는 아름답고 훌륭한 우주 자체와 인간의 생성을 주로 문제 삼는 데 비해, 《필레보스》편에서는 이미 생성된 우주와 생물들이 갖고 있거나 갖게 되는 아름답고 훌륭한 상태들의 생성을 주로 문제 삼고 있다. 이런 점에서는 두 대화편의 논의 사이에는 차이점이 있다고 할 수도 있겠으나, 적어도 우주적인 원인을 상정하여[31] 이것에 의해 좋은 것들—그것이 우주 자체로서의 좋은 것이든 우주가 갖는 좋은 상태이든—이 생성되는 이치를 우주론적 지평에서 설명하고 있다는 점에서는 두 대화편의 논의는 공통된 면을 갖는다. 그리고 그 생성의 이치를 밝힘에 있어서도 두 대화편은 상당히 유사한 설명 방식을 보여주고 있다.[32]

그런데 두 대화편에서 자연적인 좋은 것들이 생성되는 방식이나 이

---

30) 《필레보스》편 64a~65a 참조.
31) 《티마이오스》편에서는 데미우르고스를, 그리고 《필레보스》편에서는 우주적 지성을 원인으로 제시하고 있다. 그런데 이미 2장에서 살펴보았듯이, 이 둘은 동일한 것이든가, 아니면 적어도 자연에 대해 같은 기능을 수행하는 것으로 볼 수 있다.
32) 《필레보스》편에서 전개되는 네 부류에 대한 논의는 《티마이오스》편을 연상시키는 부분이 많이 있다. 그래서 《필레보스》편에서의 논의는 《티마이오스》편의 조명하에서 비로소 충분히 이해될 수 있음이 로스나 거스리를 비롯해 여러 학자들에 의해 지적된다. W.K.C. Guthrie, 앞의 책, 215면 이하, 238면; D. Ross, *Plato's Theory of Ideas*(Oxford: Clarelndon Press, 1951), 136면 이하; E.E. Benitez, *Forms in Plato's Philebus*(Assen: Van Gorcum, 1989), 86면.

치를 설명하면서 동원한 것들이 같은 것들이라고 할 수 있을지는 분명
하지 않은 것 같다. 이를테면 《필레보스》편(23b~31a)에서는 좋은 것들
이 생성되는 이치를 설명하기 위해 플라톤은 네 종류의 것을 구분하여
'한정되지 않은 것'(to apeiron), '한정'(peras), 이 둘로 '혼화된 것'(to
meikton) 및 '혼화의 원인'(aitia)을 들고 있는 데 비해, 《티마이오스》편
(27d~28a, 48e~49a)에서는 네 종류의 것으로 '언제나 존재하는 것'(to
on aei)인 형상, '언제나 생성되는 것'(to gignomenon aei), 생성의 원
인으로서 '데미우르고스'(dēmiourgos), '생성의 수용자'(hypodochē)
즉 '공간'(chōra)을 들고 있다. 그러니까 두 대화편에서는 네 종류의
것들을 구분하고 있는 셈이지만, 그 이름들도 성격들도 다른 듯이 보인
다. 그래서 두 대화편의 설명 장치에는 차이가 있다고 보는 게 옳을 듯
도 하다. 그러나 《티마이오스》편에서는 우주의 생성 방식을 논하면서
네 가지 종류를 구분하는 데 그치지 않고, '수학적인 것들'도 중요한
요소로 동원하고 있고, 또한 우주의 생성 이전에 수용자 속에 있던 원
초적 물질 및 '필연'(anankē, 47e, 48a) 혹은 '방황하는 원인'(hēplanō
memē aitia, 48a)을 끌어들이고 있다는 데 유의할 필요가 있다. 이것들
도 함께 고려한다면 두 대화편에서의 자연 설명 방식은 상당한 유사성
을 지닌 것으로 볼 수 있다.

　우선 《필레보스》편에서 언급된 '혼화의 원인' 혹은 '혼화와 생성의
원인(meixeos aitia kai geneseos, 27b)'에 상응하는 것은 《티마이오스》
편에서는 생성의 원인으로 언급된 '데미우르고스'(dēmiourgos)를 들
수 있다. 플라톤은 이 두 대화편에서는 한결같이 "생성되는 모든 것은
필연적으로 원인이 되는 어떤 것에 의해 생성된다"[33]는 언급과 더불어
그 원인을 제시하고 있다. 그리고 그는 《필레보스》편에서는 그 원인을

---

33) 《티마이오스》편 28a ; 《필레보스》편 26e.

지성(nous)으로 보고 있는데, 이 지성과 데미우르고스는 사실상 같다고 할 수 있다. 이와 관련해서는 이미 2장에서 살펴본 바 있다.

　다음으로 '한정되지 않은 것'에 상응하는 것으로는 《티마이오스》편의 '수용자'가 꼽히곤 한다.[34] 그러나 일차적으로는 우주의 생성 이전에 수용자 속에 있던 것들, 즉 '결코 닮지 않고 균형이 잡히지 않은 힘들(dynameis)'(52e), 혹은 '비례도 척도도 없는 상태로(alogōs kai ametrōs) 있는 것들'(53a~b)이 《필레보스》편의 '한정되지 않은 것들'과 비교됨직하다.[35] '한정되지 않은 것'은 한도(peras)도 일정량(to poson)도 적도(metrion)도 갖지 않은 것이며(24a~d),[36] 그리하여 균형 잡히지 않은 상태로 있는 것으로 묘사되고 있기 때문이다.[37] 그런데 플라톤은 질료적인 것과 관련해서 《필레보스》편에서 한정되지 않은 것이란 개념 하나로 설명하고 있는 데 비해, 《티마이오스》편에서는 수용자와 그 속에 있는 균형 잡히지 않은 힘들, 필연, 방황하는 원인 등의 개념들을 동원해서 다각도로 설명하고 있다. 그래서 비한정자에 상응하는 것을 분명히 말하기는 힘들다. 다만 우리는 비한정자가 수용자, 필연, 방황하는 원인 등과 두루 연관된 것이라고 말할 수는 있을 것이다.

---

34) R.G. Bury, *The Philebus of Plato*(New York: Arno Press, 1973 reprint. ed.), xlvii면; MacClinstock, 앞의 논문, 49면 주 4; P. Friedländer, *Plato* V. 3. trans. by H. Meyerhoff(London: Routledge & Keagan Paul, 1969), 324면.

35) Benitez, 앞의 책, 75면 참조.

36) 한정되지 않은 것이 한도(peras)도 일정량(to poson)도 적도(metrion)도 갖지 않았다는 것은 그것이 《티마이오스》편의 원초적 물질처럼 '비례도 척도도 없는 상태'로(alogōs kai ametrōs) 있다는 것을 뜻한다.

37) 《필레보스》편에서 한도(한정: peras)의 부류는, "… 대립되는 것들이 서로에 대해 상반되는 상태로 있는 걸 멈추게 하되, 수를 개입시킴으로써, 이것들이 균형(symmetra)과 조화(symphōna)를 이루는 것이도록 만들어 주는 하고많은 부류"라고 언급되고 있다(25d11~e2). 그러니까 서로 상반된 상태로 있다는 것은 균형을 이루지 못한 상태로 있다는 것인데, 이런 상태에 있는 대립적인 것들이 바로 한정되지 않은 것들이다.

또한 《필레보스》편에서의 '한정'에 상응하는 것으로는 《티마이오스》편에서는 우선 데미우르고스가 '비율도 척도도 없는 상태로 있는 원초적 물질'이 형태를 갖추게 하는 데 이용한 '도형들과 수들'(eidē kai arithmoi)을 들 수 있다(53a~b).[38] 우선 이 양쪽 것들은 좋은 상태의 것들을 만들어냄에 있어 질료적인 것을 한정하는 데 쓰이는 것들이라는 점에서 공통점을 지닌다. 그리고 그 양쪽 것들은 수학적인 것들이라는 점이 주목된다. 《티마이오스》편에서 언급된 '도형들'이란 4원소들에 형태를 부여하는 데 쓰인 기하학적 형태들, 즉 두 요소 삼각형들[39]과 이것들로 이루어지는 기하학적 형태들을 가리킨다. 그리고 '수들'이란 4원소의 형태들을 부여하는 데 쓰인 수들, 즉 정다면체를 이루는 요소 삼각형들의 수와 면들의 수 및 평면각들의 수 등을 가리키는 것으로 볼 수 있다(54d~55c).[40] 그러니까 '도형들과 수들'은 기하학적인 요소와 산술적인 요소를 포괄하고 있다고 할 수 있다. 그처럼 '한정'도 그 두 요소를 포괄하는 것으로 보인다. 왜냐하면 '한정'은 산술적 수들이나 비율들뿐 아니라 기하학적인 수들이나 비율들을 두루 가리키는 것이기 때문이다.[41] 플라톤은 한정의 예로 '같음'(to ison)과 더불어 '동등'(isotēta)을, 그리고 '수 대 수'와 더불어 '도량(metron) 대 도량'을 들고 있는데(25a~b), 이는 산술적 비율과 기하학적 비율을 구분하기 위한 것으로 보인다. 사실 'metron'이란 '측정된 혹은 측정될 수 있는 길이나 면적이나 용적'이란 의미를 갖고 있어서,[42] '도량 대 도량'이란 도

38) Hackforth, 앞의 책, 40면; Benitez, 앞의 책, 75면.

39) 두 요소 삼각형이란 각각의 변의 길이들간에 1 : $\sqrt{3}$: 2의 비를 갖는 직각 부등변 삼각형과 1 : 1 : $\sqrt{2}$의 비를 갖는 직각 이등변 삼각형을 가리킨다(53d, 54b).

40) A.E. Taylor, *A Commentary on Plato's Timaeus*(Oxford: Clarendon Press, 1928), 358면 참조.

41) Bury, 앞의 책, 194면; Benitez, 앞의 책, 79면, 144면 주 33.

42) 'metron'이란 측정된 혹은 측정될 수 있는 길이나 면적이나 용적을 두루 지시하

형들과 관련된 비례관계를 함축하는 것으로 볼 수 있다. 이렇게 볼 때 '도형들과 수들'이나 '한정'이나 똑같이 산술적 요소와 기하학적 요소를 함축하고 있을 뿐 아니라, 질료적인 것을 한정하는 것들이라는 점에서 사실상 같은 것들이라 할 수 있다.

《티마이오스》편에서 데미우르고스는 4원소를 구성할 때 '도형들과 수들'을 이용할 뿐 아니라 우주의 혼과 몸통을 구성할 때도 '비례 관계'(analogia, ana logia)[43]나 '비율과 원의 형태'[44]를 이용하고 있다. 그런데 데미우르고스는 4원소를 구성할 때는 원초적인 질료상태의 것, 즉 한정성을 지니지 못한 것들을 수학적인 것들로 한정하는 데 비해, 우주의 몸통과 혼을 구성할 때는 이미 한정성을 지닌 것들을 다시 수학적인 것들로 결합시키는 방식을 취한다. 즉 데미우르고스는 우주의 몸통을 구성할 때 이미 도형들과 수들에 의해 한정성을 지닌 물·불·흙·공기를, 우주의 혼을 구성할 때도 이미 한정성을 지닌 것으로 볼수 있는 존재·동일성·타자성을 수학적인 것들로 결합시킨다. 그러므로 이런 요소들을 결합시키는 데 쓰이는 수학적인 것들도 '한정들'로볼 수 있는 것일까 하는 의문이 든다. 그러나 《필레보스》편의 '한정들'도 원초적 상태의 질료적인 것만을 한정하는 것이 아니라, 이미 한정성을 갖고 있는 것들을 혼합 혹은 결합시키는 데도 쓰이는 것으로 볼 수있다. 이를테면 이 대화편에서는 인간과 같은 '생명체의 부류' (empsychon eidos)가 '한정되지 않은 것과 한정으로 자연스럽게 생성된 것'으로 언급되고 있는데(32a9~b1), 이는 《티마이오스》편에서의 수학적인 것들과 같이 '한정'이 물·불·흙·공기를 결합시키는 데, 그리고 존재·동일성·타자성을 결합시키는 데 쓰인다는 것을 함축하는

기도 한다. Liddell & Scott, *Greek-English Lexicon*, 1123면.
43) 《티마이오스》편 53e3~4, 56c3~7, 69b, 31b~32c.
44) 같은 책, 35a~36d.

것이다. 왜냐하면 《티마이오스》편(42e~43a)에서나 《필레보스》편(29a~e)
에서나 우주의 몸과 같이 인간의 몸도 물·불·흙·공기로 이루어지
는 것으로 간주되고, 또한 《티마이오스》편(41d)에서 우주의 혼처럼 인
간의 혼도 존재·동일성·타자성을 섞어서 구성한 것으로 설명되고 있
기 때문이다. 그러므로 '한정들'도 《티마이오스》편에서의 4원소를 비롯
해 우주의 몸과 혼을 구성하는 데 쓰이는 수학적인 것들과 같이 넓게
이해될 수 있는 것이다.

　　더 나아가 《필레보스》편의 '혼화된 것'에 상응하는 것으로는, 《티마
이오스》편의 '생성되는 것'을 들 수 있다. 플라톤은 《필레보스》편에서
혼화된 것을 생성되는 것으로 보고 있기 때문이다. 이를테면 그는 '혼
화된 것'의 예들, 즉 건강, 음악, 계절 등을 생성되는 걸로 언급하고 있
을 뿐 아니라(25e~26b), '혼화의 원인'에 대해 논하는 대목에서는 '혼
합된 것'을 '생성되는 것'(to gignomenon) 혹은 '만들어지는 것'(to
poioumenon)과 동일시하고 있다(26e~27b). 다만 플라톤이 《필레보스》
편에서 '생성되는 것'이란 표현 대신 '혼화된 것'이란 표현을 주로 사
용한 까닭은 자연적으로 훌륭한 상태로 생성되는 것의 생성방식을 고
려해서라고 할 수 있다. 플라톤은 그 생성 방식을 혼화로 보고 있기 때
문이다. 사실상 그는 《티마이오스》편에서도 좋은 것들의 생성 방식을
혼화로 보고 있다. 이를테면 4원소를 구성할 때 데미우르고스는 원초적
물질에 '도형들과 수들'을 부여하는데, 이는 한정되지 않은 것에 한정
을 부여하는 것, 즉 '한정되지 않은 것과 한정을 혼화시키는 것'과 같
은 것이다.

　　그러나 불·흙·공기·물을 등비비례에 따라 결합시킴으로써 우주
의 몸통을 만드는 방식이나, 존재와 동일성 및 타자성으로 혼합된 것이
나뉜 부분들을 조화 중항과 산술 중항으로 다시 결합시켜서 혼을 구성
하는 방식은 '한정되지 않은 것과 한정의 혼화'라는 틀로 이해하긴 힘

들 듯하다. 하지만 앞서 '한정'을 4원소의 구성뿐 아니라 우주의 몸과
혼의 구성에도 쓰이는 것으로 보았듯이, 한정되지 않은 것과 한정의 혼
화도 넓게 이해될 수 있는 것으로 보는 게 적절하다. 플라톤은 《필레보
스》편에서 한정되지 않은 것과 한정이 혼화된 부류에 속하는 것들로
'건강', '음악 작품', '계절들', '생명체의 부류', '혼화된 삶' 등을 들고
있는데, 이런 것들은 단순하지 않은 혼화의 구조를 갖고 있다. 이것들이
한정자와 비한정자의 혼화를 통해 생긴다고 플라톤이 언급할 때, 그는
이미 그 둘로 혼화된 것들을 다시 혼화시키는 단계까지도 염두에 두고
있다고 보는 게 적절하다.[45] 그러니까 데미우르고스가 원초적 물질에
도형들과 수들을 부여하여 4원소를 만드는 단계뿐 아니라, 4원소를 등
비비례에 따라 결합시키는 단계까지 두루 '한정되지 않은 것과 한정의
혼화'란 틀로 이해해도 그리 무리한 것은 아닐 것이다.

　이제까지 우리는 《필레보스》편에서 언급된 네 부류에 상응하는 것들
을 《티마이오스》편에서도 찾을 수 있다고 보았다. 그러나 우리는 《티마
이오스》편에서 제시된 본으로서의 형상에 상응하는 것을 《필레보스》편
의 네 부류 가운데서 찾을 수는 없을 것으로 보인다.[46] 그렇다고 그 네
부류가 형상과 아무런 관계가 없다고 보기도 힘들다. 왜냐하면 '언제나
같은 상태로 있는 것' 즉 '형상'을 본으로 삼아야 좋은 것(아름다운
것)이 만들어질 수 있다는 것이 《티마이오스》편과 같은 후기 대화편에
서도 여전히 유지되고 있는 플라톤의 확신이기 때문이다.[47] 그런데 그

45) 필자, "《필레보스》편을 통해 본 플라톤의 혼화사상"(성균관대 대학원 박사학위논
　문), 55~58면 및 138~145면 참조 바람.
46) 필자는 "《티마이오스》편과 연관해서 본, 《필레보스》편의 네 부류의 존재와 형상의
　관계"(《철학연구》 제47집, 1999년 겨울호)에서 《필레보스》편의 네 부류 다 형상은
　아니지만, 한정자의 이면에 본으로서의 형상이 있다고 보아야 한다는 점을 밝혀 보
　았다.
47) 《티마이오스》편 28a~b.

가 이런 확신을 《필레보스》편을 집필하는 시기에도 갖고 있었다면, 이 대화편에서 우주에서 온갖 좋은 것들이 생성되는 이치를 설명하기 위해 네 부류를 구분하면서 형상을 그 한 부류로 언급하지 않은 것은 뜻밖이라고 여겨질 수도 있다. 그래서 플라톤이 후기 대화편들 중 적어도 《티마이오스》편을 쓰던 시기까지는 중기 대화편의 형상론을 유지하다가 《필레보스》편을 집필하던 시기[48]에는 형상론을 수정하거나 포기한 것은 아닐까 하는 의문을 가질 수도 있을 것이다. 그러나 이 대화편에서도 플라톤이 이전의 대화편들에서처럼 형상론을 유지하고 있음을 여러 측면에서 알 수 있다. 우선 플라톤은 중기 대화편들이나 후기의 《티마이오스》편에서처럼 《필레보스》편에서도 형상의 불변성을 나타내는 표현들을 여러 곳에서 사용하고 있다. 이를테면 이 대화편에서는 '생성도 소멸도 하지 않고 언제나 똑같은 방식으로 같은 상태로 있는 것들(ta… kata tauta de kai hōsautōs onta aei)'(61e1~3)이란 표현이 나오는데, 이것은 플라톤이 이전의 대화편들에서처럼 형상론을 유지하고 있음을 단적으로 보여주는 것이다.[49] 또한 《파르메니데스》편(131a)에서처

48) 브랜드우드, 베니티즈, 베리 등이 지적하듯이 《필레보스》편은 플라톤의 마지막 대화편인 《법률》편 바로 직전에 저술된 것으로 볼 수 있다. L. Brandwood, *Chronology of Plato's Dialogues*(Cambridge Univ. Press, 1976), 249~250면; E.E. Benitez, 앞의 책, 2면; R.G. Bury, 앞의 책, lxxxf면.

49) 《필레보스》편에서는 위에서 인용한 어구와 유사한 표현들이 다음과 같이 여러 곳에서 나온다. 즉 '생성소멸하지 않는 것들'(15a1~2), '언제나 동일한 것이고 생성도 소멸도 허용하지 않는 것'(15b3~4), '참으로 존재하고 언제나 같은 방식으로 있는 것'(58a), '언제나 존재하는 것들'(59a7), '언제나 같은 상태로 한결같이 전혀 섞이지 않은 상태로 있는 것'(59c3~4)이란 표현들이 사용되고 있다. 그런데 이런 표현들은 이미 형상의 불변성을 나타내기 위해 《파이돈》편(78d, 79a, 79d, 80b)과 《국가》편(5권 479a), 그리고 《티마이오스》편 등에서 이미 사용되었던 것이다. 더욱이 플라톤은 같은 표현들을 《티마이오스》편에서 데미우르고스가 본으로 삼는 형상을 가리키는 표현으로 사용했다는 점을 주목할 필요가 있다(28a2, a6~7, 29a, 48e, 52a). 이는 《필레보스》편에서도 본으로서의 형상에 관한 이론을 유지하고 있음을 시

럼 《필레보스》편(15b4~8)에서도 형상과 사물들 사이에 이루어지는 관여(methexis) 방식에 관한 문제가 진지하게 제기되고 있다는 것도 우리의 확신을 뒷받침해준다.[50] 그렇다면 플라톤은 왜 《필레보스》편의 우주론적 논의(23b~31a)에서 형상에 대해 언급하지 않은 것일까? 그것은 이 대화편에서 다루어야 할 다양한 논의 때문에 우주론적 논의를 제한적으로 할 수밖에 없었던 것 같고, 또한 이미 우주론적인 논의를 펼친 《티마이오스》편에서 본으로서의 형상에 대해 충분히 언급한 바도 있어서 플라톤은 굳이 다시 그것에 대해 언급할 필요가 없다고 생각했던 것 같다.

그런데 《필레보스》편의 네 부류 중 어느 것도 형상은 아니지만, 그것들이 형상과 어떤 관계를 가지고 있는 것으로 볼 수 있다면, 그 관계는 어떠한 것일까? 우리는 그 관계를, 이미 살펴본 바와 같이, 이 대화편과 상당히 유사한 설명적 틀을 보여주는 《티마이오스》편을 통해 유추해 볼 수 있다. 곧 형상은 《티마이오스》편에서 생성의 원인인 데미우르고스가 바라보는 본으로 제시되었듯이, 그것은 《필레보스》편에서도 생성과 혼화의 원인인 지성이 바라보는 본으로 전제되어 있는 것으로 보는 것이 적절하다.

사하는 것으로 보는 게 적절할 것이다.

50) 필자는 《필레보스》편 15b4~8에서 제기된 문제는 《파르메니데스》편, 131a에서 제기된 관여의 문제와 같은 것임을 밝힌 바 있다. 필자의 논문, "형상에 있어서 하나와 여럿의 문제", 《철학》제48집(1996, 가을호) 85~90면 및 "개개의 사물은 형상의 전체에 관여하는가, 부분에 관여하는가?", 《철학연구》제43집 (1998, 가을호) 73~79면 참조 바람.

6

《티마이오스》편에서 우주 창조자는 일상적으로 '장인'(匠人)을 뜻하는 '데미우르고스'(dēmiourgos)나, 목수를 뜻하는 '텍타이노메노스'(ho tektainomenos, 28c)로 일컬어지고 있다. 이는 플라톤이 우주의 생성을 장인이나 목수에 의한 기술적 만듦(제작)과 같이 여기고 있음을 보여주는 것이다. 그는 《필레보스》편에서도 '모든 것을 질서지우는 지성'(28e)을 '만드는 자'(to dēmiourgoun: 27b1)로 일컬음으로써 같은 생각을 드러내 보인다. 그리고 그는 데미우르고스나 지성의 기술적 만듦에 의해 자연이나 우주가 그 자체로 좋은 상태로 생성되어 그런 상태를 유지해 간다고 여기고 있다. 그러니까 데미우르고스나 지성은 기술적 만듦을 통해 좋음을 실현한다는 것이 플라톤의 생각이다.

그런데 여느 장인이나 목수가 무언가를 제작할 때 그러하듯, 데미우르고스가 우주를 만들자면 그에게 소재로 주어져 있는 것이 있어야 한다고 보고, 플라톤은 그것을 《티마이오스》편에서는 생성의 '수용자'(49a)인 '공간'(chōra, 52a) 속에 있는 '결코 닮지 않고 균형이 잡히지 않은 힘들(dynameis)'(52e)[51]로 언급하고, 《필레보스》편에서는 '한정되지 않은 것'으로 언급하고 있다. 그리고 그는 《티마이오스》편에서 아름답고 훌륭한 우주가 만들어지려면 '똑같은 방식으로 한결같은 상태로 있는 것'을 바라볼 때 가능하다고 보아, 본으로서 형상을 상정한다(28c~29b). 《필레보스》편의 우주론적 논의(23b~31a)에서는 본으로서의 형상이 언급되고 있지 않지만, 앞 장에서 살펴보았듯이, 그것의 존재를 전제하고 있는 것으로 보는 게 적절하다.

더 나아가 데미우르고스가 형상을 본(paradeigma)으로 삼고서 자신

---

[51] 혹은 '비례도 척도도 없는 상태로(alogōs kai ametrōs) 있는 것들'(53a~b)로도 언급된다.

에게 소재로 주어진 것을 훌륭한 상태의 것으로 만듦에 있어 수학적인 요소들을 이용하는 것으로 플라톤은 설명한다. 이를테면 《티마이오스》편을 보면, 그는 데미우르고스가 4원소와 우주의 몸통 및 우주의 혼을 아름답고 훌륭한 상태로 구성함에 있어 균형잡히지 않은 질료적 요소들에 '도형들과 수들'이나 '비례 관계'(analogia, ana logia), 혹은 '비율이나 원의 형태'를 이용하는 것으로 보고 있다. 이는 모든 것을 가능한 한 본으로서의 형상에 닮도록 하는 데 수학적인 요소들이 무엇보다 중요한 요소들이라고 보는 플라톤의 생각을 분명히 해주는 것이다. 그는 그 수학적 요소들을 《필레보스》편에서는 '한정(한도: peras)들'로 일컬을 뿐 아니라, 우주에 존재하는 네 부류 중 하나로도 언급함으로써 자연 설명에서 수학적 요소들의 중요성을 한층 부각시키고 있다. 신체적 좋은 상태인 건강, 좋은 음악, 좋은 계절 등을 비롯해 온갖 좋은 것이 한정되지 않은 것에 한정이 부여됨으로써 생성된다는 것이다. 이렇듯 플라톤은 좋은 것들이 생성되는 방식을 설명함에 있어 수학적인 것들을 중시하고 있다. 물론 좋은 것의 생성은 형상을 본으로 삼을 때 가능하지만, 형상 자체가 그것과 존재 방식을 달리하는 생성되는 것에서 직접적으로 작용할 수는 없다고 보아서 플라톤은 수학적인 것들을 도입한 것으로 여겨진다. 그러니까 《티마이오스》편에서의 수학적인 요소들이나 《필레보스》편에서의 한정들은 《국가》편의 수학적인 것들과 같이 중간적인 요소로서 자연 속에서 형상이 작용하는 데 필요한 수단들이라고 보는 것이 적절할 것 같다.[52]

결국 좋은 것들이 생성되기 위해서는 데미우르고스나 지성, 소재로서 주어진 것들, 본으로서의 형상, 그리고 수학적인 요소들이 있어야 한다는 것이 플라톤의 생각이다. 곧 데미우르고스나 지성은 좋음을 실현

---

52) J. Adam, *The Republic of Plato* 2, 161~162면 참조.

하는 것으로서, 형상을 본으로 삼아 자신에게 주어진, 균형잡히지 않은 질료적인 것들에 수학적인 요소들을 부여함으로써 우주를 비롯해 온갖 좋은 것들을 만들어낸다는 것이다. 플라톤은 이를 간결하게 표현하여 "한정되지 않은 것들과 한정들[53]이 혼화됨으로써 온갖 좋은 것이 생성된다"[54]고 언급하고 있다. 그러니까 한정되지 않은 것과 한정의 혼화[55] 혹은 질료적인 것과 수학적인 것의 혼화가 바로 데미우르고스나 지성이 좋음을 실현하는 방식이라 할 수 있다.

여기서 우리는 수학적인 요소들 혹은 한정들이란 막연히 그저 수들이나 비율들 혹은 도형들을 가리키는 게 아니라는 점에 유의할 필요가 있다. 아무 수나 비율 혹은 아무 도형이 다 좋은 것들이 생성될 수 있게 하는 것은 아니기 때문이다. 적어도 《티마이오스》편에서 데미우르고스는 모든 것을 가능한 한 아름답고 훌륭하게 만들고자 하는 이로 묘사되는 만큼, 그가 부여하는 수학적인 것들이란 아름답고 훌륭한 것들이 생성되게 할 수 있는 것들이다. 그런데 아름답고 훌륭한 것은 혼합 요소들간에 균형이 이루어짐으로써 가능하다는 것이 플라톤의 생각이다. 그러니까 데미우르고스가 부여하는 수학적인 것들은 대립적인 상태에 있는 질료적 요소들이 균형을 이루게 하는 것들이라 할 수 있다. 이 점은 수학적인 요소인 한정의 부류와 관련한 다음 구절을 통해서도 분명히 알 수 있다. "[한도의 부류란] … 대립되는 것들(ta anatia)이 서

---

53) 'tōn peras echotōn'을 '한정들'로 번역했다. 플라톤은 《필레보스》편(23c~24a)에서 'to peras''를 'to pras echon'와 동의어로 쓰고 있다.

54) 《필레보스》편 26b1~2.

55) 그런데 《필레보스》편(23b~31a)에서 '한정되지 않은 것'과 '한정'의 혼화란 한정에 의한 '대립자들'(ta enantia) 사이의 혼화를 뜻하기도 한다. 그리고 그는 한정되지 않은 것과 한정이 혼화된 부류에 속하는 것들로 '건강', '음악 작품', '계절들', '생명체의 부류', '혼화된 삶', '생명체의 부류' 등을 들고 있는데, 이런 것들은 단순하지 않은 혼화의 구조를 갖고 있다. 5장에서 '혼화된 것'과 관련해 언급한 것을 참고하기 바람.

로 부조화 상태로 있기를 멈추게 하는 한편, … '균형'(symmetron)과 '조화'(symphona)를 이루도록 만들어주는 하고많은 부류를 말하는 것이다."[55] 이 구절은 한정의 부류가 부조화 상태에 있는 대립되는 것들(곧 한정되지 않은 것들)에 '균형'과 '조화'가 생기게 하는 것임을 분명히 해주고 있다.

이렇게 볼 때 데미우르고스나 지성이 좋음을 실현하기 위해 균형잡히지 않은 질료적인 것들에 수학적 요소들을 부여함에 있어, 즉 한정되지 않은 것과 한정을 혼화시킴에 있어 목표(skopos)로 삼고 겨냥하는 것은 바로 균형이나 조화 혹은 적도(to metrion)[57]와 같은 것이라 할 수 있다. 그저 혼합(混合)이 아니라 조화로운 혼합으로서의 혼화(混和)는 적도와 균형에 적중할 때 이루어질 수 있는 것이기 때문이다. 그래서 플라톤은 '적도와 균형'을 "그 어떤 혼합이 무엇보다도 가치 있는 것으로 혹은 전혀 아무런 가치도 없는 것으로 되게 하는 온갖 혼합의 원인(meixeos aitia)"으로 언급하는가 하면,[58] 또한 "모든 좋은(훌륭한) 것(to agathon)은 아름답고(kalon), 아름다운 것은 불균형하지(ametron) 않다. 따라서 그와 같은 것으로 될 생물은 균형잡힌 것(symmetron)이라고 보아야 한다"[59]고 언급하고 있다. 플라톤이 우주의 창조 생성을 기술적 관점에서 본 주된 이유 중 하나는 "기술들이란 적도를 보전함으로써 온갖 좋고 아름다운 것을 만들어낸다"[60]고 여겼기 때문일 것이다.

---

56) 《필레보스》편 25d~e.
57) 플라톤은 《필레보스》편에서 '적도'와 '균형'을 나란히 핵심용어로 사용하고 있다. 앞서 주 26)에서 지적했듯이 플라톤은 두 단어를 동의어처럼 쓰기조차 한다. 그러나 그는 66a에서 가치서열상 적도를 균형보다 우위에 놓고 있다.
58) 《필레보스》편 64d3~5.
59) 《티마이오스》편 87c.
60) 《정치가》편 284b.

그런데 균형이나 적도와 형상의 관계는 어떤 것인가 하는 물음이 제기될 수도 있겠다. 이 물음에 답하기 위해 4원소의 구성과정을 예로 든다면, 데미우르고스는 4원소의 형상들에 최대한 닮게끔 하기 위해 균형 잡히지 않은 원초적 힘들에 수학적인 요소들을 부여함으로써 그 힘들이 균형과 적도 상태를 이루게 하는 것으로 볼 수 있다. 그러니까 데미우르고스는 균형이나 적도의 실현을 통해 자신이 만드는 것을 형상들을 닮은 아름답고 훌륭한 것이 되게 한다고 말할 수 있다.

제2부

아리스토텔레스의 《형이상학》 1072b21의 θιγγάνων[1]

송대현

아리스토텔레스의 《형이상학》을 읽다 보면, 이해하기가 어려운 구절이 종종 등장한다. 그 이유는 먼저 《형이상학》이 원래 출판을 목적으로 출판된 책이거나, 혹은 출판을 계획한 원고가 아니라, 강의를 위한 짧은

[1] Thinganōn은 현재로서는 번역하기가 곤란하다. 왜냐하면 바로 이 단어에 대한 이해가 이 글의 목적이기 때문이다. 다만 여기서 밝혀둘 점은 이 단어의 부정꼴인 thinganein을 우리는 두 가지 의미군으로 나누어서 이해해 볼 수 있다는 것이다: (1) "만지다", "건드리다", "접촉하다", (2) "바로 알다", "직접 파악하다". 우리는 프랑스어 번역으로 "saisir" (Tricot, 그리고 J. Barth lemy-Saint-Hilaire는 "saisir intimement"), "toucher", 영어 번역으로 "come into contact with"(D. Ross), 독일어 번역으로 "berühren", "einfach betasten"(Heidegger, *Logik**, 180면), 이탈리아어 번역으로 "coglier, intuire"(G. Reale), 라틴어 번역으로 "tangere, attingere" (Bonitz) 등을 가지고 있다.

아울러 'noēsis'는 '사유'로 옮겼고, 'noētos'는 '사유적인 것'으로 옮겨서 이 글에서 사용했다는 점을 미리 밝혀두고 싶다. 하지만 아주 기본적인 희랍어 어휘 중 하나인 nous(intelligence)를 종종 번역하지 않은 채 사용함을 양해 바란다. 이 어휘에 대한 번역은 늘 어떤 한 해석을 전제로 하기 때문에 도리어 번역하지 않는 편이 오해를 줄일 수 있다고 생각한다.

✱ 이 글 속에서 가끔 완전한 문헌정보를 제공하지 않은 경우가 있는데, 인용되거나 참고된 문헌에 대한 완전한 정보를 〈참고문헌〉에 제시했기 때문이다.

글 모음일 가능성이 높기 때문이다.[2] 그래서 이 책에 실린 논증은 종종
생략되고 압축되어 등장하고, 당연한 배경지식 역시 듣는(읽는) 사람의
앎을 전제하여 생략된다.[3] 또한 다른 고대 문헌과 마찬가지로 오랜 세
월을 지나는 동안 많은 부분이 좀먹고 지워지고, 실수로 잘못 필사되거
나 누락되고 첨가되었으며, 이런저런 불가피한 역사적 사실이 아리스토
텔레스의 원래 생각을 파악하고 이해하기 어렵게 한다. 그렇지만, 사실
더 중요한 이유는 아리스토텔레스의 철학 자체에서 오는 이해의 어려
움일 것이다.

《형이상학》의 람다권(12권) 7장은 천체의 영원한 운동과 관련된 논
의로부터 신에 대한 아리스토텔레스의 이론에 도달하는 긴 스펙트럼을
우리에게 보여주고 있다. 특히 자신은 움직이지 않으면서 남을 움직이
게 하는 "부동의 원동자"(1072b7~8)에 대한 중요한 논의를 이 장은 포
함하고 있다. 아리스토텔레스의 이 논의를 따라가다 보면 다른 곳에서
와 마찬가지로 이해하기 어려운 한 구절을 만나게 되는데, 그 이해의
어려움은 1072b21에 우연히 삐죽 삽입되어 있는 듯한 thinganŏn이란
낱말 때문이다. 먼저 혹시 탈루(脫漏)나 필사가의 실수가 아닌가 해서,
사본(codex) 여백에 다른 첨가나 수정이 있지 않을까 생각해서 (이런
첨가와 수정이 모두 아리스토텔레스에 대한 몰이해와 오해, 그리고 악

2) 물론 안드로니코스의 약간의 자의적 편집이 이 문헌을 이해하기 어렵게 만든 이유
   중의 하나일 수 있다. 하지만 그의 편집이 전적으로 자의적인 것은 아니며, 모든 이
   해의 어려움을 안드로니코스에게 돌릴 수만은 없을 만큼 문헌은 많은 누락과 문제
   를 안고 있다. 이런 문제에 대한 좋은 설명을 J. Barnes가 제공하고 있다(J. Barnes
   (ed)., *The Cambridge Companion to Aristotle*, Cambridge, 1995, 12~13면,
   67~68면).
3) 이런 문제는 우리에게 플라톤과는 다른 독서태도를 요구한다. 자주 마침표와 쉼표
   를 집어넣어서, 이미 편집자에 의해 첨가된 상태지만, 텍스트를 읽거나 생략된 문장
   성분(접속사, 목적어, 동사 등등), 그리고 철학적 내용을 잘 고려하여 논증을 재구성
   해야 한다.

의적인 의도로부터 비롯된 것은 아니기 때문에) Jaeger와 Ross가 정리
한 텍스트를[4] 기초로 하여 이본(異本)을 살펴보아도, 이 어휘를 다른
방식으로 읽는 사본은 기록되어 있지 않다. 따라서 이 단어의 이해의
어려움은 텍스트의 불명확성으로부터 오는 것은 아니다.

그럼 먼저 원문을 읽어본 다음, 논의를 시작해 보자.

《형이상학》 1072b20~21

αὐτὸν δὲ νοεῖ ὁ νοῦς κατὰ μετάληψιν τοῦ νοητοῦ. νοητὸς γὰρ
γίγνεται θιγγάνων καὶ νοῶν, ὥστε ταὐτὸν νοῦς καὶ νοητόν(밑줄필자,
이 문장에 대한 번역은 논의 전개의 필요에 의하여 다음에 제시하겠
다)·

대부분의 학자들은 이 부분을, nous는 자기 자신을 사유하기 때문에,
nous와 사유의 결과는 동일한 것(ὥστε ταὐτὸν νοῦς καὶ νοητόν)이 된
다라는 내용으로 해석한다.[5] 분명 이런 해석은 정당하다. 그러면 구체
적으로 여기서 (밑줄 친 부분에서) "thinganōn"이란 말의 의미는 무엇
인가? 그리고 이 구절에서 "thinganōn"(touching)과 이 단어 다음에 바
로 위치하는 "noōn"(thinking)의 관계는 무엇인가? 즉, 이 두 단어 사이

---

4) *Aristotelis Metaphysica*, W. Jaeger (ed.), Oxford, 1957 : *Aristotle's Metaphysics*,
   II, W.D. Ross(ed. with introd. and comm.), Oxford, 1953(with corrections, but
   first edition 1924).

5) 기원 후 4세기에 활동했던 테미스티오스(Themistios)는 아리스토텔레스의 《형이상
   학》 람다권을 의역(paraphrase)했다. 하지만 현재는 이에 대한 라틴어와 고전 히브
   리어 번역만 남아 있다. 그는 이 구절(1072b18~21)을 다음과 같이 해석한다:
   "cum autem intelligit intellectio eius est actus eius, et cum est in actu
   intellctionis, tunc simul est intellectus et intellegibile."[*Themistii in Aristotelis
   Metaphysicorum Librum Paraphrasis*, S. Landauer (ed.), CAG 5.5, Berlin, 1903,
   22, 34~36면].

에 있는 "kai"(그리고)를 우리는 어떻게 해석해야 하는가? 이들 질문에
대하여 먼저 우리는 아리스토텔레스 철학 속에서 대답을 시도할 것이
고, 그 다음 아리스토텔레스 이후 서양고대철학 전통 속에서 이 물음에
대해 고찰할 것이다.

1

Thinganōn의 현재형 부정꼴인 thinganein은 기본적으로, 일차적으로
"만지다, 건드리다, (손으로) 느끼다" 등의 뜻을 갖고 있다. 이런 의미로
우리가 지금 문제시하는 구절을 해석하면, "nous는 만지면서 그리고 사
유하면서 사유적인 것(noētos)이 된다."라는 이해하기 어려운 결과가
나온다. 그러면 이 "thinganōn"을 우리는 어떻게 이해해야 할까? 먼저
이 구절과 가까이 있는 《형이상학》 안에서 답을 구해보는 것이 순서일
것이다.

우리는 "thinganōn"(thinganō의 현재분사)의 부정꼴인 thinganein(현
재형), thigein(Aorist)을 한꺼번에 θ권 마지막 장(10장)[6], 1051b23~25에
서 발견하게 된다: "Thigein과 언급함은 […] 진리다. 반면, 무지
(agnoein)는 thinganein하지 못한다.[7]" 이 문장을 우리는 약간의 내용

---

6) 사실 θ권은 가능태와 활동태에 대한 아리스토텔레스의 주요한 논증이 실려 있다.
왜, 혹은 어떻게 해서 참과 거짓과 관련된 논의가 마지막 장에 끼여들고, 놓이게 되
었는지는 설명하기 어렵다. 아마도 가능태가 비존재와, 활동태가 존재와 관련을 갖
고 있고, 다시 존재는 참과 비존재는 거짓과 관련을 갖고 있기 때문일 것이다(《형이
상학》, 1051a34~1051b5).

7) 이 부분에서 아리스토텔레스는 "비복합적인 것"(asuntheta)과 관련하여 참과 무지
를 다루고 있다. 원리적으로 "앎"은 어떤 것에 대하여 참된 것을 가짐을 의미한다
(이 말은 사실 동어반복이다. 앎 속에는 이미 참이 들어 있기 때문이다). 왜냐하면
그럴 때 그 가짐에 대해 앎이라고 말할 수 있기 때문이다. 따라서 이런 가짐의 결여

을 덧붙여서 그러나 의미의 훼손 없이, 다음과 같이 다시 쓰는 것이 이 해를 도울 것이다: '여기에 진리와 무지가 있다. 진리는 thigein이고 thigein한 것을 언급하는 것이다. 반면, 무지는 thinganein하지 못함이 다.' 그러면 무엇을 thinganein하는가? Thinganein의 대상은 비복합적인 것(asuntheta, 1051b17; me synthetas, 1051b27), 단순한 것(hapla, 1041b1)이다.[8] 논리적 · 의미론적 측면에서, 단순한 것은 주어와 술어의 결합으로 이루어지지 않은 것이다. 따라서 이 단순한 것은 거짓과 오류 와 관계하지 않는다. 한 대상, 예를 들면 "이 책상"에 대해 우리는 거짓 을 적용할 수 없다. "이 책상은 둥글다"라는 진술(분석철학자들은 이것 을 '명제'라고 부른다)에 대해서만 거짓과 오류가 생길 수 있다.

아리스토텔레스는 이 장에서 진리문제를 두 가지 관점에서 다루고 있다: (1) 주어와 술어 관계[9], (2) 우리의 앎(혹은 믿음)과 사실과의 관

는 무지이지, 거짓이 될 수 없다.

8) "단순한 것"의 내용에 대한 여러 철학적 논의와 논쟁이 계속되고 있다. 이 주제에 대해서는 다음의 문헌을 참고할 것: P. Aubenque, *Le problème de l'être chez Aristote*, 1962, 165~166면/ 372~375면; Berti, E., The intellection of "indivisibles" according to Aristotle, *De Anima*, III, 6, 1978, 141~163면; P. Aubenque, *La pensée du simple dans la Métaphysique d'Aristote*, 1979, 69~80 면; Kahn, Ch.H., On the intended interpretation of Aristotle's Metaphysics, 1985, 326~328면; Th. de Koninck, *La noesis et l'indivisible selon Aristote*, 1990, 215~228면; E. Berti, Reconsid rations sur l'intellection des "indivisibles" selon Aristote, *De anima*, III, 6, 1996, 391~494면; M. Fattal, *L'intellection des Indivisibles dans le De Anima*(III, 6) *d'Aristote: Lectures arabes et modernes*, 1996, 423~440면(이 문헌에 대한 완전한 정보는 〈참고문헌〉을 참조). 이 논쟁의 가 장 핵심적인 문제는 "단순한 것에 대한 noesis"(《영혼론》, 430a26)와 'thinganein" (《형이상학》, 1051b24~25)을 단순한 것에 대한 직관적 앎으로 이해할 수 있는가 하 는 것이다. E. Berti는 직관론적 해석에 반대하는 대표적 철학자다.

9) 《형이상학》, 1027b18~23, 1027b25~31, 1051b33~1052a5; 《영혼론》, 430a26~ 430b6; 아리스토텔레스는 복합적인 것(sunthesis)에 대한 생각에만 참과 거짓을 적용할 수 있다고 주장한다.

계. 이 구절은 후자의 경우에 해당한다.[10] 즉 우리의 앎이 사실을 thinganein한다면, 이것은 진리고, 우리의 앎과 사실 사이에 thinganein 이 일어나지 않는다면, 그 어떤 앎도 생기지 않기 때문에 무지가 된다. 그러면 thinganein은 대체 여기서 어떤 의미인가? 먼저 thinganein을 앎 과 사실과의 "일치"(adaequatio)로 이해해보자. 우리의 앎이 사실에 일 치(대응)하면 참이고 그렇지 못하다면 '앎이란 있을 수 없다', '앎이 아니다'라는 진술로 이해하면 간편해 보인다. 그러나 "일치"라는 단어 조차도 원초적(primitive) 술어는 아니다. 따라서 이 말은 더 근원적인 다른 말로 의미 전환 없이 다시 씌어져야만 한다. 왜냐하면 thinganein 을 "일치"라는 말로 대체할 경우, thinganein(설명되어야 할 말) 못지 않게 "일치"(설명하는 말)라는 말도 긴 설명을 우리에게 요구하기 때 문이다. 그러므로 피설명항과 설명항의 악순환 때문에, thinganein을 "일치"라는 낱말로 전환시키는 전략은 성공적이지 않다.

이 구절에 대한 Ross의 지적은 우리에게 도움을 준다: thinganein에 의한 앎은 (1) 오류 가능성이 없고, (2) 중간에 매개를 거치지 않는다.[11] 그러면 thinganein은 왜 오류가능성이 없을까? 중간에 매개(metaxu)가 없기 때문에, 직접적인 앎이기 때문에 오류가능성이 없다는 대답이 가 능하다. 우리가 어떤 것을 파악할 때, 중간의 매개는 간섭이며 방해가 되기 때문이다. 이런 간섭이나 방해가 없다면 우리는 직접 곧바로 진리

---

10) P. Aubenque는 이 진리를 후설 철학용어를 빌려서 선술어적 진리(la vérité antéprédicative)라고 부른다. 후설 철학에서와 마찬가지로 선술어적 생활세계가 술 어적-과학적 세계에 근거를 제공하듯이, P. Aubenque는 이 선술어적 진리가 더 근 원적인 진리라고 주장한다 (*Le problème de l'être chez Aristote*, 166면).

11) D. Ross, 앞 책, II, Oxford, 1953(with corrections, but first edition 1924), 277 면 주 24. Ross는 우리의 이 구절을 "단순한 파악"(simple apprehension)을 표현 하기 위한 비유로 처리하고 싶어한다. 하지만 테타권(θ, 10장)과 람다권의 두 구절 은 아주 중요한 지점에 그 단어가 놓여져 있다. 따라서 이 구절들을 단순한 비유로 취급하는 태도는 문제점에 대한 회피다.

로 육박해 들어갈 수 있기 때문이다. 앎의 직접성은 오류가능성을 제거
한다. 이렇게 해서 우리는 (1)항을 (2)항으로 환원시킬 수 있다. 즉,
thinganein은 중간에 매개나 간섭을 겪지 않기 때문에 오류를 범하지
않는다라고 이해할 수 있다. 따라서 우리는 잠정적으로 thinganein이
사물과 관계할 때, 중간에 매개를 거치지 않기 때문에 그것은 참을 보
증한다라고 이 구절을 이해할 수 있다.[12] 그렇다면 무엇과 비교하여, 무
엇을 염두에 두고 thinganein은 매개가 없다고 말할 수 있을까?
　우리는 이 질문에 대한 대답을 아리스토텔레스의 다른 저작인 《영혼
론》 III권에서 찾아보도록 하자. 아리스토텔레스는 다른 감각들(특히 시
각, 청각, 후각)과 촉각(hapē)을 비교하면서, 촉각은 직접적인 우리의 감
각임을 강조하고 있다.[13] 왜냐하면 그에게서 촉각은 다른 감각과는 달
리 사물과의 직접적인 맞닿음을 갖기 때문이다. 우리가 아리스토텔레스
의 이런 설명을 수긍하면 다음과 같은 의문이 생긴다 (시각을 예로 들

12) 현대적 시각에서(특히 분석철학자들에게) "S가 P임을 우리는 직접 파악한다"가 S
　　의 P에 대한 우리의 믿음을 참으로 만들지 못한다는 것은 분명해 보인다. 우리의 다
　　른 믿음들을 정당화하는 기초적 원리로 "직접성"에 의존하는 태도는 다른 문제, 즉
　　이 직접성을 다시 정당화해야 하는 문제를 안게 된다. 따라서 믿음의 직접성은 믿음
　　이 진리임을 함축하지 않는다. 하지만 이런 현대 인식론적 시각은 두 다른 철학적
　　체계를, 시대를 뒤바꾸어서, 단순 비교할 위험을 또한 갖고 있다.
13) 《영혼론》, 435a17~19. 용어사용의 측면에서만 보면, 우리는 thinganein을 《영혼
　　론》, 407a16~18, 423a2, 427b4에서만 발견할 수 있을 뿐이다. 하지만 이 때의
　　thinganein은 감각적인 thinganein이다.
　　Thixis와 hapē(접촉)가 늘 상호교환 가능한 용어는 아니다. 하지만 최소한 1051b6~
　　1052a11과 1072b19~21의 thinganein은 hapē로 교환 가능하다. 이에 대한 실마리
　　를 알렉산드로스가 우리에게 제공하고 있다. 그는 자주 이 두 단어를, 같은 의미를
　　지니는 두 낱말을 잇는 연접접속사 "그리고"를 사용하여 연결시키고 있기 때문이다.
　　더 나아가 아예 "그리고"를 빼고 사용한 곳도 있다. *Alexandri in Aristotelis*
　　Metaphysica Commentaria, M. Hayduck(ed.), *Commentaria in Aristotelem*
　　Graeca(CAG), vol. 1(Berlin, 1891), "thinganei kai haptetai"(599.32~38), 그리고
　　"noein thinganōn"(698.26~27).

어 논의해보자): '무엇 때문에 시각은 사물과 직접 관련할 수 없는가? 시각은 우리의 눈과 사물 사이에 다른 요소가 가로막거나 이물질(異物 質)이 끼여 있어서 사물을 있는 그대로 볼 수 없다는 말인가? 우리 감 각의 문제인가? 대상으로부터 오는 어려움인가? 아니면 이 세계의 질 서나 구조로부터 유래하는 필연적 결과인가?' 이에 대해 아리스토텔레 스는 다음과 같이 대답할 것이다: '그것은 우리 시각의 성질로부터 온 다. 본다는 것은 늘 거리(먼 거리든 가까운 거리든)를 전제로 하며, 매 개(metaxu)를 전제로 한다. 시각이 만약 시각 속에 대상을 갖고 있다면 그것은 대상이 아니라, 시각이 이미 받아들인 (혹은 본) 시각화한 대상 일 뿐이다. 따라서 시각은 촉각이 가지고 있는 대상과의 직접적 부딪침 을 갖지 못한다.'[14]

그러면 이제 촉각의 이런 규정을 thinganein의 의미와 연관시켜 우리 의 구절에 적용해 보도록 하자. 여기서 이 단어의 번역어는 문맥상 "직 접 파악하다, 바로 알다"가 적절해 보인다.

"Nous는 사유적인 것(noētos)을 획득함으로써 자기 자신을 사유한다. 왜냐하면 nous는 자신의 대상을[15] 직접 파악할 때(thinganōn) 그리고 사 유할 때 사유적인 것(noētos)이 되기 때문이다. 그리하여 nous와 사유

14) 《영혼론》, 435a18~19. 이 구절에 대한 탁월한 해석은 다음 논문을 참조할 것: G. Romeyer Dherbey, *La construction de la théorie aristotélicienne du sentir*, 1996, 133~134면.
15) 사실 희랍어 원문에는 이 단어는 없다. 하지만 "직접 파악하다"와 "사유하다"라는 동사는 통사론적으로 직접목적어를 필요로 한다. 그러면 nous는 무엇을 직접 파악 하고, 사유하는가? 제일 간편하고 설득력 있는 해결책은 앞 문장에 있는 "사유적인 것을" 다시 이 문장의 목적어로 채택하는 것이다. 철학적으로도 이 문장을 'nous는 자기 자신을 사유하기 때문에 이를 통해 얻은 결과도 nous적인 것이 된다' 라는 내 용의 이유를 설명하는 것으로 우리는 해석할 수 있다. 이 문제와 관련해서 이 글 속 에 있는 각주 16의 G. Reale의 번역을 참고할 것.

(noēsis)는 같은 것이 된다."[16]

II

우리가 앞으로 해결해야 할 다른 한 문제가 남아 있다. 그것은 사유 (noēsis)와 thinganein의 관계이다. 이점을 밝히는 데는 이 구절에서 kai("그리고")의 의미를 결정하는 일과 직접 관련을 갖고 있다. 플로티노스의 다음 구절이 우리에게 도움을 줄 수 있는지 검토해보자.[17]

---

16) 여기서 우리는 비교적 최근에(1968년) 아리스토텔레스의 《형이상학》 전체를 번역하고 자세하게 주석을 단 G. Reale의 번역을 인용하여 참고해 보자: "L' intelligenza pensa se stessa, prendosi(κατὰ μετάληψιν) come intelligibile: infatti, essa diventa intelligibile intuendo e pensando(θιγγάνων καὶ νοῶν) sé, cosicché intelligenza e intelligibile sono lo stesso(ταὐτὸν)." 필자는 희랍어 원전에 기대서 Reale의 번역을 약간 고쳤다. 이 번역은 우리에게 두 가지 점에서 흥미롭다. 첫째, G. Reale는 "thinganein"을 "intuire"("직관하다")로 번역하고 있다. 이런 까닭에 이 단어에 대한 그의 번역은 우리 번역과 일치한다. 둘째, Reale는 "intuendo e pensando(θιγγάνων καὶ νοῶν)"의 목적어로 "sé"("자신을")를 부가시키고 있다. 알렉산드로스를 비롯해 대부분의 연구가들은 이 점에서 서로 의견이 일치하고 있다. 앞 뒤 문맥을 고려해 볼 때, 이런 첨가는 설득력 있다. 그러므로 전체적인 관점에서 필자의 번역은 Reale의 번역에 접근하고 있다[Reale, G. (trans. and comm.), Aristotele, *La Metafisica*, II, Napoli, 1993(1968), 565면].

17) 박종현 교수는 "아리스토텔레스의 《형이상학》 강의"(1998년 10월 16일 석/박사 강의)에서 아리스토텔레스의 앞 문장(《형이상학》, 1072b19~21)을 플로티노스의 일자 (hen)와 일자와의 신비적 합일(henēsis, union to one)을 암시하는 내용으로 해석했다. 다른 한편 Henry & Schwyzer(vol. III, "Fontes Addendi", 302면)는 이 부분이 아리스토텔레스의 《형이상학》, 1072b19~21과 대비되는 것으로 간주한다. 플로티노스는 다른 신플라톤주의자들과 다르게 아리스토텔레스에 대한 주석서를 쓰지 않았지만, 그의 사상은 분명 아리스토텔레스에 대한 자기 나름대로의 해석을 보

Enneades: V. 3[49]. 10, 41~43[18]

ἢοὐκ ἔσται νόησις αὐτοῦ. ἀλλὰ θίξις[19] καὶ οἷον ἐπαφὴ μόνον ἄρρητος καὶ ἀνόητος [···].

"그것(다양한 것)에 대한 <u>사유</u>는 있을 수 없다. 하지만 <u>thixis</u>, 그리고 단지 말없고 사유 없는 <u>접촉</u>과 같은 것만이 가능하다."(thixis는 thinganein 의 명사형태이다ー 필자)

이 구절은 플로티노스가 "접촉"과 "사유"를 분명히 구분하고 있음을 보여준다. 아울러 우리는 여기서 "접촉"과 관련된 다른 한 어휘를 만나게 된다. 즉 그것은 "말없는, 사유 없는 접촉(epaphē=epi+hapē)"이다. 이 "접촉"(epaphē)에 의해서만이" 침묵 속에서 一者(혹은 "좋음")는 파악되고, 말이나 사유에 의해서는 이해되지 않는다고 플로티노스는 주장하고 있다.[20] 그의 조언에 따라, 우리가 이 둘, 접촉과 사유를 다른 것으로 보고, 접촉을 사유를 넘어서는 "신적인" 것으로 간주한다면,[21] 이런 생각을 아리스토텔레스에게 적용할 수 있을까?

두 가지 조건이 충족되면 이런 시도는 가능하다. 첫째, 아리스토텔레

여주고 있다. 이런 관점에서 이런 지적과 아리스토텔레스와의 연결은 적절해 보인다.

18) 필자는 플로티노스의 *Enneades* 인용 텍스트로서 P. Henry와 H.-R. Schwyzer가 최근에 정리한 Editio minor를 사용했다: *Plotini Opera*, II(Oxford, 1977). 또한 필자는 플로티노스 저작의 인용방식을 "포르퓌리오스가 정리한 순서(로마숫자)+[쎠어진 순서]+장+줄"을 채택했다.

19) 이 어휘는 이 구절을 제외하고 플로티노스의 *Enneades*에서 세 번 등장하고 있다: (1) IV.7[2]8.13 (thigein), (2) VI.9[9]4.27 (thigein), (3) VI.9[9]7.4 (thigein).

20) V.6[24]6.35, VI.7[38]36.4, VI.9[9]4.27, VI.9[9]7.25, VI.9[9]9.18, cf. Plotinus, Enneade, vol. V, A.H. Armstrong(ed. trans. and note), Loeb Classical Library: Cambridge (Mass.)/London, 1984, "Synopsis" of V.3.[49], 70, 그리고 D.O' Meara, Plotin, une introduction aux 'Ennēades', Suisse/Paris, 1992, pp.57~58

21) τῇ τοῦ θείου ἐπαφῇ(VI.9[9]7.25).

스와 플로티노스의 noēsis의 의미가 일치해서 서로 교환 가능한 개념일 경우이거나, 둘째, 아리스토텔레스가 사유보다 접촉을 더 우월한 것으로 간주하는 구절이 있을 경우이다. 이 두 조건은 논리적 선접(選接)으로 연결되어 있기 때문에, 두 조건 중 적어도 어느 한 쪽만 충족되면 우리의 현재 시도는 성공할 것이다.

다시, 우리가 처음에 문제시했던 아리스토텔레스의 문장으로 되돌아가 보자. "직접 파악 (혹은 접촉)할 때 그리고 사유할 때"라는 구절에서 우리는 "그리고"를 어떤 의미로 해석해야 할까? 우리에게는 세 가지 선택지가 있다.

(1) 직접 파악한 다음, 사유한다.

(2) 직접 파악함과 동시에 사유한다.

(3) 직접 파악한다, 즉 사유한다.

(1)과 (2)는 우리가 좀 전에 논의한 플로티노스 견해의 변형에 지나지 않는다. 왜냐하면 (1)은 파악이 먼저이고 그 다음 그에 대한 반성적 사유가 뒤따라온다는 것을 의미하고, (2)도 역시 표현 상은 동시적 의미를 지니고 있지만 사실상 사유는 늘 반성적이며 매개를 거친다는 점을 고려하면 (1)로 소급될 수 있기 때문이다.

또한 우리가 앞장에서 논의한 내용에 비추어 보면 thinganein은 반성적, 혹은 추론적 사유가 아님이 확인되었다. 따라서 이 구절은 문장 표현에서도 그리고 내용적으로도 사유(noēsis)와 thixis가 등가(等價)임을 나타내는 (3)으로 해석해야 한다. 이런 점을 염두에 두면 "그리고"는 두 단어를 연결해줄 뿐만 아니라 같은 의미의 내용을 연결하고 있다. 즉 이 때의 사유는 다른 구절들 속에 사용된 추론적 사유가 아니라 직접적 통찰을 의미하는 사유임을, "그리고"(kai)가 nous와 thixis를 순접으로 연결하고 있다. 이 문장에서 주어는 분명히 nous이고 이 nous가 자신의 대상을 사유한다고 우리가 이 문장을 이해할 때, 여기서 사유는 직접적 통찰이고 신적인 사유임을 아리스토텔레스는 우리에게 말해주고 있다. 그럴 때, 신(theos: nous와 theos는 자주 람다권에서 상호교환 가능하다)은 자기자신을 사유한다는 그의 언급이 의미를 가지리라는 것은 분명하다. 따라서 아리스토텔레스가 언급한 "사유"는 플로티노스가 사용하고 있는 "사유"와 최소한 우리가 비교하는 두 문장에서는 다른 의미를 갖는다. 그와 함께 첫번째 시도는 실패한다.

그러면 두 번째 시도는 가능할 것인가? 이 질문에 대한 대답은 사실 《형이상학》, 《영혼론》을 포함하여 아리스토텔레스의 모든 저작을 검토해야 한다 (물론, 그의 《토막글》도 포함하여). 하지만 우리는 편의상, 이 단서가 탐구의 불완전함을 완전히 상쇄시킬 수는 없겠지만, 두 저작을 표본 저작으로 삼아서 두 번째 시도가 가능한지를 검토해보자. 먼저, 《형이상학》에서 위에서 언급한 두 부분 이외에도 986b23(thigein), 988a23(thinganontes), 988b18(thigein), 993a31(thigein),[22] 1000a16 (thinganousin)에서 thixis와 관련된 어휘들이 등장하고 있는데, 이 구절들은 우리에게 유용한 정보를 주지 않는다. 다음으로 《영혼론》을 검토해보자. 우리가 지금 관심 갖는 것은 thixis가 "직접적 통찰, 파악"으로 번역되거나 해석될 수 있는 문장들이다. 그러나 《영혼론》의 "접촉"과 관련된 내용(407a16~18, 423a2, 427b4)은 감각으로서의 접촉만을 다루고 있다. 따라서 우리는 thixis와 noēsis의 비교는 증거부족으로 결정할 수 없다. 이런 자료의 부족이 곧바로 noēsis에 대하여 thixis의 우위를 확인시켜 주지 못한다는 사실은 분명하다.

여기서 플로티노스의 thixis에 대한 언급은 우리에게 최소한 아리스토텔레스는 플로티노스처럼 생각하지 않았다는 점을 확인시켜 준다. 그렇다면 좀더 나아가 우리는 플로티노스의 이 구절을 어떻게 이해해야

---

22) D. Ross는 사본-A" (Laurentinus 87,12)를 받아들여서 이 곳을 thigein으로 읽고 있고, W. Jaeger는 사본-E (Parisinus 1853)를 받아들여 tuchein으로 읽고 있다.

할까? 그는 이 구절을 혹시 아리스토텔레스의 thixis의 의미를 유지하면
서 사유(noēsis)를 일반적 의미에서의 추론적 사유로 이해한 것이 아닐
까? 플로티노스의 철학 전체를 고려한다면, nous는 일자(一者) 아래 단
계에 있는 존재층(hypostasis)이다.[23] 그러므로 플로티노스는 람다권에
등장한 아리스토텔레스의 nous를 일자 아래로 평가 절하시키고 있음은
분명하다. 하지만 그와 동시에 그는 아리스토텔레스의 "신적인 접촉"의
의미를 유지하고 있다.

그러면 이제부터 우리는 기원 후 6세기에 활동했던 아스클레피오스
(Asklēpios)가 아리스토텔레스의 《형이상학》 B권, 995b13을 주석하면서
언급한 흥미로운 한 문장을, thinganein의 의미를 좀더 분명히 하기 위
하여 검토해 보자.

> 'Nous 그 자체는 단순한 직관에 의하여(haplais epibolais)[24] 그것(본

---

23) 니콜라이 하르트만과 플로티노스의 존재론을 "존재층"(Seinsschicht) 개념을 가지
고 비교하는 작업도 흥미로운 일이다. 하지만 이 주제가 현재 우리의 관심사가 아니
기 때문에, "존재층"을 통한 이 두 철학자의 비교는 다음으로 미룰 수밖에 없다.

24) 사실 Lidell-Scott-Jones은 아리스토텔레스와 신플라톤주의자들의 thinganō에 대
한 용례를 제공하고 있지 않다. 그 이유는 Jones가 그의 사전 "서문"에서 밝혔듯이,
이 사전은 고전기의 희랍어를 주축으로 해서 편찬되었기 때문이다. 하지만 이 사전
은 그들이 사용한 epibolē에 대한 중요한 여러 의미를 해명해주고 있다 [cf. Lidell-
Scott-Jones(1968), epibolē, (2): a~d]. 특히 이 중에서 "(b) act of direct
apprehension, intuition"의 의미가 우리에게 중요하다.
또한 우리는 에피쿠로스의 《헤로도토스에게 보내는 편지》에서 이 단어, epibolē를
자주 발견할 수 있다: 35.9(athroas epibolēs), 36.3(kuriōtatē epibolē),
36.7(epibolais), 38.5(parousas epibolas), 50.5(epiblētikōs), 50.12(pantastik
epibolē), 51.2(tinas epibolas tēs dianoias), 51.7(pantastikē epibolē), 62.9(kat'
epibolēn), 69.8(epibolas), 70.7(kat' epibolas), 83.9(epibolas). 에피쿠로스는 이 단
어를 우리의 인지-심리적 과정을 뜻하는 것으로부터 직접적인 지적 직관을 표현하
려는 의도로까지 사용하고 있다. C. Bailey는 에피쿠로스 철학 속에서 이 개념의 역
할에 대해 상세히 다루고 있다(Epicurus, *The Extant Remains*, Oxford, 1926,

질적 속성)을 직접적으로 통찰하면서 파악한다고 플라톤은 말했다."[25]

여기서 우리의 문제거리는 두 가지다. 첫째, 플라톤이 정말로 이런 언급을 대화편에서 하고 있는가? 둘째, "단순한 직관"의 의미는 무엇인가? 먼저 플라톤은 이런 용어를 사용한 적이 없다.[26] 그러나 신플라톤주의자들은 자주 플라톤과 아리스토텔레스를 혼동하고 있고, 또 그들은 이 두 철학자를 화해시키려고 시도했다는 점을 고려하면 이 언급을 그런 대로 이해할 만하다.[27] 하지만 두 번째의 문젯거리는 좀 긴 설명을 필요로 한다. 플라톤이나 아리스토텔레스는 이런 구(句)를 사용하고 있지 않다. 그렇지만 플로티노스를 비롯한 대부분의 신플라톤주의자들은 이 용어를 공유하고 있다.[28] 따라서 이 구를 만든 사람을 신플라톤주의자들이라고 생각할 것이다. 그러나 알렉산드로스(Alexandros)는 이들보다 먼저 이 개념을 사용하고 있다. 그러면 같은 의미로 사용하고 있는가?

259~274면).

25) *Asclepii in Aristotelis Metaphysicorum Libros A~Z Commentaria*, vol. 6.2, ed. M. Hayduck(Berlin, 1888), 142. 23~24: ὁ νοῦς αὐτὸς θιγγάνων αἱρεῖ αὐτα ἀπλαῖς ἐπιβολαῖς, ὥς φησιν ὁ Πλάτων. 여기서 auta는 symbebekota katha hauto를 가리키고 있다. 1998년 박종현 교수는 "아리스토텔레스의 《형이상학》 강의"에서 이 용어를 "본질적 속성"이라고 옮겼다.

26) 그러나 아스클레피오스 주석서의 편집자인 M. Hayduck은 이 구절을 《국가》, VI권 511b을 암시하는 것으로 간주한다.

27) W. Dooley, *Alexander of Aphrodias: On Aristotle Metaphysics* 5, R. Sorabjis Appendix: "The Commentators"(London, 1993), 196~197면.

28) Plotinus, *Enneades*, III, 7[45], 1, 4; IV, 4[28], 1, 20; VI, 3[44], 18, 12; Ammonius, *In Aristotelis Analyticorum Priorum Librum I Commentarium*, ed.Wallies M., CAG, vol. 4.6(Berlin, 1899), 3.18 et 24.35. 그리고 프로클로스 저작 곳곳에서 우리는 이 용어를 목격할 수 있다.

ἐπὶ μὲν οὖν τῶν ἁπλῶν, ὥσπερ εἴρηται, ἢ θιγγάνει ὁ νοῦς
αὐτῶν καὶ καθάπερ εἰσὶν ἅπτεται τῆς φύσεως αὐτῶν καὶ ἁπλῇ
ἐπιβολῇ [···]![29)

"언급된 것처럼, nous는 단순한 것을 thinganein하고 마찬가지로 그것
의 본성을 단순한 직관에 의하여 직접 파악한다."

여기서 알렉산드로스는 thinganein과 단순한 직관에 의한 직접적 파
악(접촉, haptetai)을 같은 의미로 사용하고 있다. 결국 신플라톤주의자
들의 "단순한 직관"의 개념은 알렉산드로스의 아리스토텔레스에 대한
해석을 더욱 확대시킨 것이 된다.

따라서 알렉산드로스와 신플라톤주의자들의 thixis에 대한 이런 설명
은 아리스토텔레스 철학에 대한 충실한 한 해석을 보여주고 있다. 즉
thixis는 "단순한 직관에 의한 직접적 통찰"이다.

우리가 이런 의미로 아리스토텔레스의 thixis를 이해한다면, 아리스토
텔레스는 일반적 의미의 "추론적 사유"라는 용어를 쓰는 것을 피하고
싶었을 것이라는 것을 짐작할 수 있다. 그래서 먼저 "직접적 통찰"에
해당하는 thinganōn을 앞세우고 사유(noēsis)를 뒤에 놓았을 것이다. 이
렇게 함으로써 사유(noēsis)는 일반적으로 여러 추론과정을 거치는, 여
러 논리적 매개를 거치는 "사유"가 아니라 직접적 접촉이나 통찰임을
그는 표현하려고 했다. 따라서 이제 우리가 문제시했던 "kai"는 "즉" 혹
은 이런 의미를 표현하는 "그리고"로 번역되거나 해석될 수 있다.

더 나아가 우리가 이런 해석을 채택한다면, 우리가 이런 신적인 사유
를 갖는 것이 (비록 잠깐이겠지만[30)]) 더 우월한 것이고, 이런 상태가 자
신의 능력을 더 많이 실현한 활동태(energeia)이며, 따라서 신의 활동인

---

29) 알렉산드로스, 앞의 책, 599.31~34 (cf. 600.7)
30) 《형이상학》, 1072b15: "ἡ ἀρίστη μικρὸν χρόνον ἡμῖν."

관상(theoria), 즉 사유 그 자체가 최고의 즐거움이고 최선(ariston)이다
라는 이 구절 다음의 내용 전개가 좀더 잘 이해될 것이다(1072b22~
24)[31]. 요컨대, 1072b21의 thinganōn에 대한 우리의 해석은 아리스토텔
레스의 논증전개를 좀더 세밀히 들여다볼 수 있도록 해준다.[32]

참고 문헌

1. 희랍어 일차자료

Aristote, *De l'âme*, A. Jannone (ed.) and E. Barbotin (trans. and notes), Paris,
    1980²(1966).

Aristotelis Metaphysica, W. Jaeger (ed.), Oxford, 1957.

Aristotelis Opera, I and II, I.Bekker, Berlin, 1831 (but I used the texts repr. by
    O.Gigon, Berlin, 1960).

Aristotelis Analytica priora et posteriora, W.D. Ross (ed.) and L. Minio-Paluello
    (Preface and appendix), Oxford, 1964.

Aristotle's De Anima, W.D. Ross (ed. with introd. and comm.), Oxford, 1961.

Aristotle's Metaphysics, I~II, W.D. Ross (ed. with introd. and comm.), Oxford,
    1953 (with corrections ; first edition 1924).

---

31) 이런 의미로 thixis를 이해한다면, 1072b19~21에 대한 아베로에스(이븐 로쉬드)의
    주석을 우리는 수긍할 만하다: "우리 속에 있는 사유(nous)가, 사유적인 것(noē-
    ton)을 긴밀하게 알 때에만 그리고 활동태에서 그것을 생각할 경우에만, 자기 자신
    을 사유한다라고 아리스토텔레스는 말하고 싶어한다."(Averroēs, *Grand
    Commentaire de la 'Métaphysique' d'Aristote: Lam-Lamda*, trad. et notes par
    A. Martin, Paris, 1984, 237면 et 각주 7)
32) 필자의 초벌 논문을 꼼꼼히 읽고 비판해준 정준영 박사와 스테판 뒤낭에게 고마움
    을 전한다.

Aristotle's Parva Naturalia, W.D. Ross (ed. with introd. and comm), Oxford, 1955.

Doigenis Laertii Vitae Philosophorum, II, H.S.Long (ed.), Oxford, 1964.

Epicurea, H. Usener (ed.), Leipzig, 1887.

Epicuro. Opere, G. Arrighetti (ed., trans. in Italian and notes), Torino, 1960.

Epicurus. The extant remains, C. Bailey (ed. with trans. and comm.), Oxford, 1926.

Platonis Opera, I~V, J. Burnet (ed.), Oxford, 1900~1907.

Platonis Opera, I, E.A. Duke et alii (ed.), Oxford, 1995.

Plotin, *Enneades*, I~VII, E. Brühier (ed., trans., and notes), Paris, 1931~1938.

Plotini Opera, I~III, P. Henry and H.R. Schwyzer (ed.), Oxford, I~1964, II~1977, III~1983 (and Schwyzer R., Corrigenda ad Plotini Textum, Museum Helveticum, 44, 1987, 191~210면).

Plotinus, *Ennead*, I~VII, A.H. Armstrong (ed., trans. and notes), Loeb Classical Library : Cambridge(Massachusetts)/ London, 1966~1988.

2. 고대 및 중세 주석서

Alexandri in Aristotelis Metaphysica Commentaria, M. Hayduck (ed.), Commentaria in Aristotelem Graeca (CAG), vol.1, Berlin, 1891.

Ammonii In Aristotelis Analyticorum Priorum Librum I Commentarium, Wallies M.(ed.), CAG vol. 4.6, Berlin, 1899.

Asclepii in Aristotelis Metaphysicorum Libros A~Z Commentaria, M. Hayduck (ed.), CAG 6.2, Berlin, 1888.

Averroës, *Grand Commentaire de la 'Métaphysique' d'Aristote : Livre Lam-Lamda*, trans. and notes by A.Martin, Paris, 1984.

Syriani in Metaphysica Commentaria, G. Kroll (ed.), CAG 6.1, Berlin, 1902.

Themistii in Aristotelis Metaphysicorum Librum Paraphrasis, S. Landauer (ed., in Hebrew and in Latin), CAG 5.5, Berlin, 1903.

Themistii in Libros Aristotelis De Anima Paraphrasis, R.Heinze (ed.), CAG 3, Berlin, 1899.

3. 번역 및 연구

Aubenque, P., *Le problème de l'être*, Paris, 1994²(1962).

Aubenque, P., La pensée du simple dans la *Métaphysique* d'Aristote, in *Etudes sur la Métaphysique d'Aristote* (Actes du VIᶜ Symposium aristotelicum), Aubenque P. (ed), Paris, 1979, pp.69~88.

Balaudé, J.-F. (trans., long intr. and notes), *Epicure. Lettres, maximes, sentences*, Paris, 1994.

Barnes, J.(ed)., *The Cambridge Companion to Aristotle*, Cambridge, 1995.

Barth lemy-Saint-Hilaire J.(trans. and notes), Aristote, *La Métaphysique*, revue et annot par P. Mathias, Paris, 1991 (1878~1879).

Berti, E., The intellection of "indivisibles" according to Aristotle, *De Anima*, III, 6, in Aristotle on Mind and Senses (Proceedings of the seventh Symposium Aristotelicum), G.E.R. Lloyd and G.E.L. Owen (ed.), Cambridge, 1978, pp.141~163.

Berti, E., Reconsid rations sur l'intellection des "indivisibles" selon Aristote, *De Anima*, III, 6, in *Corps et Ame sur le 'De l'âme' d'Aristote*, Romeyer Dherbey G.(ed), Paris, 1996, pp.391~494.

Block, I., Truth and error in Aristotle's theory of sense perception, *Philosophical Quarterly* 11, 1961, pp.1~9.

Bodéüs, R.(trans. and notes), Aristote, *De l'âme*, Paris, 1993.

Bonitz, H., *Aristotelis Metaphysica*, Volumen II : Commentarius, Hidesheim

1960 (Unveränderter Nachdruck der Ausgabe ; Bonn, 1849).

Brisson, L., Le discours comme univers et l'univers comme discours. Platon et ses interprètes néo-platoniciens. dans Le Texte et ses Représentations : Etudes de Littérature Ancienne, Tome 3, Ph. Hoffman, J.Lallot, and A. Le Boullue (eds.), Paris, 1987, pp.121~128.

Couloubaritsis, L., Y-a-t-il une intuition des principes chez Aristote?, Revue International de Philosophie, 133~134, 1980, pp.440~471.

Fattal, M., L'intellection des Indivisibles dans le De Anima (III, 6) d'Aristote : Lectures arabes et modernes dans Corps et Ame sur le De Anima d'Aristote, G. Romeyer Dherbey (ed.), Paris, 1966, pp.423~440.

Hadot, P.(trans. and comm.), Plotin, Traité 9, Paris, 1994.

Hamlyn, D.W. (trans. and comm.), Aristotle's De Anima. Books II and III, Oxford, 1968.

Harvey, P., Aristotle on truth and falsity in De Anima 3.6, Journal of the History of Philosophy, 16, 1978, pp.219~20.

Heidegger, M., Logik: Frage nach der Wahrheit, Marburger Vorlesung Wintersemester 1925/1926, Frankfurt, 1976.

Jaeger, W., Aristoteles : Grundlegung einer Geschichte seiner Entwicklung, Berlin, 1955 (1923).

Kahn, Ch., On the intended interpretation of Aristotle's Metaphysics, in Aristoteles Werke und Wirkung : Aristoteles und seine Schule (Paul Moraux gewidmet), J. Wiesner (ed.), vol. I, Berlin, 1985, pp.311~338.

Koninck, Th. de, La noesis et l'indivisible selon Aristote, in Naissance de la raison en Grèce, J.-F.Matt i(ed.), Paris, 1990, pp.215~228.

Merlan, Ph., Plotinus in The Encyclopedia of Philosophy, vol.6, P. Edward (ed.), New York, 1967.

O' Meara D., *Plotin,* une introduction aux 'Ennéades', Suisse/Paris, 1992.

Quine, W.V., On what there is (originally 1948), Two dogmas of empiricism (1951) and Reference and modality(1943) reprinted in the author's *From a logical point of view,* Havard Uni. Press, 1961 ²(1953).

Reale, G. (Greek text, trans. and comm.), Aristotele, *La Metafisica,* II et III, Napoli, 1993 (1968).

Romeyer Dherbey, G., La construction de la théorie aristotélicienne du sentir, in *Corps et Ame sur le 'De l'âme' d'Aristote,* Romeyer Dherbey G.(ed), Paris, 1996, pp.127~147.

Ross, W.D. (trans. and notes), *Aristotle,* in *The Workes of Aristotle translated into English,* ed. W.D. Ross, VIII, Oxford, 1928.

Solmsen, F., *Greek Philosophy and the Discovery of the Nerves,* Museum Helveticum, vol.18, 1961, pp.150~197.

Sorabji, R., Aristotle on demarcating the five senses, *Philosophical Review,* 80, 1971, pp 55~79.

Sorabji, R., The Commentators, in *Alexander of Aphrodias : On Aristotle Metaphysics* 5, W.Dooley (trans. and notes), London, 1993, pp.191~200.

Theiler, W. (trans. and notes), *Aristoteles, Über die Seele,* Darmstadt, 1983(1959).

Tricot, J. (trans. and notes), *Aristote, la Métaphysique,* I~II, Paris, 1953.

박종현 (역주), 플라톤의 《국가 · 政體》, 서울, 서광사, 1997.

플라톤의 숨은 계승자로서의 칸트

이엽

만약에 누군가가 창시자이기를 원한다면,

그는 첫 번째일 필요가 있다.

그러나 만약에 누군가가 진리만을 원한다면,

그는 선구자를 필요로 한다.

칸트, 《단편》 2159(XVI 255)[1]

이 글에서 필자는 서양의 위대한 철학자인 플라톤과 또 하나의 위대

---

1) 칸트 생존시 출판된 저서들은 바이셰델이 편집한 《칸트 전집》(*Immanuel Kant, Werke in sechs Bänden*, hrsg. Wilhelm Weischedel, Darmstadt, ⁶1983 [¹1956-1964])에서 인용한다. 그리고 이곳에 실려 있는 원판 면수를 사용한다. A는 초판, B는 재판을 의미한다. 칸트의 편지 왕래(Briefwechsel), 유고(Nachlaßreflexion) 그리고 학생들이 기록한 칸트의 강의 필기(Vorlesungsnachschrift)는 프로이센 왕립 학술원(Königlich Preußische Akademie der Wissenschaften)과 그 뒤를 잇고 있는 학술원들이 편집한 전집(학술원 판)에서 인용한다. 로마 숫자는 권수(卷數)를, 아라비아 숫자는 면수를 가리킨다. 칸트 저서의 명칭은 한국칸트학회에서 간행되는 《칸트연구》에 나온 약어표에 따른다. 약어표에 나와 있지 않은 것은 원래의 제목을 사용한다.

한 철학자인 칸트와의 관계에 관해서 논의하고자 한다. 이 논의를 통해
우리는 플라톤 철학의 숨은 계승자인 칸트를 만날 수 있을 것이다.

1

대부분의 독자들은 칸트가 이해한 플라톤의 모습에 관해서 《순수이
성비판》〈서언〉부분에 나오는 다음과 같은 칸트의 언급을 주로 떠올
릴 것이다: "경쾌한 비둘기는 자유로운 비행 중 공기를 가르며 이 공
기의 저항을 느낄 때 진공(眞空) 중에서 더 잘 날게 되리라고 상상할
수 있다. 이와 마찬가지로 플라톤은, 감성계가 오성에 대해 너무나 좁게
제한을 가하므로, 감성계를 떠나서 저 편으로, 즉 순수 오성의 진공 속
으로 이념의 날개에 의탁하여 날아가는 모험을 감행하였다. 그는 자신
의 이러한 노력이 아무런 진전도 이루지 못한 것을 알아차리지 못했다
…"(B 8 이하).[2] 칸트는 이른바 독단적 형이상학(B 7 참조)의 문제점을
지적한 뒤 하나의 예로서 플라톤을 이처럼 언급한다. 즉 "선천적 인식
의 가능성과 원리 그리고 범위에 대한 규정"(B 6) 없이 "인식을 확장
하려는 충동"(B 8)에 의해 "가능한 모든 경험의 범위를 벗어나서, 경험
안에서는 어디서도 대응하는 대상이 주어질 수 없는"(B 6) "개념의 분
석"(B 9)을 통해 예지적 대상을 탐구하고자 했던 독단적 형이상학[3]의

---

2) 파이힝어는 칸트의 이 언급을 플라톤의 대화편 《파이돈》 109c 이하에 나오는 이야
   기에 빗대어서 한 것이라고 간주한다. 여기서 플라톤은 바다 밑바닥에 살면서 바다
   를 하늘로 생각하고 있는 사람을 이야기하면서, 이것이 우리의 처지라고 하고 대기
   위로 날아올라가야만 참된 세상을 볼 수 있다고 한다. Hans Vaihinger,
   Kommentar zu Kants Kritik der reinen Vernunft(Stuttgart, Berlin, Leipzig,
   ²1922 [¹1881]) (Nachdruck: Aalen, 1970), 제1권, 244면 참조.
3) 근세에 있어서 이러한 독단적 형이상학에 해당되는 것이 대륙의 합리론이다. 중세

잘못을 지적하면서, 하나의 전형으로서 플라톤 철학이 언급된다. 그러나 이러한 언급은 이어지는 논의를 통해 알 수 있듯이 플라톤을 오해한 데서 비롯된 것이다.[4]

플라톤 철학에 대한 칸트의 이러한 오해는 무엇보다도 그가 플라톤을 직접 원전을 통해 연구하지 않았다는 데서 이유를 찾을 수 있을 것 같다. 칸트가 플라톤의 대화편을 그리스어 원전이 아니더라도 라틴어나 그 밖의 번역본을 가지고 읽었는지에 관해서는 뚜렷하게 밝혀진 게 없다. 아마도 읽지 않았으리라는 것이 일반적인 견해이다. 칸트의 플라톤에 관한 이해는 주로 철학사가들의 서술에 의존하고 있다고 한다. 주요 원천으로는 당시에 가장 큰 영향력을 지닌 철학사가였던 부루커(Johann Jakob Brucker)가 거명된다.[5] 칸트의 플라톤에 관한 이해에는 적지 않은 부분에 있어 아리스토텔레스에 의해 왜곡된 채 또는 헬레니즘 시대의 철학과 중세의 교부 철학에 의해 변질된 채 전해 내려온 플라톤의 모습이 담겨있는데, 그 주요 원인은 칸트가 이와 같이 원전을

의 실재론에 그 바탕을 두고 있는 근세의 합리론에 있어서는, 개념과 존재가 질적으로 동일한 것으로 간주되었다. 예를 들면 신은 최상의 개념이자 동시에 최상의 존재였다. 따라서 개념 분석의 형태로 이루어진 개념과의 작업은 곧 존재에 관한 탐구였다. 이것이 데카르트 이래로 라이프니츠와 볼프에 이르기까지 대륙의 합리론에 있어 명석 판명한 개념의 산출 또는 획득이 철학의 중요한 과제 중 하나가 된 바로 그 이유이다.

4) 《순수이성비판》〈서언〉에 위치하고 있기에 매우 쉽게 눈에 띄는 플라톤 철학에 대한 이러한 부정적인 묘사는, 칸트 철학에 대한 플라톤의 영향에 관해 진지하게 숙고하는 것을 아예 처음부터 가로막은 것처럼 보인다. 칸트와 플라톤 철학을 비교하는 또는 양 철학의 연관성을 논의하는 연구는 두 철학자가 서양 철학사에서 차지하는 비중에 비해 매우 드문 편이다.

5) Max Wundt, "Die Wiederentdeckung Platons im 18. Jahrhundert", in *Blätter für deutsche Philosophie*, 제15집(1941), 154면 이하 참조. 또한 Heinz Heimsoeth, "Plato in Kants Werdegang", in *Studien zu Kants philosophischer Entwicklung*, hrsg. Heinz Heimsoeth(Hildesheim, 1967), 142면 참조.

읽지 않은 채 2차 서적을 통해 왜곡되고 변질된 플라톤을 알게 된 데
에 있는 것 같다. 이러한 잘못된 이해의 대표적인 예가 바로 우리가 위
에서 인용한 플라톤 철학에 대한 묘사이다. 여기서 플라톤은 마치 감성
계와 예지계를 공간적으로 분리하고 감성계를 떠나 예지계로 나아갈
것을 요구하고 있는 철학자로 묘사되고 있는데, 이러한 묘사는 아리스
토텔레스의 잘못된 플라톤 이해에 그 뿌리를 두고 있다. 아리스토텔레
스는 플라톤의 chōris 내지 chōriston이라는 용어를 사유에 있어 "구분
됨" 또는 "구별 가능함"이란 의미는 배제한 체 공간적으로 "따로이" 또
는 공간적으로 "분리 가능함"으로만 해석함으로써, 플라톤이 본래 이야
기하고자 했던 "두 세계 영역의 구별"을 "두 세계의 분리"로 잘못 이해
한다.[6] 또한 플라톤은 "형상 인식의 오름길"을 "만듦의 내림길"[7]을 염
두에 두고 올랐었다. 즉 형상을 "실행의 기준 또는 척도가 되는 본
(本)"[8]으로 삼아, 일차적으로는 "현실을 근원적으로 개혁"[9]하는 것을
그리고 궁극적으로는 "훌륭히 사는 것"[10](eu prattein, eupraxis)을 목표
로 했던 것이지, 후세의 많은 사람들이 오해했듯이 이데아를 단지 관조
(theoria)하고자만 했던 것은 결코 아니었다.[11] "플라톤은 개념성-실재

---

6) 박종현, 《희랍사상의 이해》(종로서적, 1982), 202면 이하. 또한 박종현 역주, 《국가
   (政體)》(서광사, 1977), 28면 이하 참조.
7) 박종현, 《희랍사상의 이해》, 184면.
8) 박종현 역주, 《국가(政體)》, 34면. 또한 박종현, 《희랍사상의 이해》, 69면 참조: "플라
   톤의 형상이나 이데아는 본질적으로 본(paradeigma)으로 이해되는데, 그것은 그의
   형상이나 이데아가 처음부터 praxis와 관련되어 있기 때문이다."
9) 박종현 (편), 《플라톤》(서울대출판부, 1987), 36면. 당시 플라톤의 조국인 아테네가
   처해 있던 극한의 위기 상황에 관해서는, 같은 책, 8~12면 참조. 또한 박종현, 《희랍
   사상의 이해》, 238~249면 참조.
10) 박종현, 《희랍사상의 이해》, 269면. 같은 책, 266면 참조: "플라톤의 철학적 관심의
    초점이 종극적으로는 praxis에 더 나아가 훌륭한 praxis(eupraxia, eupragia)에 있
    었기에 …" 또한 박종현 역주, 《국가(政體)》, 44면 참조.
11) 또는 많은 사람들이 오해했듯이 현실 세계를 단순히 경멸의 그리고 초월해야 할

성-이념성을 다 담고 있는 형상의 인식을 위한 오름길(anabasis)을 밟
을 것을 강한 어조로 말하지만, 그 목적을 달성한 다음에는 만듦을 위
한 내림길을 오름길의 경우에 못지않은 어조로 또한 강조했다. 요컨대
그는 현실이라는 발판(basis)을 완전히 벗어나 버리는 ekbasis를 하지
는 않는다."[12]

칸트의 플라톤 이해에 있어 가장 중요한 원천으로 여겨지는 부루커
는 자신의 철학사에서 플라톤의 생애를 서술하면서, 그는 "비이성적 몽
상(Schwärmerei)"에 빠지는 성향을 지니고 있다고 적고 있다.[13] '슈베
르머라이(Schwärmerei)'라는 개념은 역사적으로 볼 때 신학자 루터를
통해 유명하게 되는데, 그는 이 개념을 뮌쩌(Thomas Müntzer), 칼스타
트(Andreas v. Karlstadt) 그리고 재세례파(再洗禮派)와 같은 신교의 과
격파와의 논쟁에서 사용한다. 여기서 이 개념은 주로 사회적 불안을 야
기하는 '광신'이라는 의미로 사용된다. 18세기에 들어서서 이 개념은
편견(Vorurteil), 미신(Aberglaube)과 더불어 독일 계몽주의의 중요한
투쟁 개념 중 하나가 된다. 인간 이성의 한계 내에서 끝까지 진지함을
포기하지 않은 채 이성적으로 생각하는 것을 목표로 삼았던 독일 계몽

대상으로 간주했던 것도 결코 아니었다. 이러한 오해는 칸트에서도 발견할 수 있다.
《모든 사물의 종말》(Das Ende aller Dinge), A 504의 각주 참조: "언제나 스스로
현인(또는 철학자)들로 여기는 사람들은 인간의 본성 안에 있는 선을 지향하는 소
질에 주의를 기울이는 일이 없이 인류가 거주하고 있는 이 지상 세계를 완전히 경
멸적으로 소개하기 위해서 다음과 같은 적대적이고 부분적으로 혐오스러운 비유에
몰두하고 있다 … 이 세상은 교도소이다. 이 견해는 바라문교와 티베트의 현자들 그
리고 그 밖의 동양의 현자들이(심지어는 플라톤까지도) 애착을 느꼈던 견해인데, 이
세상은 타락된 정신, 즉 천상의 세계에서 추방된 정신인 인간과 동물의 영혼에 대한
징벌과 정화를 위한 장소라는 것이다."
12) 박종현, 《희랍사상의 이해》, 105면 이하.
13) Johann Jakob Brucker, *Historia critica philosophiae*, in Johann Georg
    Walch, *Philosophisches Lexicon* …(Leipzig, ⁴1775 [¹1726]), 제2권, 1771면.

주의에서는, 이 개념은 신지학자(神智學者)나 접신론자 또는 시령자(視
靈者) 등에서 발견할 수 있는, '신비스러운 또는 비교적(秘敎的)인 앎
(Geheimwissen)' 또는 그러한 앎에 대한 추구라는 의미를 지닌다. 즉
그들과는 다른 견해를 지닌 사람들의 이성적 숙고를 하찮게 여기고 쉽
게 독선에 빠지는 태도를 의미하게 된다.[14] 칸트도 같은 맥락으로 《실
천이성비판》에서 이 개념을 "인간 이성의 한계를 벗어나는 것 그리고
이러한 것을 원칙으로 삼는 것"이라고 정의하고 있다(A 153).

칸트는 부루커와 마찬가지로 플라톤 철학이 '비이성적 몽상'의 성향
을 지니고 있는 것으로 여기고 있다. 그는 한 《단편》에서 "플라톤은 이
념들을 가지고 몽상을 하고 있다"고 적고 있다.[15] 더 나아가 칸트는 플
라톤을 "철학과 더불어 행해지는 모든 비이성적 몽상의 아버지"[16]로 간
주한다. 그는 "모든 철학적 몽상의 원천"을 플라톤의 "신적 직관"에서
찾는다(《단편》 6051; XVIII 437). 플라톤이 이야기하는, 신적 직관 내지
지적 직관에 의한 물자체 또는 이데아의 직접적인 파악[17]은 칸트가 보
기에는 불가능한 것이다. 칸트의 철학적 결론에 따르면 수동적인 감성

---

14) Norbert Hinske, "Die tragenden Grundideen der deutschen Aufklärung.
   Versuch einer Typologie", in Raffaele Ciafardone, Die Philosophie der
   deutschen Aufklärung. Texte und Darstellung, Deutsche Bearbeitung von
   Norbert Hinske und Rainer Specht(Stuttgart, 1990), 433면 참조.
15) 《단편》 921(XV 406). 또한 《단편》 921a(XV 408); 《철학의 백과전서》
   (Philosophische Enzyklopädie, XXIX 9); 《도나-분트라켄 논리학》(Logik Dohna-
   Wundlacken, XXIV 744) 참조.
16) 《요즈음 철학에 생겨난 고상한 논조에 관하여》(Von einem neuerdings
   erhobenen vornehmen Ton in der Philosophie), A 408.
17) 《교수취임논문》, A 31(§ 25); 《형이상학 서론》, A 207의 각주; 《발견》, B 121; 《요
   즈음 철학에 생겨난 고상한 논조에 관하여》, A 391 이하; 1772년 2월 21일 헤르츠
   Marcus Herz에게 보낸 칸트의 편지(X 131); 《단편》 3917(XVII 342), 4275(XVII
   492), 4446(XVII 554), 4449(XVII 555), 6050(XVIII 434), 6051(XVIII 437); 《철학
   의 백과전서》(XXIX 14 이하) 참조.

적 직관만이 인간에게 유일하게 가능한 직관이며, 인간은 이러한 직관
을 가지고 사물을 그들이 존재하는 대로 파악할 수 없을 뿐더러 또한
이념(이데아)도 직관할 수 없다.[18] 그에 의하면 이념은 이성에 의해 추
리된 것이다.[19] 칸트는 지적 직관이 가능하다는 생각에서 비롯되는 철
학적 몽상이 플라톤을 결국에는 "신비주의"에 빠지게 했다고 말한다.[20]
그는 여러 곳에서 플라톤 철학을 신비주의로 지칭하고 있고,[21] 나아가
플라톤을 "모든 신비주의자의 아버지"(《단편》 1629; XVI 48)로 부른
다.[22]

물론 비이성적 몽상과 신비주의와 관련된 플라톤에 관한 언급은 저
서보다는 주로 《단편》들에서 발견된다.[23] 따라서 이러한 언급이 칸트
자신의 플라톤 관(觀)을 과연 어느 정도 정확하게 대변한 것인지를 문
제 삼을 수 있다. 그리고 칸트는 《요즈음 철학에 생겨난 고상한 논조에

18) 《순수이성비판》, A 252, B 72, 308 이하; 《단편》 3917(XVII 342) 참조.
19) 《순수이성비판》, B 396 이하; 《단편》 3917(XVII 342) 참조.
20) 《단편》 6051(XVIII 437), 《철학의 백과전서》(XXIX 15) 참조: 플라톤 "철학은 신
    비적이었다. 정신적 직관에서 기인하는 모든 개념은 신비적이다."
21) 《단편》 4868(XVIII 15), 4894(XVIII 21), 6584(XIX 95), 6601(XIX 104),
    6611(XIX 108); 《철학의 백과전서》(XXIX 15) 참조.
22) 칸트가 플라톤 철학을 신비주의로 지칭한 데에는 플라톤 이후에 형성된 플라톤 주
    의가 당시에 행사하고 있던 신비주의적인 영향도 상당한 작용을 한 것으로 여겨진
    다. 자세한 것은, Heimsoeth, "Plato in Kants Werdegang", 앞의 책, 141~143면 참
    조.
23) 여기서 인용된 단편들은 칸트가 남긴 메모들이다. 메모의 경우에는, 단순히 수업용
    교재 설명을 위해 또는 수업에서 당시의 일반적인 견해를 소개하기 위해 적어 놓은
    것들도 있고, 교재의 내용을 토대로 자신의 고유한 생각을 적어 놓은 것들도 있다.
    또 경우에 따라서는 교재의 내용과 전혀 상관없이 떠오른 자신의 철학적 착상을 적
    어 놓은 것들도 있다. 따라서 《단편》에 나오는 내용이 곧 칸트 자신의 철학적 견해
    라고 주장하기는 힘든 경우도 있다. 자세한 것은, 이엽, "칸트 철학 연구를 위한 문헌
    학적 물음", 《인문과학논집》, 제18집(청주대학교 인문과학연구소, 1998), 79면 이하
    참조.

관하여》라는 논문에서, "플라톤은 … 사실 아무런 잘못도 없이 (왜냐하면 그는 자신의 지적 직관을 다만 후진(後進)의 방향으로[rückwärts], 즉 선천적 종합 인식의 가능성을 설명하기 위해서 사용했지, 전진(前進)의 방향으로[vorwärts], 즉 지적 직관에 의해 … 선천적 종합 인식을 확장시키기 위해 사용하지는 않았기 때문이다) 철학과 더불어 행해지는 모든 비이성적 몽상의 아버지가 된다"(A 407 이하)고 이야기하고 있기도 하다. 그러나 비이성적 몽상과 신비주의에 관한 언급이 반복해서 나오고 있고 또 비록 이것이 당시의 일반적인 견해를 소개한 것이라 할지라도 명확한 반대를 표방하고 있지 않다는 점에서, 적어도 적극적은 아니더라도 칸트가 플라톤 철학을 비이성적 또는 신비주의적으로 여겼다는 것을 인정해야만 할 것 같다.

플라톤 철학은 그러나 결코 비이성적이거나 신비적인 것이 아니었다. 오히려 플라톤에 있어서 "첫째가는 관심의 초점은 지성(nous)이 지배하는 인간과 사회"였다.[24] 플라톤의 철학이 비이성적이거나 신비적인 것이 아니라는 점과 관련해서 주목해야 할 것은 변증술(dialektikē)이라고 불리는 그의 철학적 방법이다. 소크라테스가 사용했고 플라톤이 이어받은 이 변증술에 의한 철학적 논의에 있어 우선적으로 전제되어 있는 것은 인간은 누구나 이성을 지니고 있다는 점이다.[25] 이러한 바탕 위에서 변증술은 "대화의 상대가 아직 이성적 사고를 하지 못하고 막

---

24) 박종현 (편), 《플라톤》, 92면.
25) 이 점에 있어서 플라톤 사상과 칸트가 속해 있는 독일 계몽주의는 사실 동일한 신념을 지니고 있다. 독일 계몽주의의 가장 근본적인 이념 중의 하나는 '보편적 인간 이성의 이념'이었다. 여기서 '보편적'이라는 형용사는 이성이란 몇몇 적은 사람의 특권이 아니라, 각각의 인간은 그가 어떤 학파, 종교, 신분, 정당, 신념 체계에 속하든 이성을 자신의 몫으로 지니고 있다는 것을 의미한다(자세한 것은, 이엽, "칸트 철학 연구를 위한 방법론적 물음―발전사적 연구 방법을 중심으로", 《철학연구》, 제47집, 철학연구회, 1999 겨울, 273면 이하 참조).

연한 생각 또는 판단(doxa)에만 의존하고 있음을 일깨움으로써 이성적 사고의 길로 스스로 들어서도록 이끈다."[26] 플라톤은 이러한 이성적 사고에 의해 삶의 척도에 해당되는 윤리적 가치 개념들을 정의하고, 세계 내지 우주를 가능한 한 합리적으로 설명하고자 한다.

이 밖에도 플라톤에 관한 칸트의 이해가 지니는 문제점으로, 칸트는 플라톤 사상을 플로티노스(Plotinos)와 같은 신플라톤주의자의 학설과 혼동하고 있다는 것을 지적할 수 있다. 이러한 사실은 다음과 같은 전거들에서 엿볼 수 있다. "플라톤의 견해에 따르면 이념은 최고의 이성에서 유출하여 인간의 이성에 분유(分有)된다"(《순수이성비판》 B 370). "플라톤은 이념을 신에서 찾고 있다 …"(《단편 6842》: XIX 177). 앞에서 언급된, 플라톤을 비이성적 몽상이나 신비주의와 연관시킨 것도 사실은 이러한 혼동에서 유래한다고 할 수 있다.

이제껏 우리는 칸트의 플라톤에 대한 잘못된 이해와 더불어 부정적인 평가에 관해 살펴보았다. 그런데 칸트의 플라톤에 대한 평가는 매우 양면적이다. 부정적인 평가가 있는 반면 또한 긍정적인 평가도 있다. 다음 장에서는 플라톤에 대한 칸트의 긍정적인 평가에 관해 살펴보기로 하자.

---

26) 박종현, "플라톤의 생애와 사상", 《유림문화》(1994, 3월호), 43면. 박종현 역주, 《국가(政體)》, 26면 참조. 이 점은 칸트도 인정하고 있는 것으로 보여진다. 《교육학》(*Über Pädagogik*), A 90 참조: "이성의 도야(陶冶)에 있어서는 우리는 소크라테스적 방법을 취해야만 한다 …. 스스로 지식의 산파로 칭했던 소크라테스는, 어느 정도는 플라톤에 의해 보존된, 그의 대화에서, 사람들이, 설사 나이든 사람이라고 할지라도, 그들 자신의 이성에서 얼마나 많은 것을 끄집어낼 수 있는지에 관해 여러 예들을 보여주고 있다."

II

일반적으로 오해하고 있는 것과는 달리 칸트 철학은 그 자신의 독창적인 사고에 의해서만 성립된 것은 결코 아니었다. 그의 철학은 당시 철학의 수용과 이것과의 대결 속에서 차츰 그 모습을 드러낸다.[27] 이 대결의 과정에서 플라톤 철학은 칸트가 자신의 주장을 전개하는 중요한 터전이었다. 즉 플라톤은 칸트가 당시 철학과는 근본적으로 다른 사상을 정립하는 데 있어 중요한 선구자 내지는 사상적 동반자였다.

서양 철학은 칸트 철학을 통해 극적인 변화를 맞게 된다. 이 변화는 칸트가 《순수이성비판》을 완성함으로써 생겨난 이론 철학 영역 내에서의 변화에만 단지 국한된 것은 아니다. 이 변화는 또한 실천 철학의 영역인 윤리학에서도 일어난다. 칸트는 종래의 윤리학과 그 모습을 전혀 달리하는 자신의 새로운 윤리학을 도덕형이상학이라고 부른다. 20세기 후반의 가장 뛰어난 칸트 연구가들 가운데 한 사람인 토렐리에 의하면 도덕형이상학의 등장은 서양 철학사에서 전적으로 새로운 것으로서, 그는 이것을 서양 철학사에 있어 가장 극적인 변화 중 하나로 간주한다.[28]

고대의 학문 분류에 의하면 철학은 자연학(물리학), 윤리학, 논리학(변증법)으로 나누어진다. 이러한 삼분법에 관한 가장 오래된 전거는

---

27) 자세한 것은, 이엽, "마이어와 칸트", 《칸트연구》, 제5집(철학과 현실사, 1999), 125~157면 참조.

28) Giorgio Tonelli, "Kant's ethics as a part of metaphysics: A possible Newtonian suggestion? With some comments on Kant's 'Dreams of a Seer'", in *Philosophy and the civilizing arts*, ed. Craig Walton and John P. Anton(Athens, 1974), 236면 이하 참조. 또한 이엽, "윤리학의 새로운 명칭으로서 도덕 형이상학과 칸트 윤리학의 근본 동기", 《칸트연구》, 제2집(민음사, 1996), 13~15면 참조.

디오게네스 라에르티오스(Diogenes Laertios)의 철학사이다. "철학의 구분에 관한 한, 철학은 세 종류로 분류된다. 자연학, 윤리학 그리고 변증법이 그것이다. 자연학은 세계 전체와 그 안에 존재하는 것에 관해 다룬다. 윤리학은 삶을 어떻게 이끌어 나아갈 것인가(Lebensführung)의 문제와 우리 인간에 관해서 다룬다. 변증법은 마지막으로 이 양 영역에 있어서 개념적 관계들에 관해 다룬다."[29] 형이상학은 이러한 세 종류의 학문 중 자연학의 자리에서 등장한다.

　형이상학이라는 개념은 잘 알려져 있듯이 기원 전 70년경 로도스(Rhodos)의 안드로니코스(Andronikos)가 아리스토텔레스 전집을 만들기 위해 그의 저작들을 분류하면서, 《자연학》 뒤에 14권의 저작들을 놓고 '자연에 관한 학문들 다음에 놓은'(ta meta ta physika) 저작이란 명칭을 붙인 데서 유래한다. 안드로니코스가 이 저작들을 자연학의 뒤에 놓은 것은, 이 저작들이 자연(physis)의 배후에 놓여 있는 원리, 즉 경험을 통해 알 수 있는 물리적 대상들이 근거하고 있는 초경험적인 원리에 관한 탐구로 이루어져 있기 때문이다.

　철학사를 살펴볼 때 형이상학이란 개념은 철학자들에 의해 매우 다양하게 사용되어 왔지만 근본적으로는 이미 그 어원을 통해 드러나는 '존재하는 것의 존재 원리를 탐구하는 학문'이라는 의미가 유지되어 왔고, 또한 형이상학은 자연학과 연관되어 있는 것으로 여겨져 왔다. 이러한 전통은 근세에까지 이어졌고, 형이상학은 근세의 학문 분류[30]에 따라 사변 또는 이론 철학의 영역에 속하게 된다. 따라서 형이상학이란 개념이 등장한 이래로 칸트의 '도덕형이상학'에서 볼 수 있는 것과 같

---

29) Diogenes Laertius, *Leben und Meinungen berühmter Philosophen*, I, 18, übers. Otto Apelt(Hamburg, ²1967[¹1921]), 11면.

30) 근세에는 철학을 이론 철학과 실천 철학으로 나누는 이분법이 행해졌다. 당시에 논리학은 예비학(Propädeutik)으로 간주되었다.

은 도덕 내지 윤리와 형이상학의 짝짓기는 사실상 새로운 것이라고 할 수 있다.

칸트가 형이상학에 관한 이러한 전통적인 생각에서 벗어나 도덕형이 상학이라고 하는 새로운 분과를 철학의 체계에 포함시키고자 한 데에 는 적어도 두 가지 의도가 있었던 것으로 여겨진다. "어떠한 경험적 원 리도 포함하고 있지 않은 순수 도덕 철학에 관한 탐구, 이른바 도덕형 이상학"(X 97)을 완성할 계획을 밝히고 있는 람베르트(Johann Heinrich Lambert)에게 쓴 1770년 9월 2일자 편지에서, 칸트는 이러한 계획을 구 상하게 된 두 가지 의도를 밝히고 있다. 그 중 하나는 "형이상학의 변 화된 형태에 길을 내는 것"[31]이고, 다른 하나는 "현재 매우 옳지 않게 정해져 있는 실천 철학의 원리들"을 수정하는 것이었다(X 97). 칸트가 이러한 자신의 두 가지 의도를 전개해나가는 동안 플라톤은 그의 곁에 있 었다.

편지에서 부연 설명 없이 매우 간략하게 언급되었기에 그 구체적인 내용을 파악하기 힘든 이 의도들이 과연 무엇을 뜻하는지는, 이 편지가 쓰어지기 직전인 1770년 8월 20일에 발표된 《교수취임논문》을 통해 엿 볼 수 있다. 이 편지는 다름 아니라 칸트가 자신의 《교수취임논문》을 람베르트에게 보내면서 쓴 것이고, 따라서 우리는 이 논문에서 편지에 서 밝힌 의도에 관한 보다 구체적인 내용을 파악할 수가 있다.

---

31) 원문은 다음과 같다: 'bey der veränderten Form der Metaphysick den Weg bähnen." 이 구절에서 verändert라는 단어를 어떻게, 즉 긍정적으로('변화된') 아 니면 부정적으로('변형된') 이해하는가에 따라 해석이 달라진다. 전자의 경우에는 자신이 구상한 변화된, 즉 새로운 형태의 형이상학을 위해 길을 내겠다는 의미가 된 다. 후자의 경우에는 당시의 형이상학은 변형된 모습을 지니고 있었고, 이러한 변형 된 형태에 길을 냄으로써 형이상학을 올바른 길로 들어서게 하고자 했다는 의미가 된다. 본문에서는 전자의 의미를 취하고 있으나, 어떻게 해석하든지 궁극적으로 뜻 하는 것은 같다. 두 경우 모두 칸트는 당시의 형이상학에 문제가 있다고 간주했고 따라서 새로운 형이상학을 구상하고 이를 완성하고자 했다는 의미를 함축한다.

편지에서 언급된 "현재 매우 옳지 않게 정해져 있는 실천 철학의 원
리들"과 관련해서 칸트가 염두에 두고 있는 것은, 《교수취임논문》 9항
(A 11)에서 비판한, "에피쿠로스"[32]의 뒤를 잇고 있는 "샤프츠베리"
(Shaftesbury)와 같은 근세 철학자들의 윤리 사상으로 여겨진다. 그들은
실천 철학의 원리를 "쾌감과 불쾌감이라는 감정(Gefühl)"에서 찾고 있
었다. 이들에 반대해서 도덕의 보편적이고 필연적인 순수 원리를 확보
하고자 하는 칸트는 이러한 원리의 탐구를 위해 도덕형이상학을 구상
하지 않을 수 없게 된다. 현상의 배후에 놓여있는 초경험적인 원리를
탐구하는 것이 형이상학의 본래적인 과제라는 것을 상기할 때, 도덕 현
상의 배후에 놓여 있는 도덕 원리를 구명하기 위해서는 도덕형이상학
이라는 새로운 학문이 필요하게 된다.[33]

　칸트가 도덕 원리 또는 도덕 법칙의 탐구를 그 임무로 하는 도덕형
이상학을 구상하고 이를 전개해 나가는 과정에서, 플라톤이 어떤 구체

---

32) 칸트는 에피쿠로스를 "가장 중요한 감각론자"로 간주한다. 반면 플라톤을 "가장 중
　요한 이성론자"로 부르고 있다(《순수이성비판》, B 881). 그리고 이 둘은 또한 윤리
　적 견해에 있어 서로 정반대로 "대립"하고 있는 것으로 이야기된다(같은 책, B
　499).

33) 도덕형이상학이 도덕 현상 배후에 놓여 있는 도덕 원리를 구명하는 것을 주요 임
　무 중의 하나로 하고 있다는 것은, 새로이 등장해야 할 이 학문의 필연성과 토대에
　관해 논하고 있는 윤리학에 관한 첫 주저인 《도덕형이상학 정초》 제1장의 제목에
　특히 잘 드러나 있다. "도덕에 관한 일상적 이성 인식에서 철학적 이성 인식에로의
　이행"이라는 제목을 지닌 이곳에서 칸트는 우리가 지니고 있는 일상적인 도덕적 신
　념의 밑바탕에 놓여 있는 보편적인 원리를 찾고자 한다. 그는 우리의 일상적인 도덕
　판단을 분석함으로써, 이 판단에 이미 작용하고 있는 도덕 원리를 밝혀 내고 이것을
　명료하게 정식화한다(이러한 작업이 바로 '철학적 이성 인식'이다). 우리는 일상적
　인 도덕 판단에 있어 어떤 행위가 설사 좋은 결과를 낳는다고 하더라도 그 행위가
　'선한 의지'에 의해 행해진 것이 아니라는 것을 알게 되면 이 행위를 혐오하게 된
　다. 선한 의지란 행위의 결과로부터 비롯되는 이익을 고려함이 없이 단지 '의무에
　의해서' 행위하고자 하는 의지이다. 이러한 분석을 통해 칸트는 일상적인 도덕 판단
　들이 기초하고 있는 도덕성의 근거로서 의무 개념을 이끌어낸다.

적인 영향력을 행사했는지를 구명하는 것은 현재로서는 거의 불가능해 보인다. 그러나 플라톤과 관련된 칸트의 여러 언급들을 살펴볼 때, 그가 플라톤을 자신의 도덕형이상학의 선구자 또는 적어도 후견인으로 생각하고 있었다고 주장할 수 있는 상당한 근거가 있다.

칸트에 있어서 플라톤의 이데아(idea)에 해당되는 용어는 이념(Idee) 이다. 칸트는 이 용어를 《순수이성비판》에서 자신의 중심 사상을 설명하기 위한 주요 개념들 중 하나로 사용한다. 이 책의 핵심 부분 중 하나인 "선험적 변증론"은 두 편으로 구성되어 있고, 첫번째 편은 "순수 이성 개념"(B 366), 즉 '이념'에 관한 논의로 이루어져 있다. 칸트는 이 논의의 서론 부분에 해당되는 제1절 마지막 단락에서 표상 일반을 구분하고 있다(B 376 이하). 이것을 도표로 꾸미면 다음과 같다([…] 및 강조는 필자).

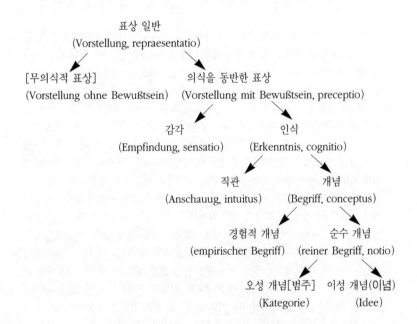

표상 일반
(Vorstellung, repraesentatio)

[무의식적 표상]   의식을 동반한 표상
(Vorstellung ohne Bewußtsein)   (Vorstellung mit Bewußtsein, preceptio)

감각   인식
(Empfindung, sensatio)   (Erkenntnis, cognitio)

직관   개념
(Anschauug, intuitus)   (Begriff, conceptus)

경험적 개념   순수 개념
(empirischer Begriff)   (reiner Begriff, notio)

오성 개념[범주]   이성 개념(이념)
(Kategorie)   (Idee)

칸트는 이러한 표상 일반에 관한 분류에 앞서, 다른 경우에는 거의 들어보기 힘든, 다음과 같은 간곡한 당부를 남긴다. "철학에 마음을 두는 (이 말은 사람들이 일반적으로 생각하고 있는 것보다 더 깊은 의미로 한 말이다) 사람들에게 내가 부탁하는 바는 … 이념이라는 말을 그 근원적인 의미대로 보호해 달라는 것이다"(B 376). 칸트가 염두에 두고 있던 이 개념의 근원적인 의미란 앞선 단락들에 의하면 다름아니라 플라톤이 '이데아'에 부여했던 의미이다. 이 의미를 칸트는 다음과 같이 파악하고 있었다. "플라톤은 이념이라는 말을 사용하였는데, 그 의미는 단지 감각 기관에서 유래한 것이 아닐 뿐더러 아리스토텔레스가 논구한 오성 개념까지도 크게 능가하는 것이었다. 왜냐하면 경험 중에서는 이념에 일치하는 것이 결코 발견되지 않기 때문이다. 플라톤에 있어서 이념은 물자체의 원형(原形)이지 범주와 같이 단지 가능한 경험을 해명하기 위한 열쇠에 그치지 않는다"(B 370).

칸트는 왜 이런 당부를 하고 있는가? 당시 이념(Idee)은 넓은 의미의 표상 일반을 지칭하는 용어로 사용되고 있었다. 이것은 우리말에서 일반적으로 관념이라고 번역되는 데카르트의 이데(idée)와 로크의 아이디어(idea)의 경우에도 마찬가지였다. 칸트도 1770년까지는 당시의 언어 사용에 따라 이데(Idee)를 일반적으로 표상 일반을 의미하는 용어로 사용한다.[34] 그러나 그는 1770년대에 들어서면서 차츰 이념을 그 밖의 종류의 표상들과 구분하기 시작한다. 그리고 약 10년간에 걸친 진지한 철학적 숙고를 통해[35] 《순수이성비판》에 나와 있는 표상 일반에 관한 체계적인 분류표를 완성한다. 칸트는 왜 이념을 범주 및 그 밖의

34) Norbert Hinske, "Kants Anverwandlung des ursprünglichen Sinnes von Idee", in *Idea*, VI Colloquio Internazionale del Lessico Intellettuale Europeo. Roma, 5~7 gennaio 1989, hrsg. Marta Fattori und Massimo L. Bianchi(Rom, 1991), 319면 이하 참조.
35) 자세한 것은, 이엽, "마이어와 칸트", 앞의 책, 139~143면 참조.

종류의 표상들과 구분했으며, 당시의 일반적인 언어 사용과는 달리[36] 이념을 그 근원적인, 즉 플라톤적 의미로 되살리고자 했는가?

여기서는 단순히 올바른 언어 사용만이 문제가 되고 있는 것은 아니다. 이러한 표상 일반의 구분 중 가장 중요한 것인 범주와 이념의 구분은 《순수이성비판》의 핵심 과제들과 밀접하게 연관을 맺고 있다. 이 책의 주요 과제 중의 하나는 현상계의 존재 원리의 구명이다. 칸트는 선천적 인식 능력에 관한 탐구를 통해 범주는 오성이 제 자신으로부터 자발적으로 산출한 개념이라는 것을 밝혀낸다.[37] 즉 범주는 신에 의해 본유적으로 주어진 것도 감각적 경험으로부터 추상된 것도 아니다. 이러한 범주의 원천에 관한 이전 사상들과는 근본적으로 다른 생각을 통해 칸트는 결국 범주에 관해 종래의 것과는 전혀 다른 새로운 정의에 도달하게 된다.[38] 범주는 전통적인 사변 형이상학에서 믿고 있듯이 예지계 또는 세계 그 자체의 보편적 성질이 아니라, 다만 현상계 또는 경험 세계의 "존재론적 술어"(《판단력 비판》 B XXIX)일 뿐이다. 즉 범주는 자연을 무법칙적인 혼돈의 상태에서 법칙에 의해 지배되는, 따라서 경험이 가능한 우리의 삶의 터전인 현상계를 건설하기 위한 도구일 뿐이다. 이처럼 경험의 가능성의 조건인 범주를 경험의 가능성을 초월한 이념과 명확히 구분함으로써 종래의 것과 전혀 다른 새로운 존재론인 칸트의 선험 철학은 탄생하게 된다.[39]

---

36) *Wiener Logik*, XXIV 907: "보통 저자들은 이념이라는 말을 전적으로 부당하게 사용한다. 예를 들면 사람들은 적색(赤色)의 이념을 이야기한다. 그러나 적색의 이념은 오성 개념조차 아니다". 또한 *Logik Pölitz*, XXIV 566; 《순수이성비판》, B 377 참조.

37) 이 이론은 칸트의 표현을 빌리면 오성 개념의 원천적 획득(acquisitio originaria)이라고 불린다. 자세한 것은, 이엽, "오성 개념의 원천적 획득과 칸트 존재론의 출발점", 《칸트연구》, 제1집(민음사, 1995), 197~206면 참조.

38) 같은 논문, 207~212면 참조.

39) 같은 논문, 212~217면 참조.

《순수이성비판》의 과제는 다만 현상계의 존재 원리를 구명하는 데에
서 그치지 않는다. 이 책의 또 다른 주요 과제는 "장엄한 도덕적 건물
의 지반을 닦고 견고히 하는 일"(B 375 이하)이다.[40] 이 일을 수행하는
데 있어서도 "그 대상이 경험에 주어질 수 있는" "오성 개념"(notio
intellectus) 또는 범주와 "그 대상이 경험에 주어질 수 없는" "이성 개념
(notio rationis) 또는 이념(idea)"(《빈 논리학》 XXIV 906) 사이의 명확
한 구분은 매우 중요한 몫을 담당한다.[41] 칸트는 아리스토텔레스에 의
해 완성된 이래 당시까지 무려 2000년 동안 서양을 지배해 왔던, "경험
적 원리"[42]에 그 근거를 두고 있는 행복의 윤리학[43]에 반대해서,[44] 규범

---

40) 물론 도덕의 정초에 관한 본격적인 논의는 윤리학에 관한 첫번째 주저인 《도덕형
   이상학 정초》에서 행해진다. 그러나 이러한 논의는 "나는 신앙에 설 자리를 마련해
   주기 위하여 지식을 지양하지 않을 수 없었다"(B XXX)라고 천명하고 있는 《순수이
   성비판》, 특히 "선험적 방법론"의 제2장 '순수이성의 규준'에서 이미 시작되고 있다.
41) 따라서 이 구분은 칸트의 이론 철학에 있어서뿐만 아니라 실천 철학에서도 매우
   중요한 역할을 수행하고 있다고 할 수 있다. 그러나 이 구분이 칸트 철학에서 지니
   는 의미는 다만 여기서 그치지는 않는다. 이 구분은 또한 인간은 어떤 존재인가라는
   인간학적 물음과 관련을 맺고 있기도 하다. 인간이 경험에서 현실화시킬 수 없는 특
   정한 개념(이념)들을 소유하고 있다는 것은, 인간은 현상계인 범주의 세계에만 속해
   있는 것이 아니라 예지계인 이념의 세계에도 속해 있다는 것을 말해주고 있다.
42) 《순수이성비판》, B 834.
43) 아리스토텔레스에서 로크, 라이프니츠를 거쳐 칸트의 동시대인들에 이르기까지 윤
   리학의 공동의 목표는 행복(eudaimonia)에 도달하는 것이었다. Walch,
   Philosophisches Lexicon …, 앞의 책, 제1권, 1148면 참조: "사람들은 거의 예외
   없이 윤리학을 최상의 행복에로의 길을 인간에게 제시해 주는 것으로 여긴다." 토렐
   리(Giorgio Tonelli)는 A short-title list of subject dictionaries of the sixteenth,
   seventeenth and eighteenth centuries as aids to the history of ideas(London:
   The Warburg Institute, University of London, 1971)에서 "이 책은 18세기 독일
   에서 가장 중요한 철학 사전으로서 당시의 철학적 토론에 관한 상황 설명을 제공하
   고 있다"고 적고 있다(34면).
44) 자세한 이유에 관해서는, 이엽, "윤리학의 새로운 명칭으로서 도덕 형이상학과 칸
   트 윤리학의 근본 동기", 앞의 책, 30면 이하 참조.

(Norm)을 문제삼고 있는 법칙의 윤리학을 정립하고자 한다. 보편성과 필연성을 지니고 있어야만 하는 이러한 "도덕 법칙"은, 항상 예외의 가능성을 지닌 경험에서 이끌어낼 수는 없다.[45] 이것은 그 대상이 경험에 주어질 수 없는 "이념"에서 발견할 수 있는 것이다(《순수이성비판》 B 834).

칸트는 이 일을 수행하면서 플라톤을 선구자로 여기고 있었다. "플라톤은 우리의 인식력이 현상을 경험으로서 읽을 수 있도록 단지 현상을 … 철자화(綴字化)하는 것보다 훨씬 고상한 요구를 자각하고 있다는 것을, 그리고 우리의 이성은 경험이 제시할 수 있는 그 어떤 대상에서 … 훨씬 더 나아가 있는, 그러나 그럼에도 실재성을 지니며 결코 환영(幻影)이 아닌 그러한 인식에까지 자연적으로 약진한다는 것을 잘 알고 있었던 것이다"(B 370 이하). 이런 종류의 인식이란 이어지는 단락의 내용을 살펴볼 때 실천 철학에서의 본(本)에 해당되는 "원형"(Urbild)에 관한 인식을 가리킨다. 이러한 원형은 우리가 "다만 자신의 머릿속에 지니고 있는 참된 원본(Original)"이지, "경험"에서 이것에 해당되는 것을 발견할 수는 없다. 즉 이것은 그 대상이 경험에 주어질 수 없는 "이성 개념"("이념")이다(B 371 이하).

칸트는 이런 인식에로의 정신적 도약을 플라톤의 "실로 주목할 만한 공적"(B 375)이라고 평가한다. 그러나 이러한 공적은 사람들에 의해 인정을 받지 못하고 있는데, 그 까닭은 사람들이 실천 철학의 "원리"에 해당되는 이러한 "이념"들을 "경적"인 것을 가지고 "평가"하기 때문이다(같은 곳). 사실 이러한 이념들은 경험에서는 실재하는 것이 아니다. 예를 들면 "플라톤의 국가"(B 372)는 플라톤 스스로 인정하고 있듯이 "지상의 어디에도 없는"[46] 나라이다. 그렇다고 해서 많은 사람들이

---

45) 칸트는 '법칙'을 매우 엄격한 의미로 사용한다. 법칙이란 예외가 허용되지 않는 필연적이고 보편적인 규칙을 의미한다.

생각하고 있었던 것처럼 플라톤의 국가를 "다만 할 일 없는 사상가의 머릿속에서나 있을 수 있는 몽상적인 완전성에 관한 예"로 여기는 것은 칸트가 보기에는 전적으로 부당한 것이다(B 372). 플라톤의 국가는 "하나의 실천적 이념으로서"(B 836) 또는 "본"(paradeigma)[47]으로서 실재성을 지닌다.

"인간이 … 순수 이념에 포함되어 있는 것을 결코 완전히 실행하지 못하고 있다고 해서, 이념이 환상적이라는 것을 증명하는 것은 전혀 아니다"(B 372).[48] 이념이 도달할 수 없는 것이라고 해서, 즉 비현실적인 것이라고 해서, 이것이 허구이거나 무의미하다고는 할 수 없다. "이념의 비현실성"은 다만 "이념의 비현상성"을 뜻할 뿐이다.[49] 이념은 모든 가치 판단의 기준으로서 또는 삶의 지향점으로서 인간 삶의 현실에서 분명 실제적인 역할을 수행하고 있다. "도덕적 가치와 비가치에 대한 모든 판단은 이러한 이념" 없이는 불가능하게 된다(B 372). 예를 들어 "누구나 납득하는 바이지만, 어느 누가 누구에게 덕(德)의 표본으로 생각될 때, 그는 항상 다만 자신의 머릿속에 지니고 있는 참된 원본을 가지고 이 표본이라고 생각되는 사람과 비교해 보고 또 평가하게 된다"(B 371 이하). 또한 이념은 "도덕적 완전성에로 나아가는" 데 있어 없어서는 안 될 본이다(B 372). 국가의 이념이 "결코 실현되지 않는다고 할지라도 … 이것을 본으로 해서 … 가능한 최대의 완전성에 점점 다가가게 된다면, 이 이념은 전적으로 올바른 것이다"(B 373 이하).

---

46) 박종현 (편), 《플라톤》, 84면. 또한 《국가》, 제9권 592a~b; 박종현 역주, 《국가(政體)》, 43면 참조.

47) 《국가》, 제9권 592b; 박종현 (편), 《플라톤》, 84면; 박종현 역주, 《국가(政體)》, 43면.

48) 또한 《순수이성비판》, B 597 이하; *Der Streit der Fakultäten*, A 155 참조.

49) 김상봉, "새로운 인간형의 출현을 위하여: 서양적 인간이해와 자유의 이념에 대한 비판적 성찰", 《교수신문》, 제158호(1999년 6월 7일), 12면.

오히려 도덕적 판단의 기준과 실천을 위한 본을, 플라톤처럼 이념에
서 찾지 않고, 경험에서 발견하고자 할 경우 문제가 발생하게 된다. 기
준 또는 본에 해당하는 것은 "때때로 변하는 불완전한 것일 수는 없다.
그것이 본 구실을 하기 위해서는 자기동일성을 지니는 '불변의 것' 내
지 '언제나 존재하는 것'이어야만 하는데, 이런 것은 '합리적 설명과
함께하는 지성에 의한 앎(이해)에 의해 포착되는 것'"50)이지 경험이 제
공할 수 있는 것은 아니다.51) 그럼에도 불구하고 예를 들어 도덕적 이
념의 한 종류인 "덕(德)이라는 개념을 경험에서 찾아내려는 사람은 …,
덕을 변형시켜 시대와 상황에 따라 변하는, 따라서 규칙으로 사용할 수
없는 애매한 무의미한 것으로 만들어 버리고 만다"(B 371). 사실 "도덕
법칙에 관해서는 경험은 (유감스럽게도) 가상의 모체이다"(B 375). 따
라서 "내가 마땅히 행해야 할 것에 관한 법칙[즉 도덕 법칙]을 이미 행
한 것에서 도출하거나 이를 통해 제한하려고 하는 것은 극도로 비난받
을 만한 것이다"(같은 곳).52)

경험적 원리에 그 바탕을 두고 있는 윤리적 학설에 반대해서 도덕의

---

50) 박종현, 《희랍사상의 이해》, 85면. 여기에 나오는 저자의 《티마이오스》 인용문은 후
에 저자가 공동으로 완역한 책(박종현, 김영균 역주, 《티마이오스》[서광사, 2000], 74
면 이하)을 토대로 수정된 것임. 또한 박종현, 《희랍사상의 이해》, 188면 참조.
51) 《단편》 445(XV 184) 참조: "무엇이 어떻게 있는가가 아니라 무엇이 필연적으로
또는 마땅히 있어야만 하는가를 알고자 할 때, 이것은 경험에 의해서가 아니라 다만
이성에 의해 인식될 수 있다. 따라서 플라톤의 이념들 …" 또한 《단편》 4862(XVIII
13), 6842(XIX 177) 참조.
52) 《순수이성비판》, B 373 참조: "… 경험을 전거로 삼는 천박한 태도보다 해로운 그
리고 철학자의 품위를 손상시키는 일은 있을 수 없다." 또한 같은 책, B 499 참조:
"만일 경험론이 이념에 관해서 (흔히 볼 수 있듯이) 그 자신 독단적이 되어서, 직관
적인 인식의 영역 밖에 있는 것을 뻔뻔스럽게 부인한다면, 경험론 자체는 불손이라
는 과오에 빠지게 된다. 이 과오는 그만큼 더 심한 비난을 받을 만한 것이다. 왜냐하
면 이로 인하여 이성의 실천적 관심에 다시 돌이킬 수 없는 큰 손실을 초래하게 되
기 때문이다."

보편적이고 필연적인 순수 원리를 확보하고자 한다는 점에 있어서 칸트와 플라톤은 공통점을 보이고 있다. 위에서 밝혔듯이 칸트가 도덕형이상학을 구상하게 된 가장 중요한 근본 동기 중 하나는 바로 이것이었다.[53] 플라톤 역시 당시의 소피스테스들에 의해 주장된, 도덕적 선의 실재를 원리적으로 의심하는 도덕적 회의주의와 도덕적 판단의 보편적이고 객관적인 기준을 부정하는 도덕적 상대주의에 대항해서, 그의 대화편들에서 변증술에 의한 계속되는 물음을 통해 일상적인 도덕적 판단의 밑바탕에 자리잡고 있는 보편적인 원리들을 구명하고 있다. 따라서 이 점에 있어서 칸트는 플라톤의 정신을 계승하고 있는 것이다. 이러한 계승은 앞에서 살펴본 바에 의하면 '이념'이라는 용어를 통해 이루어진다. 진실된 "앎의 대상"과 "실천을 위한 본"이라는 의미를 지닌,[54] 즉 "진리 인식"과 "프락시스"(praxis)[55]와 관련된 플라톤의 '이데아'에서 두 번째 종류의 의미[56]가 칸트의 이념이라는 용어로 수용되고,

---

53) 편지(X 97)에서 간략하게 언급된 이 동기는 《도덕형이상학 정초》에서 상세히 논의된다. 여기서 칸트는 도덕을 경험적 원리 위에 정립하고자 하는 시도, 즉 도덕의 경험적 근거지음은 결국 도덕의 '타락'과 '무력화'를 낳을 수밖에 없다는 것을 역설하고 있다. 자세한 것에 관해서는, 이엽, "윤리학의 새로운 명칭으로서 도덕 형이상학과 칸트 윤리학의 근본 동기", 앞의 책, 26~30면 참조.

54) 박종현 (편), 《플라톤》, 74면.

55) 박종현, 《희랍사상의 이해》, 68면.

56) 두 번째 의미가 첫번째 의미보다 중요하다고 할 수 있다. 같은 책, 68면 이하 참조: "플라톤은 사상적으로 소크라테스를 계승한 사람이기 때문에, 그의 철학은 기본적으로 윤리적이고 실천적인 것에 언제나 연결되어 있다. 따라서 그에게 있어서 nous는 직관을 하거나 즐기는 것으로 그 소임이 끝나지는 않는다. nous로 하여금 이데아 내지 형상을 인식하거나 직관하게끔 방법적으로 인도해 주는 것이 dialektikē인데, 플라톤의 관심은 여기에서 끝나지 않는다. 그가 dialektikē에서 더 나아가 측정술(測定術, metrētikē)에로까지 그의 관심의 영역을 확대시킨 것은 바로 그 때문이다. dialektikē가 진리 인식을 위한 것이라면, 측정술은 praxis, 즉 '훌륭하게 삶' (to eu prattein)을 위한 것이다. 플라톤의 형상이나 이데아는 본질적으로 본

이를 통해 플라톤의 이데아 이론은 칸트의 도덕 형이상학이 성립하는
데 있어 바탕이 되는 근본 사상으로서 결정적인 역할을 담당하게 된다.

칸트가 도덕형이상학을 구상하게 된 또 다른 의도는, 람베르트에게
쓴 1770년 9월 2일자 편지에 의하면, "형이상학의 변화된 형태에 길을
내는 것"(X 97)이었다.[57] 칸트는 당시의 형이상학을 비판하고 변화된
새로운 형이상학을 완성하고자 한다. 이러한 노력은 그가 22살 때 완성
한 처녀작에서 최후의 저작인 《유작》에 이르기까지 이어진다.[58] 그리고
이러한 노력을 통해 당시의 것과는 다른 여러 가지 새로운 사상들이
산출된다. '도덕형이상학'도 그 중 하나였다.

칸트가 당시의 형이상학을 변화시키고자 했던 동기에 관해서는 여러
설명이 가능하나, 여기서는 다만 그가 위의 편지를 쓸 당시 도덕형이상
학의 구상과 관련해서 지니고 있었던 구체적인 동기에 관해서만 생각
해보기로 하자. 우리는 그 구체적인 동기를 편지의 간략한 언급에 관한
설명이 담겨 있는 1770년의 《교수취임논문》에서 살펴볼 수 있다. 여기
서 칸트는 당시의 형이상학을 대표하고 있던 라이프니츠-볼프의 형이
상학을 다음과 같이 비판한다. "나는 그 유명한 볼프가 그에게 있어서

(paradeigma)으로 이해되는데, 그것은 그의 형상이나 이데아가 처음부터 praxis와
관련되어 있기 때문이다." 칸트도 플라톤 철학을 이런 관점에서 파악하고 있다. 《논
리학》, A 34 참조: "그리스 철학에서의 가장 중요한 시기는 소크라테스와 더불어 시
작한다. 그는 철학 사조와 사변적 사고에 전적으로 새로운 실천적 방향을 제시한 사
람이었다. // 그의 제자 중에는 소크라테스의 실천적 가르침에 주로 몰두했던 플라
톤이 있다. 그리고 플라톤의 제자 중에는 사변적 철학을 다시 높은 지위로 만든 아
리스토텔레스가 있다." 거의 동일한 내용이 *Metaphysik Pölitz*, XXVIII 537 이하에
도 나와 있다.

57) 앞의 주 31 참조.
58) 이엽, "칸트철학의 출발점─처녀작에 등장하는 칸트철학의 근본문제들", 《칸트와
현대철학》(현동 하영석교수 회갑기념논문집, 1995), 59면 이하 참조.

는 단지 논리적인 것인, 감각적인 것과 오성적인 것의 구분을 통하여
저 그리스 시대의 가장 중요한 관심사인 현상계(Phaenomena)와 예지계
(Noumena)의 고유한 성질에 관해 논의하는 것을 전적으로 파괴함으로
써 결국 철학에 크나큰 해를 끼치게 된 점을, 그리고 마음을 그것들에
대한 탐구에서 중요치 않은 논리적 물음으로 번번이 빗나가게 한 것을
우려하고 있다"(A 10; 7항).[59]

라이프니츠와 볼프는 감각 인식과 오성 인식을 단지 우리의 의식에
있어서의 명석 판명함의 정도에 따라 구분하고 있었다. 그들에 있어서
는 전자는 "혼란된" 그리고 후자는 "분명한 인식"을 의미한다. 칸트는
이러한 구분은 "단지 논리적 구분"에 불과하다고 한다(같은 곳). 감각
인식과 오성 인식을 단지 개념이 지니고 있는 징표의 양에 따른 논리
적 분명성(오성 인식은 적은 양의 징표를 지닌 것이고, 감각 인식은 그
반대임)에 의해 구분하고 이 둘이 각각 전혀 상이한 인식 원천에서 유
래한다는 것을 간과하면, 결국 서로 다른 인식 원천의 대상들로서 각기
고유한 성질을 지니고 있는 현상계와 예지계의 논의는 전개될 수 없게
된다. 그리고 이러한 논의 없이는 형이상학의 궁극적인 목표인 '예지계
의 파악' 또는 '예지계로의 진입'은 물론 불가능할 수밖에 없다. 당시
의 형이상학이 지닌 이러한 문제점에 대한 우려와 비판은 《순수이성비
판》을 비롯한 그 밖의 여러 저서에서 폭넓게 발견할 수 있다.[60] 따라서

---

59) 희랍어에서 유래한 Phaenomena와 Noumena 그리고 라틴어 mundus sensibilis
와 mundus intelligibilis를 구분 없이 각각 '현상계'와 '예지계'로 옮긴다. 단 문맥
상 구분이 필요할 경우, Phaenomena를 '현상적인 것'으로 Noumena를 '예지적인
것'으로 옮기거나 원어를 사용한다.

60) 《순수이성비판》, A 249: "우리는 … 대상들을 현상적인 것(Phaenomena)과 예지
적인 것(Noumena)으로 따라서 또한 세계를 현상계와 예지계(mundus sensibilis
et intelligibilis)로 구분하는 것이 정당하다고, 그리고 좀더 정확히 말하면 여기서의
차이는 동일한 사물의 불분명한 또는 분명한 인식이라는 단순한 논리적 형식에 있

칸트가 어느 정도로 이 문제에 관해 심각하게 생각했는지를 알 수 있다.

우리는 이제까지의 논의를 통해 칸트가 편지에서 생각하고 있었던, 당시의 형이상학을 변화시키고자 했던 근본 동기가 무엇인지를 말할 수 있게 되었다. 그것은 잊혀진[61] 또는 변질된[62] "저 그리스 시대의 가장 중요한 관심사"(《교수취임논문》 A 10)였던 현상계와 예지계에 관한 진지한 논의를 철학에 다시 되살리는 것이었다. 실제로 이 논의는 칸트

는 것이 아니라, 그것들이 본래 어떻게 해서 우리의 인식에 주어질 수 있는가의 상이 점에 있는 것이고, 이 상이점에 따라서 그것들이 그 자체에 있어서 그리고 그 종류에 있어서 서로 구별된다고 당연히 생각해야만 한다." 같은 책, B 61 이하: "… 라이프니츠-볼프 철학은 감성과 오성의 구별을 단순히 논리적인 것으로 간주함으로써 우리 인식의 본성과 근원에 관한 모든 연구에 대하여 전적으로 부당한 관점을 제시하였다. 왜냐하면 이 구별은 명백히 선험적인 것이며, 단순히 인식의 분명성 또는 불분명성이라는 형식에 관한 것이 아니라 인식의 근원과 내용에 관한 것이기 때문이다." 이 밖에도 다음의 전거들을 제시할 수 있다: 같은 책, B 326 이하; 《형이상학 서론》, A 65; 《발견》, B 62 이하; 《논리학》, A 42; 《인간학》, B26의 각주; 《형이상학의 진보》, A 55 이하; 헤르츠에게 보낸 1789년 5월 26일자 칸트의 편지(XI 49); 《단편》 4851(XVIII 9). 그 밖의 자세한 것에 관해서는, Vaihinger, 앞의 책, 제2권, 447-460면 참조.

61) Phaenomena와 Noumena라는 용어는 1770년대 이후 칸트가 활발히 사용하기 이전까지는 18세기에 매우 드물게 사용되었다. 필자가 알고 있는 한 이 켤레 개념은 칸트가 사용하기 이전에는 단지 다섯 군데에서만 언급된다. 그것도 이 켤레 개념의 원천이라고 할 수 있는 플라톤 철학 또는 희랍 철학 전반과 연관해서가 아니라 회의주의와 관련해서 (세 군데에서는 고대의 회의주의자인 섹스투스 엠피리쿠스 Sextus Empiricus를 구체적으로 거명하면서) 이야기되고 있을 뿐이다. 자세한 것은, Yeop Lee, 'Dogmatisch – Skeptisch'. Eine Voruntersuchung zu Kants Dreiergruppe 'Dogmatisch, Skeptisch, Kritisch', dargestellt am Leitfaden der begriffs- und entwicklungsgeschichtlichen Methode(Trier, 1989), 63면 참조.

62) 《순수이성비판》, B 312 참조: "근대인들의 저서에서는 현상계mundus sensibilis 와 예지계mundus intelligibilis라는 용어가 전연 달리 사용되고 있다. 이 의미는 고대 그리스인들의 의미와는 전혀 다르다. 이런 사용은 … 공허한 미사여구를 늘어놓는 것에 불과하다."

철학 내에서, "현상계와 예지계의 형식과 이 형식의 근거들에 관하여"
(*De mundi sensibilis atque intelligibilis forma et principiis*)라는 제목
을 지닌 1770년의 《교수취임논문》을 시작으로, 핵심 주제로서 그리고
자신의 철학을 전개해 나아가는 바탕이 되는 사상으로서 확고한 위치
를 차지하게 된다. 칸트는 이 논의를 바탕으로, 즉 현상계와 예지계의
질적 차이에 대한 숙고의 토대 위에서 현상계의 존재 원리를 구명하고
예지계로의 정신적 도약을 시도한다. 현상계의 존재 원리에 관한 구명
은, 종래와 다른 새로운 존재론(Ontologie)인 선험 철학(Transzendental-
philosophie)에 관한 논의를 주요 내용으로 하는 《순수이성비판》의 과
제가 된다. 그리고 예지계로의 정신적 도약은 도덕형이상학의 고유한
과제[63]가 된다.

이처럼 칸트가 도덕형이상학을 포함한 새로운 형이상학을 산출해 나
아가는 과정에서, 고대 그리스 철학에서의 현상계와 예지계의 구분 및
이에 관한 논의는 매우 중요한 요소로서 작용한다. 따라서 이러한 구분
과 논의를 본격적으로 전개한 플라톤 철학[64]은 칸트에 있어서는 그가
새로운 형이상학을 구축하는 데 있어 중요한 터전이 된다.[65]

---

63) 칸트는 《교수취임논문》 9항에서 이론 형이상학 및 실천 형이상학의 가능성을 언급
하고 있다(A 11 참조). 그러나 1770년대를 거치면서 그는 《교수취임논문》에서와는
달리 이론 형이상학이 더 이상 가능하지 않다는 결론에 도달하게 된다(Lee,
'Dogmatisch - Skeptisch' …, 앞의 책, 140면 이하 참조. 또한 이엽, "오성개념의 원
천적 획득과 칸트 존재론의 출발점", 앞의 책, 207면 이하 참조). 그렇지만 《교수취
임논문》에서 지녔던 또 다른 신념, 즉 실천 형이상학의 가능성에 대한 신념은 계속
유지된다. 따라서 형이상학의 본래적 소망인 예지계로의 진입은 1770년대를 거치면
서 도덕형이상학의 고유한 임무가 된다(이엽, "윤리학의 새로운 명칭으로서 도덕 형
이상학과 칸트 윤리학의 근본 동기", 앞의 책, 35면 이하 참조).

64) 칸트는 《단편》 1643에서, 플라톤과 에피쿠로스는 "감각적인 것과 지성적인 것 사
이의 본질적인 차이를 주장"한 철학자로, 반면 "아리스토텔레스는 둘 사이에는 어떠
한 본질적인 차이도 없고, 둘 다 감관에서 발생한다고 주장"한 철학자로 이야기하고
있다(XVI 63). 또한 《단편》 1636(XVI 60) 참조.

물론 플라톤 철학이 제공한 이러한 터전 위에서 꽃 피운 칸트의 새로운 형이상학은 플라톤의 것과는 여러 모로 차이를 보이고 있는 것이 사실이다. 이러한 차이는 무엇보다도 현상계에 관한 칸트의 생각에서 확인할 수 있다. 칸트는 현상계를 플라톤과는 근본적으로 다른 방식으로 파악하고 있었다. 즉 플라톤이 예지계를 현상계의 근원으로 파악하고 있었던 데 반해, 칸트는 그 근원이 인간의 지성적 능력이라고 확신했다. 칸트에서 현상계는 인간의 감각적 인식 능력에 의해 단순히 지각된 세계가 아니다. 현상계는 인간의 지성적 능력(순수 감성과 오성)이 제 자신에서 산출한 법칙(감성 형식과 순수오성개념)을 가지고 '건설'한(만든) 세계이다. 즉 현상계는 인간의 지성적 능력이 부여한 법칙에 의해 지배되는, 따라서 경험(앎)을 형성할 수 있는 '인간' 삶의 '하나의' 장(場)이다. 칸트의 새로운 존재론인 선험 철학은 현상계의 존재 원리에 해당하는 이러한 법칙들에 관한 구명을 그 주요 내용으로 하고

---

65) 칸트는 《교수취임논문》 3항에서 "현상계"는 "감성의 대상"으로서 "감각적"인 것으로, 반면에 "예지계"는 "오성에 의해 인식할 수 있는 것 이외에 그 어떤 것도 포함하고 있지 않는" "예지적"인 것으로 정의한다(A 7). 이러한 정의는 다음의 전거들에서도 만날 수 있다: 《순수이성비판》, A 249 이하, B 306, 325, 343; 《형이상학 서론》, A 104, 107, 133. 이러한 정의 및 구분은 플라톤의 것을 그대로 수용한 것이다. 플라톤은 '예지계'를 지성에 의해 알려지는 것(《국가》, 제6권 508c, 509d; 《티마이오스》, 30d, 51d 참조), 그리고 '현상계'를 보이는 것, 즉 감각적으로 지각될 수 있는 것(《국가》, 제10권 596e, 598b, 602d 참조)으로 정의하고 있다.
칸트는 새로운 용어를 만드는 것을 언어에 대한 월권 행위로 간주했기에 조어(造語)에 대해 반대한다(《순수이성비판》, B 368 이하 참조). 대신 주로 "사어(死語)나 고전어"(같은 책, B 369)를 자신의 사상을 표현하기 위한 용어들로 사용한다. 그런데 일반적으로 오해하고 있는 것과는 달리 칸트는 과거 학문에서 단지 용어만을 차용(借用)하고 여기에 종래와는 전혀 다른 새로운 의미를 부여해서 사용한 것은 결코 아니었다. 현상계와 예지계의 경우에서 알 수 있듯이 그가 차용해서 사용한 개념들은 전통적인 의미와 단절되어 있지 않다. 이에 관한 또 다른 예로, Giorgio Tonelli, 'Der historische Ursprung der kantischen Termini 'Analytik' und 'Dialektik'", in Archiv für Begriffsgeschichte, 제7집(1962), 120~139면 참조.

있다.

칸트는 현상계에 관한 생각에 있어서는 플라톤과 많은 차이를 보이나, 예지계에 관해서는 플라톤과 많은 부분에 있어 일치점을 보이고 있다. 칸트에서 현상계가 인간 의식 주관에 의해 건설된 그러니까 인간의 산물인 주관적인 세계인 반면, 예지계는 신의 산물[66]인 객관적인 세계이다. 이와 같이 그 기본 성격을 규정할 수 있는 칸트의 예지계는 다양한 의미를 지닌다. 이 다양한 의미들은 예지계에 관한 본격적인 논의가 행해지고 있는 《교수취임논문》에 나오는 표현을 빌리면 다음과 같이 정리할 수 있다:

1) 사물 자체(res sicuti sunt; Dinge, wie sie sind)(A 8; 4항)

2) 비물질적 실체(substantiae immateriales; unstoffliche Substazen)(A 14; 13항)

3) 도덕 세계(mundus moralis; moralische Welt)(《단편》 4349; XVII 516. A 11; 9항 참조)

4) 원형(原形) 또는 공통의 척도(exemplar / mensura communis; Urbild / gemeinsames Maß)(A 11; 9항)

이러한 의미들 중 적어도 2번째 4번째의 것은 플라톤이 "지성에 의해서[라야] 알 수 있는 영역"[67], 그러니까 예지계에 속한다고 생각하는 것[68]과 일치한다. 그러나 플라톤과 칸트의 사상적 동질성 그리고 나아가 칸트 철학 내에 깃들여 있는 플라톤의 정신을 확인하는 데 있어 보다 중요한 것은 이러한 예지계에 관한 일치되는 또는 유사한 생각이

---

66) 칸트는 "예지계"를 아우구스티누스의 용어를 빌려 "신국"(神國, civitas dei)이라고 표현하고 있다(《단편》 4349; XVII 516).

67) 《국가》, 제6권 508c.

68) '지성에 의해서 알 수 있는 것들'에 관해서는, 박종현 역주, 《국가(政體)》, 441면, 각주 88 참조.

아니라, 《국가》의 '동굴의 비유'에 나오는 플라톤의 표현을 빌려 말하면, "'지성에 의해서[라야] 알 수 있는 영역'으로 향한 혼의 등정(登程, anodos)"(제7권 517b) 또는 그러한 영역에로의 혼의 "전환(periagōgē)" (518d)이다. 《순수이성비판》에서 칸트가 "존경할 만하고 본받을 만한 노력"이라고 매우 높게 평가하고 있는 플라톤의 예지계로의 이러한 "정신의 도약(Geistesschwung)"(B 375)이, 단지 '의식 내에서의' 논리적 명료성을 문제 삼고 있는 당시의 사변적 형이상학을 그리고 이성을 가지고 단지 사변만을 일삼는 "이성의 기술자"[69]에 불과했던 당시의 형이상학자를 변화시킬 의도에서 기획된 칸트의 '도덕형이상학'이 궁극적으로 추구했던 목표였다.

도덕형이상학은 앞에서 논의된 보편적이고 필연적인 도덕 법칙의 구명 및 경험적 근거지음에서 비롯되는 도덕의 타락 및 무력화의 방지만을 추구했던 것은 아니었다. 도덕형이상학의 또 다른 궁극적인 목표는 바로 "현상적 인간"(homo phaenomenon)에서 "예지적 인간"(homo noumenon)[70] 또는 "현상계의 일원"에서 "예지계의 일원"[71]이 되는 것, 즉 인간이 "사물"(Sache)이 아니라 "인격체"(Person)[72]로서 존재하는 것이었다. 그리고 바로 이점에 있어서 도덕형이상학은 '지성에 의해서

---

69) 《순수이성비판》, B 867; 《논리학》, A 24; 《철학의 백과전서》(XXIX 7). 칸트는 당시의 대표적인 사변적 철학자였던 볼프를 《철학의 백과전서》에서 다음과 같이 평가하고 있다: "그는 엄밀히 말해 전혀 철학자가 아니었고, 다른 많은 사람들과 마찬가지로 단지 인간의 지식욕을 위한 위대한 기술자였다"(XXIX 8). 또한 현재의 논의와 연관해서 우리의 관심을 끄는 것은, 《논리학》 A 24에서 칸트가 "이성의 기술자"를 'Philodox', 즉 'doxa를 사랑한 자'와 상호 교환 가능한 개념으로 사용하고 있다는 점이다: "이성의 기술자 또는, 소크라테스의 표현을 빌려, Philodox는 단지 사변적 앎에만 몰두한다 …."

70) 《도덕형이상학, 덕론》(*Metaphysik der Sitten, Rechtslehre*), B 48.

71) 《도덕형이상학 정초》, B 111.

72) 《유작》(XXI 61).

[라야] 알 수 있는 영역으로 향한 혼의 등정'이라는 플라톤의 정신을
계승하고 있는 것이다.

III

우리는 이제까지의 논의를 통해 칸트가 플라톤 철학에 대해 매우 양
면적인 평가를 내렸다는 것을 알 수 있었다. 칸트는 플라톤 사상을 적
지 않은 부분에서 잘못 이해하고 있었다. 원전을 읽지 않은 채 당시의
철학사가에 의해 잘못 전해진 플라톤을 접함으로써 주로 생겨났을 것
이라고 여겨지는 오해로 인해, 칸트는 한 편으로는 플라톤을 부정적인
시각에서 바라보고 있었다. 그러나 다른 한 편 칸트는 플라톤에 관한
적지 않은 오해에도 불구하고 플라톤 철학에 대해 매우 긍정적인 시각
도 지니고 있었다. 이처럼 서로 상충하는 것으로 보이는 플라톤에 대한
상반된 평가[73]는 칸트의 다양한 철학적 관심에서 비롯된 것이다. 칸트
는 다양한 철학적 관심을 전개하면서 주제에 따라 비판의 대상을 달리
하는데, 비판의 대상을 어디에 두느냐에 따라 플라톤에 대한 평가가 달
라진다. 칸트가 독단적 형이상학, 비이성적 몽상 그리고 신비주의를 비
판의 대상으로 삼는 경우, 그는 플라톤을 이러한 사상의 전형 또는 원
천으로 간주하면서 부정적으로 평가한다. 반면 그가 경험적 원리에 근
거하고 있는 윤리적 학설과, 의식 내에서의 논리적 명료성에만 몰두하
고 있던 당시의 사변 형이상학을 비판의 대상으로 삼는 경우, 그는 플
라톤을 이데아 이론으로 인해 규범 윤리학의 선구자로 그리고 진정한

---

73) 한 철학자에 대한 서로 반대되는 평가는 칸트에 있어 드물지 않다. 대표적인 예로
볼프에 대한 칸트의 매우 상반된 평가를 들 수 있다. 상반된 평가의 내용과 그 이유
에 관해서는, 이엽, "마이어와 칸트", 앞의 책, 129~137면 참조.

의미의 형이상학이 추구해야 할 정신의 도약을 주창한 철학자로 긍정
적으로 평가하고 있다. 우리는 플라톤에 대한 칸트의 이러한 긍정적인
평가가 지니는 의미를 구명해 본 결과, 플라톤 사상이 칸트의 새로운
윤리학인 '도덕형이상학'이 구상되고 전개되는, 이제껏 간과되어 왔던
중요한 터전이었다는 것을 알 수 있었다. 결국 윤리적 영역에서 확인할
수 있는 플라톤과의 이러한 사상적 동질성은 칸트 윤리학의 주요 원천
및 이념으로 작용하고 있기에, 칸트는 플라톤 철학의 진정한 계승자라
고 말할 수 있다.

'철학'의 원리(Prinzip)에 관하여
-아리스토텔레스와 헤겔을 중심으로-

이광모

I. 들어가는 말

칸트 이후 전개되는 독일 관념론의 핵심적인 주제는 '학'
(Wissenschaft)으로서의 철학의 정초에 관한 문제이다. 이 문제는 구체
적으로는 학의 '원리'의 근거지움에 관한 논의로 전개된다. 이것을 우
리는 칸트 철학의 대변자로서 독일 관념론의 전개에 커다란 영향을 준
라인홀트뿐만 아니라 독일 관념론의 기초자인 피히테에게서 분명히 볼
수 있다. 칸트가 이성 통일에 근거하는 "순수이성의 체계"로서의 '학'
의 개념을 제기하고 난 후[1] 라인홀트는 칸트의 이성 인식의 최고 원리
에 대한 탐구에 의문을 제기하고 나섰다. 왜냐하면 칸트는 체계로서의
철학의 이념은 제시하였지만 스스로 그 비판의 이념을 철저하게 끝까
지 수행하지 않았기 때문이다. 따라서 칸트의 비판철학이 성공적으로
수행되기 위해서는 그 철학의 방법과 원리에 대한 자기 반성이 불가피

1) *Kritik der reinen Vernunft*(Hamburg 1993), S. B 869 차후 KdrV로 표시.

한데 칸트에게서는 그 원리인 비판적 이성에 대한 선험적 반성이 결여되어 있다. 그것은 결국 그 위에 세워진 이론의 진리치를 믿을 수 없게 만든다. 이러한 생각에서 라인홀트는 선험적 인식의 조건과 한계에 대한 메타-비판 이론을 통해 이성 학문에 새로운 원리를 제공하고자 하였다.[2]

피히테도 칸트가 제시한 체계적 방법에 불만을 표시하기는 마찬가지이다. 왜냐하면 칸트에게서는 이론 이성과 실천 이성이 하나의 원리에 의해 체계적으로 도출되는 것이 아니라 분리된 두 영역으로 남게 되기 때문이다. 따라서 그는 1794년 《전체 지식론의 기초》에서 칸트에게 분리된 두 영역으로 남는 이성을 하나의 원리에 의해 연역적으로 체계화시키고자 노력하였다. 피히테는 '학'을 칸트와 마찬가지로 명제들의 체계로서 간주하는데 이때 그 결합될 명제들은 동일한 확실성을 지녀야 한다. 만약 그 명제들 중 어느 하나라도 다른 명제와의 연관 속에서 확실성을 지닐 수 없다면 그때 이루어지는 명제들의 결합은 결코 체계라고 할 수 없게 된다. 모든 명제들의 확실성을 보장하는 첫번째 명제는 체계의 근본 원리로서 단지 하나일 뿐이다. 학은 바로 이러한 하나의 원리에 근거하게 된다. 피히테는 자신의 학문이론 속에서 바로 이 첫번째 명제의 확실성을 다루고자 하였다. 라인홀트와 피히테를 통해 전수되는 원리에 대한 탐구는 셸링과 헤겔 철학에 직접적인 영향을 미친다. 왜냐하면 셸링이 자신의 첫번째 저서인 《학의 원리로서의 자아》에서 서술하고자 한 것은 모든 지의 원리였으며, 1800년에 출간된 《선험적 관념론의 체계》뿐만 아니라 헤겔의 주저인 《논리학》도 바로 원리의 구성 문제에 관한 고찰 외에 다른 것이 아니기 때문이다.

그렇다면 왜 학으로서의 철학의 정초에 관한 문제는 원리에 대한 탐

---

2) Frederick C. Beiser, *The Fate of Reason*(Harvard, 1987), 227~263면 참조

구로 진행되어야만 하는가? 이 문제를 이해하기 위해 우리는 서구의
학문이론에 기초를 처음으로 제공한 아리스토텔레스를 살펴볼 필요가
있다. 그리고 아리스토텔레스의 학문 이론의 기본적인 개념이 이해된다
면 우리는 더 나아가 학으로서의 철학을 스스로 완성시켰다고 생각하
는 헤겔의 입장 또한 고찰해볼 수 있다. 이러한 고찰들은 결국에는 우
리에게 철학(philosophia)의 개념 규정에 대한 또 하나의 반성을 제공
하게 될 것이다.

II. 《분석론 후서》에서 살펴본 아리스토텔레스의 '학' 이론

아리스토텔레스는 자신의 학문 이론을 전개하는 《분석론 후서》를
"모든 이성적인 가르침과 배움은 어떤 선행하는 인식으로부터 형성된
다"라는 말과 더불어 시작한다.[3] 이것은 학적 인식이란 항상 이미 전제
된 것을 통해서만 가능하다는 것인데, 이때 전제된 인식과 그 다음에
오는 인식의 관계는 '추론'(Schluß)일 수도 있고 아니면 '귀납'일 수도
있다. 그 어느 경우든 전제된 인식의 타당성은 이미 확실한 것으로 받
아들여져야 한다. 그렇다면 여기서 '그 전제된 인식의 타당성을 받아들
이기 위해서 또 다른 인식을 전제해야 하지 않는가' 라는 물음이 제기
될 수 있다. 이때 선행하는 인식의 타당성을 근거지우려는 노력은 비판
적 합리론자인 한스 알버트가 Münchhausentrilemma로 지적했듯이 아
마 다음과 같은 세 가지 형태 중 하나로 나타날 것이다.[4] 첫째로, 근기
를 찾는 작업은 무한히 후퇴하게 되던지 아니면 둘째로, 그 작업은 순

---

3) *Lehre vom Beweis oder Zweite Analytik,* übers. Rolfes, Eugen, Hrsg. Höffe,
Otfried(Hamburg, 1990), 71a. 차후 Z.A.로 인용.
4) *Traktat über kritische Vernunft,* v. H. Albert(Tübingen, 1991), 9면.

환적이 되거나, 그것도 아니면 마지막으로 어떤 단적인 명제로부터의 출발해야 할 것이다. 이러한 세 가지 태도 중 어느 것에 대해서도 한스 알버트는 만족할 수 없었던 것에 반해 아리스토텔레스는 자신의 학문 이론 속에서 모든 학적인 인식은 그 어떤 명제로부터 시작되어야 한다고 말함으로써 세 번째 입장을 선택한다. 왜냐하면 첫번째 혹은 두 번째 형태로부터는 "증명된 인식"으로서의 학은 불가능하지만 만일 그 어떤 확실한 인식이 주어질 수 있다면 거기로부터 학의 성립은 가능하기 때문이다.

그렇다면 학적인 인식의 출발이 되는 그 인식은 어떤 것이어야만 하는가? 이에 대해 아리스토텔레스는 첫째, 그것은 학적인 인식인 한에서 필연적으로 참이어야 하며, 둘째, 시작에 놓이게 되므로 무매개적이어야 하며, 셋째, 이미 알려져 있어야 한다고 말한다.[5] 이러한 조건을 갖춘 그 인식은 그것에 해당 학문의 모든 명제들이 근거하게 되는 '원리'(Prinzip)로서 그 학문 내에서는 더 이상 증명될 수 없다. 하지만 아리스토텔레스가 제시하는 원리로서의 인식이 갖추어야 할 이 세 가지 조건들은 모두 쉽게 풀리지 않는 문제들을 지니고 있는 듯이 보인다. 왜냐하면 우선 원리로서의 그 명제가 필연적으로 참이라는 것은 어떻게 보장될 수 있으며(3), 둘째로 만일 그 명제가 그 자체 무매개적이라면 어떻게 다른 명제들의 근거가 될 수 있으며(2), 마지막으로 그 명제가 이미 알려져 있어야 한다면 그 내용은 어떤 것이어야 하는가(1) 하는 점들이 바로 그것이다.

1) 아리스토텔레스에 의하면 어떤 대상을 우리가 안다고 할 때, 그 모든 앎은, a) 그 대상은 있는가(ob es ist) 그리고 b) 그 대상은 무엇인가(was es ist) 혹은 c) 특정한 성질이 그 대상에 있는가(daß eine

---

5) Z.A. 71b20.

Eigenschaft an ihm ist) 그리고 있다면 d) 그 원인은 무엇인가(warum eine Eigenschaft an him ist) 라는 네 가지 물음에 대한 답과 동일하다.[6] 그런데 이때 네 가지 형태의 물음을 다시 한 번 생각해보면 모두 매개항과 연관되어 있음을 알 수 있다. 왜냐하면 a)와 c)는 사실 매개항은 있는가라는 물음이며 b)와 d)는 그 매개항이란 무엇인가라는 물음으로 환원될 수 있기 때문이다.[7] 이때 c)와 d)는 증명을 통해서 대답이 될 수 있는데, c)의 경우에 그 증명은 귀납적 혹은 경험적 고찰을 통해 이루어질 수 있으며 d)의 경우는 매개항으로부터의 연역적 추론을 통해 이루어질 수 있다. 그렇다면 문제는 a)와 b)이다. 왜냐하면 물음이 어떤 대상의 성질에 관계되는 것이 아니라 그 대상인 바 자체에 관계될 때에는 바로 주어로서의 그 대상이 매개항이며 동시에 추론의 전제가 되기 때문이다. 그렇다면 아리스토텔레스가 학적 인식의 출발이 되는 원리는 이미 알려져 있어야 한다고 말할 때 그 원리에 관한 내용은 바로 a)와 b)의 물음과 관계가 있다. 다시 말해 첫번째 명제로서의 원리는 그 존재(a의 물음)와 본질 규정(b의 물음)이 이미 알려져 있어야 한다. 이때 물음 a)에 대한 답으로서의 '존재'는 일반적으로는 '가설'(Hypothese)로서 받아들여지지만 그 대상이 학적 인식의 원리에 관한 것인 한 가설이 아니라 '진리'로 이해되어야 한다. 물음 b)에 대한 답으로서의 '본질 규정'이란 바로 '정의'(Definition)를 의미한다. 여기서 잊지 말아야 할 것은 '정의'를 통해 주어지는 '본질(규정)'과 진리로서의 '존재'는 결코 서로 섞일 수 없으며 분명히 구분되어야 할 계기라는 점과, 이 두 계기는 증명의 원리로서 해당 학문에서 단적으로 받아들여져야 하며, 결코 그 자체는 증명될 수 없다는 것이다.

2) 학의 첫번째 원리가 무매개적이어야 한다면 이미 말했듯이 '어떻

---

6) Z.A. 89b, 21~24.
7) Z.A. 89b21~90a5.

게 그 원리로부터 다른 명제들이 도출될 수 있는가 하는 문제가 제기
된다. 왜냐하면 도출된 명제들은 매개된 명제일텐데 무매개적인 것이
매개의 근원이 될 수는 없기 때문이다. 사실 아리스토텔레스는 이 문제
를 심각하게 고려하는 것처럼 보이지는 않는다. 왜냐하면 그에게 있어
서 '증명된 인식의 체계'로서의 '학'이란 증명의 대상과 그 원리가 동
일한 하나의 '류'(Gattung)에 즉자적으로 귀속됨으로써 결국 '류'라는
전체에서 볼 때 분석적 체계를 이루기 때문이다.[8] 이것을 좀더 잘 이해
하기 위해서 우리는 아리스토텔레스의 학적 증명의 구조를 생각해 보
아야 한다.

  증명이란 항상 "어떤 것에 대해 어떤 것을, 매개항을 통해 제시하는
것"이다.[9] 이때 처음의 '어떤 것'이란 증명된 인식의 주어이며, 두번째
'어떤 것'이란 그 인식의 술어이고, 마지막으로 매개항이란 공리와 같
은 것으로서 그 둘을 묶는 연결고리이다. 그렇다면 증명이란 어떻게 술
어가 주어에 필연적으로 귀속될 수밖에 없는가를 매개항을 통해 제시
하는 것이다. 이러한 매개항은 주어와 술어가 동시에 귀속되는 공통의
'류'로서 바로 증명의 원리이다. 만약 증명체계로서의 학문이 서로 다
르다고 하는 것은 그때 바로 그 류가 다른 것임을 의미한다. 이렇게 볼
때 아리스토텔레스의 학이란 결국 원리로서의 공통된 '류'에 즉자적으
로(an sich) 귀속되는 성질들에 대한 해명이 되므로 체계로서의 학이란
전체로 볼 때 그 자체 무매개적인 '류'에 대한 내재적 분석으로 이해
될 수 있다.

  3) 마지막으로 학의 첫 번째 원리가 필연적으로 참인 명제라고 한다
면 그것이 어떻게 보장될 수 있는가 라는 문제를 고찰해보자. 앞서 말
했듯이 학의 첫 번째 원리란 증명 체계인 그 학에서 증명의 전제이다.

---

8) Z.A. 75a37~75b14.
9) Z.A. 91a15.

그리고 그러한 증명의 전제들은 더 이상 증명되어질 수 없다. 그렇다면 증명의 전제인 각각의 학의 원리의 진리 증명은 어떻게 이루어질 수 있는가? 이 물음에 대한 답으로서 아리스토텔레스는 다음과 같이 말한다;

"그 고유한 원리를 증명하는 것은 해당되는 학의 과제가 아니다. 왜냐하면 그것[고유한 원리의 증명]을 위해서는 모든 것에 대해 타당한 원리들이 요구되기 때문이다. 그리고 이러한 원리들을 제시하는 학은 아마도 모든 것에 대해 지도적인 학임에는 틀림이 없을 것이다. 왜냐하면 보다 높은 원인으로부터 안다는 것은 보다 높은 정도에서 아는 것이기 때문이다."[10]

여기서 주목해야 할 것은 주어진 물음에 답하기 위해서 아리스토텔레스는 우선은 학의 원리들을 일반적인 것과 특수한 것으로 구분하며 그에 따라 학문들 간의 서열을 나누는 것처럼 보인다는 점이다. 다시 말해 각각의 학문은 그 나름의 고유한 원리를 전제하는데 이 원리는 해당학문 내에서는 증명될 수 없지만 더 높은 원리에 의해서는 증명될 수 있으며, 그 경우 더 높은 원리를 체계의 전제로 하는 학문은 그것에 의해 근거지어지는 학문보다 더 지도적이며 높은 정도에서 앎을 다루는 학문이라는 것이다. 예를 들면 점 혹은 선 그리고 수 등은 기하학과 대수의 고유한 원리이지만 '같은 것에서 같은 것을 빼면 같은 것이 남는다' 라는 동일성 명제는 최고 원리로서 기하학을 포함하여 모든 학문에 공통적으로 사용된다.[11] 이때 기하학과 대수의 고유한 원리들은 그 학문 내에서는 증명될 수 없지만 그 진리성은 다시 일반 원리인 '모순률'이나 '배중률'에 근거해서 해명될 수 있다. 왜냐하면 '같은 것에서 같은 것을 빼면 동일한 것이 남는다' 라는 명제는 '동일한 사물에 대해

10) Z.A. 76a16~20.
11) Z.A. 76a40.

동일한 것을 귀속시키고 동시에 제거할 수 없다'는 일반 원리로서의
모순율이 양에 적용된 것이기 때문이다. 그렇다면 모든 학문들에 받아
들여질 수 있는 이러한 원리들을 다루는 학이 있다면 그것은 기하학보
다 더 높은 차원의 학이 될 것이다.

　하지만 이렇게 각각의 학의 원리에 대한 진리 증명이 보다 높은 차
원의 학 속에서 이루어진다면, 애초의 우리 물음인 첫 번째 명제에 대
한 진리 증명의 문제는 여기서 풀리는 것이 아니라 단지 유보될 뿐이
다. 왜냐하면 다시 또 그보다 높은 단계에서의 최고 원리 즉 모순율과
배중률에 대한 증명이 요구될 것이기 때문이다. 아리스토텔레스는 바로
이 문제를 의식하고 있는 듯이 보인다. 왜냐하면 그는 다른 곳에서 원
리들에 대한 증명에 대해 다음과 같이 달리 말하기 때문이다:

　"그러한 원리들에 대한 증명은 외적 근거라는 의미에서는 있을 수
없으며 단지 영혼의 근거라는 의미에서만 가능하다. 그렇기 때문에 여
기서는 첫번째 의미에서의 추론이란 있을 수 없다. 왜냐하면 외적 근거
에 대해서 사람들은 항상 반박을 제기할 수 있으나 내적 근거에 대해
서는 결코 그렇게 할 수 없기 때문이다."[12]

　우리가 분명히 여기서 알 수 있는 것은 아리스토텔레스가 원리의 진
리증명에서 발생할 수 있는 증명의 무한퇴행을 일단은 거부한다는 것
이다. 그 이유는 인용문에서 보여지는 "내적 근거"가 "지성의 빛"으로
이해될 수 있다는 것인데[13] 지성(nus)은 적어도 《분석론 후서》의 범위
내에서는 근본적인 원리를 파악하는 '지적 직관'으로 이해되므로[14] 결

---

12) Z.A. 76b24~28
13) 같은 곳, Höffe의 주해 참조
14) 아리스토텔레스에게 있어서 '지성'(nus)에 대한 여러 가지 해석 가능성에 대해서
　는 James H. Lesher의 논문 "The Meaning of Nous in the Posterior Analytics",
　(Phronesis, 18, 1973) 참조.

국 첫번째 원리의 진리성은 증명에 의해 획득되는 것이 아니라 직관적으로 이루어진다는 데 있다. 이것은 증명의 원리에 대한 획득을 고찰하는 《분석론 후서》의 마지막에서 아리스토텔레스가 다음과 같이 말하는 데서도 분명히 알 수 있다:

"단지 지성(nus)만이 학(episteme)보다 더욱 참된 것일 수 있기 때문에 원리들은 지성에 의해 결정되어야 한다. 이것은 증명은 증명의 원리일 수 없으며, 또한 학은 학의 원리가 될 수 없다는 것으로부터 분명해진다. 그러므로 만일 우리가 학 이외에 어떤 다른 참된 류(Gattung)도 갖고 있지 않다면 지성이 학의 원리이어야 한다."[15]

하지만 학의 최고 원리의 진리성을 무한퇴행 없이 보장하기 위해 '지성'을 끌어들이는 아리스토텔레스의 태도에 대해 우리가 충분히 만족할 수 있겠는가! 이러한 태도는 분명히 앞서 말했듯이 한스 알버트가 제시한 Münchhausentrilemma 중 하나인 "독단적 태도"일 수 있다. 따라서 우리가 만일 한스 알버트의 주장을 진지하게 받아들인다면 학의 최고 원리의 진리성에 대한 증명 문제는 결국 풀 수 없는 난제(aporia)로 받아들일 수 있다. 사실 아리스토텔레스 자신도 또한 그 사상적 발전 속에서 이러한 문제를 스스로 의식하고 있었다. 그는 《형이상학》 3권에서 '증명의 최고 원리를 다루는 것이 본질(ousia)을 탐구하는 제일철학의 과제인가' 라는 물음을 던지며 그 물음은 결국 풀 수 없는 난제(aporie)임을 제시한다.[16] 왜냐하면 한편으로 증명의 최고 원리가 제일철학의 탐구 대상이라면 그 최고 원리의 진리성에 대해서 증명이 이루어져야 할 것이고, 다른 한편 그렇지 않은 경우라면 모든 학의 공통적인 원리를 탐구하고자 하는 제일철학은 스스로 모순되기 때문이

---

15) Z.A. 100b10~15.
16) *Metaphysik*, 996b26~997a14, übers. Hermann Bonitz, herg. Ursula Wolf (Hamburg, 1994).

다. 아리스토텔레스의 학문이론에 대한 완전한 해명은 결국 이러한 이
유로 《분석론 후서》의 범위를 넘어서 《형이상학》과 맞닿게 된다.[17] 이
말은 학의 최고 원리의 진리성에 대한 증명 문제를 근본적으로 이해하
기 위해서는 《분석론 후서》를 벗어나 《형이상학》에서 주어지는 최고
원리에 대한 고찰 방식을 살펴보아야 한다는 것을 의미하게 된다.

III. 《형이상학》에서 보여지는 '학'의 최고 원리에 대한 근거지움

아리스토텔레스는 《형이상학》 4권에서 '증명의 최고 원리'가 존재자
의 어느 한 부분이 아닌 "존재자로서의 존재자"(to on he on)를 탐구
하는 제일철학의 대상임을 다음과 같이 말한다:

"이제 수학에서 사용되는 공리들을 다루는 것과 본질(ousia)을 다루
는 것이 동일한 학에 속하는가가 설명되어야 한다. 분명히 공리들에 대
한 탐구는 그 하나의 학, 즉 철학자의 학에 속한다. 왜냐하면 공리들은
그 어떠한 종류에 한해서가 아니라 모든 존재자에 대해서 타당하기 때
문이다. … 그러므로 증명의 원리들을 탐구하는 것이 모든 본질의 본질
(pasa he ousia)을 고찰하는 철학자의 과제라는 것은 이로써 분명해진
다."[18]

여기서 아리스토텔레스가 증명의 최고 원리로 이해하는 것은 다름
아닌 모순율 및 배중률이다. 특히 이때 모순율은 "동일한 것이 동일한
것에 동일한 관계 속에서 동시에 귀속하면서 귀속되지 않는 것은 불가

---

17) 학문이론을 중심으로 아리스토텔레스의 초기 작품인 《분석론 후서》와 후기 작품인
《형이상학》과의 관계를 최고 원리의 근거 지움이라는 관점에서 고찰한 것에 대해서
는 T. H. Irwin의 논문 "Aristotles Discovery of Metaphysics"(*The Review of
Metaphysics*, 31, 1977/78) 참조.
18) *Metaphysik*, 1005a20~25, 1005b5~8.

능하다"는 것을 의미하는데, 이것은 동시에 동일한 것으로서의 한 사물의 존재를 말하는 것이기도 하다.[19] 따라서 존재자와 일자를 같은 하나의 본성(physis)으로 간주하는[20] 아리스토텔레스가 모순율에 대한 탐구를 제일철학의 과제로 간주하는 것은 당연한 일이다. 그렇다면 이제 우리는 최고 원리의 진리성에 대한 문제를 최종적으로 이러한 모순율이 어떻게 정당화하는가를 고찰해 봄으로써 종결지을 수 있다. 하지만 그전에 한 가지 짚고 넘어가야 할 문제가 있다. 그것은 다름 아닌《분석론 후서》에서 아리스토텔레스가 구분하는 학문간의 서열이다.

아리스토텔레스는 모든 개별학문들은 각기 고유한 원리들을 가지며 그 고유한 원리들에 대한 증명은 그 학문 자체 내에서가 아니라 보다 더 높은 차원의 학문에서 이루어진다고 말한다. 이때 보다 더 높은 차원의 학문이란 바로 증명의 최고 원리를 다루는 제일철학으로서의 '형이상학'이다. 문제는 여기서 만일 개별적 학문들의 원리가 최고 원리에 의해 근거지어질 수 있다면 아리스토텔레스에게서 모든 학문은 결국 하나의 최고 류에 대한 학인 제일철학으로 환원된다는 것이다. 왜냐하면 그 경우 근거 지워지는 개별학문들의 원리들은 하나의 '류'인 최고 원리의 내재적 규정들이 될 것이기 때문이다. 사실 이 문제에 대한 고찰은 아리스토텔레스가《형이상학》4권에서 규정하는 "존재자로서의 존재자"에 대한 학으로서의 제일철학에 대한 해석과 밀접한 관계를 갖고 있다. 만일 제일철학이 다른 학문들의 원리를 '종'으로서 포함하는 류에 관한 학이라면, 이것은 아리스토텔레스가 말하는 제일철학의 보편성에 직접적으로 위반된다. 그러나 "존재자로서의 존재자"에 관한 학이 '존재자를 그것이 존재한다는 측면에서 고찰한다'는 의미로 이해된다면 제일철학은 어떤 특정한 실재 혹은 류에 대해 중립적인 학으로서

---

19) *Metaphysik*, 1005b15~24.
20) *Metaphysik*, 1003b20~25.

보편적일 수가 있다.[21] 이러한 이해는 개별적 학의 원리들에 대한 최고 원리의 관계에 대한 해석에서도 마찬가지이다. 여기서 아리스토텔레스는 개별적 학의 원리들을 보다 높은 차원의 류의 종으로 이해하는 환원주의적 태도를 분명히 거부한다. 그리고 그는 모순율이 보편적 원리로서 각각의 학문들에 사용될 때, 그것은 "개별적인 해당학문들이 다루는 류에 있어서 유비적으로 혹은 동일한 관계의 의미에서 유용하게 사용되며"[22] 더 나아가 "모든 학문들이 공통의 원리들을 통해서 서로서로 공통성을 이루는데, 나는 여기서 이 공통성이라는 것을 그것을 사용한다는 의미로 말하는 것이며, 결코 그것에 대해 혹은 그것을 위해 증명한다는 의미로 말하는 것이 아니다"라고 말한다.[23] 이 말에 의하면 제일철학이 다루는 최고 원리는 개별적 학문들의 원리를 근거지우기는 하지만 그 형태는 원리로서의 류로부터 진행되는 추론이 아니라 유비적 관계(analogia)로 이해된다. 그리고 최고 원리가 개별학문의 원리들을 유비적 관계에서 근거지운다면 개별학문들과 보편적인 원리를 다루는 제일철학과의 관계는 더 이상 수직적인 의미에서 포섭관계가 아니라 단지 근거지움의 관계에서 구분될 뿐이다. 그러면 이제 제일철학에서 최고원리로서의 모순율이 어떻게 근거지어지게 되는지 살펴보자.

모순율에 대한 근거지움은 그것이 "가장 확실하고 보편적인 원리"이므로 더 이상 공리 연역적 방법(syllogimus)에 의해 이루어질 수는 없다. 만일 그것에 대한 증명 가능성이 있다면 그것은 진술을 통한 간접증명(elentikos apodeixai)이어야 할 것이다. 하지만 이때도 아리스토텔레스에 의하면 일상적인 의미에서의 '간접증명'(ad absurdum)은 불가능하

---

21) *Metaphysics*, Jonathan Barnes in 《The Cambridge Companion to Aristotle》 (Cambirdge, 1995) 참조.

22) Z.A. 76a35~40.

23) Z.A. 77a25~29.

다. 왜냐하면 간접증명을 위해서는 증명하려는 자가 그 반대자의 진술 속에 모순이 있다는 것을 보여주어야 하는데, 여기서 문제는 그 반대자가 바로 그러한 모순을 부인하기 때문이다. 그러면 어떤 증명이 가능하겠는가? 아리스토텔레스에 따를 때 모순율에 대한 증명에서 증명의 근거는 일반적인 증명과는 달리 반대자에게 놓인다. 그가 《형이상학》 4권 1006a1~29에서 제시하는 증명의 모습은 부정적 딜레마의 긍정적 형식으로의 변형이며 그 구조는 다음과 같다;

첫째, 반대자는 무엇인지 말을 하든가 안 하든가이다(p $\lor$ q).

둘째, 아무 말도 안 한다면 모순율은 타당하다(q → r). 왜냐하면 그 경우 모순율에 대한 반박은 전혀 제기되는 것이 아니기 때문이다.

셋째, 만일 반대자가 무슨 말인가를 한다면 모순율은 타당하다(p → r). 왜냐하면 그 경우 반대자는 스스로 [의미 규정의 근본인] 모순율을 인정하기 때문이다.

넷째, 그러므로 모순율은 타당하다(r).

이 증명의 핵심은 세 번째 명제에서 드러나듯이 반대자가 무엇인가를 주장하려 한다는 점에 있다. 왜냐하면 무엇인가를 말하기 위해서는 먼저 그 말하고자 하는 것의 의미가 고정되고 다른 언어적 표현과 구분되어야 하는데, 모순율이 말하는 것은 바로 고정되지 않은 언표가 참이 되는 것은 불가능하다는 것을 말하기 때문이다. 사실 이러한 아리스토텔레스의 논증은 우리에게 낯선 것은 아니다. 왜냐하면 우리는 동일한 논증을 '선천적 조건을 전제함이 없이는 경험이 가능하지도 않고 설명될 수도 없다'는 칸트식의 "선험적 논증"뿐만 아니라 최근에 "자기 모순 없이는 비판에 의한 문제제기도 있을 수 없으며, 또한 그 자신을 전제함이 없이는 연역적으로 근거지어질 수도 없다"고 주장하는 K. O. Appel식의 비연역적 방법으로서의 '최후정초'(die Letztbegründung) 문제에서 볼 수 있기 때문이다.[24]

IV. 헤겔에게서 '철학'의 개념

우리는 이제까지 아리스토텔레스가 제시한 '학' 개념을 그 원리를
중심으로 살펴보았다. 그러면 이제 헤겔에게서 철학은 어떻게 규정되며
그 원리는 무엇인가? 헤겔은 철학에 대한 개념규정과 그 원리를 진술
하는 자신의 《논리학》 속에서 이러한 물음에 대한 답을 먼저 제시하지
는 않는다. 왜냐하면 그는 "[철]학의 정의(die Definition)란 (…) 그 내
용에 대한 증명을 단지 그 발생의 필연성 속에서만 갖게 되는데" 만일
그 개념이 단순히 외적으로 주어진다면 그때 규정되는 내용은 필연적
일 수 없다고 생각하기 때문이다.[25] 물론 헤겔이 철학의 개념 규정과
원리에 대한 진술을 우선 하지 않는다고 해서 그가 '증명된 지의 체
계'로서의 철학을 부인하는 것은 아니다. 오히려 헤겔은 《철학적 학문
들의 백과사전》 재판 서문에서 다음과 같이 말한다:

"내가 나의 철학적 노고 속에서 항상 추구하였고 지금도 추구하는
것은 진리에 대한 학문적 인식이다".[26] "체계 (System) 없이 철학하는
것은 결코 학문적인 것일 수 없다. 더 나아가 그와 같은 철학함이란 그
자체로 어떤 주관적인 의미 방식만을 표현할 뿐이며, 내용에 따를 때는
우연적인 것이다".[27]

여기서 우리가 알 수 있듯이 헤겔은 자신의 모든 철학적 노력 속에
서 철학을 체계로서의 학적 인식으로 파악하고자 한다. 단지 아리스토
텔레스와의 차이점에 주목하자면 아리스토텔레스에게는 원리가 단적으

---

24) Das Problem der philosophischen Letztbegründung, Karl Otto Appel, in
  Sprache und Erkenntnis, hrsg. v. Bernulf Kanitsschneider, Insbruck 1976, S. 71
  참조.
25) *Logik* I S. 32, 18~20.
26) Enzy. 3면, 필자 강조.
27) Enzy. § 14 Anm.

로 전제될 수 있었다. 그리고 그에 따라 학문의 개념 규정이 그 학문적 수행 이전에 주어질 수 있었다. 이에 반해 헤겔에게서는 원리가 그 발생적 필연성 속에서 고찰되어야 한다. 따라서 학문의 개념도 원리의 구성이 완전히 실행되고 난 후에야 주어질 수 있게 된다. 달리 말하면 원리의 전개가 그 학문의 실행이라고 할 때 헤겔의 학문 개념은 그 학문의 완성과 더불어 비로소 주어지게 된다. 학의 방법에서도 마찬가지이다. 아리스토텔레스에게서 학문의 방법은 '추론'의 형태로 나타나는 공리 연역적 방법이라고 우리는 학문의 전개 이전에 말할 수 있다. 반면 헤겔에게서는 원리가 구성되는 것과 그 학의 방법(Methode)은 동일한 것이 된다. 따라서 원리가 구성되기 전까지는 그 학의 방법에 대해서 전혀 말할 수 없게 된다. 그렇다면 결국 철학의 정의 및 방법에 대한 고찰을 위해서는 원리의 발생을 살펴보아야 한다. 이것을 살펴보기 전에 철학의 특성을 개별학문들과의 관계 속에서 확인하고 넘어가자.

아리스토텔레스는 [제일]철학을 개별학문들의 원리들을 근거지우는 보편적 원리들에 대한 고찰로 이해한다. 이런 점에서 헤겔의 철학은 제일철학과 공통점을 갖기는 하지만 차이점 또한 갖는다. 우선 헤겔은 개별학문들을 그것들이 받아들이게 되는 "출발점"이 '경험'이라는 근거로 "경험적 학문들"이라 부른다. 이러한 경험적 학문들에는 실험 물리학, 열역학 혹은 자연사, 경제학 등이 있는데,[28] 이러한 학문들은 주어진 경험의 잡다로부터 시작해서 "일반적인 규정들, 류들 그리고 법칙들"을 찾아내는 것을 목표로 한다.[29] 철학은 이때 개별적 학문의 결과들인 일반적인 규정과 법칙들의 필연성을 해명한다. 이 필연성은 그 법칙들이 개별적인 것으로서가 아니라 전체적인 연관 속에서 파악될 때만 주어진다. 따라서 철학은 법칙들의 전체적인 연관을 설명한다. 법칙들의 전

28) Enzy. §7 Anm. 여기서 '경험'이란 감각적 경험을 말한다.
29) Enzy. §12 Anm.

체적인 연관을 설명한다는 것은 그 법칙들을 하나의 개념의 내재적 규정들로 파악하는 것이다.[30] 이러한 파악은 결국 그 하나의 개념의 체계가 될 것이다. 이 체계가 바로 "철학적 학"(die philosophische Wissenschaft)으로서의 헤겔의 철학이다. 이러한 철학은 개별적 학문들을 근거지운다는 점에서 아리스토텔레스의 '제일철학'과 동일하다. 하지만 '제일철학'의 대상은 개별적 학문들의 원리가 아니라 그보다 더 높은 차원의 보편적인 원리이며, 이 원리의 규정은 개별적 학문들의 그 것과 관계가 없다. 반면 헤겔 철학의 대상은 개별학문들의 원리와 구분되는 더 높은 차원의 원리가 아니다. 개별학문의 원리들은 하나인 개념의 자기 규정으로 이해되기 때문에 이 하나의 개념은 개별적 학의 원리들과 따로 분리되어 생각될 수 있는 것이 아니라 오히려 개별적 원리들의 내재적이며 필연적 규정들의 전체 자체가 된다. 그래서 원리들이 다양하고 그에 따라 학문들의 분과가 다양할지라도 그 학문들의 원리를 근거지우는 철학은 제일철학으로서가 아니라 총체성으로서 단지 하나만이 있게 된다.[31] 그렇다면 철학의 원리가 될 이 하나의 개념이란 무엇인가? 이 물음은 바로 우리의 본래적인 주제로서 철학의 '원리'와 '방법'에 관한 문제이다.

V. '철학'의 원리의 발견

("Womit muß der Anfang der Wissenschaft gemacht werden?")

'철학'의 원리에 대한 '정의' 즉 '개념적 규정'이 어떻게 이루어지는가를 살펴보기 전에 우선 문제가 되는 것은 그 원리를 발견하는 것

---

30) Enzy. § 14 Anm.
31) Enzy. § 16 Anm.

이다. 이 발견의 문제가 얼마나 어려운지를 우리는 헤겔이 '사변적(즉 철학적) 학'으로서의 자신의 《논리학》을 "[철]학은 무엇과 더불어 시작되어야 하는가?"라는 물음과 함께 시작한다는 데서 잘 알 수 있다. 헤겔은 다음과 같이 말한다:

"철학에 있어 시원(Anfang)을 발견하는 것이 어려운 일이라는 생각이 최근에 들어서야 비로소 들게 되었으며, 이 어려움의 근거는 그 어려움을 풀려는 가능성과 마찬가지로 여러 가지 방면에서 말해지게 되었다. 철학의 시원은 매개된 것이든가 아니면 직접적인 것이든가이다. 그리고 그 시원이 전자일 수도 없고 후자일 수도 없다는 것은 쉽게 지적될 수 있다."[32]

물론 이때 '시원'(Anfang)이란 말이 '원리'(Prinzip)에 대한 순수 독일어 표현 이외에 다른 것이 아님을 우리가 염두에 둔다면[33] 철학의 원리는 헤겔 스스로 지적하듯이 이미 아리스토텔레스에 대한 설명 속에서 보여진 풀기 힘든 딜레마를 함축한다. 왜냐하면 한 편으로 그 원리는 첫번째 것인 한에서 직접적인 것, 즉 무매개적인 것이어야 하는데, 이 경우 그것으로부터 내적 규정으로서의 다른 원리들이 "도출될 수 없을 것"(unableitbar)이며, 다른 한 편 그 원리는 체계의 출발인 점에서는 매개된 것이어야 하는데, 이 경우 그것은 참된 의미에서 학의 원리 즉 '시원'이라고 말할 수 없을 것이기 때문이다.

이와 같은 상황에서 헤겔은 철학의 원리에 대한 발견을 우선 《정신현상학》을 통해서 제시하고자 한다. 그는 "의식에 관한 학인 정신현상학은 의식이 학의 개념인 순수 지를 결과로 갖는 것에 대한 서술이며, 그런 한에서 논리학은 현상하는 정신에 대한 학을 전제한다"고 말한

32) *Logik* I S. 55, 3~10, 헤겔 강조.
33) *Logik* I S. 55, 12~13, 따라서 필자는 차후 '시원'과 '원리'를 동일한 의미로 사용하고자 한다.

다.[34] 여기서 철학의 원리가 '순수 지'로 이해될 수 있다면, 그 원리는 '정신현상학'의 결과라는 점에서 한 편으로 매개된 것이다. 그러나 다른 한편 헤겔은 "순수 지는 단적인 통일로 귀착된 것으로서 어떤 다른 것과의 매개에 대한 모든 관계를 지양한다. 그래서 순수 지는 무차별적인 것이며 이러한 무차별적인 것은 스스로 지이기를 그만둔다. 그리고 결국에는 단적인 직접성만이 있게 된다"고 말한다.[35] 이것은 철학의 원리인 순수 지가 무매개적 직접성이라는 것을 말하는 것이므로, '정신현상학'을 통해 얻어지게 되는 학의 원리인 순수 지는 결과적으로 매개된 것이며 동시에 직접적인 것이 된다. 이러한 순수 지를 헤겔은 다음과 같이 표현한다:

"그 속에서 주관적이며 대자적인 존재자와 두 번째 그러한 존재자 즉 객관적인 것 사이의 대립이라는 생각은 극복된다. (…) 그래서 이 둘[즉 주관적인 존재자와 객관적인 것]은 [원리로서의] 논리적인 것 속에 포함되어 있는 두 계기들일 뿐이다. 그러나 이 계기들은 의식에서는 앞서 말했듯이 각기 대자적으로 존재하는 것이었지만 이제는 분리될 수 없이 존재하는 것으로 생각된다. 그리고 또한 그 계기들이 동시에 구분되는 것으로(하지만 둘이 대자적으로 존재하는 것은 아닌데) 생각된다는 것을 통해 그 통일은 추상적이며, 죽은 그리고 움직임이 없는 그러한 것이 아니라 구체적인 것이 된다."[36]

그러나 만일 순수 지가 정말로 원리가 갖추어야할 하나의 조건인 직접성이라면 그것은 의식의 반성적 고찰인 '정신현상학'의 과정 없이도 획득될 수 있어야 하지 않겠는가? 헤겔은 사실 이와 같은 물음을 진지하게 받아들인다. 그래서 그는 "어떤 전제도 없이 시원 자체가 직접적

34) *Logik* I S. 57.
35) *Logik* I S. 58, 8~12.
36) *Logik* I S. 46, 6~17, 헤겔 강조.

인 것이어야 한다면 그 시원은 논리학 즉 사유 자체의 출발점(Anfang)
이어야 한다는 점을 통해 스스로를 규정한다. 이때는 우리가 자의적인
것으로 간주할 수도 있는 사유 자체를 고찰하고자 하는 결단만이 있게
된다"고 말한다.[37] 다시 말해 우리가 사유하기를 시작(Anfang)하는 한
에서 사유 규정에 관한 고찰인 논리학은 그 원리로서 "사유 자체"를
갖게 된다는 것이다. 헤겔이 볼 때 이 사유 자체란 순수 지와 다른 것
이 아니다. 왜냐하면 사유는 항상 지의 형태로 나타나는데 자신과의 단
적인 동일성으로서의 순수 사유 자체라는 것은 바로 자신과 그 대상이
완전히 통일된 것으로서의 지를 의미하기 때문이다.[38] 결국 '정신현상
학'의 과정을 통해서든 아니면 사유하기 시작함을 통해서든 직접적이
며 동시에 매개된 것이어야만 하는 철학의 원리는 순수 지로 생각될
수 있다.

VI. 원리(Anfang)에 대한 '정의'(Definition)와 그 필연성에 대한 '증명'

사유 자체 혹은 순수 지는 이제 '철학'의 원리로서 단지 받아들여졌
을 뿐이지 우리는 아직 그 내용에 대해서는 전혀 아는 게 없다. 이러한
상태에서의 순수 지는 우리에게 오히려 철학의 원리로서 많은 문제점
만을 지니고 있는 듯이 보인다. 왜냐하면 순수 지가 순수한 이유로 무
규정적이라면 그것은 내용이 전혀 없다는 것일 텐데, 그렇다면 그것은
"참인 것으로 인식되어질 수조차 없다"는 것을 의미하는 것이 아니겠
는가?[39] 그리고 만일 그것이 참인 것으로 인식되어질 수 없다면 체계의

---

37) *Logik* I S. 25~32 그리고 Enzy. § 17.
38) *Logik* I S. 46, 3~10
39) *Logik* I S. 61, 7~8.

원리로서 무슨 의미를 지닐 수 있겠는가? 또 원리로서의 순수 지가 사유하려는 우리의 "결단"에 의해 얻어진 것이라면 그것은 "주관적 전제"에 불과할 텐데, 이러한 것이 어떻게 필연적 인식의 체계인 학의 원리가 될 수 있겠는가?[40] 이런 이유로 순수 지가 만족할 만한 철학의 원리로 제시되기 위해서는 이제 다음의 두 가지가 해결되어야 한다. 하나는 그 원리가 참인 것으로 인식되어져야 하며 다른 하나는 그 인식된 내용의 필연성이 제시되어야 한다. 여기서 그 원리가 참인 것으로 인식되어진다는 것은 곧 원리의 정의(Definition)가 진술되어져야 한다는 것을 말하며, 원리의 필연성이 밝혀져야 한다는 것은 곧 그것이 증명(Beweis)되어져야 한다는 것을 의미한다. 이러한 문제는 정의와 증명에 대한 아리스토텔레스의 이해와는 직접적으로 상충된다. 왜냐하면 아리스토텔레스에게 있어서 정의는 증명의 원리이며, 결코 그것 자체가 증명될 수는 없으므로 정의와 증명이 동시에 수행되는 것은 불가능하기 때문이다. 그렇다면 헤겔은 이 문제를 어떻게 해결하는가? 우선 원리의 증명이라는 측면에서 선택할 수 있는 입장을 헤겔은 다음과 같이 소개한다:

"절대적 진리는 결과이어야만 한다는 통찰, 바꿔 말하면 결과는 어떤 첫번째 진리를 전제한다는 통찰은, 그리고 그것이 첫번째 것이기 때문에 객관적으로 고찰했을 때 그것은 필연적일 수도 없고 주관적인 측면에 따를 때 인식될 수도 없다고 하는 통찰은 최근에 들어서 다음과 같은 사상을 불러일으켰다. 즉 철학은 단지 가설적(hypothetisch)이고 개연적(problematisch)인 진리를 갖고 시작할 수 있을 뿐이며, 그렇기 때문에 철학함이란 우선 진리를 찾는 노력이라는 것이다".[41]

이 말은 물론 헤겔이 라인홀트의 철학을 염두에 두고 한 것이다. 하

---
40) Enzy. § 17
41) *Logik* I S. 59, 14~21, 헤겔 강조.

지만 사실 가설과 더불어 시작해서 그 결과가 진리에 도달하게 되면 그 전제인 가설이 증명된다고 생각하는 이러한 태도는 그 출발에 있어 필연적 진리를 손에 넣지 못한 유한한 인식이 증명체계로서의 학을 시작할 수 있는 유일한 방법인 듯이 보인다. 그러나 헤겔은 우선 이러한 가설적 태도가 일반적으로는 받아들여질 수 있으나 철학의 참된 방법일 수는 없다고 말한다. 왜냐하면 체계가 가설로부터 출발한다는 것은 그 진행이 "정의 속에 잠정적으로 사용된 가정에 대한 분석" 이외에 다른 것이 아닐 것이며 그와 더불어 결코 그것으로부터 도출되는 명제가 필연적으로 참이라고 할 수 있는 근거는 없을 것이기 때문이다.[42] 그럼에도 불구하고 다른 한 편에서 헤겔은 가설적 태도가 철학의 방법으로서 긍정적 측면을 지닐 수도 있다고 말한다. 그것은 다름 아닌 진리를 결과라고 생각하는 태도이다.

즉 진리가 결과라는 것은 첫째, 시작이 있는 어떤 과정이 전제된다는 것이며 둘째, 그 과정의 결과가 진리인 한 그 과정은 시작에 대한 근거 지움으로 이해될 수 있으며 셋째, 이것이 가장 중요한데, 만일 시작 또한 진리라면 그 과정은 결국에는 진리가 진리로 자신을 드러내는 것임을 의미하게 된다. 가설적 태도에 숨겨져 있는 바로 이러한 내용을 헤겔은 원리의 정의와 증명을 위한 철학의 방법으로 제시한다. 우선 헤겔이 볼 때 철학의 원리는 가설이 아니라 진리이다. 이것은 앞서 말했듯이 철학의 원리가 '정신현상학'의 결과로 주어질 수 있다는 점에 근거한다. 왜냐하면 '정신현상학'의 결과는 순수 지인데, 이 순수 지란 "의식과 대상 간의 일치로서의 진리"이기 때문이다.[43] 순수 지 속에서 "존재는 순수 개념 자체로 그리고 순수 개념은 참된 존재로 의식된다".[44]

42) Enzy. § 10 Anm.
43) *Logik* I S. 27, 12~13
44) *Logik* I S. 46, 6~10.

하지만 존재이면서 개념인 순수 지는 즉자적으로 그러할 뿐 아직 참된 것으로 인식되어지지도 않았으며, 그 내용의 필연성이 확증된 것도 아니다. 그래서 순수 지는 절대적인 것이 아니라 단지 첫번째인 한에서 즉 시작(Anfang)인 한에서 진리이다. 다시 강조하면 '정신현상학'이 "순수 지라는 관점의 필연성과 진리 증명을 포함하고 제시한다"고 할 때[45] 그 것은 참된 인식으로서의 순수 지에 대한 정의가 아니라 단지 그것이 가설이 아닌 원리로서의 이러한 "첫번째 진리"일 수 있다는 것을 의미할 뿐이다.[46] 바로 이 점에서 원리인 순수 지는 계속 정의되어야 하고 그 내용이 증명되어야 한다. 그렇게 정의되고 그 정의가 증명된 순수 지는 바로 결과로서의 "절대적 진리"이다.

그렇다면 "첫번째 진리"인 순수 지로부터 결과인 "절대적 진리"로의 이행은 우선 원리로부터의 진행(das Vorwärtsgehen)으로 이해된다. 이 진행이 근거지어진 절대적 진리로 귀결되는 한 그것은 역으로 첫 번째 진리에 대한 "근거지움"(das Begründen)이다. 이렇게 본다면 "첫 번째 진리"가 진리인 이유는 오히려 그것이 결과로서의 "절대적 진리"에 근거해 있기 때문이다. 헤겔은 이것을 다음과 같이 표현한다:

"우리는 전진적 과정(das Vorwärtsgehen)이란 근거 즉 근원적인 것 그리고 진리인 것으로의 귀환이며 바로 이 진리인 것에 시원이 의존되어 있으며 그리고 사실은 그것에 의해 산출된 것이라는 본질적인 통찰을—물론 이것은 논리학 자체 내에서 보다 자세히 드러나겠지만—받아들여야 한다".[47]

이처럼 첫번째 진리로부터의 진행(Vorwärtsgehen)이 근거로의 귀환

---

45) *Logik* I S. 57, 15~18.
46) 물론 여기서 학의 원리가 가설이 아니라 진리라는 그 점은 절대적으로 '정신현상학'에 의존한다. 바꿔 말해 '정신현상학'이 없다면 결코 진리로서의 학의 원리에 대한 확보는 불가능하다.
47) *Logik* I S. 59, 37~60, 3, 헤겔 강조.

이라면 원리에 대한 증명의 문제는 완전히 해결되는가? 그렇지 않다. 왜냐하면 그 진행이 근거로의 귀환이라면 애초의 원리로서의 첫 번째 진리는 더 이상 원리가 아니라 그 도달된 결과가 참된 의미의 원리일 것이며, 그 경우 그 도달된 원리에 대한 근거지움의 문제가 또다시 제기될 것이기 때문이다. 그렇기 때문에 원리에 대한 증명 문제가 해결되기 위해서는 다른 하나의 측면, 즉 도달된 원리가 오히려 시작으로서의 원리에 의해 근거지어진 것으로 이해되어야 한다. 이 점을 헤겔은 다음과 같이 표현한다:

"그러므로 다른 한 측면에서는 [원리로부터의] 운동이 자신의 근거로 귀결된다는 것은 그 근거가 필연적으로 결과로서 고찰된다는 것이다. 이러한 관점에서 볼 때, 첫번째 것은 마찬가지로 근거이며, 마지막 것은 연역된 것(ein Abgeleitetes)이기도 하다".[48]

이처럼 찾아진 근거가 "연역된 것"이고 원리로서의 첫번째 진리가 오히려 그 근거라고 한다면, 원리로부터의 전진적인 운동이란 결과로 주어지는 것에 대한 "연역"(die Ableitung)이며, 동시에 원리가 원리로서 자신을 제시하는 운동이 된다. 바로 이 점에서 원리로부터 시작되는 진행과정은 원리에 대한 참된 인식과정으로서 그 정의(die Definition)가 된다. 다시 말해 첫번째 진리로부터 절대적 진리로의 귀결은 주어로서의 원리 자체의 본질 규정이 된다. 따라서 헤겔은 "시원인 그것으로부터의 진행(der Fortgang)은 단지 시원의 계속된 규정으로서 고찰될 수 있으며, 그래서 시원이 되는 것은 그 다음에 이어지는 모든 것들의 근저에 남게 되고 결코 사라지는 것이 아니다"라고 말한다.[49]

원리로부터의 진행이 한편으로 원리 자체의 본질규정 즉 정의라는 것은 곧 그 과정이란 원리가 참된 인식의 대상으로 스스로를 구성한다는

48) *Logik* I S. 60, 22~28, 헤겔 강조.
49) *Logik* I S. 60, 28~32, 필자 강조.

것을 의미한다. 그러나 다른 한편 첫번째 원리가 결과인 원리에 의해 "산출된 것"인 한 그 구성은 오히려 이미 구성되어져 있는 원리가 스스로를 "현시"(die Exposition)하는 것이 된다. 따라서 첫번째 진리로부터 시작되는 전진적 과정은 원리의 "생성"(die Genesis)이며 동시에, 원리가 첫번째 진리로부터 시작되는 전개과정의 귀결이란 점에서 원리에 대한 '증명'(der Beweis)이다. 이러한 과정을 우리는 다음과 같이 정리할 수 있다.

첫째, 첫번째 진리인 원리로부터의 진행(Vorwärtsgehen)은 근거(der Grund)로 귀결되는 과정이다. 따라서 이 진행은 결과로 주어지는 근거로서의 원리의 "정의" 과정이다.

둘째, 하지만 결과로서의 근거는 오히려 원리로부터 "연역된 것"이므로 첫번째 진리인 원리로부터 진행은 근거로서의 원리의 "증명" 과정이다.

셋째, 결과로 주어지는 원리가 첫번째 진리로 이해되는 원리와 다른 것이 아니라 하나이며 동일한 것이므로 결국 정의와 증명과정은 원리가 스스로를 원리로 "현시"하는 과정으로서 서로 일치한다.

첫번째 진리가 즉자적 진리라면 결과로서의 절대적 진리는 동일한 진리의 진리로서 정립된 모습 외에 다른 것이 아니다. 결국 원리의 원리로서의 자기 정립과정인 이러한 내용을 헤겔은 간략히 다음과 같이 표현한다:

"[시원으로부터 결과에 이르는] 학문적 진행의 직선 운동은 그와 함께 하나의 원이 된다. 그래서 시원이던 그것은 그것이 시원이란 점에서 아직 전개되지 않은 것이며 내용이 없는 것이었다. 그러므로 진리로서 인식될 수 없었다. 그러나 이제 비로소 학은 그 전체적인 발전 속에서 완성된 인식, 즉 내용으로 충만하며 그래서 비로소 진리로 근거지어진 인식이 된다."[50]

이처럼 원리인 "첫번째 진리"로부터 결과인 "절대적 진리"에 이르는 과정은 곧 헤겔이 자신의 '논리학'에서 서술하고자 하는 내용 자체이다. 그래서 '논리학' 한편으로 원리 자체에 대한 인식 과정으로서 철학에 대한 '개념정의'이며, 다른 한편으로 이 개념정의가 체계화과정 자체이므로 논리학은 철학의 '방법 자체'에 대한 서술이다.[51] 원리 자체에 대한 순수 이론적 파악으로서의 철학은 그때 비록 그것이 경험적 학의 원리들을 근거 지운다고는 하나 경험적인 것과는 전혀 관계가 없다. 그래서 헤겔은 '논리학'으로 서술되는 철학을 순수 이론적 고찰이라는 의미에서 "사변적 학"(die spekulative Wissenschaft)이라고 부를 뿐만 아니라 "논리적인 것"(das Logische)으로서의 원리 자체에 대한 인식이라는 점에서 그것을 "논리학의 학"(die Wissenschaft der Logik)이라고 부른다.[52] "사변적 학" 혹은 "논리학의 학"으로서 헤겔의 철학을 우리가 아리스토텔레스의 '제일철학'과 비교해 본다면 그 의미가 더 잘 드러난다. 아리스토텔레스에게서 개별학문들의 원리를 근거지우기 위해서는 보다 보편적인 원리들의 유비적 개입이 불가피하였다. 이 경우 제기되는 문제는 바로 보편적 원리 자체에 대한 근거지움이다. 하지만 그 보편적 원리의 필연성은 더 이상 공리 연역적 방법에 의해 제시될 수 없다. 이것은 곧 모든 개별적 학의 원리를 근거지우는 '제일철학'은 엄밀한 의미에서의 학이 될 수 없다는 것을 의미한다. 왜냐하면 만일 그것이 《분석론 후서》에서 제기된 규정에 따라 학이려면 그 원리의 정의에 대한 체계적 인식이 가능해야 한다. 하지만 형이상학 어디에

---

50) *Logik* I S. 61, 4~11.

51) *Logik* III S. 285

52) 이미 칸트가 《순수이성비판》(B 833)에서 '사변적'을 '순수 이론적'의 의미로 사용하며 헤겔이 자신의 학을 "사변적 학"이라고 부르는 이유는 바로 칸트적 의미에 근거해서 "선험적" 관점을 비판하고자 사용하는 표현이다. 졸고 "철학적 증명에 관하여", 《哲學硏究》, 제45집(1999, 여름) 참조.

서도 그러한 원리의 정의에 대한 내재적 필연성은 서술되어 있지 않다. 단지 '간접 증명'을 통해 그 원리의 타당성만이 제시될 뿐이다. 바로 이 점이 우리로 하여금 '[제일]철학이 학인가 혹은 학일 수 있는가' 라는 문제를 끊임없이 제기하게 만드는 이유이다. 헤겔이 자신의 전 철학적 노고 속에서 추구한 것이 "진리에 대한 학적 인식"이라 말할 때 그는 바로 공리 연역적 방법이 결코 철학의 방법이 될 수 없다는 것을 제시한다. 그는 다음과 같이 말한다:

"철학이 학이어야만 할 때, 내가 어디에선가 말했듯이 철학은 그 방법을 수학과 같은 어떤 하위의 학문으로부터 빌려올 수 없다. (…) 오히려 그 방법은 학문적 인식함 속에서 스스로 움직이게 되는 내용의 본성일 수 있는데 이러한 내용의 본성이란 내용규정 자체를 비로소 정립하고 산출하는 내용 스스로의 고유한 반성이다."[53]

바로 여기서 우리는 헤겔이 철학의 원리를 왜 지금까지 살펴본 것처럼 정의하고 증명하는지 이해할 수 있다. '철학'은 다른 모든 학문이 그렇게 하듯이 그 원리를 증명하기 위해서 또 다른 보다 높은 원리를 전제할 수 없다. 오히려 철학에서 원리는 스스로 구성되어져야 하며 동시에 그 구성은 원리 자신의 증명이어야 한다. 따라서 헤겔에게 철학의 의미는 바로 원리의 "정의에 대한 증명"이다. 이러한 철학은 스스로의 내용을 증명하기 때문에 더 이상 '진리를 향한 사랑'(philosophia)이 아니다. 그것은 진리 자체로서 "철학적 학"(die philosophische Wissenschaft)이다. 그리고 이 학문의 방법은 더 이상 추론의 형태로 이루어지지 않는다. 헤겔은 다음과 같이 말한다. "정의에 대한 필연적 증명과 그 의미는 단지 그 속에서 정의가 결과로 나타나는 전개에만 놓이게 된다."[54] 이 전개를 헤겔은 "변증법적 운동"(die dialektische

---

53) *Logik* I S. 6, 18~29.
54) Enzy. S. 6, 24~26

Bewegung)이라 부르며 그것을 "[첫째] 스스로를 산출하며(sich erzeugend), [둘째] 전진적으로 나아가며(fortschreitend), [셋째] 자기 자신으로 되돌아가는(in sich zur ckgehend) 운동"으로 이해한다.[55] 이러한 운동은 바로 우리가 위에서 '철학'의 원리에 대한 근거지움 속에서 고찰한 그것이다. 따라서 '철학적 학'의 방법은 "변증법"(die Dialektik)이라 할 수 있다. '철학적 학'의 방법으로서의 변증법이 원리에 대한 정의(즉 진리의 인식)일 뿐만 아니라 동시에 증명이라는 점에서 분명히 철학에 대한 헤겔의 인식은 아리스토텔레스보다 플라톤에 가깝다. 이런 이유로 헤겔은 플라톤 이후 철학의 방법으로부터 변증법을 제외시키려는 아리스토텔레스를 "변증법이 증명으로부터 분리되고 난 후 사실 철학적 증명의 개념은 상실되었다"라고 비판한다.[56]

VII. 맺는 말

우리는 이제까지 원리를 중심으로 고찰한 철학의 정의에 대한 문제를 다음과 같은 물음과 더불어 매듭지으려 한다. Philosophia는 단순히 '지혜에 대한 사랑'인가 아니면 지의 체계로서 '철학'(die philosophische Wissenschaft)인가? 만일 그것이 '철학'이라면 그 원리와 방법은 무엇이어야 하는가? 그리고 더 나아가 만일 이러한 물음들이 철학적인 것이라고 한다면 우리는 이미 철학의 원리와 방법을 전제하는 것은 아닌가?

---

55) PhdG S. 48, 18~20
56) PhdG S. 48, 22~24. 아리스토텔레스는 'Philosophie'와 'Dialektik' 그리고 'Sophistik'을 구분한다. 그에 따를 때 변증론자와 철학자는 비록 추구하는 것에서는 같지만 진리의 인식은 결국 철학자에게만 가능하다. *Metaphysik*, 4권 1004b25.

이 문제들을 진지하게 받아들일 때 우리는 애초에 고대인들이 Philosophia 앞에 섰던 그곳에 다시 서게 된다. 이때 던질 수 있는 물음은 아마도 "철학은 무엇과 더불어 시작되어야 하는가(womit muß der Anfang der philosophischen Wissenschaft gemacht werden)?"일 것이다. 이 물음과 철학함(das Philosophieren)을 동일한 것으로 간주한 사람이 헤겔이다. 그에게 있어 Philosophia는 항상 '철학'(die philosophische Wissenschaft)이었으며, 그 철학함의 내용과 형식은 분리될 수가 없었다. 다시 말해 철학하기로 결단하는 우리의 사유가 던지는 이 물음은 그에게 이미 하나의 형식이었다. 그것이 형식인 한 그 내용이 설명되어야 한다. 즉 그 물음과 더불어 사유가 시작(Anfang, Prinzip)되는 한, 원리로서의 사유인 바 그것의 내용(was das Denken ist)이 해명되어야 한다. 결국 헤겔에게 철학은 완결된 체계로서의 "사유에 대한 사유"(das Denken des Denkens)이다.

하지만 이제 그와 같은 헤겔의 철학도 하나의 철학(eine Philosophie)이 되었다. 그리고 그와 더불어 철학(die Philosophie)의 시대는 끝난 것처럼 보인다. 바로 여기서 우리는 다시금 다음과 같은 우리의 물음을 던진다. 철학(philosophia)은 무엇과 더불어 시작되어야만 하는가(Womit muß der Anfang der Philosophie gemacht werden)?

플라톤과 베르그손의 나눔의 방법[1]

박종원

1. 머리말

우리는 이전에 "지성주의적 자연 해석과 비판을 위한 소고"라는 한 논문에서 소크라테스 이전 고대 희랍의 자연철학자들의 자연에 대한 이해와 설명 방식이 어떤 분할 방식 위에 기초한 것인지, 그리고 근대

---

[1] 분할(나눔)이란 인식의 기본적인 전제이다. 우리는 탐구하고자 하는 대상을 그것이 무엇이든 간에 그것을 나누는 작업으로부터 시작한다. 고대 희랍의 자연 철학자들이 자연을 이해하기 위해 사용한 방식이 그렇고, 플라톤이 실재를 학문이론의 측면에서 설명하는 방식이 그러하고, 아리스토텔레스가 인식론적 측면에서 지각된 세계를 보편적 개념들에 의해 나누는 방식이 그러하고, 근대과학이 물질들을 이해하기 위해 사용하는 방식이 그러하며, 근대 철학자들이 세계를 설명하기 위해 단순 관념들로부터 복합 관념으로의 구성하는 방식이 분할의 작업을 전제하며, 또한 인식 기능들을 나누는 방식이 그러하다. 따라서 분할이란 학적 인식의 출발점이다. 우리는 인류학의 발달과 함께 원시인들의 자연적 인식도 사물들을 나누는 방식(즉 차별화하는 방식)에 의존한다는 것을 안다. 따라서 나누는 작업은 인간 지성의 본성이다. 우리는 이 논문에서 실재를 나누는 문제를 가장 깊이 있게 고려했던 두 철학자의 관점을 특히 강조하려 한다.

과학의 자연 이해 방식이 어떤 점에서 고대 자연 철학자들과 연속선상에 있는지를 설명하고자 시도했다. 고대 자연철학자들이나 근대과학자들이 자연을 설명하기 위해 전제한 것은 바로 인간 지성이 행동의 필요성에 따라 자연을 측정하는 데 사용하는 틀인 '공간표상'이다. 사실 '공간성'을 말하지 않고, 분할을 말한다는 것은 불가능하다. 왜냐하면 분할의 작업과 공간성은 동연적으로 발생하기 때문이다. 그러나 비록 인간의 자연 이해 속에서 자연을 분할하는 작업과 '공간성'은 분리되지 않는다 하더라도, 분할의 작업이 '공간'을 전제하고 이루어지느냐 아니면 '공간'이 분할의 작업과 동시에 발생하느냐 하는 것은 큰 차이가 있다. 바로 여기서 '공간성'을 전제한 과학이나 그것을 정당화하기 위한 철학과, '차이성'을 우선으로 하는 철학이 구분된다. 전자가 논증 또는 증명의 철학, 구성의 철학이라면, 후자는 직관의 철학 또는 사실의 선을 따르는 철학이다. 이 후자의 철학에서 우리는 플라톤과 베르그손을 만나게 된다. 이 둘은 차이성에 의한 분할을 자연을 이해하는 철학적 방법으로 생각한 점에서 철학사에 있어 아주 독특한 인식론적 관점을 보여주고 있다. 우선 이 두 철학자는 각각 공간표상을 전제로 하여 자연을 인위적으로 분할하는 작업을 한 고대의 자연철학과 근대과학을 비판하며, 그들과 대립하고 있다는 점을 주목하자. 이런 인위적인 분할을 경계하기 위해서 플라톤은 '실재의 관절에 따른 분할'을 강조하고, 베르그손은 '사실의 선(線)을 따른 분할'을 말한다. 그러나 이 두 철학자를 가장 가깝게 접근시킨 이 태도의 유사성 밑에는 이 둘을 가장 멀리 위치시키는 차이점이 있다. 그것은 플라톤이 정적인 관점에서 자연을 바라보는 가장 이상적인 극단을 제시한다면, 베르그손은 동적인 관점에서 자연을 바라보는 다른 이상적 극단을 취한다는 점이다. 우리가 이 논문을 통해 다루고자 하는 것이 두 철학자의 유사성과 차이성이다. 우선 우리는 이 두 철학자의 유사성을 조망하는 관점에 위치하여, 철학의 역사 속에서 '논증(또는 증명)의 방법'에 의해 그 가치가 은폐된 '차이성의 철학'이 철학의 방법으로 어떤 가치를 지니고 있는가를 제시하고자 한다. 철학적 방법의 주류로 자리잡아왔던 '논증의 방법'은 수학이나 논리학 또는 수학적 물리학을 학문의 전형으로 채택한 방법이다. 이 방법의 근본정신은 양적인 관점에 서 있으며, 따라서 수적인 양이 형성되는 '공간'을 전제로 하는 철학이다. 반면에 차이의 철학은 질의 철학이며, 직관의 철학이다.

철학의 방법으로서의 '차이성의 철학'의 중요성이 인식된다면, 이제 정적인 관점에서 차이성을 설명하느냐 아니면 동적인 관점에서 설명하느냐의 서로 대립되는 태도 앞에 서게 된다. 바로 이 태도의 차이가 학문성과 철학의 의미를 다시 반성하게 하는 계기가 될 것이다.

2. 플라톤의 나눔의 방법

우리는 고대 희랍의 자연철학들의 분할의 방법을 다룬 논문의 한 구절을 인용함으로써 시작하자. "다원론자들의 '분할방법'과 플라톤의 '분할방법'은 매우 다르다. 다원론자들의 분할방법은 자연을 실재적으로 분할하는 방법이 아니다. 그것은 인간 지성이 요구하는 대로 수를 분할하듯이 분할하는 방법이다. 즉 거기에서는 지성이 요구한 본질이 여러 요소들로 나누어진다고 가정한 후, 이 나누어진 궁극적 실체들의 결합에 의해서 감각적인 세계가 형성된다고 주장하는 것이다. 따라서 이 방법은 자연을 가정된 실체들에 의해서 나누고, 구성하는 '가설적 분할 방법'이거나 '구성의 방법'이지, 자연을 실제적인 선을 따라 분할하는 방법이 아니다. 반면에 플라톤은 파르메니데스의 '본질 세계'와 '감각 세계'의 구분을 실재와 비실재로 설명하는 것이 아니라, '이념적 실재성'과 '유사적 실재성'으로 설명하며, 이념적 실재성인 형상(본질)들의 세계가 유(類)와 종(種)의 계층적 구조로 이루어져 있으므로, 한 유적 형상을 구성하는 종적 형상들의 필연적 관계를 밝히는 진정한 방법은 '나눔의 방법'이라고 주장한다. 따라서 같은 분할이란 방식을 취한다 하더라도 다원론자의 방법과 플라톤의 방법은 서로 다른 방법이다".[2] 이 표현들을 정당화하는 기회로 삼으면서 논의를 시작하자. 우리가 플라톤의 분할방법의 가치를 올바르게 평가하기 위해 선행적으로 논구해야 하는 것은 다원론자들이 파르메니데스를 극복하는 방식으로 제시한 분할방법이다.

파르메니데스는 인간 지성이 요구하는 실재성, 즉 본질의 세계를 처음으로 규정한 철학자이다. 본질의 세계란 바로 '동일률'과 '모순율'이란 이중적 성격에 의해서 규정되는 '공간성' 위에 세워진 세계이다. 따라서 세계는 이 '공간' 위에서만 성립하는 수학이나 기하학처럼 불변적이고 부동적이다. 파르메니데스는 자연의 '참다운 실재성'을 이와 같은 지적 공간에 투영시킴으로써 변화 속에 있으며 서로 대립적이기까지 한 감각적 세계를 비실재화하게 된다. 생성의 관점에서 출발했던 고대의 자연철학은 피타고라스에서부터 시작하여 파르메니데스의 존재규정을 거쳐 본격적으로 제작(만듦)의 관점으로 바뀐다. 이것은 이제 자연을 어떤 원질들의 시간적 생성의 측면에서 설명하는 것이 아니라, 정적이고, 영원한 관점에서 바라본다는 것을 의미한다. 파르메니데스 이후에 제작의 관점, 구성의 관점에서 자연을 분할하기 시작한 것이 다원론자들이다.

다원론자인 엠페도클레스는 자연의 변화(즉 생성과 소멸)를 이렇게 설명한다. 불변적이고 영원한 '물', '불', '흙', '공기'라는 네 가지 뿌리

---

2) "지성주의적 자연 해석과 비판을 위한 소고"에서 인용. 《자연의 현상학》, 243면. 《철학과 현상학 연구》, 제10집.

실체들이 있는데, 이들의 (우연적인) 결합과 해체에 의해서 감각적 세계의 생성 소멸이 일어난다. 엠페도클레스의 이 설명방식은 한 편으론 파르메니데스가 생각한 진정한 실재성의 요구를 충족시키면서, 다른 한 편으로 변화하는 경험세계를 설명하는 방안으로 제시된 것이다. 이 설명방식에서 우리는 이오니아 학파의 철학자들의 견해와 다른 두 가지 점을 주목할 수 있다. 우선 엠페도클레스의 4원소는 이오니아 학파의 4원소와 다른 의미를 갖는다. '뿌리실체'들은 이오니아 학파의 원질들처럼, 자기원인적이거나 서로 대립적이거나 아니면 다른 원질들로 변화될 수 있는 성질의 것이 아니다. 그것들은 자기동일적이고, 다른 실체들로 변형되거나 상호 대립할 수도 없는 '본질'들이다. 즉 '뿌리실체'들은 파르메니데스의 일자적 본질규정을 분할하여 나누어진 '본질'들의 형태를 띠는 '타자'들이다. 두 번째로, 엠페도클레스는 파르메니데스의 일자적 존재규정을 네 가지 요소로 나누고, 그것들의 결합에 의해서 감각세계의 생성소멸을 설명하고 있는데, 왜 파르메니데스의 일자적 규정이 네 가지 요소로 나누어져야 하는지, 그리고 네 가지 뿌리실체들이 그것들의 결합으로 만들어졌다고 가정한 경험적 대상들과 어떤 관련이 있는지가 설명되어 있지 않다. 따라서 엠페도클레스의 분할방법(더불어 결합방식)은 실재적 근거를 갖지 않는, 이런 이유로 실재성 밖에서 부과된 '우연적이고, 인위적인 방법'이다.

아낙사고라스는 엠페도클레스의 나눔과 결합의 방식의 이념을 따르면서 위의 난점을 극복하려고 시도한다. 그것은 감각적 대상들이 나타내는 다양한 성질들의 수에 일치하도록 근본적인 실체들의 수를 증가시키며, 감각적 대상이 가지는 성질은 근본적 실체들인 '종자'들 중 어떤 것이 가지는 성질이라고 설명하는 것이다. 그러나 아낙사고라스의 설명방식은 파르메니데스의 본질규정을 위태롭게 하는 측면이 있다. 왜냐하면 그의 설명방식으로는 감관에 의해 지각하는 성질들이 궁극적인 실체들인 '종자'들의 성질이 되어야 하는데, 그렇다면 본질세계는 불변이고 부동이고 영원해야 하며, 따라서 변화를 겪는 감각적 세계와는 전적으로 다르다는 파르메니데스의 이념은 퇴색하게 되기 때문이다. 그러나 본질의 세계의 이념은 우리 지성의 본성에 그 근원을 갖는 근본적 요구이기 때문에 데모크리토스는 감각세계와 본질세계에 대한 아낙사고라스적 접근을 다시 파르메니데스의 정신에 충실한 방식으로 전환시킨다. 즉 근본 실체들은 우리 감관에 의해서 지각할 수 있는 것과는 전적으로 다른 것으로 크기와 형태의 차이만 있고 모두가 동일한 성질을 지니는 요소들이다. 바로 이것이 데모크리토스가 근본적 실체들로 가정한 '원자'(atom)들이다. 사실 이 원자론은 파르메니데스의 일자적 존재규정을 수적으로 무한히 분할한 것과 다를 것이 없다. 따라서 피타고라스의 수학적 원자론이 파르메니데스의 자연에 대한 존재규정을 거쳐 데모크리토스의 '물리적 원자론'의 형태로 다시 나타나게 된 것이다. 수학적 원자론은 바로 인간 지성의 틀인 '공간표상' 위에 세워지는 것이기 때문에, 우리는 데모크리토스의 '물리적 원자론'을 통해 우리가 자연을 이해하기 위해 지성의 틀인 '공간표상'을 어떻게 투영시키는지를 엿볼 수 있다. 더욱이 데모크리토스에 와서 '공간표상'과 동일한 의미내용을 갖는 '빈 공간'의 존재성을 주장한다는 사실은 주목할 만하다. 이 '빈 공간'의 주장은 우리 지성의 틀인 '공간표상'의 요구를 자연적으로 드러낸 것이다.[3] 따라서 엠페도클레스에서 데모크리토스까지의 다원론자들의 분할방법은 실재의 요구에 따라 이루어진 분할방법

---

3) '공간표상'이란 단위들을 모아 수를 형성하고, 도형을 그림으로써 기하학을 할 수 있는 '동질적 장'이다. 그것이 동질적이라는 것은 그 위에 놓일 수 있는 모든 질들을 배제해도, 그것들이 놓일 수 있는 장소처럼 순수하게 머물러 있다는 것을 의미한다. 따라서 우리가 수나 기하학의 도형 같은 부동적 실체를 가정하자마자, 실체들은 그것의 존재론적 동일성을 보존하는 공간 위에 존립하는 것으로 간주된다. 따라서 '공간'은 본질을 지탱하는 자리이다.

이라기보다는 우리 지성의 요구에 따라 이루어진 분할방법이다. 그리고 공간표상이란 우리가 생성의 관점이 아니라 제작의 관점(또는 구성의 관점)에 설 때 전제하는 것이므로, 우리는 다원론자들의 분할방식이 인위적이라고 말할 수 있다.

플라톤은 감각 세계를 구제하려는 다원론자들의 노력을 수용한다. 그러나 다원론자들과는 다른 방식으로 자연을 이해하고 분할한다. 플라톤의 분할방법을 이해하기 위해 우선적으로 고려해야 하는 것이 '감각 세계'(可視界)와 '이념적 세계'(可知界)의 구분이다. 그는 파르메니데스의 이념을 따르면서 감각 세계를 구제하려 했던 다원론자들과는 달리 감각 세계 속에 불변적인 근본적 실체들을 가정하지 않는다. 왜냐하면 감각 세계는 변화 속에 있기 때문이다. 변화란 다원론자들이 생각하듯이 감각 세계를 형성하는 근본적 실체들을 침범할 수 없는 외적 요인에 불과한 것이 아니라, 헤라클레이토스가 예시했듯이 감각적 세계를 관통하는 근본적 요인이다. 따라서 감각 세계를 구성하는 어떤 요소들도 변화로부터 벗어날 수 없다. 그러면서도 감각 세계는 우리 정신이 거기에서 파르메니데스가 지향했던 존재성을, 즉 본질을 엿볼 수 있는 어떤 질서를 내포하고 있다. 물론 우리 정신(nous)이 지적 직관을 통해 감각 세계에서 엿볼 수 있는 형상(본질)들이란 자연철학자들이 자연의 근본적 실체들로 간주한 물질적 요소뿐만 아니라, 이 요소로 구성된 자연적 대상들 그리고 '정의'와 '덕'과 같은 이념적 대상들을 모두 포괄한다. 감각 세계에서 그것들의 불변적이고 영원하고, 순수한 형태를 엿볼 수 있는 '형상'들로 구성된 세계가 바로 가지계이다. 이처럼 플라톤은 형상들(본질들)로 구성되어 있는 이념적 세계와 이 형상들이 변화 속에 있고, 혼합되어 있는 감각 세계를 구분한다. 이 구분에 따르면 형상들은 '자기동일적'이고, '순수하고', '단일하고', '불가분적'인 성격을 갖는다. 반면에 '경험적 대상'들은 변화 속에 있기 때문에 자기동일적이지 않고, 형상들을 닮은 것들이 혼합되어 있으므로 혼탁하고, 가분적이라는 성격을 갖는다. 따라서 경험세계는 그 존재성이 인정된다 하더라도, 순수하고 완전한 형태로 존재하는 이념적 세계(형상들의 세계)를 모방하거나 분유하거나 참여하는 방식으로 존재할 뿐이어서 '형상들의 세계'와 유사한 존재성만을 지닌다. 오늘날 용어로 말한다면, 그것은 '존재'(l'être)와 '실존'(l'existence)의 차이와 같다. '실존'은 변화 속에 있으므로 '자기동일적'이지 않으며, 따라서 우리가 '실존'을 이해하고 인식하기 위해서는 자기동일적인 '존재'에 비추어 통찰해야 한다.

이념적 대상들(형상들)의 존재성에 대한 믿음은 학적 인식에 근본적인 전제이다. 학적 인식은, 그것이 자연을 이해하는 방식에 따라 어떤 양태로 발전하건 간에, 이 전제 위에서 성립한다. 학문적 인식의 조건들에 대한 탐구는 구체적인 학적 인식들(—우리가 오늘날 과학이라고 명명하는 분과적 인식들)보다 더 근원적이다. 이런 의미에서 플라톤의 형상이론은 구체적 학문들에 비해 '메타적' 성격을 갖는 '학문이론'이다. 철학이 곧 '학문이론'이라는, 오늘날까지 이어져 온 성격규정은 바로 플라톤에서 시작된다.[4] 또한 플라톤의 '이념적(형상적) 본질주의'는 각 학문의 발전양태들을 포괄할 수 있는 지적 태도를 표현한다. 예를 들어 우리가 삼각형에 대한 학적 인식을 가지게 되는 것은 '삼각형'의 '형상'(본질)을 통찰함에서 시작된다. 그리고 이 형상의 구체적 의미화는 여러 단계에서 전개될 수 있다. 삼각형을 평면적 공간에다 투영함으로써 유클리트 기하학적 방식으로 의미화할 수 있고, 아니면 곡면적 공간에다 투영함으로써 비-유클리트적 기하학의 방식으로 의미화할 수 있다. 그러나 우리가 서로 다른 공간적 차원에서 전개된 의미화를 삼각형에 관한 정의로 포괄할 수 있는 것은 우리가 삼각형의 형상을 이념적

---

4) 아리스토텔레스의 후예들이 그의 강의록에다 부친 '메타피지카'(meta+physica)란 이름은 플라톤의 학문적 이념의 한 표현이다.

으로 지향하기 때문이다. 이런 의미에서 플라톤의 학문이론은 한 차원
의 세계가 아니라 모든 차원의 가능세계를 포괄할 수 있는 이념학 또
는 본질학이라고 규정할 수 있을지 모른다.[5]

플라톤의 학문이론인 '디알렉티케'(dialektikē)는 형상들이 결합되어
있는 관계를 밝힘으로써 실재에 대한 학적 인식(에피스테메)에 도달하
는 방식이다. 형상들의 결합에 대한 인식은 실재를 그것을 구성하는 형
상들로 나누는 작업을 전제한다. 그러나 형상들이 결합되어 있는 관계
를 밝히기 이전에 우선 형상들의 결합 가능성을 설명해야 한다. 그것은
학문이론으로서의 철학에 부과되는 임무이다. 또한 플라톤의 입장에서
그것은 '진정한 실재'의 존재조건을 언급했지만 이 실재를 불가분적
일자(一者)로 간주함으로써 學(인식)을 불가능하게 했던 파르메니데스
를 극복하는 방안의 제시이기도 하다. 형상들의 결합관계의 가능성을
보여주는 플라톤의 가장 대표적인 견해는 대화편《소피스테스》에 나오
는 5가지 최고류(最高類)의 형상들― '존재 자체'(to on auto), '운동'
(kinesis), '정지'(stasis), '동일성'(tauton), '타자성'(thateron)―에 관
한 설명에 나타나 있다.[6] '운동'이란 형상과 '정지'란 형상은 서로 결
합이 불가능하다. 그러나 '운동'도 '정지'도 모두 있는 것이기 때문에,
'존재'란 형상과 결합한다. '동일성'이란 형상과 '타자성'이란 형상은
결합할 수 없지만, 모든 형상들이 자기동일적이어야 하기 때문에 '동일
성'은 모든 형상들에 관계한다. 모든 형상들은 '자기동일적'이고 따라
서 다른 형상들에 대해서는 타자적 관계에 있기 때문에 '타자성'도 모
든 형상들에 관계한다. 그런데 비록 플라톤이 이 최고 형상들의 관계성
을 통해 실재성을 표현하는 형상들의 결합관계를 예시하려고 했다 하

---

5) 물론 플라톤 당시 수학적 탐구는 유클리트 기하학적 모델이었으나 그 이념에 있어
   서는 오늘날의 비유클리트 기하학을 포괄하는 본질학이라 볼 수 있을 것이다.
6) *Sophistēs*, 254d~256d.

더라도, 이 형상들은 실재를 표현하는 일반적 형상들과는 전적으로 다른 형상들이다. 그것들은 실재성의 어떤 단위나 어떤 단계를 표현하는 형상들과는 달리, 실재적인 모든 형상들에 적용되는 '메타적' 성격의 형상들이기 때문이다. 따라서 우리는 이 형상들을 앎(인식)의 구성의 측면이 아니라 학문이론의 측면에서 바라보아야 할 것이다. 학문이론이란 구체적 학(앎)에 관한 것이 아니라 학(앎)이 성립하기 위한 조건들에 관한 이론이듯이, 이 Megista genē는 일반 형상들의 존립방식이나 성격에 관한 규정일 수 있다.

우선 '존재 자체', '운동', '정지'는 자연을 우리가 이념적으로 표상할 수 있는 가장 큰 틀이다. 헤라클레이토스는 만물은 영원히 '운동' 속에 있다고 주장한다. 반면에 파르메니데스는 변화하는 감각 세계는 가상적 세계이고, 불변적인 세계가 실재 세계라고 주장한다. 플라톤은 이 실존적 세계에 변화(생성과 소멸)가 존재하므로 '운동'을 인정하지 않을 수 없으며, 또한 거기서 우리가 질서를 읽어낼 수 있는 방식으로 규칙성을 볼 수 있으므로 '정지'(질서)를 인정하지 않을 수 없다고 생각한다. 그러면 이 실존적 세계를 이념적으로 이해하는 방식은 무엇인가? 그것은 '존재 자체'의 형상이 '운동'이란 형상과 '정지'라는 형상과 관계하는 식으로 규정하는 것이다. 이것이 어느 정도 질서를 이루면서 변화 속에 있는 실존적 세계를 이념적으로 표상하는 방식이다. 형상들은, 그것이 일반적 형상들뿐만 아니라 최고류(最高類)의 형상들일지라도, '자기동일성'과 '순수성'을 가지기 때문에, 우리 정신(nous)은 변화와 질서가 혼합된 형태를 이념적으로 표상할 수 없고, '운동'(변화)과 '정지'(질서)를 그 순수한 상태로 분리하여 표상하고, 그것들이 '존재 자체'에 관계하는 것으로 규정할 수밖에 없다. 플라톤의 생각을 이와 같이 해석할 수 있다면, 플라톤은 근대인들—근대과학자나 근대철학자들—보다 훨씬 깊이 있는 자연 이해와 이념화작용에 대한 이해를 하고 있었다고 말할 수 있다.[7] 사실 플라톤은 실존적 세계인 우주의 생성을 다루고 있는 《티마이오스》에서 우주를 질서와 변화라는 두 원인에 이끌리는 세계로 설명하고 있다.

'동일성'과 '타자성'은 모든 형상들의 성격 규정과 다른 형상들과의 관계성을 표현하는 최고류의 형상들이다. 이념적인 대상들은 각각이 한 성질이나 본질의 자기동일적인 성격을 가지며, 서로 혼합되지 않고 분리되어 있다. 따라서 각 형상은 다른 형상에 대해서 타자적이다. 이미 다원론자들에 의해서 본질들(―그들에 있어서는 '뿌리실체'나 '종자'들 같은 궁극적 실체들)의 타자적 성격이 의식되었지만, 플라톤은 학문 이론을 정립하기 위해 형상들의 타자적 성격을 정확히 지적한다. 바로 이 타자적 성격은, 우리가 다원론자들에게서도 보았지만, 파르메니데스를 극복하고 본질(형상)들의 결합 관계를 말하기 위한 조건이다. 각 형상들은 타자적이지만 서로 결합 관계가 형성되어 있는 형상들이 있고, 그렇지 못한 형상들이 있다. 이와 같은 형상들의 결합관계를 통해 실재의 구조를 드러내는 것이 바로 'dialektikē'이다. 그런데 형상들의 결합 관계를 밝히는데, 왜 형상들의 타자적 성격을 지적해야 하는가? 타자성은 형상들이 서로 다르다는 것을 뜻한다. 즉 물이란 형상은 불이 아니

---

7) 플라톤은 실존적 세계를 '운동'과 '정지'가 혼합된 존재방식으로 보지만, 근대과학이나 철학자들은 우주를 '정지'의 측면에서만 본다. 즉 근대과학자들이 다루는 운동은 변화나 생성을 의미하는 운동이 아니라 '공간상의 위치의 변화'를 표현하는, 존재론적으로 정지와 동일한 개념이다. 근대과학은 '정지'(수학적 질서)의 관점에서만 자연을 바라보는 태도 속에서 이루어진다. '운동량 보존법칙', '힘의 보존법칙', '에 니지 보존법칙'은 우주가 근본적으로 수학적 질서를 이루고 있다고 가정한다. 그러나 현대과학은 자연의 근원적인 질서체계가 확률적으로만 사실이라는 것을 드러냈다. 즉 우주 속에는 수학적 질서로 표현되지 않는 수학적 질서를 이탈하는 운동이 존재한다는 것이다. 물론 현대과학의 실증과학적 연구와 플라톤의 견해를 직접 비교할 수는 없다. 그러나 문제를 근원적으로 생각하고, 우리의 이념화 작용의 근본적 성격을 규정하는 플라톤의 방식은 오늘날에도 유효한 것이다.

다. 즉 한 형상은 다른 형상과 '이다' 또는 '이지 않다'의 관계에 있다. 그런데 파르메니데스는 본질의 세계를 불가분적인 일자적 세계로 인식했기 때문에, 그에게 있어서는 '이다'와 '이지 않다'의 구분이 없으며, 단지 '있다'와 '있지 않다'의 구분만이 있을 뿐이다. 즉 본질의 세계가 일자적인 것이 아니라, 여러 본질들로 다자적으로 분할될 때에만 '이다', '이지 않다'라는 관계가 성립하며, 이 때에만 우리는 앎에 관해서 말할 수 있다. 왜냐하면 앎이란 관계(본질들의 관계)에 관한 인식이기 때문이다. '타자성'에 대한 인식은 파르메니데스의 '허위'(虛僞)는 불가능하다는 주장을 논파하게 한다. 즉 虛僞는 파르메니데스가 생각하듯이, '있는 것'을 '있지 않다'고 하거나, '있지 않은 것'을 '있다'고 할 때 생기는 것이 아니라(—그런데 파르메니데스에 따르면 '있는 것'은 '있고', '있지 않은 것'은 '없기' 때문에 허위는 존재하지 않는다는 것이다), '이지 않은 것'을 '이다'고 하거나 '인 것'을 '이지 않다'라고 했을 때 생기는 것이다. 형상들 사이에는 결합 관계를 형성하는 것이 있고, 결합 관계를 형성하지 않는 것이 있는데, 결합 관계를 형성하는 형상들의 관계를 진술(—진술의 가장 근본적 형태는 '이다'에 의한 관계 설정이다)하면, 그것은 진실된 진술이고, 결합 관계가 없는 형상들을 결합 관계가 있는 것처럼 진술하면, 그 진술은 거짓된 진술이다.

그렇다면 우리는 어떻게 진실된 앎(진술)에로 나아갈 수 있는가? 그것은 정의하고자 하는 형상을 찾아 그것의 유(類)가 되는 형상으로부터 분리해 나가는 것이다. 이 나눔의 방법이 어떻게 진행되는지를 말하기 전에, 플라톤이 존재를 어떤 구조로 이해하고 있는지 알아보자. 그의 정신에 따르면, 존재는 유적 형상들과 종적 형상들의 계층적 구조를 이루고 있으며, 한 유적 형상은 종적 형상들의 필연적 결합 관계로 형성되어 있다는 것이다. 이처럼 종의 관점, 내포적 관점에 위치하는 플라톤에 있어서는 '동물'이란 형상은 '인간'이란 형상보다 유적인 형상이며,

외연적으로뿐만 아니라 내포적으로도 더 많은 내용을 가진다. 바로 이 점이 개체적 관점에서 보편개념에 의해서 정의를 시도하는 아리스토텔레스의 관점(—그의 정의기준에 따르면, 인간은 외연적으로는 동물보다 더 적은 개념이지만, 내포적으로는 더 많은 내용을 가지는 개념이다. 따라서 인간은 '이성적 동물'로 정의된다)과 다른 점이다. 플라톤에 있어서 외연적으로 가장 넓을 뿐만 아니라 내포적으로도 가장 많은 내용을 가지는 것은 '존재 자체'이다.

　형상들의 관계가 이처럼 계층적 구조를 이루고 있다면, 이제 문제되는 것은 어떻게 정의하고자 하는 형상의 정확한 지식에 도달할 것인가 하는 점이다. 우리의 출발점은 형상들이 혼합되어 있고 분유되어 있는 경험적 세계이다. 이 세계 속에서 우선 원리가 되는 형상을 찾는 과정이 '모음의 과정'이다. '모음의 과정'이란 "여러 갈래로 퍼진 것들을 하나의 형상으로 모아 보는 것"이다. 이 과정은 구체적인 경우들에서 공통적인 것을 추출하는 소크라테스의 귀납적 수렴화의 과정과 다르다. 오히려 여러 갈래로 나타나는 모습들을 한꺼번에 모아서 그것들이 어떤 원리 또는 본질에서 비롯되는지를 비추어 봄으로써 그 본질적 형상을 불현듯 통찰하는 것이다. 둘째 과정은 나눔의 과정인데, 이 과정은 포착된 "원리(또는 원리가 되는 형상)를 종적 형상들에 따라, 더 이상 나눌 수 없는 종적 형상들에까지 나누어가는" 과정이다.[8] 이 과정에 의해, 정의하고자 하는 형상은 그것이 처음 출발한 원리에서부터 계층을 이루고 있는 형상들의 결합 관계 속에서 드러나게 되는데, 바로 이러한 과정을 인식하는 것이 학적 인식이다. 그런데 플라톤이 《소피스데스》편에서 '소피스테스'를 정의하기 위해서 진행시킨 분할이 정확한 의미에서 실재를 분할하는 방법을 보여준 것은 아니다. 왜냐하면 '소피스테

8) *Phaidros*, 265c~265c, 277b; *Sophistēs*, 253d.

스'는 자연적 대상이나 자연적 종이 아니라, 인간 사회에서 어떤 기능을 하는 일군의 부류이기 때문이다. 거기서 소피스테스가 어떤 기능을 하는 부류인가를 밝히기 위해 소피스테스의 기능이 포함됨직한 가장 일반적 기술(즉 어떤 것을 획득하는 기술)의 나눔에 의해 시작하여 대체로 이분법적 절차에 의해 항상 올바른 쪽을 표현하는 오른쪽을 선택함으로써 최종의 기술인 '낚시꾼'의 기술을 이끌어 낸다. 따라서 '소피스테스'는 아래로부터 위로 후려치는 낚시꾼의 기술에 의해 어떤 것을 획득하는 기술에 종사하는 사람으로 정의된다.

그러나 플라톤이 《소피스테스》편에서 '소피스테스'라는 일군의 부류를 찾기 위해서 진행시킨 분할이 정확히 자연적 종을 찾는 분할 방법은 아니라 하더라도, 분할하는 방식은 자연적 종에도 정확히 적용될 수 있다. 예를 들어 인간이 무엇인가를 정의하기 위해, 생명체에서 식물을 왼쪽하고, 동물을 오른쪽으로 해서 나누어 동물을 택한 후, 다시 동물을 무척추 동물을 왼쪽으로, 척추동물을 오른쪽으로 하여 척추동물을 취하고, 다시 척추동물은 본능에 의존하는 척추동물과 이성에 의존하는 척추동물을 나눈 후, 이성에 의존하는 동물을 취하면 그것이 인간에 적용되는 최후의 종차이고, 중간 계층의 유들과 최초의 類는 이 종차를 포섭하는 형상들의 계층적 관계로 인간의 정의(定義)를 규정하는 내용들이 된다. 우리는 이 나눔을 대략적으로 진행시켰지만, 만일 엄밀하고 자세하게 중간 계층들을 단계적으로 진행시킨다면, 아마도 플라톤이 기대하듯이 생명체에서 인간 종에 이르는 길은 대략적으로 이분법적 방법에 의해서 진행될지 모른다. 더욱이 플라톤이 'dialektikē'의 방법의 예로써 '소피스테스'나 '정치가' 같이 사회에서 어떤 기능을 하는 부류(種)를 택한 것은, 비록 소크라테스의 과업을 이어 완수하려는 시대 상황의 필연적 귀결이었다 하더라도, 학문이론으로서 기대 이상의 효과를 생산할 수 있는 가능성을 내포하고 있다. 그것은 이 분할방법이 실체적인 방식보다는 '기능적인 방식'에 의존하고 있기 때문이다. 즉 이 분할 방법은 형상들을 '기능'(ergon)의 측면에서 이해하도록 시사하는데, 학문의 발전과 더불어 오늘날 드러나듯이, 모든 학문적 분야에 있어서 본질은 기능에 의해서 정의된다. 즉 어떤 대상의 표상이나 형태적 분류는 학적인 분류나 인식이 아니다. 그 대상의 기능이 인식의 대상이 되며, 학적 분류의 근거로 작용한다. 우리에게 기능적인 분류에서 가장 벗어나 있는 것처럼 보이는 물질적 대상들에서도 실상 대상에 대한 인식은 기능에 대한 인식이다. 예를 들어 철이나 아연은 우리에게 어떤 색이나 모양새로 표상되기 때문이 아니라 그것이 갖는 기능(작용)을 앎으로써 그 물질에 대한 학적 인식에 도달하는 것이다. 더욱이 우리에게 보이지 않는 '수소'나 '산소'는, 이런 기능(작용)을 하는 것은 '수소'라고 하고, 저런 기능(작용)을 하는 것은 '산소'라고 하자고 함으로써 분류가 되는 것이다. 그리고 산소나 수소는 물이란 형상을 나눔으로써 얻어진다.

  플라톤의 자연철학은, 부정적으로 본다면 그가 세우고자 하는 학적 인식(형상 이론)을 정당화하는 방식으로, 긍정적으로 본다면 이런 학적 인식을 예상할 수 있는 존재론적 통찰 속에서 전개된 것처럼 보인다. 실존적 세계(즉 우주)가 어떤 방식으로 구성되어 있기에 우리에게 학적 인식이 가능한가 하는 문제는 플라톤의 후기 대화편인 《티마이오스》에서 다루어지고 있다. 관찰자를 포함시킴이 없이 관찰자의 관점에서 물질의 운동을 측정한 근대과학보다 물질의 측정에 관찰자를 한 변수로 포함시킨 현대과학이 물질에 대한 존재론적 이해에 더 접근할 수 있었듯이, 제작적 관점에서 자연을 이해하려 한 초기의 자연철학자들보다 플라톤은 오히려 제작자(데미우르고스)를 포함시켜 자연을 제작적 관점에서 설명하려 함으로써 자연의 실재적 원리에 더 접근된 이해에 도달하고 있다. 플라톤의 우주생성론은 다원론자들의 자연에 관한 불완전한 설명을 보완하는 차원뿐만 아니라, 피타고라스에서부터 파르메니데스를 거쳐 그들에게 이어진 자연에 대한 수적인 공간화를 넘어서고, 거기에다 헤라클레이토스적인 관점까지도 종합하려는 노력의 결실이다.

우선 플라톤은 파르메니데스를 극복하고 불변적이고 단순한 궁극적 요소들로부터 그것들의 결합에 의해서 실존적 세계를 설명하려는 다원론자들의 시도의 일반적인 틀을 받아들인다. 그러나 플라톤은 이들의 견해에서 자신들이 위치한 제작적 관점을 의식하지 못함으로 해서 설명없이 가정되거나 아니면 잘못 설명된 원리들을 보충하고 수정함으로써 다원론자들의 견해를 개선하고 있다. 이들이 자연을 설명하는 방식에는 두 가지 커다란 문제점이 있다. 하나는 실존적 세계를 그들이 가정한 궁극적 요소들의 '단순한' 결합으로 간주하는 것이고, 다른 하나는 그 결합 방식을 우연적인 것으로 설명하는 것이다. 플라톤이 보기에 실존적 세계의 자연물들은 근원적 요소들의 '단순한' 결합으로 이루어지지 않는다. 왜냐하면 자연은 그것의 가장 낮은 단계에서부터 높은 단계에 이르기까지 단순한 요소들로부터 종과 유라는 계층적 관계 구조를 가진 것처럼 보이기 때문이다. 우선 자연물들은(그것이 생물이든 아니든), 엠페도클레스가 생각했듯이, 물, 불, 흙, 공기라는 4원소의 결합으로 형성되는 듯이 보인다. 왜냐하면 자연물들을 분해하면 결국 이 4원소에 도달하기 때문이다. 그러나 문제는 이 4원소들이 엠페도클레스가 생각했듯이, 불변적이고 궁극적인 실체(요소)가 아니라는 점이다. 플라톤은 이 요소들을 생성 변화하는 생성물로 파악한다. 그렇다면 이 4원소들은 무엇으로 구성되는 것인가? 이 점에 관해서 데모크리토스로부터 시사를 받을 수 있을까? 우리가 이미 보았듯이 아낙사고라스나 데모크리토스도 자연물과 궁극적 실체들의 관계를 일차적 관계로 설명하고 있다. 분명히 이런 설명은 자연의 계층적 구조를 설명하기에는 적합하지 않다. 그럼에도 불구하고 데모크리토스의 견해(원자론적 가설)에는 4원소의 설명과 관련하여 플라톤에게 영감을 주었을지도 모르는 한 측면이 있다. 그것은 그가 궁극적 실체인 원자(atom)를 경험적으로 볼 수 있는 요소들과는 전적으로 다른 것으로, 즉 크기와 형태만 다르고 모든 것이 동일한 단자로 만듦으로써, 경험적 요소들이 겪게 되는 생성 변화로부터 벗어나게 할 수 있다는 생각이다. 그렇다면 데모크리토스의 원자와 같은 것으로 4원소를 설명할 수 있는 것일까? 그런데 여기에는 적지 않은 문제점이 있는 것처럼 생각된다. 데모크리토스적 원자들이 그 형태가 너무 다양하기 때문에, 그것들로 4원소를 설명하는 것은 구성된 것보다 구성하는 것을 더 많게 함으로써 '단순성의 원리'에 위반되고, 게다가 데모크리토스의 원자론은 피타고라스의 수학적 원자론을 물질적 세계에 적용시킨 것과 같은 내용을 갖고 있다는 점이다. 우리가 이미 밝혔듯이, 피타고라스 이후의 고대 자연철학자들은, 공간을 분할하여 수를 형성하듯이, 자연을 분할하여 이해한다. 제논이 '일'과 '다'의 문제를 그런 식으로 생각했고, 다원론자들 또한 수학적 공간을 분할하듯이 파르메니데스의 '일자적' 존재성을 분할하였다. 다원론자들이 궁극적 실체들로부터 일차적인 방식으로 감각적 세계(즉 실존적 세계)의 생성과 소멸을 설명하려고 한 것도 사실은 이와 같은 공간적 사고에 기인한다. 그런데 이 공간의 수학적 분할은 피타고라스의 자연수론에서 드러났듯이, 그리고 제논의 '일'과 '다'의 역설 속에 드러났듯이, 자연의 실제적 분할에는 적합하지 않은 가설적 분할일 뿐이다. 이미 피타고라스의 자연수론의 문제점을 기하학적 도형에 의해 해결할 줄 알았던 플라톤에게 그의 젊은 친구 테아이테토스의 기하학적 입체들의 구성은 그가 4원소들을 기하학적 도형으로 설명하는 데 한 계기로 작용한다. 플라톤은 4원소를 구성하는 요소를, 즉 자연의 최후의 궁극적인 요소를 '이등변 삼각형'과 '부등변 삼각형'이란 형태의 요소라고 말한다. 이 요소들은 그들의 결합을 통해 플라톤이 입체로 가정한 4원소들 — '불'(정4면체), '공기'(정8면체), '물'(정20면체), '흙'(정6면체)을 설명할 수 있을 뿐만 아니라, 이 원소들이 상호간에 변형되는 것을 설명할 수 있다. 그리고 이 기하학적 형태는 최소 단위를 수적인 단위처럼 간주함으로써 발생하는 모든 종류의 모순들로부터 벗어나게 해준다. 사실상 선(線)을 구성하는 것으로 가정된 점(點)에 대한 정의(크기를 가지지 않은 최소단위)는 그 자체적으로 모순을 함축한다. 그것은 선이 면을 구성하는 실제적 단위가 아니고, 점은 선을 구성하는 실제적 단위가 아니라는 사실에서 비롯된다. 입체의 최소단위는 입체이어야 한다. 플라톤이 자연의 궁극적 요소로 간주한 '이등변 삼각형'과 '부등변 삼각형'이라는 요소는 그것들을 각각 분할했을 때 그것의 본성을 그대로 유지하는 '이등변 삼각형'과 '부등변 삼각형'으로 나누어진다. 따라서 이것들은 선이나 점 같은 불필요한 요소를 도입하지 않고도, 따라서 불필요한 모순적 논쟁에 휩싸이지 않고도, 근원적 요소로 가정될 수 있다. 이처럼 근원적 요소는 어떤 본성에서 찾아야지 크기의 최소단위에서 찾아서는 안된다는 것을 플라톤은 보여주고 있다. 이렇게 해서 플라톤은 자연을 '이등변 삼각형'과 '부등변 삼각형'의 형태의 근원적 요소들의 수적인 결합에 의해서 4원소들의 형성을 설명하고, 이 4원소들의 수적인 결합에 의해서 자연물들의 생성을 설명한다.

다원론자들이 실존적 세계의 형성을 설명하는 데 있어서 드러나는 또 하나의 근본적 문제점은 요소들의 필연적 결합을 이끄는 근본적 원리에 대한 설명이 결여되어 있다는 것이다. 사실상 요소들에서부터 결합되어 형성된 단계적인 생성물들은 마치 '좋음'의 형상을 실현하듯이 질서적인 형태를 지니고 있는데, 그들의 결합이론에는 이와 같은 질서의 근거가 주어져 있지 않다. 주지하다시피 엠페도클레스와 아낙사고라스는 4원소들과 종자들의 결합과 해체를 이 요소들 '밖에서' 작용하는

'사랑과 불화의 원리'로 또는 '우주적 혼(nous)'으로 설명한다. 그러나 이렇게 궁극적 요소들 '밖에서' 그들에 작용하는 '원리'는 어떤 요소들이 다른 요소와 특정한 관계로, 다시 말해서 필연적인 관계로 결합한다는 것을 설명하지 못한다. 따라서 이 요소들 '밖에' 가정된 지배원리는 이 요소들의 결합을 어떤 질서 없이 임의적으로 이루어지게 하는 것과 다를 것이 없다. '밖에서'부터 가정된 이런 원리가 요소들의 결합에는 우연적일 수밖에 없다는 인식하에 이런 원리에 대한 가정을 포기하고 요소들의 결합과 해체를 철저하게 우연 속에 놓아둠으로써, 오히려 필연적 결합의 필요성을 더욱 명확하게 의식시킨 것은 데모크리토스이다. 플라톤이 보기에 자연의 질서는 이러한 우연적 결합으로는 생성될 수 없는 것이다. 그렇다면 자연의 생성의 각 단계에서 '좋음'의 상태를 실현하는 결합 속에 있기 위해서는 요소들을 적절한 수적인 비율로, 필연적으로 결합하게 하는 요인이 있어야 한다. 그런데 이 요인은 엠페도클레스나 아낙사고라스가 생각했듯이 '밖에서' 부과될 수는 없으므로, 플라톤은 이 요인이 두 가지 원인(aitia)에서 비롯될 수밖에 없다고 생각한다. 하나는 요소 자체에 그 근원을 가져야 하고, 다른 하나는 이 요소가 지닌 가능성을 좋음을 실현하는 방향으로 인도하는 원리가 존재해야 한다. 플라톤은 전자를 물리적 원인인 '보조적 원인'이라 하고, 후자를 '본질적 원인'이라고 한다. 플라톤이 제작자인 '데미우르고스'를 제작의 과정(우주 생성의 과정)에 도입시킨 것은 바로 이 후자인 '본질적 원인'을 설명할 필요성에서이다. 자연물을 생산하는 4원소와 그것의 결합 가능성은 '보조적 원인'이고, 이 4원소를 적절한 수적인 비율로 결합하게 하는 힘은 '본질적 원인'이다. 그리고 4원소의 생성에 있어서는 '이등변 삼각형'과 '부등변 삼각형'과 그것들의 결합 가능성(—플라톤의 용어로는 '우연적 필연')은 '보조적 원인'이고, 이것들을 '정4면체', '정6면체', '정8면체', '정20면체'로 정확한 수적인 비율로 형성하게 하는 힘이 '본질적 원리'이다. 이와 같은 '본질적 원리'는 우리 지성의 원리인 누스(nous)를 닮고 있기 때문에, 플라톤은 이 수적인 원리를 우주적 몸체에 깃든 혼으로 생각한다. 바로 이것이 실존적 세계가 드러내고 있는 질서에 대한 설명이다.

그런데 '실존적 세계'가 우리 지성이 요구한 '지적 세계(형상들의 세계)'와 구별되는 것은, 전자는 후자와 같은 질서를 내포하지만 변화(생성과 소멸) 속에 있기 때문에 후자에 대한 '유사적 존재성'만을 지닌다는 점이다. 물론 '실존(변화 속에 있는 질서)'보다 '존재(형상의 세계)'에 존재론적 우월성을 부여한 것은 플라톤의 형이상학의 가치 기준이다. 우리는 플라톤과는 대립되는 가치 기준 위에서 형이상학을 구축하는 또 다른 견해인 베르그손의 견해를 살펴보게 될 것이다. 그러나 플라톤으로서는 자신의 가치 기준 하에서 실존적 세계의 존립방식과 형상의 세계와의 관계를 설명해야만 했다. 그러면 왜 실존의 세계에는 변화가 존재하는가? 그리고 질서는 어디에서 비롯되는 것인가? 플라톤에 따르면, 실존적 세계는 형상의 세계와 실제적 공간인 '코라'의 혼합이다. 다른 식으로 표현하면 형상적인 것(또는 nous적인 것)이 플라톤이 '코라'로 표현한 '흐름' 속에 놓여져 있는 현실태가 실존적 세계이다. 실존적 세계의 변화의 원리인 '코라'(공간)에서 우리는 자연을 "흐르는 물"에 비유한 헤라클레이토스적 이미지를 읽을 수 있다. 헤라클레이토스와 그를 극복하고 본질의 세계를 규정하는 방식을 제시한 파르메니데스의 대립은 이제 플라톤의 실존적 세계의 설명 속에서 다시 만나는 것처럼 보인다. 플라톤이 실존적 세계의 변화의 원리로 놓은 '코라'의 의미를 이해하기 위해 본질의 세계(형상의 세계)에 대한 파르메니데스의 규정을 다시 상기하자. 부동적인 지적 공간은 본질의 자리이다. 즉 본질의 세계란 '동일률'과 '모순율'이라는 이중적 규정으로 표현되는 '공간표상' 위에서 세워지는 세계이다. 본질이 불변적이고 영원한 자기동일적인 것으로 간주되는 것은 그것이 바로 이 공간 위에 세워지기 때문이다. 따라서 형상의 세계에서는, 플라톤이 정확하게 알고 있었듯이, 본질(형상)들과 그것의 기초인 '지적 공간'은 분리되지 않는다.[9] 반면에 실존적 세계가 변화 속에 있는 것은 실존적 세계를 형성하는 바탕인 '코라'가 '흐름' 속에 있기 때문이다. '코라'는 영원하고 불변적인 형상들(아버지)을 받아들여 '변화하는 질서적 세계'인 실존적 세계(자식)를 잉태하는 어머니에 비유된다. 따라서 이 흐름 속에 있는 질서들은 형상들에만 적합한 고정된 상태를 지시하는 표현인 '이것'(tode) 또는 '저것'(touto)이 아니라, "언제나 유사한 것으로서 반복해서 나타나는 이와 같은 것"(to toiouton aei peripheromenon homoion)으로 불러야 한다고 말한다.[10] 그런데 실존적 세계 속의 질서(자기동일성)에 대한 이 이해가 오히려 플라톤의 학문이론으로서의 형상이론의 적용가능성의 폭을 확장시키고 있다. 왜냐하면 실존적 세계의 질서의 '자기동일성'은 '반복하는 작용의 자기동일성'인데, 형상의 자기동일성은 바로 이 작용하는 자기동일성을 포괄하는 본(paradeigma)으로 사용되기 때문이다. 어떻든 플라톤은 실재적 공간을 '흐름'으로 파악하며, 데모크리토스가 고안하고 근대과학자들이 다루기 시작한 '빈

---

9) 플라톤은 《티마이오스》에서 이렇게 쓰고 있다. "즉 모상(eikōn)의 경우에는, 그것이 생김에 있어서 그 근거가 되고 있는 것 자체는 모상에 속하는 것일 수가 없고, 그것은 다른 어떤 것(즉 형상 -역자주)의 영상(phantasma)으로서 언제나 운동하고 있는 것이기에, 이런 까닭으로 그것은 어떤 다른 것(즉 공간 -역자주) 안에서 생기는 것이 합당한데, 이로써 그것이 어떤 식으로건 존재(ousia)에 매달려 있게 되거나, 아니면 그것이 전혀 아무 것도 아닌 것으로 되거나 한다는 말씀입니다. 반면에 '참으로 있는 것(to ontōs on)'의 경우에는 정확성으로 인한 참된 설명이 뒷받침하기를, 앞엣것과 뒤엣것이 서로 다른 것인 한, 이들 둘(즉 공간과 형상 -역자주) 중의 어느 것도 다른 것 안에 있게 되어, 이것들이 동시에 하나의 같은 것이면서 둘이 되는 일은 결코 없을 것입니다"(*Timaios*, 52c: 박종현·김영균 공동 역주를 따름).

10) *Timaios*, 49e.

공간'을 인정하지 않는다. '빈 공간'은 자신이 관찰자의 관점에 있다는 사실을 인식하지 못하고, 관찰자에 의해서 나타난 현상을 존재론적 사실인 것으로 간주하려는 자연철학이 갖는 환상이다.

플라톤은 자신이 처한 역사적 현실 속에서 '실존의 세계'보다 '형상의 세계'에 존재론적으로 높은 가치를 부여했다. 그러나 '형상의 세계'란 '실존의 세계'를 '학적으로 인식'하기 위해 불가피하게 놓지 않을 수 없는 세계였을지 모른다고 해석할 수도 있다. 만일 이런 해석이 가능하다면, 우리는 본질(또는 형상)들의 자리로서의 '지적 공간'과 실존적 질서들의 자리로서의 실재적 공간인 '코라'(흐름)를 구별하여 이해하고 있는 플라톤의 통찰력을 깊이 숙고해야 한다. 학문이론을 기초한 플라톤보다 더 부동성의 이념에 집착했던 플라톤 이후의 과학과 철학은 본질(또는 형상)들의 자리로서의 '지적 공간'에만 집착하게 된다. 바로 여기에서 서양학문을 지배하는 자연에 관한 부동성의 신화가 비롯된다. 근대과학과 근대철학을 지배한 이 환상으로부터 플라톤에로 돌아가 '실존'과 '존재'(학적 인식)의 관계를 플라톤적인 정신 속에서 바라보면서, 그러나 그의 가치 기준을 전도시켜, 학문성과 철학의 의미를 새롭게 묻고 있는 이가 베르그손이다.

3. 베르그손의 분할방법

차이의 방법은 자연 또는 실재를 탐구하는 철학의 가장 주목할 만한 방법이다. '차이의 방법'을 모든 종류의 앎을 탐구하는 방법(즉 학문이론)으로 최초로 깊이 있게 인식한 철인은 플라톤이다. 그리고 플라톤 이후에 '차이의 방법'을 철학의 방법으로 가장 깊이 있게 발전시킨 것은 베르그손이다. 사실 플라톤 이후 '차이의 방법'은 아리스토텔레스에 의해서 "더듬거리는, 미숙한" 방법으로 간주되어, 철학의 무대에서 오른쪽보다는 왼쪽에 서게 된다. 아리스토텔레스는 '차이의 방법'보다 더 엄밀한 형태를 띠는 것처럼 보이는 '논증의 방법'을 철학의 방법으로 권장한다. 그러나 '논증의 방법'은, 그 성격상 엄밀성을 지니고 있다 하더라도, 실재에 직접적으로 다가가는 방법은 아니다. 그것은 우리가 직관한 차이들을 보편적 개념들과 논리적 형식들에 의해서 확증하는 방법에 불과하다. 따라서 '논증의 방법'은 지적 직관에 의해 실재의 '관절들'을 따르기보다는 오히려 '지성의 논리'를 따라 재구성하는 데 유용한 방식이다. '논증의 방법'은 근대에 이르러 그것과 유사한 정신적 태도 속에서 작업하는 근대과학의 정신과 결합하면서 철학의 방법으로 발전한다. 논증의 가장 이상적인 형태는 수학이며, 근대물리학은 물체들의 이동을 수학적으로 측정하는 수학적 물리학이고, 근대철학자들은 기하학적 정신에 따라 철학(인식) 체계를 구성하려 했다. 철학의 방법인 '논증의 방법'과 과학의 방법인 '수학적 방법'의 결합은 결국 자연을 지성의 논리에 따라 분할하고 재구성하기 위해, 자연을 동질화하고 결국에는 자연에 대한 결정론적 이해에 도달하게 된다. 결정론은 동질적 공간 위에서 즉 '양의 관점'에서 자연을 이해하는 방식이다. 이때 자연은 더 이상 생성이 존재하지 않는 차갑게 죽은 자연이 된다.

　이 결정론적 견해로부터 자연의 본래적 모습을 회복하는 것은 결정론이 근거하고 있는 '동질화의 논리'에서 벗어나 (생명을 포함하는) 자연을 '사실의 선'을 따라 질적인 차이들에 의해서 분할함으로써 이루어진다. 이것은 '양적인 분할'에서 '질적인 분할'에로의 전환을 의미한다. 이러한 태도가 베르그손 철학의 근본 정신을 결정한다. 여기에서 우리는 베르그손의 플라톤주의에로의 회귀를 볼 수 있다. 플라톤이 그의 이전의 자연철학자들의 양적인 논리에 근거하는 인위적인 분할 방법에 대비하여 실재의 '관절'에 따른 질적인 분할 방법을 주장했듯이,

베르그손은 근대과학의 양적인 분할 방법에 대비하여 '사실의 선'을 따른 질적인 분할 방법을 주장한다. 그리고 플라톤이 질적인 분할(즉, 형상들에 의한 분할) 방법을 제시하기 위해, 파르메니데스가 부정(否定)을 무(비존재)와 동일시했던, 'einai(영어 be 동사)'의 존재술어화를 비판하고, 부정(否定)과 비존재를 분리하듯이, 베르그손은 근대과학을 비판하기 위해 근대과학이 전제하는 '공간표상'과 동일한 내용을 가지는 무를 부정하고, 무를 비존재로 설명하며, 비존재를 부정에 의해서 설명한다.

문제점을 인식하고 그리고 해결하기 위해 제시한 방안들의 유사성에도 불구하고, 이 두 철학자는 마치 서로 가장 먼 거리에서 마주하는 두 극처럼 한 철학자는 정적인 철학의 정점에 다른 철학자는 동적인 철학의 정점에 위치한다. 사실 플라톤 이후의 대부분의 철학들은 그들이 생각하는 만큼 플라톤 철학에 대립하고 있지 않다. 그 이유는 그들이 플라톤의 정신은 받아들이지 않되 실상 플라톤 철학의 틀 안에서 철학을 했기 때문이다. 그러나 베르그손은 플라톤의 정신은 받아들이되, 플라톤 철학의 틀 안에서 철학을 하지는 않았다. 우리가 이 두 철학자를 대비시키는 것은 바로 이런 의미에서이다.

그러면 플라톤과 유사한 정신을 소유한 철학자가 플라톤과는 다른 체계 속에서 실재를 어떻게 분할하는지를 보자. 우선 베르그손이 실재에서 배제하는 것은 무 개념이다. 베르그손에 따르면, 무나 우연과 같은 개념들은 실재성에 근거하지 않는 '사이비 개념'(les pseudo-concepts)들이다. 베르그손이 이 사이비 개념들의 정체를 드러내고자 하는 이유는 순수 공간의 전제 위에서 자연을 분할하여 설명하려고 한 근대과학은 실재성에 근거하고 있는 것이 아니라 우리 지성의 논리에 근거하고 있다는 것을 밝히기 위해서이다. 물론 그는 다른 한편으로 공간을 형상들 또는 질서들의 자리로 인식한 플라톤의 관점을 간접적으로 겨냥하

고 있다. 베르그손은 제작은 공간표상 위에서 이루어지는 작업이므로
자연을 제작적 관점에서 설명하려는 모든 지성주의 철학에 '무' 개념
은 운동인으로 작용하고 있다고 말한다. 그에 따르면, 무란 존재하지 않
는다. 그리고 무와 동일한 의미내용을 갖는 순수공간(또는 빈 공간)도
실제적으로 존재하는 것이 아니다. 그것은 사실상 제작적 지성의 환상
이다. 그렇다면 이와 같은 환상은 어디서 발생한 것인가? 그것은 우리
의 행위에서 발생한 것이다. 우리가 지각하는 것은 존재이며, 비존재를
지각한다는 것은 모순이다. 왜냐하면 지각이란 언제나 실제적인 것을
향하기 때문이다. 비존재란 고대인들이 올바르게 이해했듯이, 실재의
무엇인가를 지칭하는 술어가 아니다. 즉 그것은 대상언어가 아니고 행
동언어이다. 존재를 부정(否定)하는 행위에 의해서 형성되는 것이 비존
재이다. 비존재는 존재라는 대상언어를 인식하고, 그것을 부정하는, 이
중적 작용에 의해서 만들어진다. 따라서 비존재란 개념이 존재보다 더
많은 내용을 가지는 개념이다. 그런데 비존재가 개념으로 형성되면, 즉
그것이 명사화되면, 모든 명사는 지시 대상을 갖는 것으로 인식되기 때
문에, 마치 비존재가 어떤 지시체를 가지는 것처럼 인식되고, 실체화된
다. 바로 이것이 우리 사유의 개념화 작용이 갖는 운명이다.

　이러한 개념화 작용이 일어나면, 존재와 비존재의 부정적 대립은 존
재와 무라는 모순적 대립으로 인식된다. 즉 비존재의 실체화가 무 개념
이다. 그러나 우리가 보았듯이 비존재는 행동언어이지 대상언어는 아니
기 때문에, 비존재를 무로 실체화하는 것은 부당한 것이다. 무질서의 개
념도 마찬가지다. 무질시란 실제성을 지시하는 개념이 아니라, 질서를
부정하기 위해서 사용된 개념이다. 질서의 부정(否定), 그것이 무질서이
다. 모든 부정의 관계가 그러하듯이, 부정이란 부정할 대상을 전제하며,
부정적 개념은 이 대상(아니면 질서)을 이차적으로 배제하는 작용(행
위)에 의해서 만들어지는 개념이다. 그런데 이렇게 부정화하는 추상에

의해서 개념이 형성되면, 그 개념은 실체화된다—마치 무질서가 지칭할 대상을 가지고 있기나 한 것처럼. 더욱이 이와 같은 사이비 개념들이 개념화되는 시점에서부터 발생의 순서는 역전된다. 마치 존재에 앞서서 무가 존재하며, 질서에 앞서서 무질서가 존재하기나 하듯이.

그러나 이와 같은 역전의 오류는 우리가 무나 무질서 개념들을 어떻게 사용하는지를 보면 알 수 있다. 우리가 잘 정돈하지 않는 친구를 만나러 갔다고 하자. 친구의 방에 들어갔을 때, 친구가 부재중이면, 우리는 "없는데"라고 말한다. 무엇이 없다는 말인가? 그것은 내가 찾고자 하는 것, 즉 내가 만나고자 하는 친구가 없다는 것이지 그 방에 진정으로 아무 것도 없다는 것이 아니다. 그 방에는 여러 가지 물건들이 있으며, 또한 공기로 가득차 있다. 즉 우리가 "없다"란 말을 사용하는 경우는 우리가 찾고자 하는 것이 부재하다는 것을 뜻할 뿐이다. 또한 우리가 친구를 기다리면서 그 방을 둘러보며, "무질서하군!"이라고 말했다 하자. 그 때에 무질서란 말의 의미는 무엇인가? 그것은 정돈되어 있지 않다는 것, 즉 내가 기대한 질서대로 그 방이 정렬되어 있지 않다는 것을 뜻한다. 그 방의 물건들은 물리적 법칙에 따라 존재하고 있으므로 물리적 법칙의 측면에서 무질서한 것이 아니다. 물리적 세계에는 엄밀히 말해 무질서는 존재하지 않는다. 단지 행위의 차원에서 우리가 요구한 질서(즉 수학적 질서)가 나타나지 않는 경우에, 우리는 우리가 기대하지 않은 질서를 무질서라고 표현한다. 그리고 우리가 질서에 앞서 있는 것으로 간주하는 '혼돈'(chaos)은 바로 이 무질서를 실체화한 것이다. 또한 우연의 경우에도 그러하다. 우연이란 우리가 기대하는 곳에서 기대하지 않은 것을, 또는 기대하지 않은 곳에서 기대하던 것을 만나게 될 때 사용하는 개념이다. 이처럼 무나 무질서 또는 우연이란 개념은 실체적 개념이 아니라 행동적 개념이다. 그런데 우리는 인간의 행동적 차원에서 말들어진 개념들을 마치 실재적 차원에 적용시킬 수 있는 것처럼 생각한다. 마치 존재에 앞서서 무가 있으며, 질서에 앞서서 무질서가 있으며, 필연에 앞서서 우연이 있는 것처럼, 그리고 전자들은 후자들을 극복하고 존재하는 것처럼 생각한다. 그것은 바로 전자들이 우리가 찾고자 하는 것, 가치를 부여하고자 하는 것, 경이롭게 생각하는 것이기 때문이다. 그러나 실제로 자연 속에는 무가 존재하지 않으며, 무질서가 존재하는 것이 아니라 우리가 찾고자 하는 질서와는 다른 질서가 존재하며, 우연이 존재하는 것이 아니라, 우리가 추구하는 필연과는 다른 필연이 존재할 뿐이다.

그런데 우리가 추구하고 경이롭게 생각하는 질서나 필연은 우리가 가장 행동하기에 가장 편하고, 쉬우며, 따라서 적응하기 쉬운 규칙성을 가진 수학적 질서, 수학적 필연이다. 행동의 필요성에서 발생한 지성은 수학적 질서, 수학적 필연을 요구하기 때문에, 우리가 요구하는 것과 정확히 일치하는 이 질서들의 존재성 자체에 경이를 느끼는 것이다. 그것은 거울에 비친 자신의 모습에 감탄하는 나르시시즘과 동일하다. 우리 지성이 요구하는 것이 우리 밖에 존재할 수 있다는 것이 진정으로 놀라운 일인가? 플라톤의 말처럼 "같은 것은 같은 것끼리"(homoi homoios) 공감한다면, 우리 정신의 작용이 바라는 것이 우리 밖에 존재한다는 것이 놀라운 일일까? 사실 이 상응성은 우리 정신의 물질에의 적응, 더 정확히 말하면 지성은 물질적 환경에 적응해야 할 필요성에서 발생했다는 것 이상을 의미하는 것이 아니다. 실제로 생명이 진화하는 동안 지성의 물질에 대한 적응은 자연스럽게 이루어졌다. 그리고 지성의 진화 동안에 우리는 행동 차원에서 잠재적으로 이해하고 있었던 수학적 질서나 수학적 필연의 존재에 경이를 느끼진 않는다. 왜냐하면 그것은 물리적 자연에 적응하는 우리 행동방식에 불과했기 때문이다. 그러나 우리가 자연을 제도하고 측정하기 위해서 제작적 관점에서 물리적 자연을 바라보게 되었을 때, 마치 거울에 비친 자신의 모습에 감탄하듯이, 수학적 질서나 수학적 필연성이 존재한다는 것이 경이롭게 느껴지는 것이다. 그리고 그것들은 무질서를 극복하고, 우연을 극복하고 존재하는 듯이 생각된다. 그러나 그것은 제작적 행위의 효과일 뿐이다.[11] 왜냐하면 제작적 행위는, 행위의 차원에서, 항상 무를 전제하기 때문이다. 그리고 바로 여기에 파르메니데스적 환상이 있다. 모순적 대립에 의해서 본질의 세계에 대립하는 세계를 무화시키는 환상. 이 환상 속에서 본질이 무와의 대립에 의해서 정의되며, 따라서 그것은 단번에 무를 극복하고 존재하는 것으로 인식된다. 바로 이것이 우리 지성이 본질을 사고하는 방식이다. 그러나 경이로움은 거울에 비추어진 모습에 있는 것이 아니라 비추어진 모습을 바라보는 사람 자체에 있듯이, 경이로운 것은 지성이 사유하는 대상이 아니라 지성 자체이며, 더 나아가 지성을 산출한 힘으로써의 생명이다.

　무, 무질서, 우연이라는 사이비 개념을 실재 자체에서 배제하고 난 후, 베르그손은 실재를 '사실의 선'을 따라 분할한다. 베르그손이 실재를 분할하는 정신은 플라톤처럼 이분법적 정신이다. 그러나 플라톤이 정적인 관점—더 정확히 말하면 이념적 실재성이 실현된 목적론적 관점에서—실재를 분할한다면, 베르그손은 동적인 관점에서 실재를 분할

---

11) 베르그손의 용어법에 따르면, '제작'과 '창조'는 다르다. 제작이란 우리가 설계도를 작성한 후 그것에 따라 이 세상에 자연적으로 존재하지 않았던 어떤 새로운 물건을 만들 때 사용하는 용어로, 제작에 있어서는 만들어진 물건과 만드는 사람이 분리되어 있다. 우리가 일상적으로 "무로부터의 창조"라는 말을 사용할 때, 창조란 말은 베르그손적 관점에서는 '제작'이란 말로 표현되어야 한다. 사실 기독교에서 말하는 '창조주'란 제작적 지성의 이념에 의해서 표현된 것이다. 왜냐하면 '창조주'는 '창조물'과 분리되기 때문이다. 반면에 '창조'란 개념은 창조하는 것과 창조된 것이 연속적이면서 변화가 이루어지고 있을 때 사용할 수 있는 용어이다. 이 용어법에 따르자면 자연 속에서 창조는 '생명체'에서만 관찰될 수 있다. 더 정확히 말하면 생명의 진화에 대해서만 적용할 수 있는 개념이다.

한다. 플라톤이 실재는 '형상들의 세계'와 '코라(흐름)'의 혼합으로 형성된 것이라고 말하는 것은 역으로 그가 변화하며, 질서를 이루고 있는 이 실재적 세계를 '형상들의 세계'와 '코라'로 분할한다는 것을 의미한다. 그가 이와 같이 분할한 이유는 우리의 '지적 직관'(nous)에 의해서 파악된 세계―즉 형상의 세계―를 그 자체적인 세계로 인식했기 때문이다. 플라톤의 관점에서는 우리가 신체를 가지고 그것을 통해 생명적 활동을 하는 존재라는 사실은 세계에 대한 '에피스테메'에 어떤 영향을 주지 못하며, 오히려 그것에 방해가 될 뿐이다. 따라서 우리가 생명적 존재라는 사실은 실재를 분할하는 데 중요한 지표로 작용하지 않는다. 그러나 데카르트 이후에 사정은 바뀌었다. 세계는 그 자체적으로 존재하는 것이 아니라, 우리 의식에 대해서 존재한다. 만일 의식존재로서의 우리가 존재하지 않는다면 세계의 존재성이란 전혀 의미없는 사실이 된다. 세계의 존재와 그것을 의식하는 존재인 '나'는 서로 상관적으로 존립하는 사실이다. 바로 이것이 데카르트의 '코기토'의 발견이 세계 인식에 있어서 가져온 혁명이다. 물론 이 혁명의 의미를 그가 완전히 파악하고 있었던 것은 아니다.[12] 그러나 데카르트의 후예들은 그의 중요한 통찰을 발전시켰으며, 그 극단에 베르그손이 위치한다. 세계 인식은 우리 의식의 기능(또는 작용)과 독립적인 것이 아니다. 그리고 의식의 기능은 우리 감관의 기능들에 의존한다. 그리고 더 나아가 우리의 감관의 기능들은 생명의 기능들에서 파생된다. 결국 우리 의식 활동

12) 우리가 이미 다른 논문에서 지적했듯이, 데카르트는 '코기토'를 세계 형성의 중심축으로 삼는 '관념론'과, 필연적이고 완벽한 것을 영원한 것으로 간주하는 '실재론'을 모호하게 타협시키고 있다. 즉 그는 필연적 성격을 가지는 우리 안에 타고난 '본유관념들'이 우리 밖의 세계에 실재적으로 존재한다는 것을 '신의 존재증명'을 통해 간접적으로 증명하려고 시도한다. 따라서 플라톤에 있어서 '누스'가 '형상들의 세계'를 파악하는 능력이듯이, 그에게 있어서도 오성이란 본유관념들을 인식하는 능력이지 그것들을 형성하는 능력이 아니다.

으로 이루어지는 인식 이론은 그 뿌리를 생명 이론에 두고 있는 것이
다. 이런 이유로 베르그손은 그의 《창조적 진화》의 서론에서 "인식에
관한 이론과 생명에 관한 이론은 서로 분리될 수 없는 것처럼 보인다"
(EC, IX)고 말한다. 우리의 지적 인식이 갖는 의미를 올바로 평가하기
위해서는 인간에 이르는 생명의 진화의 계열을 역으로 거슬러올라가,
생명성과 물질성의 기원으로부터 이 두 운동이 어떻게 서로 타협하여
생명의 종들을 산출하고, 이렇게 산출된 생명의 종들이 다시 물질에 적
응하는 방식 속에서 물질에 관해 어떤 이해를 갖게 되는지를 추적하는
작업이 필요하다.

  자연(실재)의 가장 근원적인 존재성에 도달하기 위해서 우선 우리
(현존재)의 물질에 관한 고정화된 지각 표상으로부터 벗어나는 일종의
'환원'이 필요할지 모른다. 우리(의식 존재)에게 자연은, 플라톤이 생각
한 것처럼, 우리가 거기서 수학적 질서를 대략적으로 읽어 낼 수 있을
정도로 규칙적이고 안정적으로 지각된다. 그러나 '물질 자체'와 '물질
에 대한 지각'은 다르며, '물질에 대한 지각'이 이와 같이 안정적이고
규칙적인 것은 '물질 자체'가 이렇게 안정적이고 질서적이고 규칙적이
라는 것을 뜻하는 것은 아니다. 그것은 의식존재인 생명체가 물질에 적
응하여 획득한 삶의 방식을 반영한 것이다. 현대과학이 시사하듯이 물
질은 운동이다. 더 나아가 생명체들을 포함한 자연 전체가 운동 속에
있다. 베르그손에 의하면 이 자연 전체를 관통하는 운동은 두 가지 대
립된 운동으로 이루어진다. 하나는 융합하는 성격을 지닌 '상승운동'이
고, 다른 하나는 그것과 대립적으로 이산(離散)하려는 경향을 가진 '하
강운동'이다. 베르그손은 이 '상승운동'을 '정신성'('생명성')이라 하
고, '하강 운동'을 '물질성'이라 한다.[13] 자연 즉 실재를 이원론적으로

---

13) 《창조적 진화》 3부 참조하기 바람.

나누어 나가는 베르그손의 관점에서 물론 이 두 대립된 운동은 논리적
대립처럼 나누어지는 것은 아니다. 존재론적 차원에서 완전한 대립은
있을 수 없기 때문이다. 베르그손에 의하면 상승하는 운동이 차단되거
나 멈추었을 때, 그것은 하강운동으로 변화된다. 그래도 자연이 이 두
대립된 운동으로 이루어져 있다는 것은 의심할 수 없는 사실이다. 물질
의 하강하는 흐름을 역행하는 생명체들이 존재한다는 사실이 바로 이
상승운동의 존재의 증거이다.

　그러나 '물질성'은 물질이 아니고 '생명성'은 생명체가 아니라는 사
실을 주목해야 한다. 그것들은 물질이나 생명체가 존재하기 위한 근원
적 차원의 존재성이다. '물질'이란 우리 의식존재에게 '물질성'이 포착
될 때 드러난 관점이고, 생명체는 우리에게 개체성을 가진 독립적 존재
로 지각되지만, 그것은 생명의 나무의 최초의 뿌리에서부터 현재까지의
생명적 운동의 담지자이며, 동시에 각 종들로 퍼져 나간 생명적 운동과
연대적 관계에 있다. 따라서 생명체들의 진화는 '생명성'을 전제하지
않고는 설명할 수 없으며, 물질은 '물질성'을 전제하지 않고 말할 수
없다. 우리가 생명체의 본성적인 것으로 간주하는 유기화하고, 융합하
고 통일하려는 원리는 그 근원을 생명성에서 갖는다.[14] 각 생명체들과
생명의 종들은 '생명성'과 '물질성'의 타협으로 생겨난다. 다시 말해
유기화하고 융합하려는 추진력(la poussée)은 물질을 가로지르면서 다
양한 종들의 생명체들을 산출한다. 생명체가 영원히 존재하지 못하고,
일정한 기간 동안만 존속하는 이유가 바로 여기에 있다. 생명성은 물질
성과 타협한 현실태적 존재방식을 취하기 때문에, 생명성은 물질성을
완전히 극복하지 못하도록 운명지어져 있다. 그러나 생명은 그것을 극

---

14) 이 생명성은 우리 의식의 본성, 즉 《의식의 직접적으로 주어진 것에 관한 시론》에
　서 발견한 '지속'을 닮고 있기 때문에 베르그손은 '생명성'(정신성)을 나타내는 적
　절한 용어가 없기 때문에 '의식 일반'으로 표현하기도 한다.

복하는 방법을 강구하고 있는데, 그것은 재생산의 방식을 통해 최초의
'생명적 도약'을 이어나가는 방식이다. 즉 각 개체는 종자를 통해 자신
에까지 이어져 온 생명적 힘을 전달하는 역할을 한다. 이런 측면에서
성체란 종자에서 종자에로 이어지는 생명적 나무에 솟아 나온 마디
(혹)와 같다. 이처럼 생명체는 개체적인 차원에서 보면 비연속적이지만,
종의 차원에서 보면 연속적이다. 물론 이 생명의 나무의 비유가 생명성
의 연속적 운동을 정확히 표상하는 것은 아니다. 왜냐하면 한 개체는
그 모체로부터 독립적으로 분리되기 때문이다. 그럼에도 불구하고 우리
는 이 분리가 외형적인 것이라고 말해야 한다. 왜냐하면 생명의 최초의
상태에서부터 개체에서 개체에로 이어진 생명적 힘과 노력은 생식세포
에 전달되어 축적되기 때문이다. 따라서 종자는 생명의 진화의 전 역사
의 '반복'이며, 축적이다. 유전자 부호(DNA)의 고리의 복잡성은 생명의
진화의 전 역사의 표현이다. 그리고 생명의 진화가 비결정성의 증가를
의미하듯이 유전자 고리의 수와 결합 방식은 생명의 진화와 더불어 점
점 더 복잡해져 왔다―마치 생명이란 물질적 필연 속에서 자유를 점점
더 많이 쟁취하려는 노력이기나 한 듯이. 따라서 생명의 진화는, 목적론
적 진화론자들이 생각하듯이 어느 한 지점에로 수렴되어 가는 목적론
적인 것이 아니다. 최초의 생명적 운동은 한 원리(한 생명적 도약 élan
vital)에서 시작되었을지 몰라도 생명은 물질의 필연의 사슬을 끊고, 비
결정성을 세운 이래로 그것의 잠재성(비결정성)을 증가시키면서 발전
하고 있다. 따라서 생명의 진화의 미래는 언제나 열려 있다.[15]

　그러면 왜 생명의 연속성은 한 종을 통해 연속되지 않고, 여러 종들

---

15) 베르그손은 생명의 진화에 관해 기계론적 사고 못지 않게 결정된 목적론을 비판한
　　다. 그에 따르면 이와 같은 목적론은 거꾸로 뒤집어 놓은 기계론과 다를 것이 없다
　　는 것이다. 그것은 이런 목적론에서는 시간이란 기계론에서처럼 생명의 진화에 아
　　무 의미도 없는 것이기 때문이다.

로 갈라져서 진화하는 것인가? 즉 생명의 종으로의 변이는 어떻게 가
능한 것인가? 베르그손은 외적 원인에서 그 근거를 찾는 다윈의 미소
변이나 드 프리스의 돌연변이를 거부한다. 왜냐하면 그런 견해는 변이
의 원인에 있어서 생명을 수동적인 것으로 가정하기 때문이다. 사실 외
적 원인(환경)은 변이의 조건은 될 수 있어도 변이의 원리는 아니다.
변이의 원리는 생명의 힘이 가지고 있는 내적인 힘 또는 가능성(잠재
성)에서 온다. 외적 환경이 질문을 던지면, 생명은 그것에 자신이 잠재
적으로 소유한 능력(가능성)을 통해 답변한다. 이 답변들 속에서 여러
종들이 산출되었다. 따라서 우리는 여러 종으로 생명이 이산(離散)한
것을 통해 생명성이 자신 안에 지닌 가능적 능력과 생명적 힘을 막아
서는 물질성의 관계가 어떠한지를 통찰할 수 있다.

　자연의 가장 근본적인 존재방식으로 '생명성'과 '물질성'이 인정되
고, 이 둘의 타협으로 생명의 종들이 생겨나며, 이 생명적 종들이 자연
(물질성)에 적응하는 방식 속에서 '물질에 관한 지각'이 형성된다면,
이제 생명의 종들의 발생의 역사를 추적함으로써 인간의 지적인 기능
의 발생 과정을 밝히고, 이 지적 기능의 발달과 더불어 획득되는 세계
인식을 설명해야 한다. 생명의 종들은 크게 둘—식물과 동물—로 나누
어진다. 왜 생명이 식물과 동물이란 존재방식으로 나누어졌는가를 말하
기 전에 생명의 존립방식이 어떠한가를 보자. '생명체'란 무엇인가? 에
너지가 흘러가는, 물질성의 하강의 방향에서 에너지의 흐름을 일시적으
로 차단하거나 멈추게 하거나 유지시키는 기능이 바로 생명의 존립방
식이다. 간단히 말해서 생명체란 에너지를 축적하여 자신의 행동을 위
해 소비하는 기능이다. 그런데 생명체의 이 근본적인 존재론적 기능은
생명의 진화선상에서 두 기능으로 나누어졌다. 한 방향은 "대체로" 에
너지를 축적하는 기능에 종사하고, 다른 쪽은 "대체로" 에너지를 소비
하는 기능에 종사한다. 전자가 식물의 방향이고, 후자가 동물의 방향이

다. 이 두 방향을 구체적으로 말하면, 식물은 태양 에너지를 이용하는 광합성 작용을 통해 가용적 에너지인 유기물을 형성한다. 동물들은 결국 식물을 통해 이 가용적 에너지를 획득하고 이 에너지를 폭발시킴으로써 활동 에너지를 얻는다. 이처럼 식물은 태양에 기생하고, 동물은 식물에 기생한다. 바로 식물과 동물의 생존방식에서 식물과 동물을 규정하는 특성들이 이끌어진다. 식물의 성격은 '고정성', '무의식', '엽록소 기능'으로 특징지어진다면, 동물성은 '운동성', '의식', '신경체계'로 특징지어진다. 이 두 계열은 한 원리에서 분리되어 나온 것이기 때문에, 원초적이고 잠재적인 상태에서 다른 계열의 본질적 성격들을 포함하지 않는 경우란 없다. 따라서 이 두 계열의 분기는 각 계열의 본질적 성격 간의 차이점 못지 않게 이 성격들을 강화하는 경향과 비율에 의해서 설명되어야 한다. 식물성과 동물성은 식물과 동물 안에 있는 지배적 경향이다. 만일 식물이 식물적 삶을 사는 데 난관에 봉착하거나 동물이 동물적 삶을 사는 데 난관에 봉착했을 때, 하나의 생명적 도약으로부터 파생된 각 계열은 그들에 잠재되어 있는 이 생명적 힘에 의해 다른 경향으로의 삶을 형성할 가능성을 갖고 있다. 예를 들어 고착적 삶이 그들의 생존을 위협하게 했던 식물의 어떤 종들은 운동적 삶을 택하면서, '의식'이 깨어나기 시작한다. 그리고 반대로 동물들에 있어서 운동성을 약화시키는 삶의 방식으로 변화된 종들은 점점 의식은 마비되어 식물적 삶에로 이행한다. 이처럼 한 생명적 도약(힘)으로부터 생명의 본성적 경향들이 분리되어 나오는 것으로 파악하는 베르그손에 있어서 분할방식은 이분법적으로 진행되지만, 이 이분법은 기능의 관점에서 나누어지며, 이 기능들은 구체적 현실태 속에서 "경향들"로 현시된다.[16] 바로 이 때문에 베르그손의 분할 방법은 개연적 형태를 갖는다고 할 수

---

16) 《창조적 진화》 107면. 여기에서 식물과 동물에 관해 논의된 내용은 《창조적 진화》 식물과 동물에 관한 부분(107~120면) 참조바람.

있다.

　동물의 진화는 네 가지 계열로 분지되었다. 그러나 이 네 가지 분지는 외형적인 것이고, 실상은 이 중에서 '척추동물'과 '절지 동물'이 우위를 점하는 주요한 가지로 발전했다. '극피동물'과 '연체동물'은 동물계열이 소유한 '동물성'으로부터의 이탈 아니면 '식물성'으로의 전환을 뜻한다. 따라서 이 두 계열은 마비 또는 반수면 상태라는 막다른 골목에 이르게 된 것이다. 동물계열이 소유한 '동물성'은 '절지동물'과 '척추동물'에서 그 본성이 가장 잘 실현되었다. 그렇다면 이 두 계열은 '동물성'의 어떤 특성을 각기 대변하고 있는 것인가? 바로 그것은 '본능'과 '지성'이다. 이제 '동물성'은 "증가하면서 서로 나누어지는 생명에 내재한 두 능력"인 '본능'과 '지성'으로 나누어진다. 식물과 동물에서 주 경향으로 나타나는 '식물성'과 '동물성'이 상호 보충하고, 따라서 그것들의 현실태인 식물과 동물 안에서도 비율에 의해서만 구별되듯이, '동물성'의 잠재적 능력이 진화하면서 두 능력으로 나누어진 '본능'과 '지성'도 상호 침투하며, 각 능력은 그들의 공통적 기원의 어떤 것을 보존하고 있으므로, 현시된(현실태적) 본능과 현시된(현실태적) 지성은 본능 속에 있는 '순수히 본능적 본성'과 지성 속에 있는 '순수히 지성적 본성'을 비율적으로 포함한다고 말해야 한다.

　그러면 '순수히 본능적 본성'과 '순수히 지성적 본성'은 어떻게 구별되어야 하는가? 우리는 다양한 비율로 혼합되어 있는 본능과 지성을 소유한 '절지동물'과 '척추동물'의 두 계열에서 '순수히 본능적 본성'을 가장 높은 비율로 포함하는 본능을 지닌 개미나 벌들과 '순수히 지성적 본성'을 가장 높은 비율로 포함하는 지성을 소유하고 있는 인간에서 이 두 본성의 이상적 상태를 엿볼 수 있다. 이 두 능력은 생명체의 행동과 인식의 필요성에서 발생한 능력이다. 본능은 대상을 그 내면에서 직접적으로 인식한다. 반면에 지성은 대상의 내부에로 들어가지 못하고 그 주위를 탐색한다. 따라서 지성은 대상을 이해하기 위해 현재 지각에 과거 경험을 이용한다. 이것이 추리의 시작이다. 본능은 직접적 인식이라면 지성은 간접적 인식, 추리에 의한 인식이다. 베르그손은 "추리(inférence)가 있는 어디에서나 지성이 있다"고 말한다(EC, 139). 그런데 현재적 경험에 과거경험을 이용하는 추리는 이미 "발명의 시작"이다. 그렇다면 본능 속에 '본능적인 것'과 지성 속에 있는 '지성적인 것'은 이렇게 유추, 설명할 수 있을지 모른다. 전자는 "타고난 메카니즘을 사용하는 자연적인 경향"이고, 그렇다면 그것은 "유기화 작업 자체의 연장 또는 완성이다"(140). 이처럼 동물의 본능과 생명적 물질의 유기화 사이에 분명한 구획선은 없다. 반면에 지성 속의 '지성적인 것'은 "인위적인 대상들을 제작하는, 특히 연장들을 만드는 연장을 제작하는, 그리고 제작을 무한히 변양하는 기능"으로 볼 수 있다. 간단히 말해, "완성된 본능은 유기화된 도구들을 이용하거나 만들어 내기 위한 기능이고, 완성된 지성은 비유기적 도구들을 제작하거나 사용하는 기능이다"(141). 이제 동물에서 인간을 분리하는 측면을 취하면, 인간은 본능을 가장 많이 결핍하고 지성을 가장 많이 타고난 존재이다. 따라서 생명에 내재한 지성은 인간에서 그것의 순수한 본성을 가장 잘 현시하고 있다. 그렇다면 인간 지성이 이상으로 지향하는 것이 바로 제작이다. 베르그손의 말을 빌리면, "인간 지성에 관해서 기계적 발명이 무엇보다도 그것의 본질적인 진행이었다는 것을 사람들은 충분히 주목하지 못했다"(139). 인간에 관한 베르그손적 정의인 '공작인'(l' Homo faber)은 여기에서 비롯된 것이다.

인식의 관점에서 '본능'과 '지성'의 차이점을 강조한다면, 그 타고난 본성의 측면에서, 본능은 생명이나 사물에 대한 "내적인식"이고, 지성은 "관계를 세우려는 경향"이다. 따라서 본능은 사물들을 지향하고, 지성은 '관계들'을 지향한다. 즉 "지성은 타고난 본성에 있어서 형식에 대한 인식이고, 본능은 질료에 대한 인식이다"(149~150). 따라서 본능적 인식은 '정언적 명제들'로 표현되고, 지성은 '가언적 명제들'로 형식화된다. 그러나 본능과 지성은 한 생명적 원리에서 나누어졌기 때문에 상보작용을 한다. 베르그손은 이 두 본성의 상보작용의 가능성을 설명하기 위해 이 둘의 차이점을 감탄할 만한 문체로 표현하고 있다. "지성만이 찾으러 갈 수 있는 것들이 있다. 그러나 지성은 그 자체로는 결코 발견하지 못할 것이다. 본능만이 이것을 발견할 수 있을지 모른다. 그러나 본능은 그것들을 결코 찾으러 가지 않을 것이다"(152). 바로 그것을 인간은 본능의 고양된 형태(즉 무사심한 본능)인 '직관'과 지성의 상호작용에 의해서 찾을 수 있다. 물론 우리는 이 상호작용의 접합점을 만날 수는 없다. 그러나 우리는 이 접합점을 지향하며 유사한 형태들을 그려내고 있다. 이 유사한 형태들이 학적 인식들이다. 따라서 우리의 진리 개념은, 우리가 이미 발표한 한 논문 속에서 표현해 보았듯이, 가언명제의 형식 속에 포함된 정언명제로 표현된다. 이 진리 이념에 따라 그 자체적으로는 사물에 관한 직접적 인식이 불가능한 제작적 지성은 본능(또는 직관)의 도움으로 사물들에 관한 객관적 지식을 계속 형성해 간다.

지성이 제작에 몰두할 때, 지성은 실재의 유동성에 관심을 갖지 않고 모든 재료들을 부동의 고체처럼 다룬다. 우리 지성은 자연의 손으로부터 나온 한에서 비유기화된 고체를 주 대상으로 갖는다. 그것은 행동의 필요성의 반영이다. 우리는 행동 속에서 우리의 주의를 '운동성' 사체에서 벗어나 사물의 전체적 윤곽을 따르며, 이것을 부동의 장 위에 위치시킨다. 따라서 지성의 작용 속으로 들어가는 한에서 물질은 우리에게 외재성, 가분성, 비연속성 같은 속성들로 나타난다. 이 관점에서 물질은 우리가 마음대로 분할하고 다시 구성할 수 있는 거대한 질료처럼 나타난다. 실재적 연장 뒤에 "사물들에 대한 가능한 행동의 도식"으로 사용된 무한히 가분적이고, 동질적인, 빈 장이 바로 《시론》에서 밝힌 자연에 관한 지성주의적 견해―그것이 고대 자연철학이나 근대과학이든, 아니면 플라톤으로부터 내려온 '로고스 중심주의' 철학이든―가 자연에 투사한 이상적 공간이다. 그것은 제작적 지성이 전제하는 공간이다. 따라서 베르그손은 이렇게 말한다. "인간 지성의 제작적 경향을 상징화한 것이 바로 이 공간표상이다"(158).

우리는 자연(우주)이 '물질성'과 '생명성'으로 나누어지고, 이 둘의 타협(또는 혼합)으로부터 생명체가 생성되며, '에너지의 축적과 소비'라는 생명체의 본질적 기능으로부터 '식물성'과 '동물성'을 분리하고, 에너지의 축적이라는 삶의 방식으로부터 '식물성'의 본성인 '고착성', '무의식', '엽록소 기능'을 이끌어내고, 에너지의 소비라는 삶의 방식으로부터 '동물성'의 본성인 '운동성', '의식', '신경체계'를 이끌어냈다. 그리고 '동물성'을 소유한 존재들이 사물들에 행동하는 방식으로부터 '본능성'과 '지성성'이란 두 본성을 분리하고, '지성성'의 발전의 극단 또는 한계에서 인간의 제작적 지성이 전제하는 이상적 공간, 즉 '공간표상'을 만났다. 지금까지 우리는 물질과 생명의 최초의 상태에서부터 인간에 이르는 길을 진화론적인 관점에서 추적해 보았다. 그러나 이제 그 길을 한 단면으로 잘라 그 내적인 구조 속에서 물질과 신체와 혼의 관계를 살펴보자.

베르그손에 따르면, 현대과학이 말하는 '물질'과 우리의 '물질에 대한 지각' 사이의 차이를 만들어내는 것은 생명체의 신체성이다. 물질은 그 자체적으로 이해되었을 때 작용, 반작용하는 운동이다. 이 운동하는 우주 속에 생명체가 존재한다. 생명체도 외부에서 오는 자극(작용)을 반응(반작용)으로 우주(물질) 속으로 환원한다는 점에서 외적인 관점에서 물질의 작용 방식과 차이가 없는 것처럼 보인다. 그러나 생명체의 작용은 이런 물리적 작용과는 다른 작용을 산출하고 있다. 즉 생명체는 외부에서 온 작용에 대해 자발적인 방식으로 반응을 행사한다. 그것은 물질의 작용과 반작용의 결정론적 사슬에서의 해방(즉 자유)을 의미한다. 물론 이 해방은 물질에서 독립적인 해방이 아니다. 물질의 결정론적 사슬에다 선택의 가능성을 열어 놓는 사슬들을 형성하는 것이다―마치 여러 갈래의 회선들을 연결해 주는 중앙전화국처럼. 생명체의 존재 방식은 가장 근본적으로 "비결정성의 중심"이다(MM, 14). 좀더 구체적으로 말하면, '감각-운동 기능'이다. 그리고 이 기능은 뇌를 포함한 '신경체계' 위에 세워져 있다. 바로 이것이 우리 신체의 본질적 의미이다. 이 우주(물질) 속에 우리 신체의 존립 자체에 의해서 '물질에 대한 지각'이 형성된다. 즉 생명체는 물질의 작용들 중에서 신체의 작용에 무관한 것들은 흘려 보내고, 반응할 수 있는 것에 대해서만 가능한 작용을 그린다. 바로 이것이 '물질에 대한 지각'이다. 운동(파동) 자체처럼 이해되는 '물질'과 달리 '물질에 대한 지각'이 우리에게 안정적이고 질서적인 것으로 표상되는 이유가 바로 여기에 있다. 이 안정성과 질서는 생명이 물질에 적응하며 오랜 시간 축적한 노력의 결실이다. 따라서 그것은 어떤 의미에선 시간의 함수로 이해해야 할 사실이다. 베르그손에 따르면, 동물 계열 속에서 생명적 존재는 신체(뇌를 포함한 신경체계)와 혼(표상적 의식)으로 양분되는데, 이 둘은 감각-운동 기능에서 발생한 것이다.[17] 즉 표상적 의식의 발생은 행동의 필요성에서 비롯된 것이다. 만일 신체성의 본질적 기능이 '감각-운동 기능'이라면, 다시 말

---

17) 베르그손에 있어서 '표상적 의식', '표상적 기억', '혼'은 동일한 의미를 갖는 표현들이다. 동물 계열, 특히 인간이 갖고 있는 의식은 지각된 표상들을 기억하는 의식이다. 의식은 대상을 지각하는 작용이기도 하지만, 그것을 기억하고 보존한다. 그것은 의식이란 바로 '지속'하는 존재성이기 때문이다. 인간의 혼은 바로 이 지각된 것들을 자발적으로 기억하며 지속하는 존재성을 뜻한다.

해 선택 기능을 세우기 위한 것이라면 선택은 우연적으로 이루어져서
는 안 되고, 이미 일어난 작용들을 기억하고 그것들을 새로운 작용들에
이용하는 방식으로 이루어져야 한다. 바로 여기에서 과거의 지각(경험)
들을 보존하고, 그것을 현재적 지각에 이용할 필요성이 동시에 발생한
다. 표상적 기억의 존재이유와, 표상적 기억(의식 또는 혼)과 현재적 작
용(감각-운동 체계 또는 신체)의 상호작용(또는 혼합)의 필요성은 이렇
게 도출된다.

우리의 현실적 지각은 과거 기억들이 감각-운동 체계에 투사되면서
이루어진다. 이것을 실증하는 현상이 바로 우리 지각의 특성인 '식별작
용'(la reconnaissance)이다. '식별작용'은 두 가지 층을 갖는다. 하나는
감각-운동체계(습관체계)에 의해서만 이루어지는 '자동적 식별'이고,
다른 하나는 감각-운동적 과정과 표상적 기억들의 적극적 투사로 이루
어진 '주의적 식별'이다. 이 주의적 식별이 인간 지각의 작용방식을 대
변한다. 왜냐하면 주의란 본능이 결핍된 존재가 자연에 적응하며 삶을
보존하기 위한 생명적 노력을 표현하기 때문이다. 주의(l'attention)는
바로 긴장(la tension)을 의미하고, 긴장은 노력을 표현한다. 바로 이 주
의작용에 의해 우리는 과거의 표상(지각)들을 현재 속에 투입시키는
노력을 행사하며, 이 노력으로부터 식별을 위한 습관적 체계가 발전되
고, 확장된다. 즉 지각의 진보란 의식(혼)에 보존된 기억들을 현재 속에
이용하는 '운동-메카니즘'의 확장이다. 그리고 이 발전과 확장은 우리
'신경 체계(뇌)'에서 이루어지며, 따라서 '뇌'란 과거 기억의 보관소가
아니라 운동-습관 체계의 자리이다. 과거 기억들은 혼(의식) 자체의 삶
과 동일하게 유지된다. 왜냐하면 의식에 한번 포착된 것을 의식이 망각
한다는 것은 모순이기 때문이다. 과거의 삶의 기억(지각)들에 대한 그
자체적 보존, 그것이 의식의 삶이다. 베르그손은 그것을 '순수기억'(le
souvenir pur)이라 한다.[18] 베르그손에 있어서 의식의 삶, 즉 정신적 삶

은 신체적 삶(운동-습관 체계)보다 더 우월한 의미를 갖는다. 우리의 개체적 삶에서 과거의 기억들은 결코 망각될 수 없기 때문에, 그것은 "존재했었다"고 말하기보다는 "존재한다"고 말해야 한다. 그러나 이 "존재함"은, 물질과 매순간 작용하는 신체성의 현실태인 '감각-운동 체계'의 배후에 있다. 따라서 베르그손은 그것을 아리스토텔레스와는 아주 다른 의미에서 "잠재적 존재태"라고 말한다. 과거의 기억들의 망각은 우리 존재의 이중적 구조의 관계에 의해 설명된다. 우리에게 현실태란 원리적으로 감각-운동 체계이고, 잠재태란 과거 기억들의 총체인 '순수기억'이다. 신체(감각-운동 체계)는 잠재태인 '순수기억'이 현실화되는 것을 억제한다. 그러나 과거의 기억들 중에서 현재적 지각을 조명하는 데 필요한 기억들은 우리의 "삶의 주의"에 의해 신체(감각-운동 체계) 속에서 일어나는 '모방 운동'에 의해 현재적 지각 속으로 삽입된다. 이때 신체에 삽입되는 기억들은 사실상 순수 기억(과거 자체)이 아니라 과거 자체의 유사품이나 모사이다. 바로 이것이 혼과 신체의 이원론을 주장하면서도 이 둘이 화해하는(혼합되는) 방식을 제시하는 베르그손적 이원론이다.[19]

신체 즉 '감각-운동 체계'를 그 내용적 측면에서 볼 때, 세계 속에 신체의 존립은 그것이 반응할 수 있는 한에서 물질적 작용들을 성질들로 분할하여 지각장을 형성한다는 것을 의미한다. 이 행동 체계 위에 세워진 성질들이 일반관념의 원초적 형태들이다. 이 원초적 형태들에서 '삶의 주의'에 의해 과거의 기억을 현재적 지각에 투사시키면서 자연에 적응하려는 노력에 의해 지각장은 점점 세분화된 성질들로 나누어

---

18) 베르그손에 있어서, '순수기억' 또는 '지속'은 바로 생명의 역사를 이어온 '생명성'과 그 본성에서 가장 유사한 것이다.

19) 이 문제에 관해서는 필자의 논문 "세계 인식에 있어서 신체성의 의미"를 참조하기 바람.

진다. 이처럼 감각-운동체계의 발달과 함께 지각장이 분할되면 될수록 우리는 점점 외재화된 세계를 지각하게 된다. 그러나 지각을 분할하는 감각-운동 체계의 발달만으로는 지각장은 완전히 외재화되지는 않는다. 인류가 제작적 작업을 하게 됨에 따라 그리고 언어를 사용하게 됨에 따라 이제 지각장(자연)을 우리 행동의 논리에 따라 임의적으로 분할하게 된다. 왜냐하면 이를 위해서 우리는 세계를 분할하는 감각-운동 체계의 발달 속에서 이미 보여진 지성의 경향을 단지 극단으로 밀고 나가기만 하면 되기 때문이다. 따라서 제작에 몰두하고 언어를 사용하는 순간부터 인류에게 '공간 표상'은 외적 세계를 바라보는 지성의 틀로서 작용한다고 말할 수 있다. 바로 이 '공간 표상' 위에 세워진 것이 본질이고, 학문이란 바로 본질들에 관한 연구이다.

4. 맺음말

우리는 플라톤이나 베르그손이 양의 관점을 비판하고, 질의 관점에서 철학을 했다는 점에서 유사성을 찾았다. 이 질의 관점에 서서 실재를 분할하는 철학을 우리는 차이성의 철학이라 한다. 플라톤이 질(형상)의 관점에 위치한 것은 소크라테스 이전의 자연철학자들이 했듯이, 자연을 단순히 공간적으로 분할하여 파악하는 것이 아니라, 실재의 관점을 따라 즉 실재를 형성하는 형상들(본질들)에 따라 나누는 것이다. 따라서 플라톤의 분할 방법은 모든 학들이 취해야 하는 방법을 예시하는 학문이론이다. 학문은 분명히 양에 관련되어 있다. 왜냐하면 학문은, 비록 그것이 다루는 분야가 무엇이건 간에, 동일하게 반복되는 본질을 기초로 하기 때문이다. 그러나 모든 학문이 양에 관련되어 있다 하더라도, 모든 것이 동질적인 양, 또는 한 종류의 양으로 환원된다는 것을 뜻하는 것은 아니다. 고대의 자연철학과 근대과학이 자연을 설명하는 데 잘못된 설계를 하게 된 것은 그들이 한 종류의 양으로 모든 차이성들을 환원하려고 시도했기 때문이다. 이때 자연은 전적으로 수학이나 수학적 물리학처럼 동질화된다. 따라서 우리가 지각하거나 지각을 통해 통각한 본질의 세계는 전혀 의미 없는 세계로 환원된다. 그리고 그 경우에는 수학적 공간학이라는 단 하나의 학문만이 존재하게 된다. 그리고 이 수학은 자연의 모든 분야에 무차별적으로 적용될 것이다. 수학적 물리학, 수학적 생물학, 수학적 인간학, 수학적 언어학 등등. 플라톤은 이런 양적인 철학의 문제점을 간파하고, 올바른 측정법을 강조한다. 그것은 한 형상에 의해서 모든 것을 설명하는 것이 아니라, 본성을 달리하는 형상들이 어떻게 혼화되어 유적인 형상을 구성하는가, 또는 다른 식으로 말해 한 유적 형상은 본성을 달리하는 형상들을 어떻게, 어떤 양으로 나누어지는가를 밝히는 것이다. 물론 플라톤의 존재론에서 형상들은 최종적 분석에서 '이등변 삼각형'과 '부등변 삼각형'이란 형태의 기하학적 양으로 환원된다. 그러나 그의 존재론에서 결합은 정확히 비율로 이루어지고, 또한 '이등변 삼각형'과 '부등변 삼각형'은 수적 단위처럼 '크기의 단위'가 아니기 때문에, 형상들은 수적인 양으로 환원되지 않는다. 그럼에도 불구하고 우리는 그의 존재론을 '가능적' 양 위에 세워진 존재론이라 말할 수 있다. 따라서 그의 측정술은 내포적 양을 포괄하는 질을 분석하는 철학이다.

베르그손은 동적인 관점에 서서 자연을 바라본다. 자연 전체는 운동(또는 작용)으로 간주된다. 자연을 주재하는 운동은 서로 질이 다른 운동인 상승운동과 하강운동이다. 이것이 가장 근원적인 자연의 실재성이다. 이 두 운동의 타협으로 형성된 생명체가 진화하고 발전하면서 그 내적인 힘이 물리적 장애에 부딪히면서 발생하는 기능들의 연차적 분할은 이분법적으로 이루어진다. 그러나 이 이분법적으로 나누어지는 기능들은 서로 상보적 관계를 이루며, 서로 침투하기 때문에, 우리는 그것을 개연적으로 또는 비율에 의해서 설명할 수밖에 없다. 베르그손에 있어서 생명은 물질의 운동을 '타고' 존재한다. 따라서 물질이 양적인 운동으로 근사적으로 설명된다면, 우리의 '물질에 대한 지각'에 포착되는 질들은 물리적 양의 응축이다. 생명의 역사, 생명의 힘이란 바로 이 응축 속에 표현되어 있다. 따라서 베르그손의 질의 철학은 양을 함축하는 질의 철학이다. 그렇다고 생명을 또는 생명적 현상을 양으로 환원하려 해서는 안 된다. 왜냐하면 양을 응축하여 질을 산출하는 것은 바로 생명의 역할이며, 이 생명의 역할 자체는 양으로 환원되지 않기 때문이다. 즉 베르그손의 철학은 모든 차이성의 근원을 생명성과 물질성의 차이에서부터 도출하는 철학이다.

참고 문헌

Platon, *Oeuvres complètes*, Edition Gallimard, 1950.

──────, 《티마이오스》, 박종현·김영균 공동 역주, 서광사, 2000.

Bergson, Henri, *Matière et Mémoire*, P. U. F.

──────, *Evolution créatrice*, P. U. F.

박종원, "지성주의 자연 해석과 비판을 위한 소고", 《철학과 현상학 연구》 제10집, 1998.

──────, "베르그손의 근대과학 해석에 있어서 Elea학파의 이미지", 《철학》 제59집.

플라톤의 형상 인식과 후설의 본질 직관*

이종훈

1. 들어가는 말

흔히 '후설의 현상학은 플라톤보다 아리스토텔레스의 전통에 가깝다'고 한다. 어떤 사상을 이해하는 올바른 길은 그 자체로 접근하는 것이지만, 플라톤과 아리스토텔레스가 서양 철학사에서 차지하는 위치와 영향이 워낙 크기 때문에 또한 상호 비판을 통해 지속적으로 발전해온 철학사의 전통에 비추어 볼 때, 이들을 통한 길도 나름대로 유용할 수 있다.

그런데 후설이 아리스토텔레스의 전통에 가깝다는 견해의 근거는 그가 아리스토텔레스의 논리학 저술들과 용어들을 곧잘 인용한 데서 찾을 수도 있지만, 본질은 '사물 속에'(in re) 있다는 보편관(普遍觀)과 일치한다는 점이 결정적일 것이다.[1] 그러나 플라톤이 이데아(idea) 또

---

* 이 글은 1999년 춘천교육대학교 학술연구 지원비로 연구된 것이다.
1) 이러한 견해는 한전숙, 《현상학의 이해》(민음사, 1984), 65면; 《현상학》(민음사, 1996), 115면에서 찾아볼 수 있다.

는 형상(形相)을 "사물 안에 내재(enon)함으로써 사물에게 그런 이름을 갖게 해준 그 자체의 것"[2]이라고도 정의한 점, 그것이 사물과는 따로(choris) 구별된다는 주장에서 '따로'를 공간적 구분으로만 파악한 아리스토텔레스[3] 이래 이데아론에 왜곡된 오해의 각질이 두텁게 덮어씌워졌다는 점을 고려하면, 근본적으로 잘못된 인상임을 알 수 있다. 하지만 이 견해는 사소한 해석상의 오류에 그치지 않고, 후설 현상학의 총체적 이해에 커다란 장애가 된다. 아니 오히려 플라톤을 통한 길이 훨씬 더 올바른 길이다. 물론 여기에는 플라톤 철학에 대한 편견 없는 이해가 선결되어야 한다.

플라톤과 후설은 상식적 수준에서는 매우 잘 알려져 있으나 정작 그들 철학의 참 모습은 제대로 밝혀져 있지 않다. 이러한 상태를 어느 정도 극복하고 그 현대적 의의를 부각시키려는 이 글은 그들 철학 전체의 교차점이자 핵심 고리인 '형상(Eidos) 인식'과 '본질(Wesen)[4] 직관'을 주제로 삼을 수밖에 없다. 물론 후설 전공자로서 여전히 연구가

---

2) 플라톤, 《파이돈》(*Phaidon*), 103b(박종현 옮김, 박영사, 1974, 228면). 이 글에서 인용한 원전은 번역본으로도 확인할 수 있도록 괄호 속에 그 면을 함께 밝힌다.
3) 아리스토텔레스, 《형이상학》(*Metaphysica*), 제1권 987b, 제13권 1078b; 박종현, "아리스토텔레스의 플라톤 비판"(《희랍철학 연구》, 조요한 외, 종로서적, 1988) 참조.
4) 후설 전공자에게 공통적인 어려움 가운데 하나는 그의 용어 사용에 일관성이 매우 부족하다는 점이다. 후설도 이 때문에 야기된 많은 오해를 해소하려고 여러 곳에서 역사적 혹은 일상적 의미가 아니라 현상학적 맥락에서 이해되어야 한다고 강조한다(이종훈, 《현대의 위기와 생활세계》(동녘, 1994), 117~118면 참조). 마찬가지로 그는 '본질'과 '형상'을 빈번히 동의어로 쓰지만, '이념'(Idee)이나 '이념적'(Ideal)이라는 표현으로 발생하는 혼란을 피하고 칸트의 이념과 구분하고자 '형상'의 번역어로서 애매한 말인 '본질'을 사용할 수밖에 없음을 밝히고 있다(*Ideen zu einer reinen Phänomenologie und phänomenologischen Philosophie*, Den Haag, 1976), 제1권, 8면 참조. 이하 《이념들》로 약칭하며, 인용 면은 슈만(K. Schumann)이 증보 편집한 1976년 판과 혼동을 피하기 위해 비멜(W. Biemel)이 편집한 1950년 판을 기준으로 삼는다.

부족하고 또한 그리스어를 통해 플라톤을 공부하지 않은 필자에게는
이러한 크나큰 작업에 분명한 한계가 있다. 하지만 이 한계는 박종현
교수의 오랜 세월 각고의 노력과 정성을 기울인 많은 논문과 저서 및
번역서를 통해 충분히 극복할 수 있을 것이다.

II. 플라톤과 후설

후설은 고대 그리스에서 새로운 정신적 태도로 근원적으로 건설
(Urstiftung)된 '모든 존재자의 전체적 통일성(Alleinheit)에 관한 보편적
학문'의 이념을 본받아 그 역사성의 의미를 해명해 최종적으로 건설
(Endstiftung)함으로써 엄밀하게 정초된 학문과 자율적 이성에 의한 삶
을 실현할 인간성의 이념에 부단히 접근해 가는 목적론(Teleologie)을
제시하였다.[5] 이 과정에서 플라톤의 이름과 함께 그의 용어 '관여'
(methexis)나 '결합'(koinōnia)을 자주 인용하고[6], 드문 경우지만 철학
과 수학의 관계를 조명하려고 《국가》(Politeia) 제6권의 결론 부분을 간
략히 언급하며[7], 다음과 같이 주장하기도 한다.

---

5) 후설, *Die Krisis der europäischen Wissenschaften und die transzendentale Phänomenologie*, Den Haag, 1976(이종훈 옮김, 한길사, 1997). 이하 《위기》로 약칭함. 5~6(66~68), 9~12(72~75), 19~20(85), 71~74면(149~153), 특히 1935년 빈 강연 "유럽 인간성의 위기와 철학"(423~468면) 참조.
6) 같은 책, 20(87), 291(484), 293면(486면); *Erfahrung und Urteil*, Hamburg, 1972(이종훈 옮김, 민음사, 1997) 392~393(458~459), 423면(491면). 특히 《제1철학》(*Erste Philosophie*), Den Haag, 1956, 제1권 322면(1926년 강의 "그리스의 근본 구상에서 제기된 철학의 문제들")에서 선험적 현상학의 목적론적 특징인 '접근'(Approximation)을 '단계적 관여'(graduelle methexis)로 파악한 점은 매우 주목할 만 하다.
7) 후설, 《제일철학》 제1권 327면(1924년 강의 "플라톤과 이념적 수학(Ideen-

"'플라톤화하는 실재론자들'(platonisierende Realisten)인 우리는 이념 혹은 본질을 대상으로서 내세우고 다른 대상들처럼 실재적 (참된) 존재를 부여하며, 이와 상관적으로 실재성의 경우와 같이 직관(Intuition)을 통한 파악 가능성을 부여한다는 사실이 항상 특별한 공격을 받았다. … 만약 대상과 실재적인 것, 현실성과 실재적 현실성이 동일한 것을 뜻한다면, 물론 대상과 현실성으로서 이념의 파악은 전도된 '플라톤적 실체화'(Platonische Hypostasierung)이다. … 여러 가지 이념적인 것은 하나의 '대상'이다. 이념에 대한 맹목성(Ideenblindheit)은 우리가 직관의 영역 속에서 획득한 것을 편견에 의해 판단의 영역 속으로 이끌어가지 못하게 되는 일종의 영혼에 대한 맹목성(Seelenblindheit)이다."[8]

하지만 그가 1897년 이래 실시한 강의나 세미나 제목[9]에 플라톤은커녕 고대 철학에 집중된 것이 없다는 사실 그리고 줄곧 플라톤주의를 근대 합리론과 동일한 의미로 사용할 뿐 아니라 모든 존재자는 자신의 충전적 표현(adäquates Ausdruck)을 갖는다는 점에서 플라톤은 '극단적 합리주의'[10]라고 지적한 사실로 미루어 볼 때, 실제로 플라톤 철학에 대한 이해는 별로 깊지 않은 것 같다.

그럼에도 불구하고 이들은 다음과 같은 점에서 매우 밀접한 유사성을 갖는다.

---

mathematik)의 정초").
8) 후설,《이념들》제1권, 40~41면.
9) 후설,《제일철학》제1권, 편집자 보엠(R. Boehm) 서문 27~29면(이영호 편,《현상학으로 가는 길 1. 후설전집 편집자 서문》(성균관대학교 출판부, 1995) 253~258면).
10) 같은 책, 316면.
   또한 그는 "플라톤이 순수한 이념 직관만 존재자 자체, 즉 참된 존재 자체를 볼 수 있게 만들며 순수한 이념의 술어화들(Ideenprädikationen) 자체만 진리로서 인식될 수 있다는 극단적 합리주의를 착수했는데, 넓은 의미로 경험주의도 합리주의적"(같은 책, 324면)이라고 한다.

첫째, 20세 후반 스승 소크라테스와 브렌타노(F. Brentano)를 만나 철학에 몰두해 50년 넘게 학자로서 또한 제자를 키우면서 장년기 대표작 《국가》나 《이념들》 제1권을 새로운 형태로 제시하려 했던 《법률》 (Nomoi)과 《위기》를 미완성으로 남긴 점이다.

둘째, 사상 발전의 기본 축이 수학이지만 일정한 체계를 수립하는 것과는 거리가 멀기 때문에, 매우 다양하게 해석될 수 있는 실마리를 제공했을 뿐 아니라 가장 아끼던 제자 아리스토텔레스와 하이데거(M. Heidegger)에 의해 참 모습이 철저히 왜곡되거나 은폐되어 왔다는 점이다.

그러나 이것은 외형상의 유사성이다. 좀더 내용을 들여다보면, 분석의 틀, 인식의 과정, 철학의 목적에 있어 용어만 다를 뿐 기본적으로 동일하다는 사실을 파악할 수 있다.

첫째, 일상적으로 사용하는 언어의 한계를 절감해 추론적 지식보다 지성적 직관을 강조해 플라톤은 신화와 상징, 비유를 통해 생생한 대화체로 표현하였고, 후설은 선술어적 경험의 가장 원초적인 지각을 분석하였다.

둘째, 플라톤은 감각에만 의존하던 습관을 정화(katharsis)해 지성에 의해 알려지는 형상을 확보함으로써 '자신을 형성하는(heauton plattein) 구현자(dēmiougos)'[11]로서 생성에서 진리와 존재로 향한 '혼의 전환'(psychēs periagōgē)[12]을, 후설은 소박한 자연적 태도의 일반정립(Generalthesis)을 판단중지(epoche)하고 태도변경(Einstellungs-änderung)을 통한 경험의 지평을 확장해 '인간성(Menschentum)의 개혁'[13]을 추구하였다.

---

11) 플라톤, 《국가(政體)》(박종현 옮김, 서광사, 1997), 500d(420면).
12) 같은 책, 521c(462면).
13) 후설, 《위기》, 154면(261면); 《현상학적 심리학》(phänomenologische Psycho-

셋째, 서양 철학사에서 유례를 찾기 힘들 정도로 인식과 실천의 문제를 동시에 다루면서 철학의 목적을 플라톤은 상실된 지성을 회복해 '주어진 것을 선용'(to paron eu poiein)[14]함으로써, 후설은 객관적 실증과학에 의해 제거된 이성(Vernunft)[15]에 대한 믿음을 복원함으로써 현실을 개혁하고 새로운 삶을 창출하는 데 두었다.

물론 차이점을 간과해서도 안 된다. 그들이 살았던 시대 상황과 사회 및 문화는 다를 수밖에 없다. 그러나 후설은, 비록 나치 정권이 들어선 1930년대 강연이나 유고에서 국가나 민족 등 정치·사회 문제에 대한 절실한 고민과 깊은 성찰의 흔적들을 분명히 찾아볼 수 있지만, 그러한 문제를 본격적으로 다루지 않았다. 그런데 그들 철학의 근본 성격을 파악하는 데 반드시 주목해야 할 차이는 주관적 속견(doxa)과 객관적 지식(epistēmē)[16]의 관계와 평가에 있다.

---

logie, Den Haag, 1968) 252면 참조.

14) 박종현, 《희랍사상의 이해》(종로서적, 1982), 49, 163, 187면; 《플라톤》(서울대학교 출판부, 1987), 36면 이하 참조.

15) 후설에 있어 '이성'은 플라톤과 같이 추리하고 사유하는 기능에 제한된 'logos'도, 칸트와 같이 '오성'(Verstand)과 구별되거나 '이론 이성' 및 '실천 이성'으로 나누어지는 것이 아니다. 그것은 침전된 무의식을 포괄하는 '생생한 의식의 흐름'으로서 단순히 계산하고 조작하는 기술적-도구적 이성에 그치지 않고, 과거의 경험을 바탕으로 가까운 미래를 예측하면서 현재 느끼고 판단하며 의욕하는 '논리적(이론적)·실천적·가치 설정적 이성 일반'《현상학의 이념》(*Die Idee der Phänomenologie*), Den Haag, 1973(이영호 옮김, 서광사, 1988), 편집자 서문 7(45), 52(107), 58면(12 면); 《엄밀한 학으로서의 철학》(*Philosophie als strenge Wissenschaft*), Frankfurt, 1965(이종훈 옮김, 서광사, 1988, 이하 《엄밀학》으로 약칭함.), 296(154면); 《위기》, 7(69), 275면(419면). 그래서 메를로-퐁티(M. Merleau-Ponty)는 지각도 '갓 태어난 이성'(*The Primacy of Perception*, Northwestern Univ. Press, 1964, 25면)으로 표현한다. 결국 이것은 보편적 이성(선험적 주관성)으로서 인간의 마음이다.

16) doxa를 '주관적 속견'으로 옮기는 데는 별 문제가 없으나, epistēmē를 '객관적 지식'으로 옮기면 간혹 오해가 생길 수 있다. 하지만 용어의 통일을 기할 뿐 아니라 후설에 있어 객관성은 주관을 배제한 것이 아니라 '상호 주관성'이라는 의미에서 객

플라톤은 '닮은 것이 닮은 것에'(ho homoios tō homoiō) 알려진다
고 보아 '선분의 비유'[17]를 통해 대상을 가시적인 것들(ta horata) 또는
감각의 대상들(ta aisthēta)과 지성에 의해 알 수 있는 것들(ta noēta)로
나누고[18], 주관을 전자에서 상(像)이나 그림자에 대한 '상상과 짐작'
(eikrasia)과 실물에 대한 '믿음과 확신'(pistis)의 '주관적 속견' 및 후
자에서 수학적인 것에 대한 '추론적 사고'(dianonia)와 형상에 대한
'객관적 지식'을 구분하였다. 그리고 참된 의견(alēthēs doxa)은 지혜
(phronēsis) 못지 않게 훌륭한 행위로 인도해 유용하지만 원인의 규명
(aitias logismos)으로 매어 두지 않으면 쉽게 달아나기 때문에 가치가
낮다고 평가하였다.[19] 즉 참된 의견과 지성은 각기 다른 능력으로서 그
대상이 다를 뿐 아니라, 전자는 가르침을 통해 생기며 언제나 참된 설
명(logos)을 동반하나 후자는 설득에 의해 생기며 참된 설명이 없는 전
혀 닮지 않은 것이다.[20] 따라서 지성을 갖추지 못한 상태에서 객관적
지식이 결여된 주관적 속견은 논박에 대해 근거를 제시할 수 없어 창
피하고 맹목적인 것이며,[21] 이처럼 주관적 속견만 갖고 모방 기술을 부
리는 자는 단순한 민중 선동가이거나 고도의 시치미를 떼는 소피스테
스이다.[22] 결국 주관적 속견은 참된 경우에만 객관적 지식에 이를 수

관성'(《이념들》 제2권, 82, 110면), '그때그때 객체의 동일성을 상호 주관적으로 인
식하고 규정할 수 있는 것'(《형식논리와 선험논리》(*Formale und transznenden-
tale Logik*, Den Haag, 1974, 41면), '각자에 대해(für jedermann) 타당하게 미리
주어져 있는 것'이라는 점을 부각시키기 위해 불가피한 조치이다.
17) 플라톤, 《국가(政體)》 509d~511e(439~445면) 및 441면의 옮김이 주 88 참조.
18) 물론 "볼 수 있는 것들과 그렇지 못한 것들은 인간의 본성(physis)에 대한 말"
   (《파이돈》, 79b(166면))이며, 이것들은 실제로는 처음부터 결합된 상태로 존재한다.
19) 플라톤, 《메논》(*Menon*), 97b~98a(박종현, 《플라톤》, 138~140면).
20) 플라톤, 《국가(政體)》, 478a~b(376면); 《티마이오스》(*Timaios*), 51d~52a(박종
   현·김영균 역주, 서광사, 2000, 144~145면).
21) 플라톤, 《국가(政體)》, 506c(432면).

있는 낮은 단계의 인식일 뿐이다.

반면 후설은 객관적 실증과학의 의미 기반인 생활세계(Lebenswelt)를 해명하면서 객관적 지식보다 낮은 단계의 명증성(Evidenz)을 지녔다고 경멸되었던[23] '단순히 주관에 상대적인(subjektiv-relativ) 직관인 속견'을 '술어적으로 충분히 확증될 수 있는 인식의 영역, 실천적 삶이 요구하고 모든 객관적 학문이 의지하는 확인된 진리의 영역'[24], '참된 이성의 예비 형태(Vorgestalt) 혹은 최초 형태(Anfangsgestalt)이며, 객관적 지식은 그 최종 형태(Endgestalt)'[25]로 파악한다. 즉 객관적 지식은 '그 자체의 존재'를 인식하는 하나의 방법에 불과하며, 주관적 속견은 정밀한 인식이 의미와 정초 관계상 되돌아가야만 할 궁극적 근원의 영역(Urfeld)이기 때문에 더 높은 가치를 지닌다.[26] 요컨대 주관적 속견은

---

22) 플라톤, 《소피스테스》(*Sophistes*), 264d~268d(김태경 옮김, 한길사, 2000, 220~230면); 박종현, "플라톤의 결합이론"(《서양고전학연구》 제1호, 한국서양고전학회, 1987) 21~22면 참조.

23) 후설에 따르면 '플라톤은 경험을 항상 단순한 주관적 속견 즉 사실상 언제나 충족되지 않은 직관으로 간주하며'(《제일철학》 제1권, 323면), '감각적 진리들(경험 판단들, 칸트에 의하면 '지각 판단들')은 이념적 진리를 지시하고, … 감각적 대상 속에, 그 흐름과 상대성 속에 있는 것은 전혀 참된 존재가 아니며 단지 상대적인 것, 유동적인 것, 단지 상대적으로만 동일한 것이지 결코 동일한 것이 아니라고 파악한다.'(같은 책, 324면)

24) 후설, 《위기》, 127~28면(226면)

25) 같은 책, 11(74), 274면(417면).

26) 발덴휄스(B. Waldenfels)는 주관적 속견과 객관적 지식의 이러한 관계를 전통적 의미의 일상적 앎인 속견(Doxa), 학문적·방법적 이성(Episteme 1), 철학적·보편적 이성(Episteme 3) 그리고 생활세계를 통해 새로운 합리성을 띤 속견(Episteme 3)으로 밝히고 있다(*In den Netzen der Lebenswelt*, Frankfurt, 1985, 34~55면). 거비치(A. Gurwitsch)도 현상학적 의미에서 객관적 지식은 주관적 속견에 대립된 것이 아니라, '가능한 모든 주관적 속견의 객관적 지식'(Episteme of all the possible Doxa)으로 규정하고 있다("The Last Work of Edmund Husserl" in *Philosophy and Phenomenological Research* vol. 16(1956) 380~399면).

객관적 지식이 의미와 타당성을 지닐 수 있는 토대이며, 감각(지각)과
이성(인식)은 별개의 것이 아니라 의식의 흐름 전체 속에 유기적 관련
을 맺고 통일성을 이루고 있다.[27] 따라서 현상학은 경험의 근원을 밝히
는 고고학(Archäologie), 경험 자체를 이성 속에 정초하려는 '근본적 이
성주의'[28]라고 할 수 있다.

III. 플라톤의 형상 인식

1. 이데아는 영원 불변한가?

플라톤 철학의 핵심은 당연히 이데아론에 있다. 이데아 혹은 형상은
'본다'(idein, eido)는 동사에서 유래한 피동형 명사로서 '형태', '보임
새', '모양새', '모습' 등을 뜻하는 일상 언어에 지적 직관을 통해 파악
한 존재라는 의미를 부여한 전문 용어이다. 즉 감각의 대상들은 끊임없
이 생성·소멸되는 것이기 때문에 그때마다 다른 상태로 있지만, 형상

---

27) 이러한 측면은 신체(Leib)를 영혼(Seele) 혹은 정신(Geist)과 물질적 사물의 연결
고리로 파악하고 분석한 《이념들》 제2권이나, 근원적 인상으로부터 침전된 무의식
에 이르는 의식 흐름의 통일성을 밝힌 《시간의식》(*Zur Phänomenologie des
inneren Zeitbewusstseins*), Den Haag, 1969(이종훈 옮김, 한길사, 1996)에서도 명
백히 드러난다.

28) 이 점은 후설이 일반적으로 대립된 '경험'과 '이성'을 결합한 'erfahrungs-
logisch'를 사용한 데서 확인할 수 있다(《엄밀학》 299(159), 308(173면); 《이념들》
제1권, 94, 101, 102면; 《이념들》 제2권 88면). 이 용어는 '선술어적'(《형식논리와
선험논리》와 《경험과 판단》의 여러 곳), '선험적 경험'[《데카르트적 성찰》
(*Cartesianische Meditationen*, Den Haag, 1963(이종훈 옮김, 철학과 현실사,
1993) 68~69(72~74), 178면(240면); 《현상학적 심리학》 347면; 《위기》, 156면
(265면)], '경험의 논리 이전적 이성'(《제일철학》 제2권, 262면)으로도 표현된다.

은 '언제나 같은 방식으로 한결같은 상태로 있는 것'(to aei kata ta'uta hōsautōs echein), '자기 동일성의 상태에 있는 것'(ta'uton einai), '언제나 한 가지 보임새로 있는 것'(monoeides aei on)으로서 불변의 실재성을 지닌다.[29]

    그런데 서양 철학사를 소개한 입문서들 대부분은 '개별자는 그림자에 불과하고 이데아는 영원 불변하다'고 기술하고 있다. 이것은 형상에 대한 하나의 설명임에 분명하지만, 너무 간명하고 강렬하기 때문에 더 살펴볼 필요를 느끼지 못한다. 그 가운데 개별자는 이데아에 관여(methexis)한다는 점까지 서술한 책도 있으나, 오히려 플라톤 자신이 귀족 출신이라는 사실과 기계적으로 결부되어 귀족(정신)에 의한 서민(육체) 지배가 당연하다는 신분 제도를 옹호한 시대착오적 관념론(idealism)이라는 인상을 조장할 뿐이다. 그래서 어떤 계층의 사람 심지어 여성도 '타고난 성향'(kata physin)에 따라 철학적 훈련을 쌓으면 가장 훌륭한 사람들(最善者, hoi aristoi)[30]이 될 수 있고 이들이 어느 한 집단이 아니라 공동체 전체를 최대한 행복하게 만드는 통치술을 잘 발휘해 국가의 정의(올바름, dikaiosynē)를 실현할 수 있다는 철인치자(哲人治者)[31] 사상은 그 웅장함과 생동감을 잃고 간략하게 도식화된 부록으로 전락되고 만다.

29) 박종현, 《플라톤》, 59면 이하 참조.
30) 이것은 결코 전통적 의미의 세습 귀족이나 현대적 의미의 돈과 권력을 가진 자를 뜻하지 않는다. 오히려 지성과 인간을 사랑하는 마음을 지닌 '정신적 귀족'이며, 다양한 계층의 사람들이 살아가면서 제기되는 많은 문제를 사심 없이 공정하게 처리할 수 있는 자격과 능력을 갖춘 '지자(知者)' 또는 '전문가(專門家)'라고 보아야 한다. 따라서 그의 철학은 현대의 민주주의를 고대의 입장에서 서술한 것이라고 할 수 있다(박종현, 《플라톤》, 92면 참조).
31) 플라톤, 《국가(政體)》, 412c(243면), 420b~c(258면) 참조. 특히 계층간 장벽이 없음에 관해서는 415b(249면), 243d(265면), 여성의 동등한 권리에 관해서는 451c~456b(321~331면), 540c(502면), 563b(548면)에 구체적으로 밝혀져 있다.

사정이 이렇게 된 원인은 무엇보다도 플라톤의 책임이다. 계층간에 갈등이 없는 '하나의 나라'(mia polis)를 수립하려면 통치자와 수호자의 사유 재산과 가정 생활을 금지해야 한다고 주장했기 때문이다.[32] 이것은 어느 시대 어떤 사회나 공직자가 사리 사욕에 어둡거나 혈족의 이해 관계에 개입하면 자신의 본분을 망각하기 쉽다는 정곡을 찌른 통찰일 수 있다. 하지만 생산자 계층이 절제의 덕을 통해 자신들뿐 아니라 국가의 재산을 증식시켜야 한다고 강조했음에도 불구하고 '공산주의의 원조'라는 비난의 실마리가 된다. 더구나 훌륭함을 모방하지 않고 그 대상을 제대로 알지 못한 채 단순히 보이는 모습을 모방하는 자(mimētēs)에 대한 비판[33]을, 당시 시인·조각가·건축 기술자의 기능과 역할을 전혀 고려하지도 않고 '플라톤은 모든 예술가를 이상국가(Utopia)에서 추방해야 한다고 주장했다'는 단정에서 근거 없는 비난은 정점을 이룬다. 물론 플라톤 스스로 이러한 공유(共有)의 이념을 추구한 《국가》를 현실에 적합하게 적용해 공분(共分)의 모형을 제시해 그 후 많은 나라가 그 개선안을 수용했던 《법률》의 발전상을 간단히 무시한 게으르고 성급한 사람들의 몫도 적지 않다.

형상 이론을 살펴보기 전에, '이데아는 영원 불변하다'는 표현을 검토하자.

첫째, 플라톤은 우리가 사용하는 언어가 매우 유동적이며 어떤 대상을 부르거나 기술하기에 적절치 않다는 사실을 간파하였다.[34] 그래서

---

32) 같은 책, 416d(252면), 449a~462c(316~342면) 참조.
33) 같은 책, 377d~383a(165~181면), 386a~396e(184~208면), 595a~608a(611~639면) 참조.
34) 이러한 점은 앞에서도 개괄적으로 언급했지만 《제7 서한》(Letter VII), 340b~345a, 《파이드로스》(Phaidros), 274a~278e(in Plato: The Collected Dialogues, E. Hamiton & H. Cairns edited. Princeton Univ. Press, 1978) 및 F.M. Cornford, Before and After Socrates(Cambridge Univ. Press, 1976), 《소크라테스 이전과 이

의미가 규정된 언어를 통해 사고하며 고찰하는 것을 '차선(次善)의 방법'(ho deuteros plous)[35]이라고 한다. 더구나 항상 최고(最高)가 아니라 최선(最善)의 선택을, 극단(極端)을 피한 중용(中庸)으로 최대(最大)의 삶을 강조해 인간 능력에 명백한 한계가 있음을 곳곳에서 밝힌 그가 '영원'이라는 말을 어디에서 사용했는지 분명치 않을 뿐 아니라, '불변'이라는 말도 그 문맥에 따라 정확하게 파악해야 한다. 결국 '이데아가 영원 불변하다'는 표현은 대상의 존재 구조적 측면을 뜻할 경우에만 타당하지, 주관의 인식 단계적 측면으로 확장해서 이해하면 안 된다.[36] 이 점은 곧 논의할 형상들 간의 결합 관계를 통해서도 분명해진다.

둘째, 플라톤은 '동굴의 비유'[37]에서 철학적 훈련을 쌓아 이데아를 직관한 사람은 동굴(현실) 속으로 돌아와야 한다고 했다. 그런데 가령 동굴 밖 은행나무는 5백년 이상 부단히 성장하고 시들지만, 기껏해야 백년을 사는 인간이 영원 불변한 형상을 파악할 수 없다. 더구나 동굴 밖 세상에 그 나무만 있지는 않다. 이 점은 불교 수행의 돈오(頓悟) 이후 돈수(漸修)와 점수(頓修) 논쟁이나 유교 수양의 '격물치지 수신제가치국평천하'(格物致知 修身齊家治國平天下) 해석과 밀접한 관련이 있는데, 이것은 진리 자체보다 인간의 차원에서 제기된 문제일 뿐이다. 결국 동굴 속으로 돌아와야 한다는 것은 동굴 밖 인식이 완결된 시점

후》, 이종훈 옮김, 박영사, 1995, 81면(144면) 참조.

35) 플라톤, 《파이돈》, 99e~100a(218~19면).

36) 힐쉬베르거(J. Hirschberger)는 이에 대해 "플라톤에는 인식의 내용이 미리 완성되어 있으나, 이것은 그 내용에 관한 우리의 지식도 미리 완성되어 있음을 뜻하는 것이 아니다. 오히려 항상 새로이 변증법으로 다시 시작함으로써 점차 그 내용을 꿰뚫어 나가야만 한다"(《서양 철학사》상권 · 고대와 중세, 강성위 옮김, 이문출판사, 1983, 141면)고 해석하고 있다.

37) 플라톤, 《국가(政體)》, 514a~519d(448~458면) 참조.

이 아니라, 동굴을 나갈 때 다시 돌아와 실천해야 할 마음가짐을 강조한 것이다. 달리 해석한다면 플라톤 철학의 총체적 의미를 의도적으로 왜곡할 수밖에 없는 억지 논변에 불과하다.

그렇다면 앞의 언급 즉 형상은 '언제나 같은 방식으로 한결같은 상태로 한 가지 보임새로 있으며 불변의 실재성을 지닌다'는 플라톤 자신의 주장에 모순되지 않는가?

이에 대한 답변을 찾으려면 그의 형상 이론이 발전해 나간 자취를 살펴볼 수밖에 없다.

초기 대화편은 '용기'나 '경건함' 등 소크라테스가 추구했던 윤리적 문제를 검토하면서 '그것은 무엇인가'(ti estin), 즉 보편자(to katholou)의 동일한 의미를 논리적으로 규정하는 정의(horismos)에 집중하였다. 따라서 형상은 어떤 대상의 이름(onoma), 상(eidalon), 의미 규정의 형식(logos)으로서 '…한 것 그 자체'라는 일반화된 추상 명사나 개념의 형태를 띤다.

하지만 중기 대화편은 형상과 그 인식 즉 존재론적 인식론의 문제를 다루면서 바른 삶과 국가 경영을 위해 형상들에 대한 인식이 불가피함을 역설한다. 그래서 형상은 단순한 개념이나 보편자에 그치지 않고, 지성에 의해 알려지지만 감각되지는 않는 참된 존재(to aletos(ontos) on)의 보임새이다. 결국 형상은 불변의 본성(physis)으로서 실재성(ousia)을 지닌 것으로, 인식의 가능 근거[38]이다. 그리고 형상과 사물들의 관계를 관여(methexis), 드러남(parousia), 결합(koinōnia)으로 표현하고,[39] 혼 속에 은폐되어 있던 지성의 능력을 구체적으로 밝히기 시작한다.

그런데 후기 대화편에서는 《파르메니데스》(Parmenides)에서 형상 이론에 대한 오해를 검토하고, 《소피스테스》와 《정치가》(Politikos)에서 형

---

38) 플라톤, 《크라틸로스》(Kratylos), 440b 참조(in Plato: The Collected Dialogues).
39) 플라톤, 《파이돈》, 100c~d(220~221면).

상들의 결합에 관련된 문제를 다룬다. 즉 형상은 이미 '한 가지 보임새'로 나타나지 않고 결합의 형태로 다양하게 드러난다. 이 결합의 근거를 박종현 교수는 다음과 같이 명백하게 밝힌다.

"하나의 형상, 하나의 존재(to on)가 갖는 다면성 때문이다. 형상에 대한 '언제나 같은 방식으로 한결같은 상태로 있는 것', 따라서 '자기 동일성을 갖는 한 가지 보임새'라는 면의 강조는 부단히 변하는 사물들과 관련지을 때의 표현이요, 그런 시각에서 보았을 때의 '보임새'이다. 그러나 형상들을 형상들만의 차원에서 보게 될 때는 사정이 달라진다."[40]

그리고 《티마이오스》와 《필레보스》(*Philebos*)에서 형상은 우주와 국가, 개인의 좋음(to agathon) 또는 아름다움(to kalon)을 구현할 본(paradeigma)으로서 제시된다.

2. 인식의 대상으로서의 형상

플라톤은 참으로 존재하는 것은 감각된 것이라는 헤라클레이토스(Herakleitos)와 프로타고라스(Protagoras)의 견해 및 사유된 것이라는 파르메니데스(Parmenides)의 주장을 '거인족과 신들의 싸움'(gigantomachia)[41]으로 비유하고, 양 극단을 피한 채 두 측면에서 접근해 간다. 그래서 감각(aisthēsis)에만 의존하는 버릇을 정화(katharsis)하고 이에 근거한 주관적 속견(doxa)을 논박(elenchos)함으로써 혼(psychē) 속에 은폐되어 있던 지성(nous)을 통해 알려질 대상을 확보한다.

지성이 사유한 것을 인식할 방법과 절차인 디알렉티케(dialektikē)를

---

40) 박종현, 《플라톤》, 65면.
41) 플라톤, 《소피스테스》, 246a(163면).

살펴보기 위해 앞에서 언급한 '선분의 비유'에서 추론적 사고와 지성
적 직관의 차이에 주목하자.

추론적 사고는 산술과 기하학, 천문학, 화성학(和聲學) 등을 이미 알
고 있는 것으로 당연하게 가정하고, 모순되지 않게 결론을 내린다. 이것
은 '언제나 있는 것'(to aei on)에 대한 지성적 직관의 발판이지만, 다
음과 같은 한계를 갖는다.

"기하학이나 이에 잇따른 것들은 '실재'에 관해 꿈을 꾸고 있지, 깬 상
태로 볼 수는 없다. 그것들이 가정들을 이용하지만 그대로 둔 채, '설명을
해주지'(logon didonai) 못하기 때문이다. 어떤 것에서 전제를 알지 못하
고 그 결론과 중간 항들도 알지 못하는 것으로 '짜여 있을'(homologia)
경우 그 일치는 전혀 객관적 인식이 될 수 없다."[42]

반면 지성적 직관은 가정들을 원리가 아니라 '밑에 놓은 것'
(hypothesis)으로 취급하고 확실성을 확보하기 위해 형상들만 이용해
탐구하는 '무전제의 원리'(archē anypothetos)[43]를 채택한다. 하지만 형
상들은 가령 '아름다움의 경우 아름다운 자기 동일성, 추함이나 올바름

---

42) 플라톤, 《국가(政體)》 533b~c(487~488면). 이 인용과 아래의 인용들 가운데는
필자의 편의상 대화체의 표현을 수정하거나 내용을 훼손하지 않는 범위에서 압축한
것도 있다.
그리고 이 지적은 후설이 물리학적 객관주의가 수학적 공식으로 이념화하는 전제
(가설)에 대한 비판과 근본적으로 동일하다(이종훈, 《현대의 위기와 생활세계》, 58
~59면 참조).
43) 같은 책, 510b(441~442면).
이 점 역시 후설이 기존의 철학들로부터 추론하여 정합적 체계를 구축하는 것이 아
니라, 모든 편견에서 해방되어 의식에 직접 주어진 '사태 자체로'(zur Sachen
selbst) 되돌아가려는 무전제성(Voraussetzungslosigkeit)의 원칙과 동일하다(이종
훈, 앞의 책, 13, 53면 참조).

과 다른 타자성, 실제로 존재하는 실재성, 정지해 있는 불변성, 조화를
이룬 균형성 등 아름다움 자체가 나타내는 보임새들로서 이것들을 하
나로 결합시켜(koinonein) 보아야(idein) 한다.[44] 결국 디알렉티케에
능숙한 자(ho dialetikos)는 어떤 형상들이 서로 결합할 수 있는지, 어
떤 경우 그 가능성이 많은지를 올바로 아는, 포괄적인 봄(synopsis)을
갖는 사람이다.[45] 그리고 실리를 추구하는 기술자(technitēs)가 아니라
자유인으로서 지혜를 사랑하는 자(ho philosophos)가 궁극적으로 추구
해야 할 최대 최고의 앎은 '좋음(善)의 이데아'(he tou agathou idea)
이다. 이것은

> "인식되는 것들에게 진리를 제공해주고 인식하는 자에게 그 힘
> (dynamis)을 주는 원인이며, 객관적 지식과 진리의 원인(aitia)이지만 또
> 한 인식되는 대상으로서 더 훌륭한 것이다. … 마치 태양 자체가 생성
> (genesis)이 아니면서도 보이는 것들에게 '보임'의 '힘'을 제공해줄 뿐만
> 아니라 그것들에게 생성과 성장 및 영양을 제공해주듯이, 인식되는 것들이
> 인식될 수 있고 존재하고(einai) 본질(ousia)을 갖게 되는 근거이다."[46]

여기서 다음과 같은 점을 음미해볼 필요가 있다.
첫째, 디알렉티케를 가르칠 때 강제로 배우게 해서는 안 되며 섣불리
논변에 접하지 않도록 매우 신중해야 한다는 점이다.[47] 강제적으로 배
운 것은 혼(마음)에 머물러 있지 않지만 놀이 삼아 배우면 자신에게

---

44) 박종현, 《플라톤》, 65면.
45) 플라톤, 《국가(政體)》, 537c(495면) 참조.
   그리고 이 점은 현대의 유전 공학이 전개하는 사유 패턴과 관련하여 많은 시사를
   주는 중요한 파악이다.
46) 같은 책, 508e~509a(437~438면) 참조.
47) 같은 책, 536d~537a(494면) 및 539b~c(499~500면) 참조.

적합한 성향을 정확하게 파악할 수 있기 때문이며, 젊은이가 처음 논변의 맛을 보면 언제나 반론(antilogia)으로 남용한 결과 어떤 것도 믿지 않게 되어 자신뿐 아니라 철학이 비난받기 때문이다. 이것은 여전히 인성 함양과 자아 계발은 도외시한 채 입시 위주의 암기식 지식 전달에서 벗어나지 못한 우리 교육, 더구나 건전한 대화와 토론 문화를 형성하는 것과는 거리가 먼 철학(논리) 교육이 철저히 반성해야 할 사항이다.

둘째, 20세에서 30세까지 예비 준비와 그 후 5년의 본격적 단련, 그런 다음 15년간의 실무 경험과 자질 검증을 통해 50세에 비로소 통치자가 된다는 점이다. 박종현 교수는 이에 관해 당시 다른 나라 집정관의 최소 연령과 《논어(論語)》의 지천명(知天命)을 거론하며 제자들을 가르치고 스스로 연구했던 플라톤 자신의 체험에 근거한 것으로서, 이를 통해 《국가》의 저술이 빨라야 50세 이후라고 해석한다.[48] 그런데 우리는 '50세' 기준이 제시된 배경을 고려하지 않고 획일적으로 단정한다면, 개인의 능력 차와 역사적 사회 조건을 무시한 비현실적 철학이라는 오해, 그리고 앞에서 살펴본 '이데아는 영원 불변하다'는 표현으로 왜곡된 오해의 늪에 빠질 수밖에 없다는 점에 유의해야 한다.

3. 실천의 본(本)으로서의 형상

플라톤에 의하면 인간이 가장 행복하게 되는 것은 '양 극단의 지나침을 피해 언제나 중용(to meson)의 삶을 선택하는 데'[49] 있다. 만약 그가 이성적으로 선택해 진지하게 산다면, 만족할 만한 삶을 살 수 있다. 따라서 '언제 어디서나 가능한 것들 중에서 최선을 선택하는 학문

48) 같은 책, 501면 옮긴이 주 80 참조.
49) 같은 책, 619a~b(663면).

의 탐구자가 되도록 최대한 마음을 써야 하며, 바로 여기에 인간의 모든 모험이 있다.' [50] 그래서 그는 《티마이오스》에서 도구 제작이나 인격 형성, 가정과 사회 및 국가의 형성 등 인간의 만듦(poiesis)이 어떻게 이루어지는지를 밝히기 위해 그럼직한 설명(eikos logos)을 통해 우주의 창조 과정을 논한다.

모든 만듦에는 직접적 원인으로서 만드는 자인 데미우르고스 (dēmiourgos)와, 그 만듦이 크리스트교와 같이 '무로부터의 창조' (creatio ex nihilo)가 아니기 때문에 주어진 것들(ta hyparchonta)이 있는데, 이것들은 필연적이지만 그 자체는 어떤 목적도 없는 부차적 원인이다. 그런데 선의의 신(deus begignus)인 데미우르고스는 우주를 가장 훌륭하고 아름답게 만들려고 똑같은 방식으로 한결같은 상태로 있는 '좋음(善)의 이데아'를 본(paradeigma)으로 삼아 혼돈의 상태인 무질서한 세계에 질서(taxis)를 부여하였다. 그 결과 우주는 '혼(생명)과 지성을 지닌 살아 있는 것'(zoon empsychon ennoun te)[51], 즉 살아 움직이는 거대한 생명체로서 창조되었다.

한편 만듦에 앞서 미리 주어진 것들은 비한정자(to apeiron)로서 만듦은 이것들에 일정한 한도를 부과하는 작업이다. 그리고 인간의 삶이나 자연의 생성에서 '좋음'은 참된 것이 적도(metron)와 균형 (symmetron)에 맞게 잘 혼화(symmeixis, synkrasis)된 데 있다. 따라서 자연 속의 모든 존재는 적도를 실현해야 제 기능을 발휘할 수 있고, 그래야만 지속적으로 존재할 수 있다. 이 적도는 적당한 시기에 적절하게 이루어져야 하기 때문에 정확한 수치를 읽고 최선(最善)의 적도(適度)를 찾아내는 측정술(metretike)이 요구된다. 건강한 육체나 존경받을 만한 인격도 자신에게 주어진 기능(능력)들을 헤아리고 선용한 가장 훌

50) 같은 책, 618b~c(662면).
51) 플라톤, 《티마이오스》, 28c~30b(78~84면), 92c(256면) 참조.

룽하게 '혼화된 삶'(ho koinos bios)을 통해서만 형성된다. 이러한 헤
아림의 지혜(phronēsis)는 형상들, 궁극적으로는 '좋음의 이데아'에 대
한 앎에서 이루어진다. 바로 여기에 형상을 인식하는 오름 길의 디알렉
티케와 형상을 본으로 삼아 실천하는 내림 길의 측정술이 당연히 또한
자연스럽게 합치된다.

　'인간이 선택할 수 있는 최선의 삶(aristos bios)은 지성에 의해 창조
된 우주의 이치와 질서를 본받아 동화(homoiosis)하는 것'[52]이라는 주
장의 의의를 살펴보자.

　첫째, '적도와 균형에 맞게 잘 혼화된 아름다움만 계속 존재할 수 있
고, 그것은 좋은 것'(美=有=善)이라는 파악은 수학적 질서와 조화를 이
룬 아름다운 우주(kosmos)를 강조한 피타고라스(Pythagoras)와, 혼 속
에 있는 참된 자아를 실현하고 진리를 탐구하기 위해 '너 자신을 알
라!'(gnothi sauton) 또한 '음미(窮究)되지 않는 삶은 살 보람이 없
다'[53]고 역설한 소크라테스를 완결한 인식론인 동시에 존재론이다. 특
히 개별자(육체)와 이데아(정신)가 관여하고 드러나며 결합하는 긴밀
한 관계와 의사소통을 통해서만 개인과 사회, 국가 모두 아름답고 계속

---

52) 같은 책, 박종현 · 김영균 공동 역주, "《티마이오스》 해제" 28면.
53) 플라톤, 《소크라테스의 변명》(*Apologia*), 39a(《소크라테스의 최후》, 박종현 옮김,
　　박영사, 1974, 64면)
　　후설도 "순수 체험의 가장 일반적인 본질적 특성 가운데 첫째가 반성(Reflexion)이
　　며, 현상학적 방법은 철저히 반성의 작용 속에서 움직인다"(《이념들》 제1권, 144면)
　　고 강조하며, 그에 있어 '선험적'(transzendental)은 칸트의 경우 "대상들 일반을
　　인식하는 방식을 다루는 인식"(*Kritik der reinen Vernunft*, Hamburg, 1956 B25),
　　"모든 경험에 (아프리오리하게) 선행하지만 경험의 인식을 가능케 하는 조건"
　　(*Prolegomena zu einer jeden künftigen Metaphysik*, Hamburg, 1969, 373면
　　주)에서 더 나아가 "모든 인식 형성의 궁극적 근원으로 되돌아가 묻고(Rück-
　　fragen), … 자기 자신과 자신의 인식하는 삶을 스스로 성찰하려는 동기(Motiv)"
　　(《위기》, 100면(189면); 《경험과 판단》, 48~49면(82면)) 즉 반성적 태도를 뜻한다.

존재하는 좋음을 실현할 수 있다는 통찰은 현대인의 삶에도 절실히 요
청되는 가르침이기 때문에 그의 실천적 존재론이 더욱 부각되어야 하
며, '사고와 대화'(dainonia kai logos)[54]에 대한 강조가 가정과 학교, 사
회에 제대로 뿌리내리고 새로운 아이디어(idea)의 창출로 연결되도록
강구되어야 한다.

둘째, 그의 우주관은 '좋음의 이데아'가 지배하는 우주를 끊임없이
적도와 균형이 창출되는 살아 있는 거대한 생명체로 파악한 역동적이
며 진화론적인 자연관이다.[55] 또한 그의 최대 관심사는 '주어진 것을
최대한 선용하는 일'(to paron eu poiein), 즉 지성이 지배하는 인간과
사회였다.[56] 물론 여기에는 자연과 기술도 포함된다. 따라서 그의 철학
은 기계론적 자연관에 입각해 자연은 물질적 풍요를 충족시키기 위한
도구나 수단으로서의 가치만 갖는다는 인간 중심 이데올로기에서 초래
된 현대의 심각한 환경 위기를 극복할 수 있는 대안으로 생태학
(ecology)적 의미가 매우 크다. 왜냐하면 그의 유기체적 우주관 혹은
인간과 자연이 합일해야 한다는 전일체적(全一體的) 자연관은 이와 같
이 왜곡된 인식을 근본적으로 전환할 수 있는 결정적 계기를 제시해주
기 때문이다.

---

54) 플라톤에 의하면 "사고와 대화는 동일한 것이며, 단지 사고는 혼 속에서 자신과 소
리 없이 행하는 대화"(《소피스테스》, 263e(217면))이다.
55) 박종현, 《플라톤》, 76~77면 참조.
56) 같은 책, 92면 참조.

IV. 후설의 본질 직관

1. 사실과 본질 및 실재적인 것과 이념적인 것

후설은 《논리연구》(*Logische Untersuchungen*)의 심리학주의(Psycho-logismus) 비판이 심리학의 가치를 부정하거나 실험적 업적을 비난한 것이 아니라 그 방법론의 근본적 결함을 제거함으로써 보다 높은 학문의 수준으로 향상시키고 작업 영역이 획기적으로 확장될 수 있음을 파악하기는커녕, 현상학을 내적 경험을 기술하는 경험적 심리학의 기저 단계(Unterstufe)로 간주되는 오해를 해명하고자 다음과 같이 말한다.

> "일반적으로 통상 학문을 실재적 학문과 이념적 학문(혹은 경험적 학문과 아프리오리한 학문)으로 구분하는 대신 두 쌍의 대립, 즉 사실(Tatsache)과 본질(Wesen), 실재적인 것(Reales)과 이념적인 것(Ideales)에 상응하는 학문으로 구분하는 사실이 독자들에게는 이상한 느낌을 줄 것이다."[57]

그런데 이 진술은 《논리 연구》에서 출범해 《위기》에 이르는 40년에 걸친 그의 줄기찬 학문적 항해를 추적할 때 핵심적 논의를 놓쳐버리지 않으려면 반드시 휴대해야 할 교본이다.

실재적인 것은 공간 속에서 경험할 수 있는 사물뿐 아니라 시간 속에서 발생한 심리적 체험도 포함하며, 이념적인 것은 외연(extensio)이 없는 비공간적 존재이며 또한 시간과 무관해서 생성과 변화, 인과 관계를 갖지 않는다. 이러한 존재 방식(Seinsweise)의 구분은 플라톤이 가시

---

57) 후설, 《이념들》 제1권, 4면.

적인 것 또는 감각의 대상과 지성에 의해 알 수 있는 것을 나눈 이래 일반화된 것이다. 다만 의식 체험도 실재적이라는 점, 즉 실재성의 기준은 의식의 안·밖이 아니라 시간성의 유·무인 점에 주목할 필요가 있다.[58] 그런데 사실과 본질의 구분은 전통적 존재론에서 실재적 현존재(exisitentia, Dasein)와 이념적 본질(essentia, Sosein)의 구별과 다르다. 그것은 이념적인 것도 개별적 사실 속에 범례(Exempel)로서 현존재하며, 실재적인 것도 개념을 통해 명증적으로 타당하게 언표되고 규정(기술)될 수 있는 본질을 갖기 때문이다.[59]

하지만 사실은 각 개체에서 개별적으로 발생하며 항상 달리 있을 수 있기에 우연적인 반면, 본질은 어떤 사실도 반드시 본질을 갖기에 보편적이고 필연적이다. 즉 '사실이 지닌 우연성의 의미는 본질-필연성의 특성과 함께 본질-일반성의 관계를 갖는 필연성과 상관적으로 관련되어 있다는 한계'[60] 때문에 개별적 대상은 본질을 지닌 개체이다. 그리고 '본질은 개체에서 발견되는 그 무엇(Was)으로서 이 모든 것은 이념 속에 정립될 수 있다'.[61] 따라서 개체를 포착하거나 그 존재를 현실적으로 정립하는 경험적 일반화인 개체 직관은 주어진 범례에서 보편적 대상을 일반자의 양상으로 파악하는 본질 직관과 원리적으로 구별되지만, 사실로 향한 자연적 태도를 본질을 향한 현상학적 태도로 변경함으로써 본질 직관으로 전환될 수 있는 존재 계기(Seinsmomente)를 갖는다. 가령 '칠판에 그려진 어떤 삼각형을 봄'(개체 직관)에서 '삼각형 일반을 파악'(본질 직관)할 수 있다.

---

58) 후설, 《논리연구》 제2-1권, 123~124면 참조.
59) 후설, 《논리연구》 제1권, 178면 및 제2-1권, 223면; 《엄밀학》, 316~318(184~188 면); 《이념들》 제1권, 12~13, 124면 참조.
60) 후설, 《이념들》 제1권, 9면
61) 같은 책, 10면.

"어떠한 본질 직관도 '그에 상응하는' 개체에 시선을 돌리고 범례적 의식을 형성할 자유로운 가능성 없이는 불가능하다. 그 역도 마찬가지로 어떠한 개체 직관도 이념화 작용(Ideation)을 수행하고 이 속에서 상응하는 본질, 즉 개별적으로 보여진 것에서 예시되는 본질에 시선을 돌릴 자유로운 가능성 없이는 불가능하다."[62]

결국 심리학과 현상학은 모두 의식 현상을 탐구하지만 전자는 실재적 경험과 그 본질을 다루는 사실학(Tatsachenwissenschaft)인 반면, 후자는 선험적으로 환원된 비실재적(irreal) 형상(Eidos)을 기술하는 본질학(Wesenswissenschaft, Wesenslehre)[63]이다.

여기서 다음과 같은 점을 확인하고 넘어가자.

첫째, 본질은 스콜라 철학의 실체나 형이상학적 유령, 회의주의자의 허구와 같은 것이 아니며, 개별적 시간·공간적 대상의 가능 조건도 아니다. 그것은 의식에 주어진 경험이 경험으로 밝혀질 수 있는 논리적 구조에 대한 일련의 필요 조건으로서, '도처에 있으나 아무 데도 없기에'(überall und nirgends) 어떠한 실재적 성질도 갖지 않으며[64], 표상하는 주관이나 사고 작용의 수에 따라 증감하지 않는다. 그래서 메를로-퐁티는 후설의 본질을 "마치 어부의 그물이 바다 속 깊은 곳에서 움틀거리는 물고기와 해초를 끌어올리듯, 경험의 모든 생생한 관계를 회복시키는 것"[65]이라고 한다.

---

62) 같은 책, 12면.

63) 후설, 《논리연구》 제1권, 211~212면 주 1; 《이념들》 제1권, 4, 139면 참조.

64) 가령 자연의 실재인 나무와 구별되는 지각된 나무 자체, 즉 지각의 의미로서 지각에 불가분적으로 속하는 본질은 불에 타거나 어떠한 화학적 요소로도 분해될 수 없으며, 아무런 실재적 성질도 갖지 않으며, 또한 사물의 한 측면도 아니다(《이념들》 제1권, 184면; 《위기》, 245면(382면) 참조).

65) M. Merleau-Ponty, *Phenomenology of Perception*(trans. C. Smith, Routledge &

둘째, 직관도 신비적 의미를 지닌 것도, 칸트와 같이 감성적 대상에 국한된 것도 아니라 사태를 구성하고 있는 범주적 대상에 대한 파악인 범주적 직관도 포함된다.

> "직접적 '봄'(Sehen), 즉 단순히 감각적인 경험하는 봄이 아니라 어떤 종류이든 원본적으로 부여하는 의식으로서의 봄 일반은 모든 이성적 주장의 궁극적 권리 원천이다."[66]

이 '봄'의 고유한 본질은 '보면서 해명하는 것'(sehendes Explizieren)[67], '스스로 경험함(Selbst-erfahren), 스스로 보여진 사태를 가짐(selbst gesehene Sachen haben)이며, 대상이 드러나도록 밝히는 간취함(Erschauen)이다.'[68]

따라서 후설 현상학에서 '모든 원리 중의 원리(Prinzip)'는

> "원본적(originär)으로 부여하는 모든 직관이 인식의 권리 원천이다. '직관'(Intuition) 속에서 우리에게 원본적으로 (말하자면 그 생생한 현실성에서) 제시된 모든 것을 주어져 있는 것으로서, 더구나 그것이 거기에 (da) 주어져 있는 한계 내에서만 받아들여야 한다."[69]

이며, '규범'(Norm)은

Kegan Paul, 1962), 서문 15면.
66) 후설, 《이념들》 제1권, 36면.
67) 후설, 《형식논리와 선험논리》, 167면.
68) 후설, 《경험과 판단》, 421면(488면).
69) 후설, 《이념들》 제1권, 43면.

"의식 자체에서, 즉 순수한 내재성(Immanenz) 속에서 본질적으로 통
찰할 수 있는 것 이외에는 아무 것도 요구하지 말라"[70]

이다. 의식에 직접 주어진 것이 본질이며, 이것을 그대로 받아들이는
것이 직관이다.

2. 후설 현상학에서 이 두 대립 쌍의 역할

본질 직관의 과정을 살펴보기 전에 사실과 본질, 실재적인 것과 이념
적인 것의 구별이 후설 현상학의 각 발전 국면에서 어떻게 적용되고
있는지 간략히 고찰해보자.

《논리연구》 제1권에서는 논리 법칙이 심리적 사실에 근거한 심리 법
칙이기 때문에 논리학뿐 아니라 모든 정신(인문)과학의 기초는 심리학
이라고 주장하는 심리학주의에 대해 다음과 같이 반박한다. 즉 논리 법
칙은 그 대상의 존재를 함축하거나 전제하지 않으며, 실재적으로 판단
하는 주관의 다양한 작용들과는 무관한, 이 작용들에 의해 통일적으로
구성된 객관적 내용이다. 가령 모순율도 판단하는 주관이 심정적으로
느낀 실재적 양립 불가능성을 뜻하는 것이 아니라, 모순된 명제들이나
상반된 사태들의 이념적 양립 불가능성이다. 따라서 심리학주의는, 그
진리의 기준이 개별적 인간이든, 보편 타당한 논리 법칙을 제한된 우연
적 경험 사실에서 일반화하여 도출하기 때문에 항상 귀납적 비약이 포
함되어 개연적 근사치만 얻는 상대주의이다. 그리고 사실들이 변화되면
원리도 변경될 수밖에 없기 때문에 자신의 주장마저 자신에 의해 파괴
되는 자기 모순과 회의적 순환론에 빠질 뿐이다.[71]

---

70) 같은 책, 113면.
71) 이종훈, 《현대의 위기와 생활세계》, 제2장 참조.

요컨대 비판의 핵심은 심리학주의가 판단 내용의 이념적인 것과 판단 작용의 실재적인 것 그리고 이념적인 것을 실천적으로 적용한 규범적인 것(Normales)의 차이를 인식론적으로 혼동한 오류와 편견(metabasis)에 대한 지적이다. 이들의 올바른 관계는 경험론의 추상 이론을 포기해야 분명히 드러날 수 있다고 파악한 그는 경험이 발생하는 사실(quid facti)이 아니라 객관적으로 타당하기 위한 권리(quid juris), 즉 '어떻게 경험이 이념적인 것 속에 내재하며 인식될 수 있는가'를 해명하기 위해 제2권에서 다양한 의식 체험들을 분석하여 그 본질 구조가 '항상 무엇을 향한', 대상의 의미를 구성하는 활동인 지향성(Intentionalität)임을 밝혔다.

《엄밀학》에서는 심리학주의 비판이 자연주의(Naturalismus)와 역사주의(Historizismus) 및 세계관 철학(Weltanschauungsphilosophie) 비판으로 확대된다. 즉 모든 존재를 자연과학적 방법으로 수량화하여 규정하고 '의식과 이념을 자연화(사물화)'[72]하는 자연주의는 의식의 지향성을 파악할 수 없고, 보편 타당한 이념적 규범을 경험적 사실을 통해 반박하거나 정초하는 것은 이론상 과학적 방법만을 맹신하는 편견에 사로잡힌 모순된 시도이며, 실천상 인격적 자아의 자기 망각[73]에 빠져 가치

---

72) 후설, 《엄밀학》, 295(151면).
73) 후설은 인간을 자연의 한 부분으로만 간주해 과학적 방법으로 탐구하는 심리학은 의식의 보편적 존재 양식이자 본질적 계기인 지향성을 파악할 수 없기 때문에 심리(Psyche) 세계에 제대로 접근할 수 없는 '영혼(Seele)이 빠진 심리학'(《이념들》 제1권, 175면)일 뿐이라고 비판하고, '우리는 이론적 작업을 수행하면서 사태와 이론, 방법에 몰두한 나머지 그 작업의 내면에 관해 아무 것도 모르고, 이 작업 속에 살면서 작업을 수행하는 삶 자체를 주제로 삼지 않는 이론가(Theoretiker)의 자기 망각(Selbstvergessenheit)을 극복해야 한다'(《형식논리와 선험논리》, 20면)고 역설하며, "밖으로 나가지 말고 너 자신 속으로 들어가라. 진리는 인간의 내면 속에 깃들어 있다"는 아우구스티누스의 말을 인용해 소크라테스의 경구 '너 자신을 알라'(gnothi sauton)의 의미를 새롭게 해명한다[《데카르트적 성찰》, 183면(247면)].

나 의미 문제를 소외시켜 삶의 위기가 발생한다. 또한 역사와 사회, 문화의 발전을 직관을 통해 추후로 체험하고 이해할 수 있다는 역사주의는 역사적 입장들이 모두 부당하다는 회의적 상대주의가 되며, 세계에 관한 경험과 지식인 세계관을 시대 정신으로 간주하는 세계관 철학은 각 세계관이 모두 타당하다는 역사주의적 회의론이 된다. 왜냐하면 가치 평가의 원리들은 역사가가 단지 전제하지만 정초할 수는 없는 이념적 영역에 놓여 있으므로, 역사나 경험적 정신과학 일반은 이념과 이 이념 속에 나타나는 문화 형태들 사이의 관계를 그 자신으로부터는 긍정하든 부정하든 어떤 것도 결정할 수 없기 때문이다.

　결국 자연주의는 엄밀한 학으로서의 철학에 대한 충동을 왜곡시키고, 역사주의나 세계관 철학은 그 충동을 약화시킬 뿐이다. 직접적 파악인 직관을 외면한 채 수학과 물리학의 간접적 방법을 과대 평가하고 이념을 사실로 바꾸어 잘못 해석하거나 모든 삶을 이해할 수 없는 사실들의 혼합물로 변형시키는 이들에게 사실에 대한 미신(Aberglaube)과 편협된 실재성에 대한 믿음은 공통적이다.[74] 거부되어야 할 것은 이성이 아니라 소박한 자연과학의 영향 아래 이성이 추구한 잘못된 방법이며, 현대의 절박한 학문 이념을 이상적으로 실현하는 것은 여전히 '최고의 권위를 지닌 이성 자신'[75]이다.

　《형식논리와 선험논리》 및 《경험과 판단》에서는 학문을 참된 학문으로 만드는 학문 이론(Wissenschaftslehre)으로서의 논리학이 소박한 전제 때문에 진정한 방법의 선구자 역할을 수행하기는커녕 하나의 개별 과학으로 전락했다고 비판한다. 그 전제란 형식 논리의 법칙들이 주어나 술어의 공허한 형식 속에 삽입된 판단 기체(대상)의 실질적 내용은 문제삼지 않고 진리를 판단의 형식적 정합성인 무모순성에서만 찾는

---

74) 후설, 《엄밀학》, 336(213~214면), 340~341(219~221면) 참조.
75) 같은 책, 296(154면).

것이다. 그런데 판단이 본래의 목표인 존재자에 관한 참된 인식에 도달하려면 판단의 대상, 즉 어떠한 규정 이전에 곧바로 경험되는 궁극적 개체(tode ti)가 스스로 의식에 주어지는 현실성(사태 자체)까지 파고 들어가야 한다. 따라서 술어적 판단의 명증성은 선술어적 경험의 명증성에 근거하기 때문에 형식 논리는 그 대상의 의미 발생을 해명하는 선험 논리에 의해 정초되어야만 참된 존재자(세계)에 관한 논리학이 될 수 있다.[76]

그가 선술어적 경험 또는 세계의 지향적 지평 구조(Horizontstruktur)를 밝히고, 지각이 단적으로 파악되고 해명되며 관계가 관찰되는 단계와 지각이 수용되는 보편적 구조로서 내적 시간의식 및 신체(Leib)를 분석한 작업은 이러한 맥락 속에서 이루어진다. 요컨대 형식 논리에 대한 비판 역시 논리적 형성물의 발생에 관한 탐구를 논리학을 대신해 떠맡았던 발생적 심리학이 소박한 자연적 태도에 입각해 실재적 판단작용과 이념적 판단 내용을 혼동한 결과 인식의 가능성에 대한 선험적 물음을 소홀히 하고, 판단의 대상이 직접 주어지는 직관의 차원을 도외시한 오류를 지적한 것이다.

《위기》에서는 생활세계를 본격적으로 논의하면서 이러한 비판들이 물리학적 객관주의(physikalistisches Objektivismus) 비판으로 종합되어 근대 철학사의 목적과 의미를 밝힌다. 객관적 학문의 세계는 항상 주관과 상관적이기 때문에 구체적 경험을 통해 직관할 수 있는 생활세계에 추상적인 '이념과 상징의 옷'[77]을 입힌 것이다. 자연을 '수학적 언어로

---

76) 후설, 《형식논리와 선험논리》, 17, 20, 230, 277면; 《경험과 판단》, 4~22(28~50), 37면(68~69면) 참조.

77) 후설, 《위기》, 51~51면(125면).
  그런데 여기서 사용된 '이념'은 후설 현상학이 줄곧 추구한 학문과 인간성의 이념에 부단히 접근해 나가야 할 목적(가령 칸트에 있어 규제적 원리)이 아니라, 낡고 빈약한 관념의 틀을 뜻하는 부정적 의미라는 점에 유의할 필요가 있다.

썩어진 책'으로 파악한 갈릴레이 이래 실증적 자연과학은 생활세계를
수량화하고 기호로 이념화한 객관적 자연(Natur)[78]을 참된 존재로 간주
한다. 그 결과 자연은 발견되었지만, 객관성에 의미를 부여하고 해명하
는 주관성은 망각되었다. 이 점에서 갈릴레이는 '발견의 천재인 동시에
은폐의 천재'[79]이다. 또한 사유 실체(res cogitans)와 연장 실체(res
extensa)를 구분한 데카르트의 이원론에 영향을 받은 로크와 흄의 연상
심리학은 의식도 객관적 자연과학의 방법으로 탐구하였다. 따라서 데카
르트는 방법적 회의를 통해 '사유 주체(ego cogito)를 발견한 동시에
포기'[80]한 '물리학적 객관주의의 시조'[81]가 되었고, 수학화하는 독단적
객관주의뿐 아니라 객관주의 일반을 뿌리째 동요시킨 흄의 회의론에
있어 '경험론의 발전과 형이상학의 해체는 객관적 인식이 파산되는 동
일한 사건'[82]이다. 칸트 역시 소박한 자연적 태도에서 형식 논리를 그
자체로 완결된 것으로,[83] 또한 생활세계를 자명한 전제로 간주했을 뿐
전혀 문제삼지 않았다.[84]

　결국 물리학적 객관주의 비판도, 그 이론들이나 수학적 공식들은 아

78) 그리스어 'physis'(어간 phy는 '성장'을 뜻한다)에서 유래한 이 말은 직접 생성되
　　는 실재(to on), 근본 원리(arche)를 뜻하며, 스피노자의 '만드는 자연'(natura
　　naturans) 및 '만들어진 자연'(natura naturata)에서 보듯이 본래의 의미가 유지되
　　기도 했지만, 소피스트 시대와 특히 근대 르네상스 이래 오늘날의 '자연' 즉 과학적
　　기술을 통해 수량화로 측정할 수 있는 영역에 대한 총괄 개념으로 이해되었다(박종
　　현, 《희랍사상의 이해》, 25~28면 참조).

79) 후설, 《위기》, 53면(127면).

80) 후설, 《현상학의 이념》, 10면(65면).

81) 후설, 《위기》, 74면(153면).
　　《데카르트적 성찰》에서는 '불합리한 선험적 실재론의 시조'[63면(65~66면)]라고
　　한다.

82) 같은 책, 90면(175면).

83) 후설, 《형식논리와 선험논리》, 267면 참조.

84) 후설, 《위기》, 105~114면(197~209면) 참조.

프리오리(apriori)하게 직관적으로 충족될 수 없을 뿐만 아니라 충족될
수 있는 지평도 제시할 수 없다는 근거를 구체적으로 제시한 점 이외
에 이전의 비판들과 마찬가지로, 이념적인 것과 실재적인 것을 혼동하
거나 사실에 집착해 본질을 파악하지 못한 오류를 근본적으로 극복하
려는 시도이다. 사실은 항상 사실만을 수반하며,[85] 단순한 사실학은 단
순한 사실적 인간(Tatsachenmenschen)을 만들 뿐[86] 본질적 인간이 마
땅히 추구해야 할 삶의 의미와 가치 즉 이성의 문제는 해명할 수 없다.

3. 본질 직관의 과정과 문제

후설은 선험적 현상학에로의 길을 처음 그리고 체계적으로 밝힌 《이
념들》 제1권에서 그 방법으로 판단중지, 형상적 환원 및 선험적 환원을
제시하였다. 물론 이것들은 절차에 따른 시간적 구별이 아니라 상이한
목적을 지닌 논리적 구별이다.

판단중지는 자연적 태도에서 정립된 실재 세계의 타당성을 괄호 속
에 묶어 일단 보류한다. 가령 빨간 장미꽃을 보고, 그것에 관한 과거의
경험이나 편견에 따라 판단하는 것을 중지한다. 하지만 그 꽃의 실재를
부정하거나 회의하는 것이 아니라, 그것을 바라보는 관심과 태도를 변
경해 경험의 새로운 영역을 볼 수 있게 만드는 것이다.

형상적 환원은 개별적 사실로부터 보편적 본질, 즉 의식 작용과 그
대상의 순수한 가능성인 이념적 대상들의 영역으로 이끈다. 앞의 예인
빨간 장미꽃에서 출발해 상상 속에서 자유롭게 변경해 빨간 연필, 빨간
옷, 빨간 구두 등을 만들어 가는 가운데 이것들이 서로 중첩되어 합치
하는 것을 종합해 '빨간 색'이라는 형상을 직관한다.[87]

---

85) 후설, 《이념들》 제1권, 18면.
86) 후설, 《위기》, 4면(65면).

선험적 환원은 의식의 작용들과 대상들에 통일성을 부여하고 그것의 동일한 의미를 구성하는 원천인 선험적 자아와 그 대상 영역을 드러낸다. 경험적 자아와 선험적 자아는 동일한 자아의 상이한 양상들로서 기능에 따라 구분되는데, 전자는 일상적 세계와 교섭하는 사실적 자아인데 반해, 후자는 판단중지와 환원을 수행하는 기저층이다.

우리의 주제인 본질 직관을 파악하기 위한 형상적 환원의 과정은 다음과 같다.[88]

첫째, 어떤 임의의 대상에서 출발해 자유로운 상상(freie Phantasie)에 의해 무수한 모상(Nachbild)을 만들어가고

둘째, 모상들 전체에 걸쳐 서로 겹치고 합치하는 것을 종합·통일하고

셋째, 변경(Variation) 전체를 통해 영향을 받지 않는 불변적 일반성 즉 본질을 이끌어내 직관하는 능동적 동일화 작업(herausschauende aktive Identifizierung)으로 파악한다.

이러한 과정과 매우 유사한 칸트의 '순수 오성 개념의 연역'[89]을 비교하자.[90]

---

87) 후설도, '닮은 것이 닮은 것에'라는 플라톤과 같이, 일정한 대상에는 그것이 의식에 주어지는 일정한 방식이 상응한다는 상관 관계(Korrelation)를 강조한다. 따라서 그의 영역 존재론(regionale Ontologie)은 형상적 환원을 통해 일정한 대상 영역에 고유한 본질(의미 내용)을 밝혀냄으로써 그 대상 영역의 범위와 내용을 규정하는 과제를 지닌다.
88) 이것은 《논리연구》 제2-1권, 134~156면; 《경험과 판단》, 410~419면(477~486면); 《현상학적 심리학》, 76, 78면을 요약 정리한 것이다.
89) I. Kant, *Kritik der reinen Vernunft* A99~104.
90) 후설은 대상이 스스로를 부여하는 지향적 작업수행(Leistung)의 명증성을 논하면서 '재인식의 종합'이라는 칸트 용어를 사용하기도 한다(《형식논리와 선험논리》,

첫째, 시간과 공간을 통해 촉발된 잡다한 내용을 직관 속에서 전체와의 연관 아래 통관·총괄하고(Synthesis der Apprehension in der Anschauung)

둘째, 구상력(Einbildungskraft)에 의해 계속 이어지는 선행 표상을 소멸시키지 않고 재생산시켜 현재 표상과 통일하고(Synthesis der Reproduktion in der Einbildung)

셋째, 선행 표상과 현재 표상의 동일성을 개념 속에서 재인식한다(Synthesis der Rekognition im Begriff).

이들의 근본적 차이는 형상적 환원이 임의의 대상에서 출발할 뿐만 아니라 자유 변경을 통한 모상들의 형성도 조작이 아니라 임의의 형태를 취하는 데 있다. 즉 임의성(Beliebigkeit)에는 확고한 한계가 설정되어 있다.[91] 가령 자유 변경은 빨간색에서 노란색으로 넘어갈 수 있지만 어떤 음(音)으로 넘어갈 수 없듯이, 일정한 유(類)의 범위 안에서만 수행된다. 따라서 모상들의 서로 중첩된 일치, 즉 본질은 자유 변경을 통해 비로소 산출된 것이 아니라, 처음부터 수동적으로 미리 구성되어 있다(passiv vorkonstituiert).[92] 형식 논리도 이 한계 안에서만 세계에 관한 참된 철학적 논리학이 될 수 있다. 왜냐하면 주어나 술어의 공허한 형식 속에 등장하는 판단의 기체, 즉 어떠한 제한도 없는 임의적인 것이 아니라 사실적이든 상상적이든 경험할 수 있는 모든 것의 총체적 지평인 '세계 속에 존재'(In-der Welt-sein)해야만 그 판단이 유의미하기 때문이다.

이 임의성에 부과된 일정한 한계[93]는 칸트의 구성(Konstruktion)과

166면 참조).

91) 후설, 《경험과 판단》, 435면(503면).

92) 같은 책, 414면(481면).

후설의 구성(Konstitution)을 구별할 확고한 발판일 뿐만 아니라, 후설 현상학을 '절대적 관념론'으로 이해[94]하는 오류를 시정하고 그 존재론적 성격을 밝힐 수 있는 중대한 단서이다. 즉 칸트에서는 감성 형식인 시간·공간을 통해 촉발된 잡다한 경험들을 오성 형식인 범주가 능동적으로 질서지움으로써 인식의 형태로 구성하는 반면, 후설에서는 인식의 형식뿐 아니라 내용도 아프리오리하다. 요컨대 인식될 내용이 미리 완성되어 있다. 그러나 그 내용에 대한 우리의 인식도 미리 완성되어 있는 것은 아니다. 의식의 자발성은 '산출된 것을 성장하고 발전하도록 이끌 뿐이지, 어떤 새로운 것도 창조하지 않는다.'[95] 따라서 그에 있어 구성은 '어떤 것이 실제로 스스로 주어진 것으로서 현존하도록 새로운 대상성을 드러내 밝히는 작용'[96]으로 결코 실재적 대상을 창조하는 것이 아니다. 실재는 주관에 나타나야만 실재적일 수 있고 의식은 실재를 지향해야만 파악할 수 있으므로, 구성은 이들이 상호 작용하는 '변증법적 산물'[97]이다.

그런데 후설은 본질 직관에 대해 다음과 같이 말한다.

---

93) 후설은 이것을 '가능한 경험의 진행에 미리 지시되어 있는 절대적으로 확고한 테두리'(《이념들》제3권, 31면), '규제 구조(Regelstruktur)'(《데카르트적 성찰》, 22면), '존재적 아프리오리(ontisches Apriori)'(《형식논리와 선험논리》, 255면), '구성적 아프리오리'(같은 책, 같은 곳), '논리 이전의 보편적 아프리오리'[《위기》, 144면 (248면)], '보편적 상관관계(Korreation)의 아프리오리'[같은 책, 161면(273면)] 등으로 부른다.

94) 가령 한전숙, 《현상학의 이해》, 87, 104~105, 211, 213, 225, 236, 238, 249면; 《현상학》, 53, 186, 참조.

95) 후설, 《시간의식》, 100면(193면).

96) 후설, 《논리연구》제2-2권, 146면.

97) R. Sokolwski, *The Formation of Husserl's Concept of Constitution*(The Hague, 1960), 218~219면 참조.

"본질 직관 역시 다소간 불완전한, '불충전적인'(inadäquat) 직관일 수
있으며, 보다 강하거나 미세한 명석성(Klarheit)과 판명성(Deutlichkeit)의
관점에서도 그렇다. 어떤 본질 범주에 속하는 본질은 단지 '일면적으로'
(einseitig), 잇달아 일어남 속에서는 '다면적'(mehrseitig)으로 주어질 수
있지 결코 '전면적으로'(allseitig) 주어질 수는 없다."[98]

또한 그는 '인간 능력의 한계 때문에 보편적인 이념적 대상인 의미
자체는 결코 표현될 수 없고 현실적으로는 단지 가능한 의미로서의 다
양한 의미들만 제시할 수 있다',[99] '충전적(adäquat)이 아닌 것에도 필
증적(apodiktisch) 명증성은 있으며 이것이 최고의 권위를 지닌다',[100]
'명증성은 명석성의 정도에 따라 단계지어진다'[101]고 한다.

이러한 진술들은 후설 스스로 본질 직관의 가능성을 부정하거나 확
실성을 의심해서 한 것인가?

결코 그렇지 않다. 그 근거는 《경험과 판단》에서 본질(Wesen)과 유
형(Typik)을 명확하게 구별한 데서 찾을 수 있다.[102] 유형은 일련의 실
재적 경험들이 습득성(Habitualität)으로 침전되어 설립된 것이다. 그래
서 친숙하게 알려져 있지만 명확하게 규정되지 않아 모호하며, 경험이
진행됨에 따라 풍부해지거나 수정될 수 있는 우연적인 경험적 보편자
이다. 반면 본질은 임의의 대상을 범례로 자유로운 상상 즉 '마치 어떤

---

98) 후설, 《이념들》 제1권, 10면.

99) 후설, 《논리연구》 제2-1권, 105면.

100) 후설, 《데카르트적 성찰》, 55~56면(53~54면).

101) 후설, 《형식논리와 선험논리》, 61~67, 213~217, 289~295면: 《위기》, 131(230),
385면(569면): 《제일철학》 제2권, 26~35면: 《시간의식》, 48~49면(120~121면): 《경
험과 판단》, 7~14면(32~41면) 참조.

102) 유형의 구성에 관해서는 위의 책 385면(451면) 이하, 본질의 획득에 관해서는
409면(475면) 이하를 참조.

것'(Als-ob)의 순수한 가능성 속에서 변경시켜 그 불변체(Invariante)를 파악하는 아프리오리한 본질 직관의 대상이다. 따라서 필연성을 지닌 순수 보편자이다. 그는 이것을 '플라톤의 의미에서 형상 즉 이데아이지만, 모든 형이상학적 해석으로부터 자유로운 순수하게 파악된 이데아'[103]라고 한다.

그러나 후설은 《위기》나 《경험과 판단》 또는 그의 사후 유고를 편집해 출간된 저술들에서는 종종 '본질'과 '유형'을 이와 같이 명확하게 구별하지 않거나 심지어 '본질 유형'으로 결합해 사용하고 있다. 이 문제는 그의 용어 사용에 일관성이 없었다는 점에 비추어 간단히 무시할 수도 있지만, 형상적 환원을 수행하는 선험적 자아와 자연적 태도를 지닌 경험적 자아는 동일한 자아 즉 통일적 의식의 흐름에서 상이한 기능과 층이라는 점 그리고 유형은 본질을 본(本)으로 삼아 부단히 그 지평을 확장해가야 한다는 목적론(Teleologie)을 고려하면 매우 중요한 논제라고 할 수 있다.

어쨌든 본질 직관에서 다음과 같은 의의를 찾을 수 있다.

첫째, 본질 직관의 출발과 자유 변경을 통한 모상들의 형성에서 임의성에 부과된 한계는 후설 현상학이 단순한 인식론에 그치는 것이 아니라 항상 의식과 지향적 상관 관계를 맺고 있는 영역들의 본질과 의미를 밝히는 존재론이라는 사실을 파악할 수 있는 발판이다. 따라서 후설 현상학은 단순한 의식 철학도 아니며, 전통적 의미에서 관념론이나 실재론이 아니다. 그리고 '사물이 완전하게 주어짐은 칸트에서와 같이 규제적 이념으로서 미리 지시되어 있기'[104] 때문에 '사태 그 자체'에 부단히 접근해가야 할 목적론은 '궁극적 자기 책임에 근거한 인식'[105]을

103) 같은 책, 411면(478면).
104) 후설, 《이념들》 제1권, 297면.
105) 후설, 《위기》, 103면(192면).

목표로 모든 학문이 타당할 수 있는 조건과 근원을 되돌아가 물음으로 써 엄밀하게 정초하려는 선험적 현상학의 근본 특징이다.

둘째, 이와 관련하여 현상학적 환원에서 셸러(M. Scheler)처럼 형상 적 환원만 수용하거나 하이데거와 사르트르(J.P. Sartre)같이 선험적 환 원을 배제한다면, 그 자체로 일정한 의의는 있겠지만, 선험적 현상학을 제대로 이해할 수 없다. 이러한 사실만 올바로 파악한다면 후설 현상학 이 객관적 실증과학을 극복할 새로운 방법론인가 전통적 철학의 새로 운 형태인가 하는 해묵은 비생산적 논쟁은 철저히 해소된다. 이 점은 앞으로 논의할 생활세계의 존재론에서 밝혀질 또 다른 목적론, 즉 인간 성의 이념에 부단히 접근해가야 할 목적론에서도 확인된다.

셋째, '현상학적 환원의 교육적 의의는 태도 변경의 파악에 쉽게 감 응하도록 만드는 데'[106] 있듯이, 무한히 개방된 경험의 지평 속에서 '방 법적으로 연구를 촉진하는 철학'[107]인 현상학은 소박한 선입견을 제거 하고 자유로운 상상력과 태도 변경을 통해 끊임없이 새로운 시선을 확 보하려는 '사유 실험'(Denkexperiment)[108]이다. 이러한 측면은 역지사 지(易地思之)의 자세로 남을 진정으로 배려하고 타성에 젖기 쉬운 편 협된 시각을 벗어나 미래의 가능성 즉 희망을 확보함으로써 자신을 믿 고 실현할 수 있는 실질적 인성 교육의 구체적 방법론으로서 가치가 매우 크기 때문에 더욱 부각되어야 한다.

---

106) 후설, 《이념들》 제2권, 179면.

107) 후설, 《위기》, 104면(193면).

108) 후설, 《형식논리와 선험논리》, 167면.
    그래서 코학(E. Kohak)은 실재적 대상이 실제로 의식의 대상임을 인지시켜주는 후 설 현상학을 '전통적 의미에서 실재론이나 관념론이 아니라 선험적 실험주의 (transcendental experimentalism)'라고 부른다(*Idea & Experience*, Chicago Univ. Press, 1978, 103, 171, 205면 주 11).

4. 생활세계의 본질학

후설은 《위기》에서 생활세계를 본격적으로 해명하면서 직관적 경험의 세계로서 미리 주어진 토대(Boden)라고, 또한 지평과 관심의 세계로서 주관이 구성한 의미의 형성물(Gebilde)이라고도 주장한다.[109] 따라서 실재론적 해석도, 관념론적 해석도 가능하다.

하지만 일견 상반되는 이 주장들은 서로 배척하는 것이 아니라, 부단히 상호 작용한다. 즉 일단 주관이 형성한 의미는 문화와 기술, 도구 등 보편적 언어의 형태로 생활세계 속으로 흘러 들어가 침전되고, 이것은 지속적 타당성을 지닌 습득성(Habitualität) 또는 관심(Interesse)으로서 연상적 일깨움을 통해 현재의 경험을 동기지우고 규정하는 배경(토대)이 된다. 그리고 상호 이해와 의사 소통을 통해 자명하게 복원되거나 수정·폐기되면서 다시 그 의미가 더욱 풍부하게 형성되는 생생한 발생적 역사성과 사회성의 구조 즉 폐쇄된 악순환이 아니라 개방된 나선형의 순환 구조를 지닌다. 그것은 상호 주관적으로 경험되며 언어적으로 논의되고 해석할 수 있는 언어(문화) 공동체, 인격체로서 존재하는 우리 모두에게 공통적으로 동일한 역사적 환경세계이다.

결국 생활세계로 되돌아가는 것(Rückgang)은 경험된 세계를 단순히 받아들이는 것이 아니라, 그 속에 침전된 역사성(Geschichtlichkeit) 또는 역사적 아프리오리를 근원으로까지 소급해서 그 통일적 총체성의 지평 구조를 분석하는 것이다.

그런데 후설은 이와 같이 생활세계로 되돌아가는 것만으로는 '세계가 미리 주어져 있음'(Vorgegebenheit)을 소박하게 전제하는 자연적 태도이기 때문에 철저하지 않고, '그것이 왜 그렇게 주어질 수밖에 없

109) 이종훈, 《현대의 위기와 생활세계》, 105~108면 참조.

는가'를 되돌아가 묻는(Rückgang) 선험적 태도의 판단중지가 필요하다
고 한다. 이러한 측면의 생활세계에 관한 진술들을 살펴보자.

"모든 상대성을 통해 통일체로 구성된, 모든 상대성에도 불구하고 그
자체가 상대적이지는 않은 보편적 본질 구조를 갖는 세계"[110]

"경험의 흐름 속에서 확고한 구조들, 본질 법칙적 유형들, 불변적인 보
편적 규범 양식을 지닌 세계"[111]

그는 이것을 '추상적으로 표본화할 수 있는 세계 핵심'(abstrakt
herauszupräparierendes Weltkern)[112]이라고도 한다. 그렇다면 생활세계
는 직접 경험할 수 있는 구체적인 것이 아니라, 표본화할 수 있는 추상
적인 것이란 말인가?

그가 '표본화한다'(herauspräparieren)는 용어를 별로 사용하지 않았
지만, '환원들을 통해 표본화하였던 선험적 절대자'[113]라는 구절에서 알
수 있듯이, 현상학적 환원을 통해 드러난 것을 뜻하며, 그 용어는 재귀
동사의 경우 '…을 준비하다'라는 의미를 지닌다.

여기서 다음과 같은 후설의 주장에 주목할 필요가 있다.

"생활세계를 주제화하는 길에는 두 가지 근본적 방식들이 가능하다. 즉
이 세계에 곧바로 향하는 소박한 자연적 태도 그리고 생활세계와 그 객체

110) 후설, 《위기》, 142(245), 176(295), 219~220면(351면).
111) 같은 책, 29(99), 51(124), 126(223~224), 142(245), 145(249), 176(295),
     221~222주(353~354주), 229(363), 361, 363, 378(559), 380(562), 386면(571면).
112) 같은 책, 136면(237면).
113) 후설, 《이념들》 제1권, 163면.

들이 어떻게 주어지는가 하는 주관적 방식들의 방법에 관한 일관된 반성
적 태도의 이념이다."[114]

결국 하나의 생활세계[115]는 자연적 태도에서 드러나는 경험적 의미
의 생활세계와 반성적 태도에서 밝혀질 수 있는 선험적 의미의 생활세
계라는 이중성을 지닌다.[116]

이와 같이 선험적 태도에서 어떠한 토대도 없이 철저히 되돌아가 물
음으로써 드러나는 생활세계의 보편적 본질 구조와 유형은 '한편으로
는 사물과 세계, 다른 한편으로는 사물 의식'[117]이다. 이것은 '선험적
보편성(Universalität)',[118] '선험적인 것(Transzendentales)',[119] '선험성'
(Transzendentalität)[120]으로도 부르는 선험적 (상호) 주관성, 경험의 대
상과 그것이 의식에 주어지는 방식들의 보편적 상관 관계를 뜻하는 지
향성의 심층적 표현이다. 그리고 이것을 밝히는 작업이 '생활세계적 존
재론(Ontologie)'[121] 혹은 '생활세계의 본질학(Wesenslehre)'[122]이다.

후설에 의하면 이러한 생활세계의 근원적 의미 연관과 정초 관계를
밝힘으로써 객관적 지식만을 추구한 실증적 자연과학이 주관적 속견을

---

114) 후설,《위기》, 146면(251면).
115) 후설은 '생활세계'를 결코 복수형으로 사용하지 않았다. 다만 '생활의 환경세계'
와 같이 '생활세계'에 다른 용어를 첨부하거나 '환경 세계' '문화 세계' '경험 세
계' 등을 표현하는 경우 단수와 복수를 혼용하여 사용하였다.
116) 이종훈, "후설에서 생활세계의 이중성(경험세계/선험세계)에 관해"《철학》, 한국
철학회 1993 봄호 참조.
117) 후설,《위기》, 145면(249면).
118) 같은 책, 209면(338면).
119) 후설,《데카르트적 성찰》, 65(68), 106(130), 174면(233면);《위기》, 104(193),
267(408), 269면(410면).
120) 같은 책, 177(296), 191면(317면).
121) 같은 책, 145(249), 176면(295면).
122) 같은 책, 144면(248면).

배제한 결과 자신의 고향을 상실하고 본래의 의미가 소외된 학문의 위기를 극복할 수 있다. 그러나 현대는 학문의 위기뿐만 아니라, 인격과 규범의 담지자로서 선험적 주관성의 자기 객관화인 인간성(Menschentum)이 이성에 대한 신념을 상실한 위기에도 처해 있다. 따라서 현대의 총체적 위기를 진정으로 극복하기 위해서는 생활세계를 분석하는 경험적 현상학(방법론)에 머물 수 없고, 모든 객관성에 선행하며 객관적 진리를 이해시키고 세계의 궁극적 존재 의미가 형성되는 원천인 선험적 주관성을 해명하는 선험적 현상학(선험 철학)에 도달해야만 한다고 역설한다. 그래서 선험적 현상학은 학문과 인간성의 이념에 부단히 접근해 가야 할 이중의 목적론을 지닌다.

이 생활세계의 본질학을 통해 다음과 같은 점을 확인하거나 모색할 수 있다.

첫째, 후설 현상학 즉 선험적 현상학에서 생활세계는 결코 도달점이 아니라 통과점이라는 사실, 그것은 의식을 분석하는 단순한 이론적 인식에 그치지 않고 철학(이성)을 통한 자기 이해와 자아 실현이라는 인간성의 이념에 부단히 접근해가야 할 실천적 수행[123]을 강조한다는 사실, 선험적 (상호) 주관성을 확보하지 못하면 학문이나 삶에 있어 이성적 존재의 자기 책임(Selbstverantwortung)은 문제삼을 수조차 없다는 사실, 따라서 생활세계의 본질학 또는 생활세계적 존재론은 역사적 전통이 다른 다양한 사회와 문화들을 진정으로 이해하고 자신의 생활세계를 올바로 발전시킬 수 있는 근거로서 이것을 배제하면 회의적 문화

---

123) 후설은 이것을 '선험적 현상학을 실행함'(transzendentale Phänomenologie ins Spiel setzen)[《위기》, 272면(414면)]으로, 그와 제자 핑크(E. Fink)가 공동 연구한 《제6 데카르트적 성찰》(VI. *Cartesianische Meditation. Die Idee einer transzendentalen Methodenlehre*, Kluwer, 1988)에서는 '현상학함'(Phänomeno-logisieren)으로 표현하고 있다.

상대주의를 극복할 수 없다는 사실을 확인할 수 있다.

둘째, 객관적 실증과학이 망각한 주관적 속견의 생활세계는 주·객 이원론에 입각한 과학 기술의 자연 지배 이데올로기를 근본적으로 극복할 수 있는 환경 철학으로서 중대한 의의를 갖는다. 즉 생활세계를 통한 '생태 현상학'(eco-phenomenology)은 과학 기술을 거부한 것이 아니라 적극 참여해 비판함으로써 지속 가능한 문명(sustainable civilization)을 위한 자연관을 확립할 뿐만 아니라, 이론을 추구하고 실천을 도모하며 가치를 설정해야 할 인격적 주체가 잃어버린 자기 자신의 마음을 되찾음으로써 성장(growth) 위주의 소박하고 맹목적인 과학적 진보관을 철저히 반성하고 삶의 질을 향상시키는 진정한 발전(development)을 이룩할 수 있기 때문이다.

V. 나오는 말

인간과 세계에 대한 새로운 차원의 이해를 제시하고 이에 따른 구체적 실천의 동기를 부여한 독창적 철학자의 사상을 밝히는 작업은 결코 간단한 일이 아니다. 그런데 플라톤의 이데아론은 2,300년 이상 전승되고 후설의 현상학은 70년을 넘기면서 수많은 해석을 낳았을 뿐만 아니라 다양한 분야에 매우 넓고 깊은 영향을 끼쳤음에도 불구하고, 서양철학사에서 이 두 사람만큼 근거 없는 오해에 시달린 사상가는 없다.

이 글은 후설의 선험적 현상학에 대한 전체적 파악에 초점을 두어 그의 본질 직관과 플라톤의 형상 인식을 비교하였다. 플라톤과 후설이, 비록 객관적 지식(epistēmē)과 주관적 속견(doxa)의 관계와 평가에 큰 견해차가 있지만, 지성에 의한 직관을 강조한 출발점과 그 인식에 도달하기 위한 과정, 그리고 이론과 실천의 불가분적 통일 속에서 현실을

개혁하고 새로운 삶을 창출할 철학의 목적 및 이 이념을 실현시키려는
강한 의지를 똑같이 공유하고 있기 때문이다. 만약 이러한 점들을 놓쳐
버리면, 그들 철학의 역동적이고 생동감 넘친 현대적 의미 역시 파묻힐
수밖에 없다.

　플라톤과 후설의 사상을 올바로 파악하는 문제는 이론적 정확성을
추구해야 할 학자의 당연한 업무일 뿐만 아니라, 그들이 일깨워준 철학
적 열정은 사라지고 이론과 실천이 분리된 채 외래 사상을 소개하기
급급한 우리 사회에서 철학, 특히 서양 철학을 전공하고 가르치는 사람
들이 철저히 반성해야 할 엄숙한 물음이다. 왜냐하면 매너리즘을 벗어
난 새로운 아이디어의 창출이나 상상 속의 자유 변경을 통한 본질 직
관의 가능성, 개별자(육체)와 이데아(정신)가 참여하고 드러나며 결합
해야 할 긴밀한 관계나 언어와 문화 공동체의 구성원으로서 진솔한 의
사 소통, 주어진 것을 최대한 선용하는 일이나 이성적 존재로서의 자기
책임은 유전 공학을 비롯한 첨단 정보 과학뿐 아니라 인성 함양과 자
아 실현을 외면한 교육 현장 등 우리 시대가 절실하게 요청하는 과제
이기 때문이다. 더구나 끊임없이 적도와 균형을 이루어 가는 살아 있는
거대한 생명체로서의 우주관이나 주·객 이원론에 따른 객관적 실증과
학이 망각한 생활세계는 현대의 소박한 과학 기술의 자연관에서 초래
된 심각한 환경 위기를 근본적으로 극복할 수 있는 환경 철학으로서의
생태학적 의미를 이제라도 정당하게 평가받아야 한다.

대화편《메논》의 선험철학적 단초

-상기설을 매개로-

박승억

플라톤의 대화편《메논》은 다음과 같은 물음으로 시작한다. "훌륭함 (덕, aretē)이란 가르쳐질 수 있는 것인가?"(70a)[1] 이러한 메논의 물음을 매개로 플라톤은 '지식 획득'의 일반적인 성격을 규정한다. 훌륭함에 관한 메논의 생각을 논박하면서 도달하게 되는 이러한 성격 규정은 상기설에 대한 다양한 해석들이 보여주듯, 철학사적으로 매우 중요한 문제를 건드리고 있다. 왜냐하면 대화편의 소크라테스가 규정한 바에 따르면 지식이란 가르쳐질 수 있되(혹은 탐구될 수 있되), 그 경우의 가르침이란 일상적인 의미의 가르침이 아니고 바로 상기(anamnēsis)이 며, 이는 곧 인식 주관이 이미 어떤 종류의 앎을 가지고 있다고 말하는 셈이 되기 때문이다. 즉 상기설에 따르면, 일상적인 의미의 가르침이란 결국 배우는 자로 하여금 올바르게 상기해 내도록 안내하는 일일 것

---

1) 대화편들의 인용은 박종현의 한글 번역과 해밀턴과 케른스가 편집한 영역본을 따랐다. 박종현 편역,《플라톤》(서울대 출판부, 1987); E. Hamilton & H. Cairns ed., *The collected Dialogues of Plato*(Princeton Univ. Press, 1982).

이다.

　가르침이란 통상 이중적인 조건에서 말해질 수 있다. 우선 가르침은 가르치려는 자가 그 가르치려는 것에 대한 '지식'(epistēmē)을, 혹은 최소한 (플라톤에 따르면) '바른 판단'(orthē doxa)을 가지고 있을 경우에야 가능하다. 둘째로 그 가르치는 자가 그러한 '지식'을 얻음이 특별한 이유없이 홀연히 일어난 일이 아닌 한, 그 가르치는 자 역시 '탐구하는 자' 혹은 '배우는 자'였음이 분명하다. 따라서 누군가 '지식 획득'의 일반적 성격을 구명하고자 한다면, 그는 그의 논의를 배움이나 탐구를 시작하는 자의 상황으로부터 시작해야 할 것이다. 왜냐하면 가르침이 가능하기 위해서는 배움이 선행했을 것이기 때문이다. 이러한 문제 상황은 곧바로 지식 획득의 기원에 관한 문제를 제기한다. 즉 우리가 지식을 얻게 되는 것은 어떤 조건들 아래서 가능한가?

　지식의 기원에 관한 문제는 잘 알려져 있는 것처럼 근대 철학의 중요한 논쟁점이기도 했다. 가령 로크(Locke)는 인간이 경험으로부터 유래한다고 볼 수 없는 어떤 내재적(immanent) 지식을 가지고 있다는 입장들―여기서 논의하고자 하는 상기설 역시 그러한 이론들의 한 유형으로 간주될 수 있다―에 반대하여 다음과 같이 말한다.

　　"왜냐하면, 먼저 모든 어린아이들과 백치들이 그러한 것들에 대해 최소한의 생각이나 깨달음도 갖지 못하고 있다는 사실은 분명하다. 바로 이러한 결핍이 모든 내재적 진리에 필수적으로 수반해야만 할 일반적인 동의(universal Assent)를 부수어 버리기에 충분하다. 그것은 내가 보기에 거의 모순과 같은, 말하자면 진리가 영혼에 새겨져 있으면서도 그것을 지각하거나 깨닫지 못한다는 것은 거의 모순처럼 보인다."[2]

인간의 혼이 백지 상태(tabula rasa)로부터 출발한다는 말이 대변하듯 인간은 본래 아무 것도 알지 못하고 다만 경험으로부터 모든 지식이 유래한다는 로크의 입론은 플라톤의 상기설과 정면으로 부딪친다:

> "… 인간의 혼은 불멸이고, … 여러 번 태어났으므로, … 훌륭함에 관해서건 또는 다른 것들에 관해서건 혼이 적어도 이전에 역시 알고 있었던 것을 상기해낼 수 있다는 것은 아무런 놀랄 만한 일이 아닐세. 온 자연이 동족 관계에 있고 또한 혼은 모든 것을 배웠으므로, 하나만이라도 상기하게 된 사람이—이를 사람들이 실상 배움이라 부르지만—다른 모든 것들을 찾아내지 못하라는 법은 없네. 만약에 그가 용기있고 탐구함에 있어서 지치지만 않는다면 말일세. 그러니까 무릇 탐구한다는 것과 배운다는 것은 상기(anamnēsis)이기 때문일세."(81b~d)

이러한 상기설은 지식 획득의 기원에 관한 하나의 가능한 대답이다. 지식 획득에 관한 인식론적 문제에는 종종 이중적인 논의 맥락이 서로 얽혀 있다. 그 하나는 우리가 어떤 믿음들을 지식이라고 부를 수 있는지에 관한 문제, 즉 믿음의 인식적 지위에 관한, 혹은 정당화의 문제이고 다른 한편으로는 그러한 과정 자체를 가능하게 하는 현실적이고 인식 심리학적인 문제이다. 나는 상기설의 문제를 우선 정당화의 문제와 관련해서 다룰 것이다. 그리고 그것을 토대로 삼아 지식 획득의 과정으로서 '상기'를 가능하게 하는 현실적인 조건들과 관련하여 선험 철학

---

2) J. Locke, *An Essay concerning Human Understanding*, ed. P.H. Nidditch, (Oxford, 1982), 49면. 로크의 이러한 반론은 "… 이미 소유하고 있는 지식을 자각하고 있지 못하다는 것은 참으로 의아한 일"이라고 말하는 아리스토텔레스 Aristoteles의 비판과 그 성격을 같이 한다. Aristoteles, *Metaphysics*, 993a[이에 대한 번역은 *The metaphysics of Aistotle*, tr. W.D. Ross(Random House)를 따랐음] 참조.

적 실마리를 끌어낼 것이다. 이는 다음과 같은 생각 때문이다.

플라톤은 대화편 98a에서 '지식'을 '원인 구명(aitias logismos)에 의해 매여진(desmos) 바른 판단'으로 간주한다. 그 경우 원인의 구명은 바로 정당화의 문제일 것이다. 왜냐하면 플라톤 자신이 말하고 있듯이 '지식'은 단순히 바른 판단이 아니라 인식하는 자 스스로가 그 판단의 참을 자각하고 있는 판단, 달리 말해 우연히 생긴 바른 판단이 아니라 문제가 되는 판단과 그 판단에 관련된 사태, 혹은 다른 판단들과의 연관성을 이해하고 있는 판단이기 때문이다.[3] 그것은 곧 한 판단의 정당화 과정이다. 다른 한 편으로 대화편의 메논이 던진 역설적인 질문, 즉 '탐구하려는 것에 대해 전혀 모르고 있다면 도대체 탐구가 가능하겠는가'라는 물음 속에는 탐구를 가능하게 하는 현실적 조건들에 관한 물음이 숨겨져 있다. 또한 '지식 획득'의 '가능 조건'에 대한 물음이라는 점에서 이 후자의 문제는 상기설의 논의를 선험 철학적 문제 의식으로 확장시킬 수 있는 실마리를 제공하고 있다.[4]

1. 지식 획득이 가능함을 해명하는 상기설

혼의 불멸성이라는 형이상학적 문제와 종교적-신화적 색채[5]를 상기

---

3) 《메논》 97b 참조.

4) 여기서 도입한 '선험적'(transzendental)이라는 개념은 후설(E. Husserl)에게 의지해 있다. 즉 지식의 체계로서 학문 일반의 가능 근거를 아주 폭넓은 의미에서 문제시 하는 태도이다: "나 자신은 '선험적'이라는 표현을 가장 넓은 의미에서 사용하고 있다. 즉 그것은 … 모든 인식 형성물들의 기원과 인식하는 자의 자기 자신에 관한, 그리고 … 그 인식하는 삶에 관한 성찰의 궁극적인 기원을 되물어가는 동기를 겨냥한 것이다."[《후설전집》(Hua) VI, 100면]

5) 상기설의 신화적 요소가 직접적으로 인식론의 문제와 관련을 맺지는 않는다. 그러

설로부터 떼어내고 나면 상기설은 순수하게 인식론적 문제로 고찰될
수 있다. 자신의 견해가 논박(elenchos)당한 뒤 메논이 던진 질문, 즉
탐구하려는 것에 대한 어떠한 지식도 없이 탐구가 가능하겠는가라는
물음은 실제로는 매우 자연스러운 것이다.[6] 탐구하려는 대상에 대해 아
무런 선행 지식도 없다면, 사실상 탐구는 대단히 어려운 일로 보이기
때문이다. 그렇다면, 상기설은 이러한 곤경을 벗어날 수 있는 충분한 대
답인가? 이러한 물음에 대한 대답의 실마리는 아마도 플라톤의 상기설
이 겨냥하고 있는 지식의 본성을 고려할 때 찾아질 것이다. 플라톤이
문제로 삼은 '지식'은 어떤 무엇을 바로 그것이라 부르게끔 하는 본질
적 정의에 관한 앎이다. 달리 말해 그것은 우연적인 상황이나 조건들에
의존하지 않는 '하나로서의(혹은 같은 의미에서 전체로서의) 앎'이다[7].
플라톤은 이를 벌떼에 관한 비유를 통해 다음과 같이 표현한다.

　　"… 내가 찾는 것은 하나의 훌륭함이었는데 자네한테서 한 떼의 훌륭함
　　들이 쌓여 있음을 발견하게 되었단 말일세. … '그것들 모두가 다른 것이
　　없고 꼭 같게 되는 바로 그 점이 무엇이라고 보나?' … 훌륭함들에 관해서
　　도 바로 그렇단 말일세. 이것들에 온갖 종류의 많은 것들이 있다고 할지라
　　도, 이들 모두는 동일한 하나의 어떤 특성을 지니고 있어서, 이로 인해서
　　그것들이 훌륭함들일 수 있네."(72a~c)

이제 문제를 좀더 제한해서 표현하면 다음과 같다. '어떠한 상황적

　나 플라톤은 이 신화적 요소를 자신의 논변을 위해 아주 적절히 사용하고 있는 듯
　하다. 이에 관해서는 이후 정당화의 문제와 관련하여 다룰 것이다.
6) 이 역설적 문제에 관한 논리적인 분석은 G. Fine의 "Inquirying in the Meno" in
　The Cambridge Companion to Plato, ed. R. Kraut(Cambridge Univ. Press,
　1992)를 참조.
7) 《메논》 72a 이하, 그리고 79b 참조.

조건들에도 의존하지 않는 보편적인 지식이 가능한가?' 상기설은 분명
그에 대한 긍정적인 대답으로 간주될 수 있다. 왜냐하면 인간의 혼은,
설령 자기 스스로가 자각하지는 못할지라도 자신 내부에 그러한 지식
들을 가지고 있기 때문이다. 물론 그러한 물음에 대해 긍정적으로 대답
하는 것이 반드시 '혼의 불멸성'이라는 다루기 어려운 문제를 끌고 들
어와야만 하는지는 많은 논의를 필요로 한다. 그러나 최소한 분명한 것
은 플라톤이 그러한 본질적 지식이 '감각적 경험'으로부터 파생되는
것은 아니라고 믿었다는 점이다.[8] 이는 감각적 지각(혹은 믿음)이 그
성격상 우연적이기 때문이다. 즉 본질적 '지식'을 목표로 할 때, 그 지
식의 기원이 감각적 믿음이라고 한다면, 결국 본질적 지식이 겨냥하고
있는 필연성이 감각적 믿음의 우연성으로부터 유래한다고 말하는 셈이
될 것이기 때문이다. 따라서 플라톤은 본질적 지식의 기원을 감각적 믿
음이 아닌 다른 것에서 찾아야 했다. 이 다른 것에 대한 적절한 유비가
바로 상기설이다.[9]

　이러한 점에서 플라톤이 겨냥하고 있는 '지식'을 근대 철학적인 표
현으로 옮기면, 자신의 타당성을 경험에 의존하지 않는 소위 '아프리오

8) 《파이돈》65d~66a 참조: "… 각각의 것에 가능한 한, 사고(dianoia)만에 의하여 접
근하는, 그리하여 사고함에 있어서 시각을 이용하거나, 또는 논구(logismos)에 그
밖의 다른 어떤 감각도 끌어들이는 일이 없이, 순수한 사고 그 자체만을 이용하여
실재하는 것들의 각각을 순수한 그 상태로 추구하려고 하는 사람, … 실재하는 것에
정녕 이르를 이가 있다면, 이 사람이야말로 그럴 사람이 아니겠는가?"
9) 물론 여기서 주의해야 할 것은 인식의 과정에서 감각의 인식론적 기능이 완전히 무
시되지는 않는다는 점이다. 이를테면 감각적 지각은 상기를 가능하게 해주는 동기
로 간주될 수 있다. 이 점은 플라톤 역시 잘 알고 있었다. 가령 《파이돈》73c 이하
참조.
　이러한 점과 관련하여 후설이 그의 마지막 작품 《유럽 학문의 위기와 선험적 현상
학》(Hua VI)에서 전통적으로 '지식'(episteme)에 대비해서 평가절하되어 있던 '의
견(doxa)'의 선험적 기능의 회복을 주장하는 맥락을 조명할 수 있을 것이다(Hua
VI, § 44 참조).

리(a priori)한 지식'이라고 말할 수 있다. 상기설을 이러한 근대의 인식론적 문제에 관련시켜 생각하면, 상기설은 그러한 '아프리오리한 지식'이 인식하는 주관에 내재해 있다는 주장으로 해석될 수 있다. '상기'라는 표현이 암시하는 것처럼, 인식 주관으로서의 '혼'은 '이미' 그러한 지식을 가지고 있는 것이다. 그러나 주의해야 할 것은 '이미'라는 표현이 의도하는 본래의 뜻이다. 왜냐하면, '이미'라는 표현은 어떤 완결되어 있는 상태를 말하는 것처럼 들리기 때문이다. 만약 그렇다면, 혼이 어떤 실마리를 통해 자신의 지식 '전체'를 '단번에' 상기해 내는 일도 가능할 것이다. 혹은 상기란 '단순 기억'에 불과할 것이다. 그러나 대화편의 소크라테스가 말하듯이 상기의 강조점은 그것이 아니다: "… 하나만이라도 상기하게 된 사람이 … 다른 모든 것들을 찾아내지 못하라는 법은 없네. 만약에 그가 용기있고 탐구함에 있어서 지치지만 않는다면 말일세."(81d)

기하학적 정리를 스스로 이끌어내는 메논의 종복이 보여주었던 사고 과정은 바로 그러한 점을 보여준다. 다시 말해 상기설에서 강조되어야 할 것은 그것 자체가 하나의 '탐구 과정'이라는 점이다. 결국 상기설을 통해 플라톤이 해명하고자 했던 것은 불완전한 인간이라고 하더라도, 그에게는 학적 탐구를 통해 '지식'을 얻을 수 있는 가능성이 열려져 있다는 점이었을 것이다.

상기를 하나의 과정으로 이해하면, 상기를 통해 되찾게 된 지식들의 내용적 연관성에 따르는 일종의 연쇄구조를 생각할 수 있다. 하나의 지식을 되찾은 자가 그 다음의 지식으로 단계적으로 전진해 가는 것이다. '혼'이 '이미' 지식을 가지고 있다고 할 경우에 '이미'의 현실적인 의미는 그러한 전진이 원리적으로 가능하다는 것 외에 다름 아니다. 물론 '연쇄구조'라는 표현은 매우 느슨한 의미에서 말해진 것이다. 왜냐하면

넓은 의미에서 말해지는 '기억'이, 마치 기하학적 정리들 사이의 연관관계처럼, 반드시 어떤 종류의 필연적 연관관계들을 함축하지는 않기 때문이다. 가령 《파이돈》에서 볼 수 있는 예처럼, 리라를 보고 사람을 기억해 낼 수도 있다.[10] 이처럼 연쇄적인 기억 혹은 회상은 일종의 연상적 작용이다. 그러나 그 연상은 순전한 우연이 아니라 연상을 가능하게 하는 실마리로서의 내용적 연관성을 갖는다. 더욱이 단순한 감각적 지각의 차원에서 연상을 문제시하는 것이 아니라 학적 지식의 차원에서 상기를 통해 지식을 되찾아가는 과정을 문제시하는 한, 그 단계적인 이행은 내용적으로 충분한 근거를 가지고 있어야 한다. 지식들의 연쇄적 구조에 주목하는 이유는 통상 '학문적 지식'이라고 불리는 지식들의 체계성 때문이다. 학문은 서로 관련 없는 지식들의 단순한 집적이 아니다. 학문적 활동으로서 탐구는 따라서 그러한 연관성들을 추적하는 모습을 보인다. 이러한 지식들의 연쇄구조의 전형적인 모형은 기하학의 정리들이다. 따라서 플라톤이 상기의 사례로서 기하학적 정리를 유도해 내는 사고 과정을 든 것은 한편으로 당연한 것이다.[11] 그러나 다른 한편으로 우리가 기하학의 구조적인 측면에 주의를 기울이면, 상기설에 관해 흥미로운 점을 발견할 수 있다.

기하학은 자명하다고 여겨지는 몇 개의 공리로부터 정리들을 유도한다. 따라서 한 정리의 자명성은 공리의 자명성에 의존한다고 말할 수 있다.[12] 말하자면, 하나의 지식을 되찾고 그것을 매개로 다시 다음 단계

---

10) 《파이돈》 73c 참조.

11) 대화편의 소크라테스는 메논 앞에서 그의 종복을 통해 '상기'를 시연한 후에 이렇게 덧붙인다; 그 소년은 아마도 "모든 기하학적 지식에 대해서는 물론 다른 주제들에 대해서도 이와 같은 방식으로 처신할 수 있을걸세"(85e). 이를 통해서도 상기가 하나의 연쇄적 과정임이 분명해 보인다.

12) 물론 현대 수학의 형식주의적 측면을 고려한다면, 공리의 자명성이 그 기하학 체계의 안정성이나 정리의 확실성을 위해 반드시 요구되는 조건은 아니다. "테이블과

로 이행할 경우, 이전의 지식은 그 이후의 지식을 정당화하는 근거로 간주될 수 있다. 이렇게 '지식'들이 하나의 연쇄구조 속에서 통일성을 이루고 있다면, 그리고 탐구에 능한 자가 하나의 지식을 매개로 다른 지식을 획득하는 것으로 나아갈 수 있다고 할 때, 제기될 수 있는 하나의 문제는 최초로 주어지는 지식의 성격에 관한 것이다. 물론 대화편 내에서 이 문제는 다루어지지 않고 있다. 왜냐하면 우선 대화편의 주제가 최초의 지식 획득 상황에 관한 것은 아니기 때문이다. 더욱이 혼이 '이미' 지식들을 가지고 있다는 가정을 받아들이는 한 상기의 순서는 먼저 상기한 지식이 나중에 상기된 지식보다 인식론적 우선성을 갖는지 따위의 문제를 야기시키지는 않는다. 나중에 되찾아진 지식이라고 해서, 그것이 그 때에야 비로소 지식이 되는 것은 아니기 때문이다. 따라서 무엇이 최초의 지식으로 주어질 수 있는가라는 데카르트적 문제 상황은 그리 큰 문제로 여겨지지 않을 수 있다.

그러나 상기설이 가정하고 있는 인식적 상황이 하나의 이상적인 상황이라는 점은 분명하다. 즉 상기설은 인간의 지식 획득에 관한 사고실험(Denkexperiment)으로 간주되어야 할 것이다. 혼이 모든 것을 알고 있다고 하더라도 이승에서 출생함과 더불어 망각의 상태가 된다고 할 경우, 그 상태는 일단 어떤 것에 대해서도 아직은 명료한 지식을 갖지 못한 상태로 간주되어야 한다. 만약 그렇지 않고 어떤 종류의 지식은 망각하고 어떤 종류의 지식은 지니고 있다든지 한다면, 그것은 어떤

의자로도 기하학을 할 수 있다"는 힐버트(Hilbert)의 유명한 말처럼, 공리의 자명성은 한 기하학 체계의 무모순성과는 별개의 문제이다(이에 관해서는 M. Kline, *Mathematics-The loss of Certainty*, 1980, 《수학의 확실성》, 박세희 역, 민음사, 11장 참조: 김용운 · 김용국, 《집합론과 수학》, 1991, 우성문화사, 431면 이하 참조). 그러나 인식론적 관점에서 보면 토대가 되는 지식이 그것으로부터 유도된 지식보다 자명해야 한다는 원리는 유효하다. 이는 그러한 인식론적 반성이 단순히 무모순성만을 문제삼는 것은 아니기 때문이다.

종류의 지식을 망각하고 어떤 종류의 지식을 망각하지 않는지를 가늠할 수 있는 기준에 관한 아주 어려운 문제에 부딪치거나 아니면 일종의 무한퇴행에 빠지게 될 것이다. 예컨대, '훌륭함'에 관해 탐구하려는 자가 비록 훌륭함에 관해서는 '무지'의 상태이나, '유익함'에 관해서는 알고 있다고 하자. 그래서 이 '유익함'에 대한 지식을 매개로 훌륭함을 탐구한다고 하자. 이 경우 우리는 '유익함'에 대한 지식은 어떻게 해서 생겨났는지를 다시 되물을 수 있다. 그리고 이러한 과정은 적어도 원리적으로는 계속될 수 있다. 결국 플라톤이 염두에 두었던 것처럼, 만약 지식들이 서로 연쇄 구조를 가지고 있고 상기가 과정이라면, 계속되는 탐구의 실마리로 주어질 수 있는 최초의 지식은 어떻게 되찾아질 수 있는가라는 우리의 물음 역시 자연스러울 것이다.

메논의 역설적 되물음에 대한 대답으로 제시된 상기설은 지식 획득이 가능하다는 것을 보여주는 것이었다.[13] 설사 탐구하려는 것에 대해 아직은 모른다고 할지라도 이미 우리는 그에 대한 지식을 가지고 있기 때문이다. 만약 그렇다면, 이제 그러한 지식을 어떻게 되찾을 수 있는가라는 물음, 그리고 그 되찾아진 것을 최소한 잠정적으로나마 '무엇에

---

13) 메논의 역설적 되물음은 다음과 같이 정식화될 수 있다.

ⅰ) 사람은 그 무엇인가에 관해 알고 있든지 모르고 있든지이다.

ⅱ) 만약 그가 그것에 관해 이미 알고 있다면, 그는 그것을 탐구할 필요가 없다.

ⅲ) 만약 그가 그것에 관해 모르고 있다면, 그는 그것을 탐구할 수 없다. 왜냐하면, 무엇을 탐구해야 하는지를 모르기 때문이다.

ⅳ) 그러므로, 사람은 그 무엇에 관해서도 탐구할 수 없다(99e 참조).

이 논증은 탐구를 통한 지식 획득의 가능성을 부정하는 셈이다. 상기설을 탐구의 과정으로 이해할 경우, 이러한 역설을 피해나갈 수 있다. 콘포드(Conford)는 이러한 역설이 생기는 이유를 전제 ⅰ)에서 찾는다. 즉, 전제 ⅰ)의 흑백논리가 전체 논변을 역설처럼 보이게 한다. 그러나 상기설은 문제가 되는 것에 대해 본래 알고는 있되, 망각하고 있어 마치 모르고 있는 상태와 같은 것이라는 중간의 뿔을 잡고 있는 셈이다. 콘포드의 논변에 관해서는, F.M. Conford, *Anamnesis, in Plato's Meno with essays*, ed. M. Brown(Bobbs-Merill co., 1971), 116~117면 참조.

관한 지식'이라고 부를 수 있는 근거가 무엇인가라는 물음이 플라톤이
대답해야만 하는 물음으로 주어질 것이다. 이러한 물음들에 대한 대답
이 없는 상기설은 매우 공허한 주장이 되고 말 것이기 때문이다.

2. 정당화 과정으로 간주될 수 있는 상기설

지식 획득의 상황 설정에 대한 또다른 사고 실험을 우리는 데카르트
(Descartes)에게서 볼 수 있다. 물론 상기설이 다루고 있는 문제가 모든
지식들을 기초짓고 있는 아르키메데스의 점과 같은 지식을 찾는 것은
아니다. 상기설의 문제와 관련하여 우리가 주목해야 할 것은 오히려 데
카르트가 사용한 방법에 있다. 이에 관해 후설(Husserl)은 다음과 같은
말로 요약한다. "학문은 도대체 일상의 느슨한 의미에서의 진리가 아니
라 '객관적인(objektive)' 진리를 겨냥한다. … 따라서 그러한 반성에는
객관적 진리 일반의 인식 가능성과 모든 참된 존재 일반을 부정하는
보편적 회의로서 궤변적 방법(Sophistik)을 필요로 할 수도 있다."[14] 소
크라테스의 '논박'(elenchos) 역시 같은 방법론적 이념을 가진 것으로
보아야 할 것이다. 이를 후설은 정당화의 문제로 간주한다.[15] 즉 문제가
되는 지식을 온갖 회의적인 시험에 내놓아보는 것은 그 지식을 참되다
고 믿을 만한 충분한 근거를 갖기 위해서이다.

상기설의 입론을 받아들일 경우 쉽게 제기할 수 있는 물음은, 누군가
어떤 지식을 상기를 통해 되살렸다고 주장했을 경우, 그의 상기가 올바

---

14) E. Husserl, *Erste Philosophie* I(*Hua* VII), 33면.

15) 이에 관해 후설은 다음과 같이 말한다. "철학에 대한 플라톤적 이념을 최고의 목적
적 이념으로 견지하려 하는 한, 철학적 학문은 다름 아니라 절대적 정당화로부터의
학문이다." E. Husserl, 같은 책, 36~37면.

른 것인가를 검토할 수 있는가의 문제이다. 이는 후설이 말한 것처럼
바로 정당화의 문제다. 이 정당화의 문제는 우선 상기설 자체가 정당화
될 수 있는 입론인가 그리고 상기를 통해 얻어진 지식들을 검사할 방
법은 있는가라는 문제에 부딪친다. 이 두 문제를 해결하는 일은 사실상
후자의 문제를 어떻게 해결하느냐에 의존해 있다. 왜냐하면, 후자의 문
제가 만족스럽게 해결된다면, 그래서 상기를 통해 얻어진 지식들을 '지
식'이라고 받아들일 만한 충분한 근거를 갖는다면, 다시 전자의 문제,
즉 상기설 자체도 매우 그럴 듯하게 지지받기 때문이다. 후자의 문제에
관해서는 상기설이 하나의 과정이라는 점을 통해 그 대답의 실마리를
마련하였다. 즉, 특별한 근거없이 '상기'가 홀연히 일어나는 일은 아니
라는 것이다. 그렇다면 다시, 앞서 제기한 물음처럼, 상기를 가능하게
하는 실마리는 무엇인가라는 물음에 대해서도 어떤 방식으로든 플라톤
은 대답을 내놓아야 할 것으로 보인다.

  한스 알버트(H. Albert)가 도식화한 것처럼, 궁극적인 정당화를 문제
시할 경우 우리가 부딪칠 수 있는 선택지는 세 가지다: i) 논리적인 순
환이나 ii) 무한 퇴행 혹은 iii) 독단적인(dogmatische) 멈춤.[16)]

  정당화의 문제와 관련해서 보면 플라톤의 상기설은 이 중 세 번째의
선택지를 고른 셈이다. 상기설이 가지고 있는 신화적인 요소는 정당화
의 연쇄고리를 끊어주는 방법론적 기능을 수행한다. 이 방법론적 기능
에 의지해서 상기설은 인식 주관이 '지식'(epistēmē)을 가지고 있다거
나 혹은 최소한 '지식'을 가질 수 있다는 주장의 근거로 제시될 수 있
는 것이다. 즉 상기설은 단지 '지식'의 기원을 경험이라고 볼 수 없기
때문에 제시된 응급처치는 아니다. 상기설의 신화적인 색채는 인식론적
관점에서 지칠 줄 모르는 회의적 질문을 효과적으로 방어하는 장치이

---

16) H. Albert, *Traktat über kritische Vernunft*, J.C.B. Mohr(Tübingen, 1969), 13면
   참조.

다. 물론 이것이 지식의 가능성을 적극적으로 논변하는 것은 아니다. 즉 상기설을 단지 글자 그대로만 이해한다면, 그것은 탐구의 가능성을 입증하라는 메논의 요구에 대해 현실적으로 입증할 수 없는 대답을 제시함으로써 입증의 부담을 회피한 것이라고 말할 수 있기 때문이다. 그 때문에 플라톤은 기하학적 정리의 유도를 사례로 삼아 실제로 그러한 지식획득의 모델을 적극적으로(positive) 재구성해 보였던 것이다. 상기설의 입론을 이렇게 현실적으로 재구성함을 통해 플라톤은 자신의 입론이 수용가능한, 혹은 수용할 수밖에 없는 것임을 보이고자 했을 것이다.

다시 탐구의 실마리를 확보하는 이상적 상황으로 되돌아가보자. 그 것은 메논과 소크라테스가 동시에 처한 어려움이기도 하다. 즉, 단지 논박당한 메논만이 아니라 소크라테스 역시 자신을 '훌륭함'에 관한 지식이 없는 자로 자처하기 때문이다(71a~b). 그러나 이러한 무지의 상태가 단지 부정적인 측면만을 갖는 것은 아니다. 그것은 오히려 '새로이 시작한다'는 적극적인 기능을 갖기도 한다. 그러나 이 '새로움'은 상기설이 말해주듯 순수하게 아무 것도 없이 출발하는 것은 아니다. 상기설은 인식하는 주관을 본래 '지식'을 가지고 있는 자로 규정하기 때문이다. 따라서 문제는 그 본래의 지식에 어떻게 접근할 수 있는가가 문제다. 이것은 탐구를 시작할 수 있는 '발판'의 문제이기도 하다. 이 발판의 의미는 여러 각도에서 말해질 수 있다. 가령 탐구 작용의 심리적 동기로서 '호기심'이나 '경이로움'을 말할 수도 있고, 그 대상과 관련해서 내용적인 출발섬을 의미할 수도 있다. 또한 내용적인 출발점의 경우에도 이미 확보되어 있는 지식일 수도 있고 단순한 믿음일 수도 있다. 그런데 이 때, 우리가 고려하고 있는 상황은 최초의 이상적인 상황이므로 현실적으로 이미 확보되어 있는 '지식'의 경우는 배제하기로 하자. 그렇다면 탐구를 시작할 수 있게 하는 내용적 발판들은 사실상 주어진 문제에 대한 인식 주관의 한갓된 믿음들인 셈이다. 대화편《메논》전체가 하나의 탐구 과정으로 간주될 수 있다면, 소크라테스에 의해 논박되기 이전에 메논이 가졌던 '훌륭함'에 대한 믿음들이 바로 그러한 발판의 기능을 하는 믿음들일 것이다. 따라서 소크라테스의 논박은 이중적인 기능을 수행한다. 즉 그것은 한 편으로 메논의 믿음(주장)에 대한 정당화를 시험하는 것인 동시에 다른 한 편으로 그 논박 자체가 탐구과정의 일부가 되는 것이다. 이러한 이중적인 기능은 곧 믿음 혹은 판단들의 구분에 관계한다. 가령 플라톤은 '지식'과 '바른 판단'(orthē doxa)을 구분한다(97b). 물론 그러한 구분이 가령 '가르침'과 같은 실제적인 측면에서 큰 차이를 드러내는 것은 아니라 할지라도 인식론적으로는 중요한 의미를 갖는다. 플라톤은 '지식'과 단순한 '바른 판단'의 차이를 다음과 같이 설명한다.

"어떤 사람이 다른 사람이 지식을 가진 바의 것들에 관해서 적어도 바른 판단(orthe doxa)이나마 가진 한은, 비록 참된 생각은 하되 알지는 못하고 있지만, 이를 알고 있는 사람보다 조금도 못지 않은 안내자일세"(97b, 강조는 필자)

대화편의 소크라테스를 통해 플라톤이 구분하려고 했던 것은 분명하다. 그것은 '정당화된'(justified, begründete) ─ 즉 참된 생각을 하며, 그것이 참되다는 것을 '스스로 알고' 있는 ─ 믿음과 자신이 참된 생각을 하고 있다는 것을 자각하지는 못하지만 참된 믿음의 구분이다. 정당화되지 않은 참된 믿음은 '지식'이라고 말할 수 없는 것이다. 인식론적인 관점에서 어떤 참된 믿음을 가진 사람이 자신의 믿음이 참되다는 것을 충분한 이유를 가지고 자각하지 못하는 한, 그 믿음은 본성상 우연적이다. 플라톤은 바른 판단과 지식을 구분시켜주는 이 인식론적 차이를

'원인의 구명(aitias logismos)을 통한 매어둠(desmos)'에 둔다.

　　"그리하여 누군가가 이것들을 원인의 구명에 의해서 매어두게 되기까
지, 이것들은 그다지 가치가 없네. [⋯] 이게 바로, 앞서의 우리들의 논의에
서 동의했듯, 상기일세. 참된 판단들이 일단 매이게 되면, 먼저 지식으로 되고,
그 다음으로 지속적인 것들로 되거니와 이런 이유로 해서 지식이 바른 판
단보다도 더 값있네. 따라서 지식이 바른 판단(의견)과 다른 것은 이 매어
둠에 의해서일세."(98a, 강조는 필자)[17]

　'원인의 구명을 통한 매어둠'은 하나의 판단이 참되다는 것을 입증
하는 과정이며, 그 과정은 동시에 그 구명에 참여하는 자로 하여금 그
판단이 참되다는 것을 이성적으로 받아들일 수밖에 없도록 만드는 과
정이다. 따라서 이 과정을 통해서 원인의 구명에서 등장하는 판단들은
판단들 사이에 성립하는 내용적인 연관성을 확보하게 된다. 흥미로운
것은 위의 인용문에서 볼 수 있는 것처럼, 원인의 구명에 의한 '매어둠'
을 플라톤은 다시 '상기'라고 규정하고 있다는 점이다. 인식론적 행위
로서 '상기'는 여기서 신화적 색채를 벗어버리고 '정당화의 과정'이라

---

17) 이에 대하여 루시남(Rucinam)의 입장은 주목할 만하다. 루시남은 대화편 《메논》
　　의 이 대목을 플라톤이 지식을 정당화된 참된 믿음이라고 표현한 거의 유일한 곳이
　　라고 지적하면서, aitias logismos를 반드시 logos didonai로 간주할 필요는 없다고
　　말한다. W.G. Rucinam, *Plato's Later Epistemology*(Cambridge Univ. Press.
　　1962), 8~9면 참조. 《메논》의 문헌학상의 문제가 얽혀 있는 이 까다로운 문제는 필
　　자의 능력을 넘어선다. 다만, 적어도 플라톤은 이 대목에서만큼은 믿음(doxa)에 그
　　근거가 주어졌을 때 지식이라고 보고 있다. 또한 상기설에 대한 또 다른 설명인 《파
　　이돈》의 76a 이하에서 '알고 있는 것에 대해서는 설명할(didonai logon) 수 있으
　　리라'고 보고 있는 점에서도, 최소한 상기설과 관련하여서는 플라톤이 지식을 그 근
　　거가 충분하게 주어진 참된 믿음, 혹은 현대적인 용어로, 정당화된 참된 믿음으로 본
　　것은 분명해 보인다.

는 현실적 모습을 갖게 된다.

3. 탐구의 발판으로 기능하는 생활세계

이제 상기의 과정을 정당화의 과정으로 이해하면, 상기의 목적이 되는 지식들은 정당화된 참인 믿음들과 동일시될 수 있다. 물론 이러한 동일시는 잠정적이다. 왜냐하면 그 둘의 동일성을 입증하라는 요구가 원리적으로 배제되지는 않기 때문이다. 달리 말해 현실의 세계에서 갖게 된 정당화된 믿음이 혼이 저승에서 알고 있고 있었던 '지식'과 동일하다는 증거를 제시하라는 요구가 원리적으로는 가능하다. 물론 이러한 요구는 사실상 공허하며, 상기설에 대해 치명적이지도 않다. 이는 설사 이승의 '정당화된 참인 믿음'과 저승의 '지식'이 동일함을 입증하지 못한다 하더라도, 상기설 자체가 논박되는 것은 아니기 때문이다. 그 입증이 가능하려면, 입증하는 자가 이승과 저승을 동시에 볼 수 있어야 하는 초자연적인 능력을 가져야 할 텐데, 이는 현실의 인간에게는 허락되지 않는 능력이기 때문이다. 따라서 상기설이 그 자체로 논리적인 결함을 갖지 않는 한, 문제는 상기설이 합리적으로 받아들일 만한 얘기인지를 검토하는 것뿐이다. 물론 이 경우에 상기설이 신화적 색채를 가지고 있다는 것은 하등의 문제를 야기하지 않는다. '지식'의 주소지를 현실의 세계로 귀속시키지 않은 것은 플라톤의 슬기라고 말할 수밖에 없다. 혼이 저승의 세계에서 가지고 있었던 지식들은 정당화 과정의 무한 퇴행을 막는 방법론적 장치일 뿐이며, 현실의 세계에서 정당화된 참인 믿음들을 구하는 것은 그러한 지식을 현실의 세계로 불러내는 차선의, 그러나 불완전한 인간에게 허락된 가능한 한 최선의 방법인 것이다.

앞서 살펴보았던 것처럼, 이러한 정당화의 진행 방식을 기하학과 같은 연역적 이론의 체계와 관련해서 이해할 때,[18] 우리의 시선을 끄는 것은 자명성이다. 자명함이란 문제가 되는 판단의 참이 다른 어떤 것에 의지하지 않는 것이다. 원인의 구명 과정이 이렇게 자명한 것에로 이른 다면, 그 과정은 바로 그 지점에서 멈추어 설 수 있다. 물론 이러한 자 명함은 탐구에 참여하는 자들의 인식적 상황과 무관한 것이 아니다. 가 령 누군가가 다른 사람이 궁금해하는 것을 설명하는 경우, 그 설명이 비록 바른 것이라고 하더라도 설명을 듣는 이가 전혀 이해할 수 없다 면, 그 설명을 좋은 설명이라고 말하기는 어렵다.[19] 정당화 과정 역시 그것의 인식론적 기능과 관련해서 보면 설명과 같은 맥락에서 다루어 질 수 있다. 대화편에서 소크라테스는 메논의 종복과 더불어 주어진 정 사각형의 2배의 면적을 가진 도형을 찾는 문제를 다룬다. 소크라테스는 정사각형이라는 개념의 의미로부터 출발하여, 주어진 정사각형의 2배 가 되는 도형은 그 정사각형의 대각선을 하나의 변으로 하는 정사각형 이라는 점을 유도해 낸다. 이 때 소크라테스가 사용하는 방식을 칸트 (Kant)의 용어를 빌려 말하자면 구성적(konstruktiv)이다.[20] 이 증명의

18) 여기서 기하학의 연역적 구조를 고려하는 것은 그것이 관련된 지식들의 체계성을 가장 두드러지게 보여주는 모델이기 때문이다. 플라톤 역시 이러한 점을 고려했음 이 틀림없다. 특히 상기를 '원인 구명을 통한 매어둠'으로 이해할 경우, 기하학적 정 리의 체계성은 그러한 정당화 과정을 분명하게 모형화해서 보여준다.

19) 나는 좋은 설명은 가능한 한 화용론적 측면을 고려해야 한다고 믿는다. 이에 관한 논의는 다음을 참조. Van Frassen, Bas C., "The Pragmatics of Explanation" in *Explanation*, David-Hillel Ruben ed.(Oxford Univ. Press, 1993).

20) I. Kant, *Kritik der reinen Vernunft*, B741 이하 참조. 칸트에 따르면, "철학적 인 식은 개념으로부터의 이성적 인식인 반면 수학적 인식은 개념의 구성 (Konstruktion)으로부터의 인식"이다. 그리고 "개념의 구성은 그 개념에 해당하는 아프리오리한 직관을 제시하는 것"이다. 소크라테스가 메논의 종복과 함께 행하는 상기의 과정은 바로 이에 해당하는 사례라고 볼 수 있다. 흥미로운 점은 메논의 종 복과 행하는 기하학적 증명이 상기설이 합리적으로 받아들일 만한 가설이라는 점을 입증하는 또 하나의 구성적 증명이라는 점이다. 즉 플라톤은 초등 기하학의 구성적

과정은 정사각형의 대각선과 관련된 하나의 정리를 정당화하는 과정으
로 간주될 수 있다. 소크라테스가 상기의 사례로서 이러한 구성적 증명
을 시도하는 것은 단지 하나의 개념을 논리적으로 분석하는 것과는 다
르다. 즉 단순히 정사각형의 개념을 분석하는 것만이 아니라, 그것에 직
관적으로 자명한 것들이 함께 활용되는 것이다.[21] 그렇게 직관적으로
자명한 것들은 그 증명의 과정에 참여하는 사람들이 서로 공유하고 있
는 것, 혹은 그들에게 주어져 있는 것들이다. 가령 소크라테스가 메논에
게 '상기'의 과정을 보여주기 위해 메논의 종복을 부르면서 확인해보
는 사항은 그 소년이 헬라스 말을 하는지 그리고 정사각형의 의미를
이해하고 있는가 하는 것이다(82b). 달리 말해 이러한 기초적인 사항들
은 그 소년에게 그리고 그 탐구에 간접적으로 참여하고 있는 메논에게

증명을 매개로 상기설이 받아들일 만한 가설이라는 것을 다시 구성적으로, 즉 임의
의 사례를 통해 문제가 되고 있는 주장이 일반적으로 참이라는 것을 입증하고자 시
도한 것이다.

21) 가령, 대화편에서 소크라테스는 메논에게 먼저 그 아이가 헬라스 말을 할 줄 아는
지를 확인한 후 대화를 이끌어 간다:
"소크라테스: 애야 대답해주렴. 정사각형은 이와 같은 것이라는 걸 너는 알고 있니?
소년: 알고 있습니다.
소크라테스: 그러면 정사각형은 이들 네 개인 변들을 꼭 같은 것들로 갖고 있겠지?
소년: 물론입니다.
소크라테스: 이들 중간을 통과하는 것들도 같은 것들이겠지?
소년: 예."(82b-c)
이 때, 소크라테스가 소년이 정사각형의 정의를 이해하고 있는지를 확인한 후의 단
계, 즉 주어진 정사각형의 각 변의 중점을 연결하는 선분 역시 원래의 변과 같은 길
이를 갖는다는 것은 사실상 정사각형의 정의를 단순하게 분석하는 것으로부터 유도
되는 것은 아니다. 그것은 다른 보조 정리를 요구한다. 그러나 그 과정은 생략되어
있다. 이는 그 소년이 (혹은 그 과정을 보고 있는 메논이나 우리 역시) 그 점을 직
관적으로 이해하고 있다는 것을 보여준다. 더욱이 칸트가 말했던 것처럼, 그러한 과
정을 그림을 통해 설명하는 것은(비록 그 점이 증명의 논리적 완전성을 손상시킨다
고 하더라도) 구성적 증명에서 직관적 자명성의 역할을 보여준다.

있어서도 '자명하게' 받아들여지고 있는 것들이다. 가령 그 소년이 '정사각형'이라는 표현을 어떻게 사용할 수 있는지를 이해하고 있지 못했다면, 아마 '그' 상기의 과정은 매우 어려운 탐구가 되었을 수도 있다.

그러한 자명한 것들은 고도로 복잡하고 이론적인 것이 아니라 오히려 아주 일상적인 언어의 의미와 그 사용에 있어 상호주관적으로 합의하고 있는 것들이다. 이렇게 사소해 보이는 것들이 사실은 탐구의 발판으로 간주될 수 있는 것이다. 그리고 바로 그러한 한에서 그것들은 선험적 기능을 수행한다고 말할 수 있다. 왜냐하면, 그러한 발판이 준비되어 있지 않고서는 도대체 '탐구'라는 것 자체가 가능하지 않을 것이기 때문이다.

이 탐구의 발판, 다시 말해 우리가 상대방의 주장을 합리적으로 받아들이거나 또는 그 주장을 정당화하라는 요구를 제기하기도 하는 이 공간은 단순히 학문의 세계만을 의미하지는 않는다. 그러한 학문적 활동을 가능하게 해 주는 것은 바로 우리의 일상적인 의사소통을 전제하는 삶 전체의 세계이다. 학문의 세계는 그러한 생활세계(Lebenswelt)를 기초로 하여 쌓아올려진 공간인 것이다. 후설이 모든 학문의 보편적인 기초로서 생활세계를 거명한 이유는 여기에 있다. 후설에게 있어 "학문은 인간의 정신적인 활동의 산물"이다.[22] 또한 바로 그러한 의미에서 그것은 인식 주관에 대해 역사적으로 미리 주어져 있는 생활세계를 전제한다. 이는 소크라테스가 메논의 종복과 탐구를 시작하기 위해 당연하게 받아들인 헬라스인들의 언어, 역사, 그리고 그 문화를 통칭하는 것이다. 그러한 생활세세 속에서 메논이 '훌륭함'에 대해 어떤 믿음(doxa)들을 가졌던 것처럼, 후설이 모든 학문의 기초로 삼은 생활세계 그러한 믿음들이 서로 오가는 공간이다. 또한 바로 그러한 의미에서 그 대화편의

---

22) 《후설 전집》(*Hua* VI), 123면.

배경이 되고 있는 생활세계가 학문적 활동 자체를 가능하게 한다는
(아주 폭넓게 해석된 의미에서의) 선험적 기능을 가지고 있음을 인정
해야 할 것이다.

4. 맺음말 : 대화편 《메논》의 문제 의식 속에 담겨진 선험철학적 단초

  그러나 상기설을 모든 학문의 이론적 기초가 생활세계라는 주장과
관련하여 해석하는 것은 상기설의 본래 의도와 관련하여 견지되기가
어려워 보인다. 앞서 나는 플라톤의 상기설이 겨냥하고 있는 지식들은
그 성격상 자신의 기원을 감각적인 경험에 둘 수 없으므로 '저승'이라
는 다른 인식론적 기원을 선택할 수밖에 없다고 간주하였다. 그러나 지
금은 다시 구체적인 삶의 현장으로 그러한 지식의 기원을 돌린 것처럼
보이기 때문이다. 또한 그 구체적인 삶의 현장이 실제로는 한갓된 믿음
(doxa)들이 지배하는 세계라고 받아들이는 한, 보편적이고 본질적인 지
식과 그것을 떠받치고 있는 생활세계의 불안한 긴장관계는 더욱 심화
되는 듯하다. 물론 분명히 해야 할 것은 그러한 지식의 '타당성 자체'
와 그러한 지식을 획득할 수 있도록 '실제로 주어진 것들'은 서로 다
른 것이라는 점이다. 즉 한 판단의 타당성과 그 판단의 발생적 맥락은
서로 독립적이다. 대화편 《메논》에서 후자의 문제는 고려되고 있지 않
다. 그러나 만약 우리가 조금만 더 관심의 시선을 넓히면, 판단의 발생
적 맥락을 고려하는 것 역시 학문 일반의 가능성에 관한 문제와 관련
을 갖고 있다는 점을 보게 된다. 왜냐하면, 결국 학문이란 육신이라는
장애를 극복하려는 인간 지성의 소산이기 때문이다. 즉 학문을 인간의
활동으로 이해하는 한, 학적 탐구의 발생적 기원을 이해하는 것은 학문
의 가능성에 관한 매우 중요한 논의이다. 후설이 일견 상대성이 지배하

는 것으로 보이는 '생활세계'를 순수히 이론적인 관점에서 주목하고 그것의 폄하되었던 권리를 되돌리고자 했던 시도는 이 때문이다. 비록 명시적으로 언급되지는 않지만, 플라톤에게 있어서도 우리는 이 점을 확인할 수 있다. 즉 학적 탐구를 '실제로' 가능하게 해주는 것들의 선험적 기능, 그것은 소크라테스와 메논의 종복이 함께 탐구하는 과정에 '이미' 전제되어 있는 것이다. 플라톤이 신화적인 비유를 통해 혼이 이미 모든 것을 알고 있다고 말한 것은, 만약 적절한 탐구의 방식이 주어진다면, 혹은 이성을 올바르게 사용할 수 있는 자라면, 누구든지 지식을 획득할 수 있음을 강조한 것일 뿐이다. 또한 그러한 이성 사용의 능력은 메논의 종복이 보여주듯이 현실의 모든 사람에게 이미 주어져 있는 것이다.

이 '이미 주어져 있음'(Vorgegebenheit)은 '생활세계'의 근본적인 특징이기도 하다. '이미 주어져 있음'에는 또한 역사성이라는 기원의 문제가 함께 들어있기도 하다. 이러한 관점에서 다루어지는 기원의 문제는 '학문 일반'의 의미에 대한 근원적인 반성으로 연결된다. 이는 기원의 해명을 통해 우리가, 혹은 우리의 학문이 현재 서 있는 위치를 가늠하고 그것의 지향점(Telos)을 확인할 수 있기 때문이다. 달리 말하면, 지식을 얻으려는 활동 속에 담겨 있는 근본적인 동기에 대한 되물음이다. 이러한 문제의식은 사실 플라톤 철학 전체를 관통하는 '실천적 삶'의 문제와 닿아 있다. 《메논》의 주제인 "훌륭함"(aretē)이 암시하듯, 지식은 다만 지식으로만 끝나는 것이 아니라 항상 실천적인 문제들과 연관되어 있으며, 그 실천의 장은 동시에 바로 생활세계이기도 하다. 이러한 두 철학의 접점은 후설이 고대 헬라스인들의 철학에서 보았던 이상적인 인간상, 즉 진정한 철학적 이성에 기초해서 스스로를 책임지려는 인간의 문제에서도 찾을 수 있다.[23]

438   박승억

참고 문헌

박종현 편역, 《플라톤》, 서울대 출판부, 1987.

Hamilton, E. & Cairns, H. ed., *The collected Dialogues of Plato*, Princeton Univ. Press, 1982.

김용운·김용국, 《집합론과 수학》, 우성문화사, 1991.

Albert, H., *Traktat über kritische Vernunft*, J.C.B. Mohr Tübingen, 1969.

Aristoteles, *Metaphysics(The metaphysics of Aistotle*, tr. W.D. Ross, Random House).

Conford, F.M., "Anamnesis", in *Plato's Meno with essays*, ed. M. Brown, Bobbs-Merill co. 1971.

Fine, G., "Inquirying in the Meno" in *The Cambridge Companion to Plato*, ed. R. Kraut, Cambridge Univ. Press, 1992.

Husserl, E., *Die Krisis der europäischen Wissenschaften und die transzendentale Phaenomenologie(Husserliana* VI), M. Nijhoff, 1962.

————, *Erste Philosophie* I(*Hua* VII), 1956.

Kant, I., *Kritik der reinen Vernunft*, Felix Meiner Verlag, 1956.

Kline, *Mathematics – The loss of Certainty*, 1980, 《수학의 확실성》, 박세희 역, 민음사.

Locke, J., *An Essay concerning Human Understanding*, ed. P. H. Nidditch, Oxford, 1982.

Rucinam, W. G., *Plato's Later Epistemology*, Cambridge Univ. Press. 1962.

Van Frassen, Bas C., "The Pragmatics of Explanation" in *Explanation*, David-Hillel Ruben ed., Oxford Univ. Press, 1993.

---

23) 《후설 전집》(*Hua* VI), 13면 이하 참조.

필자 소개

■ **필자소개**(논문게재순)

김영균　성균관대학교 철학과를 졸업하고 동대학원에서 석사 학위와 박
　　　　사 학위를 받았다. 현재 청주대학교 인문대학 철학과 부교수로
　　　　재직하고 있다.
　　　　주요 논문으로 "플라톤의 《티마이오스》편에서 생성에 대한 연
　　　　구"(박사학위논문), "《테아이테토스》편에 있어서 요소와 복합체
　　　　의 가지성에 관한 문제", "플라톤의 우주론에 있어서 지성에 관
　　　　한 연구", "플라톤의 《티마이오스》편에 있어서 그럼직한 설명"
　　　　등이 있고, 역주서로는 플라톤의 《티마이오스》(박종현·김영균
　　　　공동 역주)(서광사, 2000년)가 있다.

이강서　성균관대학교 철학과를 졸업하고 동대학원에서 석사 학위를 취
　　　　득한 후 독일 뮌헨 대학교에서 박사 학위를 받았다. 현대 전남
　　　　대학교 철학과 교수로 있다.
　　　　지은 책으로 《논술 포커스-철학편》(공저, 퇴설당 1995), 《철학
　　　　의 문제들》(공저, 법문사 1998), 《문화와 철학》(공저, 동녘
　　　　1999)이 있고, 옮긴 책으로 《철학의 거장들 I-고대·중세편》
　　　　(공역, 한길사 2001)이 있다. 주요 논문으로는 "플라톤의 《파이
　　　　드로스》편에서의 문자비판"(서양고전학연구 제8집, 1994), "'문자
　　　　화되지 않은 이론'(agrapha dogmata)과 《필레보스》편"(서양고
　　　　전학연구 제10집, 1996), "플라톤의 〈제7서한〉에서의 문자비판"
　　　　(서양고전학연구 제11집, 1997), "플라톤의 언어관"(서양고전학
　　　　연구 제13집, 1999), "플라톤의 PAIDEIA 이념"(대동철학 제8집,
　　　　2000), "새로운 세기 철학의 진로-스킬라와 카리브디스 사이로
　　　　항해하기"(범한철학 제21집, 2000)가 있다.

김태경 성균관대학교 철학과를 졸업하고 동대학원에서 석사 학위와 박
사 학위를 받았다. 현재 성균관대, 한양대, 대덕대에서 서양철학
을 강의하고 있다.
지은 책으로 《플라톤의 후기 인식론》(성균관대 출판부, 2000)
등이, 옮긴 책으로 《소피스테스》(한길사, 2000), 《정치가》(한길
사, 2000), 《철학의 거장들 I》(공역, 한길사, 2001), 《플라톤》(김
영사, 2001) 등이 있다. 주요 논문으로는 "플라톤의 후기 대화편
들에 있어서 나눔(diairesis)의 문제"(박사학위논문), "플라톤에
서 사람됨과 훌륭한 삶", "플라톤의 변증술에 있어서 나눔과 결
합", "플라톤의 후기 변증술", "플라톤의 '정치가'편에서 나눔"
등이 있다.

김주일 성균관대학교 철학과를 졸업하고 동대학원에서 석사 학위를 받
고 박사 과정을 수료했다. 현재 정암학당(서양고대철학연구소)
연구원으로 있으며 방송대학교에 출강하고 있다.
옮긴 책으로 《아빠와 함께 떠나는 철학여행》(공역)이 있고, 주요
논문으로 "에우티데모스'의 쟁론술과 대화술의 대비가 갖는 몇
가지 함의들"과 "엘레아학파의 성립과 전승"이 있다.

정준영 성균관대학교 철학과에서 철학을 부전공하며 역사교육과를 졸
업하고, 같은 대학 대학원 철학과에서 석사 학위와 박사 학위를
취득했다. 현재 경희대와 성균관대에 출강하고 있다.
옮긴 책으로 《위대한 철학자들》(브라이언 매기 저, 동녘)(공역)
이 있고, 주요 논문으로는 "플라톤의 《국가》편 V권에서 '많은
아름다운 것들'(ta polla kala)은 특수한 대상들인가?", "《테아이
테토스》편에서 논의된 프로타고라스의 인간척도설과 상충의 문
제", "《테아이테토스》편에서 논의된 인식의 문제: 지각, 판단, 로

고스"(박사학위논문)가 있다.

박희영 서울대학교 문리과대학 철학과를 졸업하고 동대학원에서 석사
학위를 취득하고, Paris 제4대학(Sorbonne)에서 철학 박사 학위
를 받았다. 공군 제2사관학교, 경남대학교 철학과 교수를 거쳐
현재 한국외국어대학교 철학과 교수로 재직중이다(서양고대철
학, 프랑스 철학 전공).
지은 책으로 《현대사회와 철학교육》(공저), 《삶의 의미를 찾아
서》(공저), 《서양고대철학의 세계》(공저) 등이 있고, 논문으로는
"희랍철학에서의 einai, to on, ousia의 의미", "Polis의 형성과
Aletheia 개념", "엘레우시스 비밀 의식의 철학적 의미" 등이 있
다.

이경직 서울대학교 철학과를 졸업하고 동대학원에서 석사 학위를 받았
다. 그리고 동대학원에서 박사 과정을 수료한 후 독일 Konstanz
대학교에서 철학 박사 학위를 받았다. 현재 천안대학교 기독교
학부 기독교철학 전공 교수로 재직하고 있다.
지은 책으로 *Platons Raumbegriff. Studien zur Metaphysik
und Naturphilosophie im "Timaios"*(Wüzburg: Königshausen
& Neumann, 2001)가 있고, 옮긴 책으로 《플라톤의 우주》, 《플
라톤의 물질문제》, 《헬레니즘 철학》, 《영혼의 치료자, 세네카》,
《하나님의 말씀과 인간의 마음》, 《기독교와 역사: 믿음과 이해》
가 있다. 주요 논문으로는 "《국가》편에 나타난 dialektikē에 관
한 고찰", "플라톤의 《향연》편에 나타난 소크라테스의 젊은이 교
육", "플라톤의 자연 세계 설명: eikos logos", "플라톤과 데미우
르고스: 세계 설명과 세계 제작", "시간의 창조: 플라톤과 아우
구스티누스" 등이 있다.

이기백 성균관대학교 철학과를 졸업하고 동대학원에서 석사 및 박사 학위를 받았다. 현재 성균관대학교에 출강하고, 동대학교 인문과학연구소 선임연구원 및 정암학당 상임연구원으로 있다.

주요 논문으로는, "플라톤의 에로스론", "《필레보스》편을 통해 본 플라톤의 混和思想"(박사학위논문), "플라톤의 《필레보스》편을 통해 본 변증술(dialektikē)의 성격과 쓰임새", "개개의 사물은 형상의 전체에 관여하는가, 부분에 관여하는가?", "플라톤의 시인 비판", "《티마이오스》편과 연관해서 본, 《필레보스》편의 네 부류의 존재와 형상의 관계", "필롤라오스 철학의 기본원리들" 등이 있다. 그리고 옮긴 책으로는 《위대한 철학자들》(공역)이 있고, 현재 학술진흥재단의 지원으로 《필레보스》편에 대한 공동 역주 작업을 하고 있다.

송대현 성균관대학교를 졸업하고, 동대학원에서 석사 학위를 취득했다. 현재 Paris 제1대학 박사 과정에 재학중이다.

이 엽 성균관대학교 철학과를 졸업하고 동대학원에서 석사 학위를 취득한 후 독일 트리어 대학에서 철학 박사 학위를 받았다. 현재 청주대학교 철학과 교수로 재직하고 있다.

저서 및 논문으로는 'Dogmatisch - Skeptisch'. Eine Voruntersuchung zu Kants Dreiergruppe 'Dogmatisch, Skeptisch, Kritisch', dargestellt am Leitfaden der begriffs- und entwicklungsgeschichtlichen Methode, "오성 개념의 원천적 획득과 칸트 존재론의 출발점", "칸트철학의 출발점—처녀작에 등장하는 칸트철학의 근본문제들", "윤리학의 새로운 명칭으로서 도덕 형이상학과 칸트 윤리학의 근본 동기" 등이 있다.

이광모   성균관대학교 철학과를 졸업하고 동대학원에서 석사 학위를 취
득한 후 독일 빌레펠트 대학교에서 철학 박사 학위를 받았다.
현재 명지대학교 철학과 겸임교수로 있다.
주요 논문으로 "헤겔 논리학, 범주론인가 아니면 신지학인가",
"개념이란 무엇인가 – 객관적 논리학과 주관적 논리학의 관계에
대하여 –", "철학적 증명에 관하여 – 칸트로부터 헤겔로의 전개
를 중심으로 –", "라이프니츠 볼프학파 형이상학에 대한 헤겔의
비판 – 칸트와 비교 속에서 –", "학으로서의 철학의 가능성에 관
하여" 등이 있다.

박종원   성균관대학교 철학과를 졸업하고 동대학원에서 석사 과정을 마
쳤으며, 파리 제1대학에서 철학 박사 학위를 받았다. 현재 성균
관대학교 인문과학연구소 선임연구원으로 재직하고 있다.
지은 책으로 《서양철학의 이해》(한울 아카데미)가 있으며, 주요
논문으로는, "내재성의 탐구", "불란서 정신주의에서 꽁디약 철
학의 의미", "인식의 근원적 원리들의 실증적 연역", "인과율에
관한 믿음의 근거", "지성주의적 자연해석과 비판을 위한 소고",
"베르그손의 근대과학 해석에 있어서 Elea학파의 이미지", "세
계인식에 있어서 신체성의 의미", "사르트르의 현실태적 존재론
과 실존적 심리분석", "본질과 학문이론" 등이 있다.

이종훈   성균관대학교 철학과를 졸업하고 동대학원에서 석사 학위와 박
사 학위를 받았다. 현재 춘천교육대학교 윤리교육과 교수로 재
직하고 있다.
지은 책으로 《현대의 위기와 생활세계》(동녘, 1994), 《아빠가 들
려주는 철학이야기》(현암사, 1994)가 있고, 옮긴 책으로는 《엄밀
한 학으로서의 철학》(서광사, 1988), 《소크라테스 이전과 이후》

(박영사, 1995), 《시간의식》(한길사, 1996), 《유럽 학문의 위기와 선험적 현상학》(한길사, 1997), 《경험과 판단》(민음사, 1997), 《데카르트적 성찰》(한길사, 2001) 등이 있으며, 주요 논문으로는 "후설 현상학에서 역사성의 문제", "지속 가능한 문명을 위한 환경철학으로서의 생태-현상학" 등이 있다.

박승억 성균관대학교 철학과를 졸업하고 동대학원에서 후설 현상학을 전공하여 석사 학위와 박사 학위를 받았다. 현재 성균관대학교에 출강하고 있으며, 동대학교의 문화철학 연구소 연구원으로 있다.

주요 논문으로 "Husserl의 학문이론에 관한 연구"(박사학위논문), "피사의 사탑과 트로이의 목마", "대상론, 범주론, 영역 존재론", "후설의 학문이론적 전략과 제1철학" 등이 있으며, 옮긴 책으로는 《어린이와 함께 철학하기》(도서출판 지리소)가 있다.